Armas e Varões

FUNDAÇÃO EDITORA DA UNESP

Presidente do Conselho Curador
Herman Voorwald

Diretor-Presidente
José Castilho Marques Neto

Assessor Editorial
Jézio Hernani Bomfim Gutierre

Conselho Editorial Acadêmico
Antonio Celso Ferreira
Cláudio Antonio Rabelo Coelho
José Roberto Ernandes
Luiz Gonzaga Marchezan
Maria do Rosário Longo Mortatti
Maria Encarnação Beltrão Sposito
Mario Fernando Bolognesi
Paulo César Corrêa Borges
Roberto André Kraenkel
Sérgio Vicente Motta

Editores-Assistentes
Anderson Nobara
Arlete Zebber
Christiane Gradvohl Colas

Paula da Cunha Corrêa

Armas e Varões
A Guerra na Lírica de Arquíloco

2ª EDIÇÃO REVISTA
E AMPLIADA

editora
unesp

Copyright © 1998 by Editora UNESP

Direitos de publicação reservados à:
Fundação Editora da UNESP (FEU)
Praça da Sé, 108
01001-900 – São Paulo – SP
Tel.: (0xx11) 3242-7171
Fax: (0xx11) 3242-7172
www.editoraunesp.com.br
feu@editora.unesp.br

CIP-Brasil. Catalogação na fonte
Sindicato Nacional dos Editores de Livros, RJ

C84a

Corrêa, Paula da Cunha, 1962-
Armas e varões: a guerra na lírica de Arquíloco/Paula da Cunha Corrêa. – [2.ed. revista e ampliada]. – São Paulo: Editora da UNESP, 2009.

inclui bibliografia
ISBN 978-85-7139-911-2

1. Arquíloco - Crítica e interpretação. 2. Poesia grega - História e crítica. 3. Guerra na literatura. I. Título.

09-095   CDD-881
                                                                    CDU: 821.14'02-1

Índice para catálogo sistemático:

1. Poesia lírica grega clássica : História e crítica 884.0109

Editora afiliada:

Asociación de Editoriales Universitarias
de América Latina y el Caribe

Associação Brasileira de
Editoras Universitárias

"ir à Grécia e voltar novo"

*Para meus pais
e Otavio*

Agradeço

ao CNPq pelo auxílio à pesquisa,

ao Dr. Martin L. West que, desde a orientação de meu mestrado em Londres e, depois, durante minha estada em Oxford, tanto me ensinou, sempre discutindo e considerando minhas posições, mesmo quando divergiam das suas,

e, sobretudo, à Dra. Maria Sylvia Carvalho Franco, orientadora e amiga, que me introduziu aos problemas das leituras modernas da Grécia antiga, desvendando suas implicações teóricas. Presente em todos os momentos deste trabalho, sem ela, ele não teria sido realizado.

Com o privilégio de poder contar com esses dois professores e leitores ideais, e dispondo de excelentes condições de pesquisa, qualquer falha se deve a mim somente.

SUMÁRIO

13 Prefácio
Martin L. West

17 Prefácio à segunda edição

PARTE I
19 INTRODUÇÃO

21   1 A fortuna crítica de Arquíloco de Paros na Antigüidade

31   2 Homero e Arquíloco: leituras modernas da Grécia arcaica
33   a) O homem homérico
33   i) Corpo e alma
40   ii) Emoções mistas, reflexão e responsabilidade humana
50   iii) Perspectivas de investigação
54   b) Arquíloco e "a descoberta do espírito" na poesia grega arcaica
55   i) Efemeridade humana: *hic et nunc*
57   ii) A "descoberta do indivíduo"
57   iii) A questão dos gêneros
63   c) *Consciência*

PARTE II
73 O GUERREIRO ARCAICO: HOPLITA, ARMAS E TÁTICAS

79   1 Eniálio e as Musas
79   a) Um guerreiro-poeta? (fr.1W)

79	i)	Fontes
86	ii)	Comentário

95	2	Cenas anti-heróicas
95	a)	Na lança (fr.2W)
103	b)	A caneca (fr.4W)
112	c)	Com um escudo (fr.5, 38W)
112	i)	Comédia (Aristófanes)
114	ii)	Costumes e leis (Plutarco, Sexto Empírico e Crítias)
117	iii)	Geografia (Estrabão, *A vida de Arato* e Eustácio)
118	iv)	A Segunda Sofística e Neoplatonismo (Filóstrato, Proclo, Olimpiodoro, Elias e Pseudo-Elias)
125	v)	Comentário

137	3	Dois generais: o grande e o cambaio
137	a)	Vaidade e coragem (fr.114W)
137	i)	Fontes e edições
141	ii)	A fortuna crítica
145	iii)	Comentário
152	iv)	O general hoplita
154	v)	Conclusão

157	4	Aliados
157	a)	*Philía*: o pacto de amizade (fr.15W)
161	b)	Auxiliares cários (fr.216W)

167	5	O modo de guerra heróico
167	a)	Os senhores de Eubéia (fr.3W)
167	i)	Fonte
168	ii)	A "Guerra Lelantina"
170	iii)	Comentário

PARTE III
181 **AS NARRATIVAS MARCIAIS**

185	1	Agruras da guerra
185	a)	Males magnésios (fr.20W)
190	b)	Lamentos tásios (fr.102, 103 e 228W)

195	2 O Monumento de Mnesíepes (fr.89, 88W)
211	3 O Monumento de Sóstenes
216	a) A embaixada musical (fr.93a-BW)
222	b) Uma vitória sobre os náxios (fr.94W)
229	c) "Salvo" por Hermes? (fr.95W)
231	d) Glauco, novamente (fr.96W)
234	e) Mulheres para os colonos, ou Glauco? (fr.97-97a,101W)
239	f) A defesa da muralha (fr.98, 99W)
250	g) Os novos fragmentos elegíacos (fr.7-7aW)
255	4 Deuses na guerra
255	a) Ares (fr.18, 6, 146W)
263	b) Nas mãos dos deuses (fr.111W)
265	c) Preces e imprecações (fr.108, 9, 107W)

PARTE IV
METÁFORAS DA GUERRA

277	1 Suplício de Tântalo
277	a) A pedra (fr.91W)
277	i) Fontes diretas (a parte superior do papiro)
283	ii) A transmissão indireta (Plutarco; o Escólio a Píndaro (*Ol.* I.91a) e as versões do mito; o afresco de Polignoto)
291	iii) Fontes diretas (a parte inferior do papiro)
295	2 Tormenta nos mares e na guerra
295	a) A alegoria da nave (do Estado?) (fr.105W)
295	i) Fontes e edições
299	ii) O verso
303	iii) A alegoria arcaica
305	iv) O reverso
311	b) Uma continuação? (fr.106W)
319	Conclusão
325	Apêndice: fragmentos papiráceos
323	1 fr.112W

330 2 fr.113W
332 3 fr.139W

337 Apêndice 2: o novo fragmento elegíaco: Télefo

341 Abreviações

345 Referências bibliográficas

371 Índice onomástico

PREFÁCIO

Arquíloco de Paros foi um dos poetas mais célebres – ou notórios – da Antigüidade greco-romana; julgavam-no digno de ser nomeado ao lado de Homero e Hesíodo, embora o caráter de sua poesia fosse muito diverso da deles. A épica homérica, apesar das imagens brilhantes extraídas do mundo do próprio poeta, e de sua sensibilidade para as qualidades e as emoções intemporais dos homens, enfocava um mundo passado, uma idade heróica construída a partir de uma mistura de memórias históricas, distantes e distorcidas, e de ideais poéticos de virilidade e de realeza. A poesia hesiódica, em parte antiquária, em parte didática, era, de um modo geral, sistematizadora, visando à codificação do conhecimento útil, seja ele histórico-genealógico ou ético-prático. Se Hesíodo aparece mais como uma personalidade do que o poeta épico que se oculta, isto ocorre, principalmente, porque, ao recorrer a formas literárias provenientes do Oriente Próximo, ele introduz elementos autobiográficos como ponto de partida de seus poemas: em *Os trabalhos e os dias,* sua instrução moral é enquadrada no contexto de uma situação pessoal em que ele é injustiçado por seu irmão e pelos governantes locais, que se tornam alvos de suas admonições, enquanto, na *Teogonia*, ele relata um encontro pessoal com as Musas, que fizeram dele um poeta e contaram-lhe qual seria o conteúdo de seu poema. No entanto, com Arquíloco, que escreveu não muito mais tarde, em meados do século VII a. C., temos a sensação de nos depararmos com uma personalidade real e não assumida, com um homem visto no cerne de uma vida de fato. Não há dúvida de que parte de sua poesia deve ser compreendida em termos de convenções literárias – convenções essas sobre as quais pouca informação temos e que devemos procurar definir observando as regularidades na obra do poeta ou entre a sua obra e a de outros poetas gregos arcaicos. Mas, quando levamos tudo isso em consideração, resta, porém, a forte impressão de um indivíduo. Ele serve-se da poesia para responder diretamente a eventos de sua vida, seja num plano puramente pessoal, em seus relacionamentos com conhecidos, ou num plano mais público, quando escreve sobre assuntos que afetam toda a comunidade: a guerra, a política, um naufrágio, a colonização. O espectro de tons é abrangente: há troças jocosas entre amigos, ataques ferinos contra inimigos, comentários satíricos de figuras públicas, moderados lamentos por desastres, referências vivazes a batalhas recentemente travadas ou iminentes. Com a espontaneidade de expressão característica do verso grego arcaico, essa poesia, apesar da natureza fragmentada de sua preservação, ainda pode nos dar uma impressão vívida das alegrias e ansiedades da vida de Arquíloco e das sociedades das ilhas egéias, nas quais floresceu.

Tal poesia é particularmente adequada para iluminar o mundo no qual foi produzida. Mas para que a iluminação seja verdadeira e não distorcida, é necessário um comentário cuidadoso – sobretudo quando temos apenas fragmentos, pedaços que consistem de poucos versos, arrancados de seus contextos, citados por autores posteriores em vista de suas próprias finalidades (nem sempre com algum escrúpulo pelas intenções do poeta), ou que, por acaso, sobreviveram em pequenas tiras de papiro que nem oferecem versos completos. "Comentário cuidadoso" no sentido de que cada fragmento não deve servir de base para vôos de uma fantasia sem travas, mas ser interpretado à luz de tudo o que sabemos sobre os significados das palavras e frases gregas, sobre as constrições do estilo e da métrica, e sobre a mentalidade e a dicção do poeta, a natureza de seu contexto social e geográfico, a história do período etc.

Não há nenhum comentário moderno sobre Arquíloco que seja abrangente: os poucos comentários antigos desse tipo estão bastante ultrapassados, não só por causa do acréscimo do número de fragmentos, devido às descobertas de importantes inscrições e papiros, mas também por causa das mudanças nas perspectivas dos estudos clássicos, que agora identificam novas perguntas por fazer, além das tradicionais. Realizar tal comentário seria uma grande tarefa, em vista da diversidade dos temas na poesia de Arquíloco. Este trabalho de Paula da Cunha Corrêa representa, porém, um grande passo na direção do cumprimento desse objetivo. Ao escolher um dos temas mais importantes e coerentes nos versos de Arquíloco, o da guerra e da luta, e ao realizar um estudo sistemático dos fragmentos relevantes, ela oferece uma valiosa contribuição para os estudos arquiloquéios. Ela investigou os problemas com uma meticulosidade impressionante e que produz recompensas inesperadas. A admirável clareza, o rigor filológico e o julgamento equilibrado, que caracterizam o seu trabalho, farão dele uma leitura essencial para todos os que estudam seriamente este poeta fascinante, e garantem que futuros pesquisadores, em qualquer país, irão consultá-lo com proveito.

Martin L. West
All Souls College, Oxford

PREFÁCIO À SEGUNDA EDIÇÃO

Dez anos após a primeira edição desse livro, muitos foram os estudos publicados sobre a Grécia arcaica, particularmente sobre o "surgimento da pólis" e as transformações políticas atribuídas a esse período. Nesta segunda edição limito-me, porém, a atualizar na medida do possível a bibliografia específica referente aos fragmentos de Arquíloco aqui examinados, com a indicação das novas leituras propostas acrescida ao texto e às notas[1].

O novo papiro de Arquíloco contendo uma narrativa mitológica em dísticos elegíacos, descoberto em 2004 e publicado em 2005[2], reavivou o interesse pelo poeta, de modo que já ocorreram dois congressos em Paros (2004, 2005), especificamente sobre Arquíloco. Infelizmente, não tive acesso aos anais do segundo evento a tempo de incluir as contribuições de seus participantes nesta edição revista[3]. Embora um comentário sobre o novo fragmento elegíaco de Arquíloco, por sua matéria, caberia neste livro, apresento por hora apenas uma primeira tradução do texto em novo apêndice, reservando o seu estudo para uma publicação futura.

---

1 Agradeço Marcos Martinho dos Santos pela revisão que fez da terceira prova do livro no final de 1997. Na época, as correções não puderam ser incorporadas, mas, agora, muito serviram para a elaboração desta segunda edição revista.
2 N. Gonnis, D. Obbink et al. (eds.), *The Oxyrhynchus Papyri*, vol. LXIX (London 2005), n. 4708, p.18-42.
3 D. Katsonopoulou, I. Petropoulos & S. Katsarou (edd.), *Archilochos and His Age. Proceedings of the Second International Conference on the Archaeology of Paros and the Cyclades* (Paroikia, Paros, 7-9 October 2005). Paros Monograph Series No II. Athens: The Paros and Cyclades Institute of Archaeology, 2008.

Alguns me advertiram, ainda antes da defesa da tese que deu origem a este livro, que a introdução em que se discutem problemas relativos às interpretações "evolutivas" dos gêneros literários e da "Descoberta do Espírito" na Grécia antiga, cujos representantes mais influentes no Brasil são, a meu ver, Bruno Snell, Hermann Fränkel e Jean-Pierre Vernant, era desnecessária ou redundante, pois, desde os anos cinqüenta, essas leituras têm sido alvos freqüentes da crítica. No entanto, porque as leituras teleológicas ainda norteiam uma parte significativa dos estudos clássicos entre nós, e também nos E.E.U.U. e na Europa, como assinala Elizabeth Irwin em seu estudo de 2005 sobre Sólon,[4] parece-me não apenas justificado como importante manter viva essa discussão.

Conservo também nesta edição o aparato *a-crítico* oferecido para cada poema do *corpus*, cujo objetivo é o de permitir ao leitor, particularmente ao brasileiro que não tem acesso a todas as edições e aos comentários, consultar e comparar os diversos suplementos e as lições sugeridas ao longo dos tempos para os versos de Arquíloco aqui estudados.

Por fim, resta observar que, se fosse editorialmente viável, o título original, *Armas e varões; a guerra na lírica de Arquíloco*, seria alterado para *Armas e varões; a guerra na poesia de Arquíloco*, visando a uma maior coerência em face dos problemas, discutidos na *Introdução* do livro, que o emprego do termo "lírica" para o jambo e a elegia grega arcaica pode suscitar.

Novembro de 2008

---

4 E. Irwin, *Solon and Early Greek Poetry; The Politics of Exortation*, Cambridge, 2005, p. 7, n.17. Veja também nesse sentido S. R. Slings, "Symposium and Interpretation; elegy as group-song and the so-called awakening individual", *Acta Ant. Hung.* 40 (2000) 423-434.

PARTE I

INTRODUÇÃO

CAPÍTULO 1

A FORTUNA CRÍTICA DE ARQUÍLOCO DE PAROS NA ANTIGÜIDADE

A maior parte da elegia, do jambo e da mélica da Grécia arcaica chegou até nós porque os textos foram citados por autores que oferecem, além de suas próprias leituras, informações importantes para a interpretação dos poemas, embora os reproduzam apenas parcialmente.[1] Tais comentários antigos constituem, em geral, as próprias fontes dos fragmentos de Arquíloco, sendo também valiosos testemunhos de sua recepção na Antigüidade.[2] Como os textos são, via de regra, muito breves, não chegando alguns a um verso completo, em razão da escassez do material disponível, é indispensável, para reconstruir o sentido dos poemas, o estudo dessas leituras antigas.

O primeiro a tentar reunir todos os fragmentos de Arquíloco foi I. Liebel, em *Archilochi Reliquiae* (1812). Após essa edição, novas passagens foram descobertas nos papiros de Oxirrinco, Colônia, Estrasburgo, e nas inscrições dos *Monumentos a Arquíloco* em Paros. Atualmente, a mais completa edição de Arquíloco, *Iambi et Elegi Graeci ante Alexandrum Cantati* (Oxford, 1989, v.I), de M. L. West, inclui um total de 291 fragmentos aos quais se somam 26 de autoria duvidosa e onze espúrios. Desde sua composição no século VII a.C. até nossas edições modernas, como nos foram transmitidos?

---

1 Raramente um poema é citado por inteiro e apenas a *coronis*, um sinal diacrítico no início e no fim da citação, garante que esteja completo.
2 Além dos versos que chegaram por via indireta, isto é, citados em obras de outros autores, há mais 95 fragmentos provenientes das descobertas dos papiros de Oxirrinco (cópias que vão do século III ao final do século I a.C.), dois fragmentos do papiro de Colônia e mais dois do *Monumento a Arquíloco*.

A escrita já havia sido reintroduzida na Grécia por volta do século VIII, e nada impede que um poeta arcaico, embora inserido na tradição oral, soubesse escrever. Quanto à primeira redação dos poemas, se foram escritos pelo autor ou ditados a um terceiro, só há conjecturas. O que se sabe é que, segundo diversas testemunhas, os poemas de Arquíloco, objeto de récitas, mimeses, paródias e citações, eram extremamente populares e difundidos por toda a Grécia durante os períodos arcaico e clássico, exercendo grande influência sobre os poetas e repercutindo para além dos meios eruditos e literários.

Ainda no século VII, Alceu, nascido aproximadamente uma década ou pouco mais após a morte de Arquíloco, parecia ter em mente os versos do fragmento 5W ao compor um de seus poemas (fr.428*PMG*). Píndaro, no final do período arcaico, inaugura uma longa tradição ao criticar Arquíloco por maledicência. À distância, na miséria, ele vê Arquíloco, "o ralhador (*psogerós*), engordando-se com ódios e palavras pesadas" (*P.* 2.54-56). Em outra ode epinícia, Píndaro (*Ol.* 9.1) refere-se a uma canção de vitória entoada por amigos do vencedor olímpico, o hino *kallínikos* (também chamado *Hino a Héracles*), que ele atribui erroneamente a Arquíloco.

Entre os poetas dramáticos, Aristófanes, na comédia *A paz* (1298-1304), apresentada nas Grandes Dionísias de 421 a.C., traz à cena um menino de escola que recita para efeito cômico os versos de Arquíloco (fr.5W) sobre a perda do escudo – sinal de que já eram célebres nessa época. Talvez não seja necessário supor que esse poema (Arq. fr.5W) fizesse parte do currículo escolar do século V, mas, sem dúvida, já se havia tornado um clássico que a maior parte do público de Aristófanes podia reconhecer.

Cratino, o mais velho dos três poetas cômicos clássicos, apresentou em *c.* 450 a.C. *Os Arquílocos*, peça que deveria conter uma espécie de concurso literário entre Arquíloco ("e companhia") e Homero, algo semelhante à disputa de Ésquilo e Eurípides nas *Rãs* de Aristófanes (cf. Handley, 1988, p.385). É de Heráclito, porém, a primeira citação (que chegou até nós) que associa Arquíloco a Homero (fr.42DK): "Homero e Arquíloco deveriam ser expulsos dos concursos poéticos e açoitados". Mais tarde, Platão é testemunha de que, na sua época, Homero, Hesíodo e Arquíloco eram os poetas mais populares entre os rapsodos (*Íon* 531a).

Sabe-se, portanto, que do século VI até pelo menos o final do século V a.C. os poemas de Arquíloco eram cantados nas competições públicas de recitação de poesia, fazendo parte do repertório dos rapsodos. Quanto a isso, há também o relato de Ateneu (*Deipn*. 14.620c), segundo o qual Simônides de Jacinto (século IV a.c.) teria se especializado na apresentação dos poemas de Arquíloco no teatro. Não há notícia da existência de um texto dos poemas de Arquíloco nessa época. Mas, assim como a épica de Homero foi fixada por ocasião desses concursos, é possível que os rapsodos também tivessem à sua disposição textos de Arquíloco, pelo menos dos poemas mais extensos.

Sem entrar na questão do juízo que Heráclito e Platão fazem dos poetas, nota-se que essa curiosa associação de Arquíloco com Homero, de um modo ou de outro, permeou quase toda apreciação futura, tornando-se, desde o século VI a.c., um *tópos* da crítica arquiloquéia. A comparação de Arquíloco com Homero se faz, nos críticos antigos e nos modernos, ora por semelhança, ora por contraste.

Em Heráclito, é possível que a aproximação dos dois poetas se deva à popularidade partilhada por ambos, como se, no século VI a.c., Homero e Arquíloco (ao lado de Hesíodo) fossem os adversários de maior influência, já que eram os mais populares nas disputas literárias do século V a.C. (Platão, *Íon* 531a).

Pseudo-Longino justapõe Homero a Arquíloco em três passagens do seu *Tratado sobre o Sublime*. Primeiro (*de Subl*. 10.6-7), ele cita a narrativa homérica de um naufrágio como exemplo de descrição "sublime", afirmando haver em Arquíloco uma passagem comparável. Mais adiante (*de Subl*. 13.14), nega que Heródoto tenha sido o único autor "homeríssimo", pois, a seu ver, Estesícoro, Arquíloco e, sobretudo, Platão também têm Homero como fonte. Pseudo-Longino não justifica sua afirmativa nem oferece exemplos, mas remete o leitor à obra de Amônio e sua escola, que teriam reunido de forma sistemática os empréstimos feitos por esses autores a Homero.[3] Ainda em outra passagem (*de Subl*. 33.4-5), ele escolhe dois poetas de cada gênero, apontando o segundo de cada dupla como eviden-

---

3 No *Papiro Hibeh* 173 (Arq. fr.219-221W), que data do século III a.C., versos quase idênticos, de Homero e Arquíloco, são citados lado a lado.

temente o melhor (Apolônio de Rodes & Homero, Eratóstenes[4] & Arquíloco, Baquílides & Píndaro, Íon de Quios & Sófocles). Em suma, nas duas primeiras referências, Pseudo-Longino revela a semelhança ou dívida de Arquíloco para com Homero em termos de estilo e de léxico; na terceira, o poeta épico e o elegíaco são citados como *pares*, como os melhores representantes de gêneros que são distintos, mas não opostos.[5]

Em um de seus discursos, Díon Crisóstomo revela que Arquíloco e Homero gozavam da mesma estima (*Or.* 33.17-20); em outro (*Or.* 55.9), pergunta retoricamente se não poderíamos considerar Arquíloco e Estesícoro "seguidores" de Homero, apesar de suas métricas diferentes. Assim como Pseudo-Longino, Díon Crisóstomo elege Homero e Arquíloco como mestres inigualáveis em seus gêneros, mas ele também os contrapõe, explicitando o contraste entre suas poéticas (*Or.* 33.11-12): enquanto Homero *louva e enaltece* (*enekōmíase*) quase tudo, feras, plantas, água, terra, armas e cavalos..., Arquíloco segue o caminho *inverso*, o da *invectiva e da sátira* (*tò pségein*), porque, segundo ele, "[Arquíloco] percebia que era disso que os homens mais careciam, e começava por censurar a si próprio". É por isso que, entre os dois, Díon Crisóstomo (*Or.* 33.13) prefere o satírico Arquíloco ao Homero encomiasta, pois "aquele que é capaz de repreender, satirizar e revelar por meio de seu discurso os erros [humanos], é claramente superior e preferível aos que louvam".

Assim como Píndaro, o poeta do encômio, já havia marcado sua diferença em relação a Arquíloco, o poeta "ralhador", "difamador" (*psogerós*), não foram poucos os que detectaram no *psógos* o traço distintivo da obra de Arquíloco (cf. Broccia, 1956).[6]

Crítias, julgando que os poemas em primeira pessoa fossem uma espécie de relato autobiográfico,[7] espantava-se com o fato de Arquíloco não ter poupado nem a si mesmo: o próprio poeta teria se declarado um bastardo,

---

4 Além de compor o poema elegíaco *Erígone*, Eratóstenes (erudito do século III a.C.) teria realizado um estudo sobre Arquíloco (*Schol. Pind. Ol.* 10.1).

5 Houve até quem procurasse resgatar poemas narrativos de conteúdo mítico de um "Arquíloco homérico" perdido (cf. Gerevini, 1954, p.256-64).

6 Cf. Rotstein (2002, p. 169ss, 2007, p.139) e Brown (2006) para Píndaro sobre Arquíloco, *psógos* e *épainos*.

7 Trata-se de uma atitude comum tanto a comentadores antigos quanto a modernos (cf. *infra*).

filho da escrava Enipo, um adúltero e libertino, que deixou Paros por necessidade e pobreza. Além disso, ao chegar a Tasos, caluniou tanto amigos quanto inimigos e, "o que é ainda mais vergonhoso, abandonou o escudo. Com efeito, Arquíloco não dava bom testemunho de si próprio, tendo deixado tal fama e notícia sobre si mesmo" (Crítias in Eliano *V.H.* 10.13).[8]

Diz-se que Górgias, após ter dedicado em Delfos uma estátua sua de ouro, foi recebido em Atenas ironicamente por Platão: "Vejam o belo e dourado Górgias". A isso, Górgias teria retrucado: "Belo é este novo Arquíloco de Atenas!", comparando a sátira e a ironia do filósofo às do jambógrafo (Gorg. 82 A 15aDK).[9]

A oposição entre o poeta que denigre e o que enaltece, entre a poesia satírica e a encomiasta, freqüente desde o período arcaico, encontra em Aristóteles seu teorizador. Lê-se na *Poética* (4.7-8) que a poesia se dividiu, logo no início, em duas categorias específicas conforme a natureza dos poetas: os mais solenes representavam ações de homens nobres, ao passo que os mais vulgares, as de homens inferiores; os últimos compondo, a princípio, sátiras (*psógoi*), enquanto os primeiros, hinos aos deuses e encômios. A esses dois gêneros de poesia correspondiam, por sua vez, formas métricas distintas: a "heróica" (o hexâmetro dactílico contínuo, *katà stíkhon*) e o jambo,[10] e assim os poetas mais antigos foram também classificados como "heróicos" ou "jâmbicos" (Arist. *Po.* 4.10-12). O mesmo ocorre mais tarde com os poetas dramáticos: assim como os do escárnio (jâmbicos) e do louvor (épicos), esses são autores de comédia ou tragédia, segundo suas disposições naturais.[11]

---

8 Para leituras de Crítias contra Arquíloco, veja Rotstein (2002, p.178-184; 2007, p.139-54) e Rosen (2007, p.243-255).

9 Segundo Ateneu (*Deipn.* 11.505 d-e), Górgias também teria dito: "Como Platão sabe zombar (*iambídzein*)!", após ler o diálogo platônico que leva seu nome.

10 O metro jâmbico (*iambeîon*), segundo Aristóteles (*Po.* 4.10), é assim chamado por ser a forma empregada pelos antigos para zombarem (*iambídzein*) uns dos outros.

11 Homero, porém, é um caso à parte. Além de ter estabelecido os fundamentos da comédia, não fazendo uso da sátira (*psógos*), mas do cômico ou ridículo (*tò geloîon*), ele é escolhido por Aristóteles (*Po.* 4.12-13) como representante máximo do estilo sério (*tà spoudaîa*). É interessante como Aristóteles, ao contrário de Díon Crisóstomo, que tinha Homero e Arquíloco como os maiores expoentes de categorias distintas, faz de Homero um poeta "completo", versado em ambos os gêneros de poesia (heróica e satírica), ao atribuir-lhe a autoria do *Margites*, um poema jâmbico cômico-heróico.

No período helenístico, havia uma verdadeira querela entre os admiradores e os adversários de Arquíloco. Quando Calímaco (fr.544Pf) chama Arquíloco de "ébrio", emprega um epíteto que, a princípio, seria natural e nada agressivo por referir-se a um poeta que, além de jambógrafo e devoto de Dioniso, freqüentemente louva as virtudes do vinho em seus poemas (Arq. fr.2, 4, 7-9, 120, 124b, 290W).[12] Mas o retrato que pinta não é nada elogioso (Calímaco fr.380Pf):

εἵλκυσε δὲ δριμύν τε χόλον κυνὸς ὀξύ τε κέντρον,
σφηκός, ἀπ᾽ ἀμφοτέρων δ᾽ ἰὸν ἔχει στόματος

tinha do cão a amarga bile, o agudo aguilhão
da vespa e, na boca, o veneno de ambos.

As figuras depreciativas que emprega para descrever o estilo de Arquíloco, o cão e a vespa, derivam da terminologia cínica. Um motivo aventado para a hostilidade de Calímaco seria a alegada adesão de Arquíloco a Homero (Degani, 1973, p.86-7). Em todo caso, sabemos que Apolônio de Rodes, o maior inimigo de Calímaco, era grande admirador de Arquíloco.[13]

Na esteira de Calímaco, a reputação satírica (*psogerós*) de Arquíloco foi perpetuada em cinco epigramas da *Antologia Palatina* (*A.P.*) que se referem à lenda do suicídio das filhas de Licambes. As moças teriam se enforcado por não suportarem os ataques difamatórios do poeta. Assim, em Dioscórides (*A.P.* 7.351) e em um epigrama anônimo (*A.P.* 7.352), as Licâmbides se dizem virgens inocentes, desgraçadas pela virulenta sátira do pário. "Arquíloco foi o primeiro a lançar uma Musa na bile viperina, maculando o monte Hélicon com sangue", e o viajante é alertado: que passe em silêncio para não despertar as vespas sobre seu túmulo (*Getúlico*

---

12 Para a associação de Arquíloco e do jambo ao culto de Dioniso, cf. West (1974, p.22-39) e os testemunhos em Tarditi (1968).
13 Degani (loc. cit.). Segundo Bühler (1964, p.223-47), é possível notar a influência de Arquíloco na métrica (tetrâmetro trocaico e polimetria), no uso da fábula e, particularmente, no fragmento 193Pf de Calímaco, embora ele reconheça Hipônax, e não Arquíloco, como o verdadeiro modelo. Para Degani (1973, p.79-104), a influência de Arquíloco em Calímaco seria modesta, limitando-se aos jambos e a prováveis empréstimos lexicais em *Aet*. (43.70) (Arq. fr.222W), *Aet*. 110.53 (Arq. fr.181.11W) e fr.507Pf (Arq. fr.264W).

A.P. 7.71).[14] Juliano (*A.P.* 7.69, 70) adverte Cérbero, guarda do Hades, contra o ácido jambo da boca biliosa de Arquíloco, enquanto Meleagro, no prefácio à *Coroa* (*A.P.* 4.1), chama seus versos de "crespas flores de acanto". Mas havia quem defendesse o "ébrio Arquíloco", brindando à sua honra e à do "viril Homero", contra os "bebedores de água", "poetas efeminados e decorativos" (*A.P.* 11.20, 322). Polemizava-se nessa época acerca da importância do vinho, do entusiasmo irracional de inspiração dionisíaca, na criação poética. Dessa contenda participou Horácio, opondo "a diligência elaborativa e lúcida, mas frígida", dos alexandrinos "bebedores de água" ao rico engenho dos poetas "de inspiração báquica" (Degani, 1973, p.84-5). Em um de seus epodos (6.13), Horácio compara-se a Arquíloco, "o poeta temido pelo vitupério", afirmando mais tarde (*Epist*. 1, 19, 23-25) orgulhar-se de ter sido o primeiro latino a escrever "à maneira de Arquíloco", adotando seu espírito e sua métrica, mas não o conteúdo (cf. Wistrand, 1964).[15]

A maioria das referências tardias a Arquíloco tende a ressaltar um aspecto de sua obra: a sátira ferina da invectiva pessoal. É possível, porém, que esse enfoque não resulte apenas de um modismo ou gosto de época, mas deva-se à forma de transmissão da obra e sua classificação no período alexandrino.

Restaram-nos, graças às citações nas obras de sofistas e filósofos da segunda metade do século V a.C., um número de fragmentos importantes de Arquíloco, e o livro perdido de Heraclides Pôntico (século IV a.C.) sobre Homero e Arquíloco[16] devia trazer várias passagens desses poetas como exemplo. Mas foi realmente a partir de Aristóteles e sua escola que começaram a surgir comentários sistemáticos de caráter filológico, histórico e hermenêutico, visando à elucidação de passagens difíceis nos poemas. O próprio Aristóteles, segundo Hesíquio de Mileto (*Index Operum*), teria escrito um tratado sobre as obras de Arquíloco, Eurípides e Quérilo.[17] Não há prova da existência de uma edição de Arquíloco nos séculos VI, V ou IV

---

14 Veja Brown (2001: 430) para a leitura de *pikrós*, que qualifica a Musa arquiloquéia nesse epigrama como *aguçada*: "Getúlico descreve a Musa como uma arma que, já afiada, Arquíloco torna letal ao mergulhá-la no veneno".
15 Para a influência de Arquíloco em Horácio, veja Harrison (2001).
16 Περὶ Ὁμήρου καὶ Ἀρχιλόχου, apud D. L. (5.84).
17 Ἀρχιλόχου Εὐριπίδου Χοιρίλου ἐν βιβλίοις γ.

a.c., mas, em virtude do caráter de seus trabalhos, é verossímil que Aristóteles e seus discípulos tivessem em mãos antologias dos poemas. Com a abertura da Biblioteca de Alexandria no século III a.c., passaram a predominar os comentários gramaticais que esclareciam questões de semântica (o significado de expressões já obsoletas), morfologia e sintaxe. Infelizmente, para seus propósitos, os gramáticos não precisavam citar mais do que palavras isoladas ou partes de versos. Mesmo assim, esses estudos revelam a riqueza do vocabulário e da linguagem de Arquíloco. Alguns fragmentos sobreviveram em glosas de lexicógrafos, citações de metricistas (que, por necessitar de versos completos para seus exemplos, preservaram-nos mais do que os primeiros), e na antologia de Estobeu, que reunia excertos de Arquíloco a partir de manuais de filosofia moral.

A classificação de Arquíloco entre os poetas jâmbicos nos cânones alexandrinos pode ter sido um fator determinante para sua fortuna como poeta satírico e para a ênfase dada aos poemas jâmbicos (especificamente aos relacionados às filhas de Licambes) que encontramos nas referências mais tardias. Segundo Quintiliano (10.1.59), dos três jambógrafos incluídos no cânone de Aristarco, o estilo de Arquíloco era o mais vigoroso, sendo ele o único poeta do gênero que um orador deveria conhecer e estudar.[18]

O livro (ou livros) da Biblioteca que reunia os poemas de Arquíloco serviu aos comentadores de sua obra: Eratóstenes (*Schol. Pind. Ol.* 10.1), Apolônio de Rodes,[19] Lisânias (cf. *Deipn.* 7.304b, 11.504b, 14.620c), e Aristófanes de Bizâncio, que lhe dedicou um *Sýngramma*, usado mais tarde por Suetônio (*Deipn.* 3.85e) e Eustácio. Filócoro também recorreu aos poemas de Arquíloco como fonte para sua história das colônias gregas na Trácia, assim como Démeas (328 F 172), o cronista de Paros, que elaborou, a partir deles, uma biografia do próprio poeta.

---

18 Atribui-se também a Aristarco (Clem. Alex. *Strom.* 1.388) um comentário à obra de Arquíloco (' Αρχιλόχου ὑπομνήματα).

19 ' Εν τῶι περὶ ' Αρχιλόχου. *Deipn.* (10.451d). Para a influência de Arquíloco em *Os Argonautas* de Apolônio de Rodes, cf. Degani (1973, p.86).

Após o período alexandrino, Arquíloco e sua obra sofreram severa crítica por parte de filósofos e Padres da Igreja que, no quadro da censura às letras pagãs em geral, tinham não apenas a ele como alvo, mas a todo esse gênero da poesia arcaica. Eusébio (*Prep. Ev.* 5.32, 33), por exemplo, caçoa dos oráculos de um deus [Apolo] que admira e defende Arquíloco, poeta obsceno e infame "que um homem decente sequer suportaria ouvir".[20] Como o imperador Juliano proibiu a leitura de Arquíloco e Hipônax, deduzimos que, nessa época, antologias que continham suas obras ainda seriam acessíveis. Após esse período, porém, não temos mais notícia de seus textos que, aos poucos, foram caindo no esquecimento.[21]

---

20 Orígenes (*Contra Celso* 7.6) também denuncia a obscenidade e a impureza de Arquíloco.
21 Existem, entretanto, imitações bizantinas do fragmento 223W de Arquíloco – evidência de que alguns de seus versos ainda devem ter permanecido. Segundo Wilamowitz-Möllendorff (1913, p.23), a grande maioria dos poemas de Arquíloco não sobreviveu em virtude de sua obscenidade. Mahaffy (apud Semerano, 1951, p.167-87) também acredita que no período bizantino os poemas foram deliberadamente destruídos ou não copiados. No entanto, como se explica que os poemas de Hipônax, tão ou mais obscenos que os de Arquíloco, tenham chegado ao século XII d.C.?

CAPÍTULO 2

HOMERO E ARQUÍLOCO:
LEITURAS MODERNAS DA GRÉCIA ARCAICA

Embora nos tenha restado muito pouco da obra de Arquíloco, a importância e o valor que os antigos lhe conferiam evidenciam-se pelas referências que a ela fizeram poetas, sofistas e filósofos, pelo trabalho que os gramáticos lhe dedicaram, e pela constante aproximação ou confrontação de seus poemas com os de Homero. Até o início deste século, Arquíloco ainda era definido como o "antípoda de Homero" (Schmid & Stählin, 1929, p.389); a comparação do *subjetivismo* lírico com o *objetivismo* épico tendo-se tornado, desde Hegel, um tema obrigatório, presente em quase todas as histórias da literatura grega:

> A tarefa de aperfeiçoar estes acontecimentos pertence à poesia épica na medida em que narra poeticamente, sob forma de amplo desenvolvimento, uma ação em si total, assim como os caracteres de onde dimana, quer na sua gravidade substancial, quer nos seus aventurosos encontros com acidentes, e assim a poesia épica coloca em relevo o próprio objetivo na sua própria objetividade.[1]

> A poesia lírica está em oposição à épica. Tem por conteúdo o subjetivo, o mundo interior, o ânimo que reflete, que sente, que, em vez de agir,

---

[1] Para o caráter geral dos gêneros poéticos e suas divisões, cf. a introdução de Hegel aos diferentes gêneros de poesia (*Estética*, Werke 15, III.III.C.I.3 A): *"Solche Begebnisse auszugrunden ist die Aufgabe der epischen Poesie, insofern sie eine in sich totale Handlung sowie die Charaktere, aus denen dieselbe in substantieller Würdigkeit oder in abenteuerlicher Verschlingung mit äusseren Zufällen entspringt, in Form des breiten Sichbegebens poetisch berichtet und damit das Objektive selbst in seiner Objektivität herausstellt"*. As traduções da *Estética*, citadas a seguir, são de Ribeiro & Vitorino (1993), com alterações.

persiste na sua interioridade e só pode, portanto, ter por forma e por fim a expressão do sujeito.[2]

Se, para Wilamowitz-Möllendorff (1913, p.10), a obra de Arquíloco permanecia como um "enigma que ofende o ideal de moderação (sōphrosýnē) grego", não nos admira que Nietzsche (*Nascimento da Tragédia*, caps.5, 6), dando continuidade a uma longa tradição, tenha escolhido Arquíloco, autor pouco estudado em sua época, como o poeta dionisíaco por excelência, oposto ao plástico e apolíneo Homero.

A leitura dos poemas de Arquíloco, tomado como divisor de águas entre poéticas e universos distintos, tem sofrido distorções pela sua constante oposição à épica homérica; assim como, por exemplo, na obra de Bruno Snell e sua escola, que ainda hoje tem grande influência nos estudos clássicos.

Desde os anos 50, surgiu uma série de críticas[3] ao método empregado por Snell e outros que, baseando-se quase exclusivamente no estudo lexical da literatura, buscavam construir uma "história do espírito" da Grécia antiga. É, portanto, admirável que, apesar dos problemas apontados por arqueólogos e filólogos, as teses de Snell continuem vigorosas e a presença de seus livros em bibliografias das mais respeitáveis universidades justifique, além das diversas traduções, uma sétima edição de *A descoberta do espírito* (*DE*).[4]

O seu método e teses, adotados e desenvolvidos com algumas modificações ou ressalvas por alunos e seguidores, os helenistas integrantes da chamada "Snell-Fränkel School",[5] também exerceram influência em

---

2 Hegel (*Estética, Werke* 15, III.III.C.I.3 B): *"Die andere umgekehrte Seite zweitens zur epischen Poesie bildet die Lyrik. Ihr Inhalt ist das Subjektive, die innere Welt, das betrachtende, empfindende Gemüt, das, statt zu Handlungen fortzugehen, vielmehr bei sich als Innerlichkeit stehenbleibt und sich deshalb auch das Sichaussprechen des Subjekts zur einzigen Form und zum letzten Ziel nehmen kann".*

3 Tate (1953), Seel (1953), Gundert (1955), Dover (1957; 1964), Lesky (1961), West (1965b), Russo (1974), Lloyd-Jones (1975, 1983), Dickie (1976), Rösler (1980), Rowe (1983), Griffith (1983), Latacz (1984) e Fowler (1987). Cf. Wolff (1929) para uma das primeiras críticas ao método lexicográfico. Veja também nesse sentido, mais recentemente, Slings (2000) e Irwin (2005).

4 Griffith (1983, p.39): "Essa abordagem resulta não apenas da 'história do espírito' póshegeliana, mas também do gosto e da teoria literária romântica que dominou a interpretação da poesia clássica até os anos 80 e que, até hoje, é influente". As traduções de *A descoberta do espírito* (*DE*) (1992) citadas são de A. Morão, alterações sendo feitas apenas nos casos em que a grafia portuguesa diverge da brasileira.

5 Os principais exponentes são Snell, Fränkel Jaeger e Treu. Cf. resenha de Dover (1957) e Maehler (1963). Dodds (1988) também deve muito a Snell, enquanto Wilamowitz-Möllendorff

outras linhas, tais como a escola de antropologia sociológica francesa ou a psicologia histórica de J. P. Vernant.

De início, portanto, discutiremos a caracterização que Snell faz do homem homérico, definido como incapaz de abstração, sem consciência de sua unidade física e espiritual, e que, desconhecendo o que seja uma verdadeira decisão, revela-se um campo aberto para a ação dos deuses.[6] A seguir, será examinada a concepção de Snell (e de sua escola) acerca do "novo homem e mundo" do chamado "período lírico", que teria sido inaugurado por Arquíloco.

A) O HOMEM HOMÉRICO

I) CORPO E ALMA

O homem do período homérico, segundo Snell (*DE* 20), era incapaz de formular abstrações e, comparado ao da época clássica, *primitivo* quanto a seu discurso por servir-se de símbolos concretos que a percepção sensorial lhe oferecia, e que parecem estranhos "a uma língua mais desenvolvida". Como evidência, Snell (*DE* 20) citou verbos relativos à visão que se baseiam em "aspectos palpáveis", ou "qualificações externas". Não encontrando em Homero uma palavra que expressasse a visão enquanto função ativa do sujeito, concluiu que o homem homérico não a conhecia como tal (*DE* 23).

Mas é pretextando falta de tempo que Snell (*DE* 23) evita discutir *horáō*, *ideîn* e *ópsesthai*, verbos que, isentos de "aspectos palpáveis", traduzem justamente essa função ativa da visão (cf. Seel, 1953, p.294, 303).

Da mesma forma, como não havia em Homero uma palavra que designasse o corpo vivo enquanto totalidade (pois "*sôma*" referia-se nessa época apenas ao "cadáver"), Snell (*DE* 25-6) deduziu que o homem homérico não concebia seu corpo em termos de uma unidade orgânica.

(cf. Rösler 1980, p.14) e Pfeiffer (1929, p.137-52) podem ser considerados "precursores" da escola.

6 Esse quadro do homem homérico, que repercute em muitos pontos no de Vernant, foi primeiro desenvolvido por Snell em um artigo de 1939 ("Die Auffassung des Menschen bei Homer") e incorporado depois em *DE*, capítulo 1.

Além disso, ao encontrar nos textos homéricos apenas palavras referentes a membros que, embora agregados ao corpo, seriam independentes, Snell (*DE* 27) traçou paralelos entre literatura e artes gráficas, constatando que a figuração do corpo humano no período geométrico/arcaico seria até mais "primitiva" que a de nossas crianças. A seu ver, os desenhos das crianças atuais enfatizam o tronco como um centro compacto, revelando uma noção de unidade de que os homens homéricos careciam (*DE* 27).[7] Apenas no século V teriam surgido tentativas de retratar o corpo humano como um todo. Antes disso, ao ressaltar músculos e junções, os desenhos enfatizavam a agilidade e a capacidade de movimento (*DE* 27).

Novamente, Snell não leva em consideração uma palavra que, em Homero, representa o corpo vivo na sua totalidade: *démas*.[8]

Traz conseqüências mais graves não admitir que haja em Homero uma concepção de unidade no âmbito do espírito. Tal como Snell (*DE* 28-9) não havia encontrado nos poemas homéricos um termo para o corpo vivo como um todo, mas apenas para membros distintos, assim também afirmou não haver uma palavra que designasse a "alma" ou o "espírito" enquanto unidade, mas apenas um número de termos referentes a *órgãos corporais* com funções distintas: *psykhé, nóos, thymós*.[9]

Se o homem homérico ignorava a existência da alma enquanto unidade, assim como a dicotomia corpo/alma,[10] tampouco poderia conhecer sentimentos/emoções "mistos" e "uma verdadeira reflexão", definida como "um diálogo da alma consigo própria", porque, em Homero, a

---

7 Assim Detienne (1973, p.46-7), citando Snell, alega que na Grécia arcaica não havia uma concepção do corpo enquanto unidade, mas que este era fracionado em múltiplos órgãos que também exerciam funções psíquicas: "Em suma, parece que o homem arcaico não teve uma 'experiência do espelho', essa etapa da 'descoberta de si' que permite à criança, em nossa civilização, descobrir seu corpo e estruturar sua pessoa".

8 O argumento de Snell (*DE* 26), que não considera o termo *démas* porque ocorre nos textos homéricos apenas sob a forma do acusativo, não se sustenta. Lesky (1961, p.8) também se recusa a glosar *démas* por "corpo" (como sugeria Aristarco), preferindo uma expressão como "a força de Telémaco" (*ís Telemákhoio*) que se refere, a seu ver, à pessoa como um todo. Mas *démas* é perfeitamente adequado; veja, por exemplo, *Ilíada* (1.115).

9 Böhme (1929), uma das fontes principais de Snell (*DE*), insistia na importância da falta de um único termo para a "alma" em Homero. Dodds (1988, p.24) e Dihle (1982, p.26), que, a princípio, concordam com Snell, não aceitam porém suas conclusões: "os elementos principais da psicologia grega tradicional já se encontravam plenamente desenvolvidos em Homero, mesmo sem o auxílio do conceito de alma".

10 Desde o século XIX, Rohde, Otto, Bickel, Böhme e Wilamowitz-Möllendorff, investigando a natureza da alma em Homero, concluíram que o "espiritual" não se distinguia do "corporal".

tensão ou contradição não ocorria em um só órgão, mas somente entre órgãos distintos (*DE* 43). Não havendo reflexão, não haveria a noção de responsabilidade humana. Conclui-se que a "alma" do homem homérico, por não ser unitária, carece de um ponto central para que possa ser considerada fonte de emoções ou sentimentos (*DE* 44-5); não percebendo em si a origem de seus poderes ou decisões, ele atribuía toda iniciativa e sua execução à obra dos deuses ou de agentes externos:[11]

> Os órgãos espirituais, *thymós* e *nóos*, são até tal ponto concebidos como meros órgãos que não podem constituir por si mesmos a verdadeira origem de uma emoção; a alma como *prôton kinoûn*, como "primeiro motor", tal como Aristóteles a concebe, ou em geral a idéia de um elemento central que domine todo o sistema orgânico, é algo que Homero ainda não conhece. A atividade espiritual e anímica consiste na influência de forças que atuam a partir de fora, e o homem encontra-se à mercê de múltiplos poderes que se lhe impõem e o podem dominar.

Em primeiro lugar, é evidente que a concepção de *prôton kinoûn*, desenvolvida por Aristóteles, não se encontraria em Homero;[12] nem a alma humana (que pode ser considerada um "motor imóvel") jamais seria um "primeiro motor", "causa de todas as coisas, "Deus".[13] Em Homero, as "fontes de impulsos" são o *nóos*, a *phrḗn*, a *kardía* (cf. 1.b), ou o *thymós*, que, como a *psykhḗ*, é uma espécie de "princípio vital"; quando abandona o corpo, há um colapso do "sistema orgânico".

Assim também para Fränkel (1975, p.77) e Dihle (1982, p.26, 179, n.30), o homem homérico constitui uma "unidade psicofísica", dividida apenas após a morte.

11 Pfeiffer (1929, p.146) acredita que a noção de responsabilidade humana, "inexistente na *Ilíada*", teria surgido pela primeira vez na "parte mais recente" da *Odisséia* (1.32-43). Para Snell (*DE* 151-2), é só no período clássico, especificamente na tragédia, que a questão da responsabilidade humana entra em cena como tema de debate.

12 O primeiro motor (*prôton kinoûn*) é substância e atualidade, eterna, imaterial e, portanto, sem magnitude, partes ou divisões, separada das coisas sensíveis, impassível e inalterável, é causa eficiente de todas as coisas que move sem ser movido (Arist. *Metaph.* λ 1070b 35, 1071b 20-37, 1072a25 ss., 1073a4-14). O *prôton kinoûn* causa o movimento, é "fonte de impulsos", por ser o bem supremo, objeto primeiro do pensamento e do desejo, cf. Arist. *Metaph.* (λ 1072a26 ss.).

13 Cf. Sorabji (1988, p.225) para Deus como o *prôton kinoûn* na *Metafísica* (λ) e para o problema da alma como um "motor imóvel" (*de An.* 1.3.406a3, b7-8, 408b5-18), cujo movimento reside na sua atualização por um objeto do desejo (*de An.* 3.10, 433b13-19): "Devemos dizer que a alma não é movida de forma alguma, ou que é movida apenas no sentido específico de ser plenamente atualizada".

Se falta em Homero um vocábulo que reúna em si todos os aspectos de *psykhé, thymós* e *nóos*, isso não significa que os homens de sua época não tivessem ciência de si enquanto uma unidade.[14] Embora não haja na épica *reflexão* sobre a "pessoa", a unidade dela se expressa na fala e atos das personagens;[15] Homero as representa como "agentes unitários". Se a "pessoa" for definida como o que organiza e reúne atividades emotivas e intelectivas no indivíduo, o simples emprego do pronome "eu" implica, por si, tal noção (Sharples, 1983, p.7, n.12; Gaskin, 1990, p.2, 7).

Snell arrola, entre importantes desenvolvimentos do período lírico, as novas concepções de *thymós* e *psykhé*. Se, em Homero, o *thymós* não era mais que um "órgão das emoções anímicas" que não diferia basicamente dos demais órgãos corporais, os líricos não o conceberiam como tal (*DE* 103). O emprego de *thymós* em alguns fragmentos de Arquíloco (fr.128, 114W) apontaria para uma "concepção abstrata da alma" que Homero ignorava (*DE* 103).[16] Com a "nova dimensão" descoberta por Arquíloco e Safo, isto é, a diferenciação da "alma" dos órgãos físicos, os líricos teriam chegado à dicotomia corpo/alma inexistente em Homero (*DE* 104). No entanto, as passagens da *Ilíada* citadas por Snell não parecem traduzir uma noção "menos abstrata" de alma.[17]

O novo conceito de uma *psykhé* presente no ser vivo e distinta do corpo e dos órgãos físicos teria surgido primeiro em Heráclito (*DE* 41). Mas, segundo Snell (*DE* 41), essa nova formulação só foi possível graças a desenvolvimentos ocorridos na lírica arcaica. Por exemplo, a "profun-

---

14 Inwood (1992, p.189) nota, por exemplo, que não há um único termo alemão que traduza todos os usos e significados de *"mind"*, mas vários que se sobrepõem. Os mais notáveis são *"Gemüt"*, *"Seele"* e *"Geist"*. Cf. p.48 (*infra*) para o problema do vocabulário homérico e o método lexicográfico.

15 Lesky (1961, p.9) cita como exemplo passagens em que os heróis homéricos dialogam com o seu próprio *thymós*.

16 Cf. Dihle (1982, p.25): "A linguagem homérica contém muitos elementos arcaicos. Um deles é, aparentemente, o modo de expressar fenômenos psicológicos. Temer, esperar, refletir, desejar, e qualquer outra atividade intelectual ou emotiva é freqüentemente associada com a parte específica do corpo na qual parece ser produzida ou efetuada". Dihle nota, porém, que isso não é particular a Homero, pois ocorre também no hebreu bíblico e em expressões coloquiais modernas.

17 *DE* (103 n.29): *kardíē* (*Il.* 10.244, 12.247, 16.266, 21.547), *phrénes* (*Il.* 1.103, 13.60, 17.211, 499, 573). Nota-se que são escolhidos *kardíē* e *phrēn* que, dentre as "sedes de emoção/reflexão", são as que mais se aproximam de órgãos físicos. Quanto ao *thymós* (traduzido muitas vezes em Homero por "coragem"), veja, por exemplo, *Od.* (9.302), em que Odisseu tem de repente "um outro *thymós*" (= uma outra idéia, um outro impulso), e Dodds

didade" que Heráclito[18] atribui à alma e que a distingue dos objetos físicos, dos órgãos, seria noção alheia a Homero, mas presente em compostos tais como o *bathýphrōn* e *bathymétēs* ("de profundo pensamento e sabedoria") dos líricos (*DE* 41-2).

Se Homero ignorava os três predicados da alma heraclítica: 1. tensão em intensidade e profundidade, 2. espontaneidade, e 3. o ser "comum" (*koinós*), os líricos teriam alcançado o primeiro e o terceiro ao "descobrirem" a divisão na alma e reconhecerem que os homens compartilham posses intelectuais e espirituais semelhantes (*DE* 113).[19] Quanto à espontaneidade, os líricos só a teriam percebido em uma pequena esfera de sua experiência: nas aflições do espírito (*DE* 113). Pois, nessa época, a "alma pessoal não é ainda o princípio e a fonte dos sentimentos gerais e englobantes, mas apenas das reações que o choque com um obstáculo produz em tais sentimentos" (*DE* 111).[20]

Mas não é lícito contrapor a poesia épica à elegia, ao jambo e à poesia mélica arcaica em vista de suas representações do *thymós*, *nóos* ou *phrén*, porque esses termos, além de serem quase intercambiáveis em ambos os gêneros, não sofreram um desenvolvimento semântico radical de Homero aos líricos arcaicos.[21]

O *thymós*, tanto em Homero quanto nos líricos, jamais é considerado um órgão físico propriamente dito. Ele é descrito como se fosse uma espécie de vapor ou sopro úmido (cf. *thymiáō*) ativo nos pulmões (*phrénes*) que

---

(1988, p.24-5), para o *thymós* como uma "objetivação dos ímpetos emocionais", uma "voz interior independente".

18 Fr.45DK: "Não encontrarias os limites da alma, percorrendo todo o caminho; tão profundo é seu *lógos*" (ψυχῆς πείρατα ἰὼν οὐκ ἂν ἐξεύροιο, πᾶσαν ἐπιπορευόμενος ὁδόν. οὕτω βαθὺν λόγον ἔχει).

19 Para Snell (*DE* 43-4), duas características do *lógos* heraclítico (ser "algo que se expande" fr.115DK: "da alma é um *lógos* que se expande" ψυχῆς ἐστιν λόγος ἑαυτὸν αὔξων, e ser "comum") não poderiam ser expressas em Homero porque o *nóos* e *thymós* jamais eram por ele considerados fontes de impulsos; qualquer aumento das capacidades físicas ou espirituais sendo representado como algo que vem de fora, uma realização divina.

20 O amor, por exemplo, era considerado um dom de Afrodite ou Éros; pessoal seria apenas a divisão ocasionada pelo amor não-correspondido (*DE* 94).

21 Lesky (1961, p.8) e Darcus (1979, 1980 e 1981). West (1985b, p.56) afirma que, de Homero ao século V, mudanças ocorreram nos sentidos de *thymós* e *psykhé*. No comentário ao fragmento 5W de Arquíloco, examinaremos o significado de *psykhé* no século V, mas não parece haver exemplos que evidenciem uma mudança de sentido para *thymós*.

impele o sujeito à ação infundindo-lhe coragem.²² Onians (1954, p.50) o define como o "*alento*, a respiração que é consciência variável, dinâmica, que muda segundo as mudanças de sentimentos e pensamentos, pensamento e sentimento sendo dificilmente separáveis" nesse período.²³ Dentro das *phrénes*, o *thymós* (vapor/sopro) interage com o ar externo, podendo aumentar ou definhar. Assim, é ativo durante a vida e jamais mencionado após a morte, quando, ao abandonar o corpo, cessam a respiração e a consciência. Nesse sentido, o *thymós* pode ser considerado um princípio vital, constantemente associado ao pensar e sentir.

O *nóos* não é tampouco um órgão permanente com localização precisa. As etimologias propostas (*néomai* = "vou", ou *néō* = "movimento-me em líquido", "nado") sugerem a noção de "uma consciência com movimento ou propósito determinado" (Onians, 1954, p.82). O *nóos* "não é idêntico ao *thymós*, mas é como se fosse uma corrente dentro dele que o define e controla, é o que faz a diferença entre a consciência não controlada e a inteligente que tem propósito. Não é intelecto puro, mas dinâmico e emocional" (Onians, 1954, p.83).

A *psykhé* em Homero, como o *nóos* e o *thymós*, não sendo órgão, não possui localização definida. Mas, ao contrário desses, a *psykhé* não parece exercer nenhuma atividade ou participação na consciência habitual do ser vivo. Ao deixar o corpo com o *thymós* na hora da morte, é o que resta do homem no Hades. Por estar presente no corpo vivo e não no morto, alguns julgam que a *psykhé* em Homero seja um "princípio de vida" (Lovibond, 1991, p.35). É interessante notar que, em certas passagens homéricas, a *psykhé* também pode significar a própria "vida" pela qual o guerreiro luta (*Il.* 22.161) e que ele arrisca perder no combate (*Il.* 9.321).²⁴

Heráclito, nos fragmentos 107 e 117DK, apresenta uma *psykhé* diversa da homérica por ser ativa durante o período de vida. Mas, segundo Aristóteles (*de Anima* II.2,405a 19), já em Tales o movimento seria uma função da *psykhé*,²⁵ e para Anaxímenes (Aécio1.3.4) ela exercia uma

---

22 Boisaq (1923 s.v.) compara o *thymós* ao *fumus*. Para as funções do *thymós, nóos* e *phrén* discutidas a seguir, cf. Onians (1954, cap.I-III).
23 Para exemplos da atividade emotiva/intelectiva do *thymós*, cf. Lesky (1961, p.8).
24 Mais tarde, no século V, ao citar versos de Arquíloco (fr.5W), Aristófanes substituiu *autón* ("si próprio"), o pronome original, que se referia a pessoa viva como um todo, por *psykhén* (cf. II.2.c).
25 Cf. Schofield (1991, p.23): "aqui, é evidente que a *psykhé* está sendo tomada como o princípio de vida: de onde podemos inferir que Tales estava a caminho de conceber a *psykhé* –

forma de controle, mantendo a coesão dos seres. A partir do século VI a.C., começa a ser mais freqüente a referência à *psykhé* como sede de emoções e *consciência*. Em Anacreonte (fr.360.4*PMG*), por exemplo, a *psykhé* do amante é comparada a um cavalo cujas rédeas o menino amado detém. No contexto do pitagorismo, Xenófanes (fr.7aW) afirma que, pelos ganidos do cão surrado, reconhece a *psykhé* do amigo.[26] No entanto, o sentido mais "antigo" de *psykhé* não cai em desuso, encontrando-se, inclusive, no fragmento 98DK de Heráclito e na literatura posterior, onde o termo continua a ser empregado em contextos de morte como "o que sobrevive"[27] ou a "vida" que se pode perder.[28]

Vernant e Detienne (in Meyerson, 1973) reproduzem o quadro de Snell em suas linhas gerais. Segundo eles, em Homero, o corpo não seria unificado (a não ser no cadáver), mas composto de órgãos com funções físico-psíquicas. Não havia, portanto, distinção entre corpo/alma. Mas eles elaboram de forma diversa a mudança de sentidos de *sôma* e *psykhé*, buscando no xamanismo e no pitagorismo, seitas dos séculos VI e V à margem da religião oficial da cidade, a formação de "uma nova noção de alma".[29] Magos e xamãs, por meio de ascese e exercícios respiratórios, procuravam "reunir e unificar as capacidades psíquicas espalhadas por todo o indivíduo" com o intuito de separar do corpo a alma, "isolada e centralizada". Nessa nova concepção, a *psykhé*, além de unificada, era imortal e divina.

Esses grupos religiosos (de certo modo "aberrantes") tiveram, segundo Vernant (1973, p.35-6), "um papel decisivo na origem da pessoa e sua história no homem ocidental": pois a "descoberta da interioridade" estaria

---

novamente de forma não-homérica – como a essência central que relaciona nossas diversas faculdades".

26 Outros exemplos encontram-se em versos de Simônides (fr.8.13W), na *Teognidéia* (530), em Íon (fr.30.2), Melanípides (fr.762.2*PMG*), Filoxeno de Leuca (fr.836b5*PMG*) e Filisco (fr.7W). Cf. West (1985b, p.57) e Schofield (1991, p.24).

27 Arquíloco (fr.213W?), Simônides (fr.553.2*PMG*), *Teognidéia* (568, 710, 910) e *Adespota* (fr.925c16*PMG*).

28 Safo (fr.62V?), Tirteu (fr.10.14, 11.5, 12.18W?), Sólon (fr.13.46W), Hipônax (fr.39.1W) e *Teognidéia* (730).

29 Vernant (1973, p.35) e Detienne (1973, p.48-9).

vinculada ao dualismo somato-psicológico. Por meio da separação e definição da alma por oposição ao corpo é que ela teria conquistado "objetividade e existência". Se nessa época a alma ainda não exprimia "a singularidade dos sujeitos, pois, associada ao *daímōn*, um princípio divino", ela era "aparentada ao que anima toda natureza", esse seria, porém, um primeiro momento na "elaboração progressiva do mundo da experiência interior em face do universo exterior".[30]

II) EMOÇÕES MISTAS, REFLEXÃO E RESPONSABILIDADE HUMANA

O homem homérico, segundo as teses de Snell (*DE* 43), desconhecia emoções mistas e uma verdadeira reflexão por não ocorrerem tensões ou conflitos em um único "órgão", mas somente entre seus "órgãos" distintos. Em primeiro lugar, já vimos que o *nóos*, *psykhé* ou *thymós*, embora materiais e corporais, não são "órgãos" propriamente ditos.[31] Além disso, alguns críticos interessados no problema da iniciativa e da responsabilidade humana na Grécia antiga também notaram, desde Wolff (1929, p.388), que a expressão formular "cogitava, dividido em seu coração"[32] indica a capacidade do homem homérico de experimentar tensão ou contradição em uma única sede de percepção/emoção.

Em um estudo de 1952, Snell opôs o homem homérico ao trágico, tomando como paradigmas o Agamenão da *Ilíada* (19.86 ss.), que teria responsabilizado os deuses pelos seus atos, e o Orestes de Ésquilo, que, embora seguisse ordens de Apolo, arcava com as conseqüências de tudo o que fizera. A passagem da *Ilíada* (19.86 ss.) examinada por Snell já era há tempo confrontada com outra (*Il.* 9.119)[33] pelos interessados na questão da responsabilidade humana em Homero. Eles apontavam para uma aparente contradição ou oscilação no decorrer da narrativa: ora

---

30 Vernant (loc. cit.). Assim também, Detienne (1973, p.50) cita Snell e conclui que a lenta descoberta do "mundo interior" no pensamento arcaico teve uma primeira expressão na lírica, pois, em Homero, as emoções permaneciam como "fenômenos pensados e vividos religiosamente".
31 *Phrén*, *êtor* e *kêr* estariam mais próximos a tal definição (cf. West 1985b, p.57).
32 *Il.* (14.20-21): ὥρμαινε δαϊζόμενος κατὰ θυμὸν/ διχθάδια.
33 Agamenão diz ter errado "persuadido por sua pobre mente" (*Il.* 9.119: ἀλλ' ἐπεὶ ἀασάμην φρεσὶ λευγαλέῃσι πιθήσας).

Agamenão assume o erro (*Il.* 9.119), ora ele responsabiliza a *Átē* enviada pelos deuses (*Il.* 19.86-7, 137).

Para resolver tal dificuldade, Wilamowitz-Möllendorff (1931-1932, p.117) lançou a hipótese de que os versos não fossem do mesmo autor. Gundert (1955), buscando outra saída, sugeriu tratar-se de dois momentos psicológicos: primeiro Agamenão teria assumido o feito como um erro pessoal, atribuindo-o mais tarde à interferência de uma instância superior. Lesky (1961), ao analisar a "Motivação divina e humana na épica homérica", argumentou que seria um caso de "dupla motivação".

Lesky (p.40 ss.) criticou a comparação e as conclusões de Snell relativas à representação da responsabilidade humana em Homero e Ésquilo, mostrando que, na *Ilíada,* mesmo quando Agamenão atribui a culpa a Zeus, ele é responsabilizado pelos seus atos; o reconhecimento da *Átē* enviada pelo deus não o exime de reparar seu erro.[34] Lesky classificou os atos e as decisões dos heróis homéricos conforme são descritos como frutos de (1) intervenções divinas; (2) "dupla motivação"; ou (3) uma escolha e decisão própria do herói. Conclui que, em Homero, as personagens nem sempre se apresentam como absolutamente passivas (como um "espaço aberto" para a agência divina), mas podem agir em "colaboração" com os deuses ou, ainda, por iniciativa própria.

No primeiro caso (1), os deuses infundem coragem, força, medo ou insensatez (*átē*) por meio de um contato direto (*Il.* 13.5-9), sob forma de "inspiração" (*Il.* 19.159) ou, o que é mais freqüente, o narrador apenas diz que as divindades "enviam" ou "colocam" algo nos corações/mentes das personagens.[35] Os heróis, mesmo quando agem sob influência divina, mais cedo ou mais tarde acabam por assumir a responsabilidade pelos seus atos, por mais que se queixem ou tentem se justificar inculpando aos deuses.

As ações "duplamente motivadas" (2) – definidas como aquelas em que os deuses motivam os homens para o que já estavam dispostos e capacita-

---

[34] *Il.* (9.120, 19.137-8). O mesmo vale para Aquiles (*Il.* 16.52 ss., 19. 270 ss.). Cf. Gaskin (1990, p.6).

[35] Lesky (1961, p.12) observa que, na *Ilíada,* a maior parte das intervenções divinas tem efeito negativo, os deuses "tiram" o juízo (*phrénes*) dos homens; ao passo que, na *Odisséia,* é mais freqüente "colocarem" coisas em suas mentes.

dos, não se servindo deles como meros instrumentos, nem operando sozinhos – são as mais freqüentes na poesia épica (Lesky, 1961, p.28). O exemplo célebre de "dupla motivação" é o episódio da *Ilíada* (1.188 ss.) em que Aquiles, "*dividido* em seus pensamentos" (*diándikha mermériksen*) quanto a se deve ou não matar Agamenão, é detido por Atena, que o segura pelos cabelos.[36] Trata-se de uma decisão "duplamente motivada" porque a deusa sugere a melhor opção *sem impô-la*; ela aconselha o herói a quem, no final, cabe decidir.[37]

Em vários momentos, o aedo refere-se a um esforço conjunto de homens e deuses para um mesmo fim, como, por exemplo, a morte de Aquiles pelas mãos de Apolo e Páris (*Il.* 22.359).[38] Outras vezes, a dupla motivação não se apresenta de forma simultânea, mas ora o herói assume a iniciativa, ora a atribui ao deus, tal como no caso de Agamenão (*Il.* 9.119; 19.86-7, 137) discutido anteriormente. Um terceiro também pode responsabilizar personagens distintas pela mesma ação, como Ájax: primeiro (*Il.* 9.629), diz que foi Aquiles quem colocou em seu próprio peito um *thymós* selvagem e, poucos versos adiante (*Il.* 9.636-7), que foram os deuses. São também exemplos de dupla motivação as passagens em que um saber ou técnica (como a do aedo) são descritos ora como "dons" conferidos a homens pelos deuses, ora como artes que os homens "aprendem por si sós".[39]

A decisão pode dar-se também, na *Ilíada* e na *Odisséia*, em termos exclusivamente humanos, sem intervenção divina (3).[40] Nesse caso, ela é

---

36 Uma tese, defendida por Nilsson (1967, p.371) e Mazon (1942, p.294), entre outros, sustenta que o autor e seu público não acreditavam na realidade de tais intervenções divinas. A presença dos deuses nessas passagens não seria mais do que um "modo de falar" ou um "esquema poético". Cf. *contra* Lesky (1961, p.28-9).
37 Veja também *Il.* (21.293) e *Od.* (1.279). Na épica, é sempre possível (mas não sábio) ignorar as sugestões dos deuses, como o fazem Egisto (*Od.* 1.32-43) e Odisseu (*Od.*5.333).
38 Odisseu rememora as palavras de Peleu a Aquiles dizendo (*Il.* 9.254-56): "Meu filho: Atena e Hera te dêem força/ se o desejarem, mas tu o magnânimo coração/ refreia no peito, pois a prudência é melhor". Veja também *Il.* (9.600-1: "mas tu, não cogites tais coisas em tua mente, e que um *daímōn*/ não te leve a isto"; 6.228 ss., 368, 9.703, 16.103, 543, 20.192) e *Od.* (19.485, 23.260).
39 *Od.* (8.44, 22.347). Na *Ilíada*, o arco de Pândaro é presente de um deus (*Il.* 2.827) e feito por ele mesmo (*Il.* 4.105). Veja também Dodds (1988, p.14, 25. 29, n.32).
40 Fowler (1987, p.6) observa que esse tipo de decisão não é comum na épica, onde os deuses costumam estar por toda parte. Mas Zeus, queixando-se (*Od.* 1.32-41), diz que os

fruto de um monólogo, ou melhor, de uma *deliberação* descrita em termos de um "diálogo" em que o sujeito (*"eu"*) se dirige ao seu próprio *thymós* ou *kardía*, e vice-versa. Os quatro exemplos mais estudados desse solilóquio do herói consigo próprio são os de Odisseu (*Il.* 11.403 ss.), Menelau (*Il.* 17.90-105), Agenor (*Il.* 21.553-70) Heitor (*Il.* 22.98-130).[41] Snell (1930a, p.143 ss.) examinou essas passagens sem encontrar nelas o caráter de uma verdadeira decisão, porque, a seu ver, os discursos são estereotipados e a escolha do herói não envolve um "pensamento mais profundo": trata-se apenas de uma opção entre duas alternativas, baseada em uma "norma objetiva".[42] Portanto, quando as personagens épicas não agem compelidas por uma intervenção divina, são normas de conduta moral, fatores externos também, que determinam suas escolhas, e não uma razão "própria". Desse modo, os heróis épicos não seriam, para Snell, agentes no sentido completo: decisão e "escolha livre" teriam ocorrido pela primeira vez em Ésquilo – um momento importante no desenvolvimento do espírito de Homero a Platão.

No entanto, os quatro discursos não são estereotipados; apenas servem-se de duas ou três frases formulares dirigidas ao *thymós* no seu início e fim. Por exemplo, no primeiro solilóquio, Odisseu (*Il.* 11.402 ss.), cercado por inimigos, "Afligido, disse ele ao seu magnânimo coração:/ ai de mim, que farei?".[43] O herói examina duas alternativas: (1) fugir, que seria "um grande mal", ou (2) ser preso sozinho, um mal "pior". Em seguida, ele recorda os preceitos da ação correta (nobre) que acabam por determinar sua escolha (*Il.* 11.407-410):

ἀλλὰ τί ἤ μοι ταῦτα φίλος διελέξατο θυμός;
οἶδα γάρ, ὅττι κακοὶ μὲν ἀποίχονται πολέμοιο,

---

homens responsabilizam os deuses por seus infortúnios, quando na verdade, padecem mais do que lhes fora destinado (*hypèr móron*) em virtude de sua própria insensatez.
41 Cf. Wolff (1929, p.390), Dodds (1988, p.25, 29 n.31) e Lloyd-Jones (1983, p.9). A decisão de Aquiles sobre sua própria fortuna e a de Heitor, que continua lutando, embora perceba que Apolo o abandonara (*Il.* 22.294-305), são outros casos freqüentemente citados.
42 διάνδιχα μερμηρίζειν, ou ὁρμαίνειν κατὰ θυμόν.
43 Essa é a fórmula inicial (*Il.* 11.403-4: ὀχθήσας δ᾽ ἄρα εἶπε πρὸς ὃν μεγαλήτορα θυμόν·/ "ὢ μοι ἐγώ, τί πάθω;) que se repete sem o "que farei?" (τί πάθω;) nos outros três diálogos (*Il.* 21.552-3, 22.98-99, 17.90 ss.).

ὃς δέ κ᾽ ἀριστεύῃσι μάχῃ ἔνι, τὸν δὲ μάλα χρεὼ
ἑστάμεναι κρατερῶς· ἤ τ᾽ ἔβλητ᾽ ἤ τ᾽ ἔβαλ᾽ ἄλλον.

Mas por que meu *coração* me diz essas coisas? Pois sei que os covardes fogem ao combate, e ao que quer ser valoroso na luta é preciso, sobretudo, permanecer firme. Quer seja ferido, quer fira um outro.

É o "coração" (*thymós*) de Odisseu que lhe oferece as duas possibilidades: fugir ou lutar e ser aprisionado. Quem ou o que censura o *thymós* por pensar nisto, definindo a fuga como ação característica dos "covardes" (*kakoí*) e a permanência no combate como própria dos nobres (*áristoi*)? É outra sede de pensamento/sentimento (a *phrḗn*, por exemplo) ou o sujeito como um todo, implícito no verbo em primeira pessoa ("sei")? No verso seguinte, ao dizer "enquanto *ele* revirava essas coisas na *mente* (*phréna*) e no *coração* (*thymón*)",[44] o narrador indica haver nesse solilóquio, além do *thymós* e da *phrḗn*, uma instância unificadora que "revira", movimenta os pensamentos, impelindo-os entre uma e outra sede de percepção.[45]

O episódio de Agenor (*Il.* 21.553-70) é exemplo de como a intervenção divina não exime o herói da reflexão: embora seu dilema seja semelhante aos de Odisseu (*Il.* 17.90-105) e Heitor (*Il.* 22.98-130), sua decisão é duplamente motivada. Quando Agenor vê Aquiles, seu coração dispara, ele fica sem ação, mas logo começa a pensar no que fazer. O solilóquio é introduzido pela frase formular ("Aflifigo, disse ele ao seu magnânimo coração: 'ai de mim...'") e então duas alternativas são consideradas: 1. se fugisse com os outros, Aquiles o alcançaria; 2. se fugisse em outra direção, poderia esconder-se no mato, voltando para a cidade, à noite, são e salvo. Ao perceber que, mesmo correndo para o bosque, Aquiles o avistaria e o mataria, Agenor pergunta: "Mas por que meu *coração* (*thymós*) me diz essas coisas?". Não encontrando meio de escapar e levando em conta o fato de que Aquiles, como ele, era mortal e vulnerável, Agenor resolve enfrentá-lo na luta diante dos muros. Sabemos que essa decisão foi duplamente motivada apenas porque o narrador havia dito no início da passagem (*Il.* 21.544 ss.) que

---

44 *Il.* (11.411): εἷος ὁ ταῦθ᾽ ὥρμαινε κατὰ φρένα καὶ κατὰ θυμόν.
45 O sentido básico do verbo *hormáō* é causal: "colocar em movimento", "movimentar".

Apolo infundira coragem no coração (*kardíēi*) de Agenor, ficando ao seu lado.

Heitor (*Il.* 22.98-99), sem inspiração ou qualquer auxílio divino, também se depara com Aquiles diante das portas de Tróia e, "Afligido, disse ele ao seu magnânimo *coração*:/ 'ai de mim...'". Voltar para dentro das muralhas seria vergonhoso (*aidéomai*). Melhor (*kérdion*, "mais vantajoso") seria retornar após ter matado Aquiles, ou morrer gloriosamente pela cidade. Ocorre-lhe outra possibilidade: largar as armas e render-se a Aquiles, prometendo entregar-lhe Helena e, além dos bens trazidos com ela, toda a riqueza de Tróia. Por considerar uma alternativa não-heróica e insensata, o *thymós* é censurado: "Mas por que meu *coração* me diz essas coisas?". Heitor conclui: 1. Aquiles não atenderia às suas súplicas e o mataria se o visse sem armas; 2. melhor (*bélteron* "mais belo") seria avançar e lutar. Como Odisseu e Agenor, Heitor tem em vista a ação mais vantajosa e mais nobre (*agathón*, *áriston*) que, na *Ilíada*, é uma só.

Menelau (*Il.* 17.90 ss.), ao contrário, opta por uma fuga "justificada". Lutando ao redor do cadáver de Pátroclo, ouve os gritos de Heitor que se aproxima. Então, "Afligido, disse ele ao seu magnânimo *coração*:/ 'ai de mim...'". O herói avalia suas alternativas: 1. se abandonasse as armas e o cadáver de Pátroclo, que morreu por sua causa, ele seria objeto de "censura" (*némesis*) para quem o visse; 2. se, por "vergonha" (*aidestheís*), lutasse sozinho contra os troianos e Heitor, seria capturado. Por fim, Menelau pergunta: "Mas por que meu *coração* me diz essas coisas?": 1. se um mortal lutar contra um protegido pelos deuses, muito sofre; 2. se ele fugir, os aqueus não poderão censurá-lo porque Heitor guerreia "inspirado pelo deus". Assim, Menelau abandona o corpo e armas de Pátroclo, partindo em busca de auxílio.

Difícil é saber até que ponto tais justificativas seriam aceitas pelo público, e se o aedo não estaria sendo irônico. Se a fuga de Menelau é comparada à de um leão majestoso que, rechaçado por cães e homens, se afasta de mau grado (*aékōn*), sabemos que, embora Heitor tenha sido encorajado por Apolo, o deus não está mais presente ao seu lado. E apesar de se repetir várias vezes na *Ilíada* que os homens não devem lutar contra os deuses e sua vontade, é justamente isso que as figuras mais heróicas fazem.[46] Mais tarde, quando Menelau encontra Ájax e lhe

---

46 Basta lembrar como Heitor enfrenta Aquiles com Palas Atena ativa ao seu lado, ou Diomedes, que fere Afrodite e chega a perseguir Apolo três vezes.

conta o sucedido, esse não hesita em atacar Heitor, e o faz retroceder. Menelau vem atrás.

Dodds (1988, p.29n.31) afirma com razão que "parece um pouco artificial negar que o que é descrito em passagens como *Il.* (11.403 ss.) ou *Od.* (5.355 ss.) seja efeito de uma decisão pensada, tomada depois de se considerarem alternativas possíveis". Que o herói homérico é capaz de tomar uma decisão, é evidente, havendo até uma fórmula para expressá-la;[47] a existência de uma noção de responsabilidade evidencia-se pela necessidade que sente de reparar seu erro.[48]

Ao contrário do que afirmava Snell (1930a, p.143-6), vê-se que nesses solilóquios nem sempre as decisões dos heróis homéricos se limitam a uma escolha entre duas opções. E as "normas objetivas" de conduta moral que as norteiam não as invalidam, pois, no caso de agentes racionais, "suas razões não podem ser radicalmente individuais", mas têm necessariamente um caráter objetivo, isto é, aplicam-se a quem quer que esteja nas mesmas circunstâncias (Gaskin, 1990, p.8).

Vernant analisou a questão da agência e da responsabilidade humana na Grécia antiga em dois ensaios, ao tratar da "pessoa" na religião grega (1973) e depois, mais especificamente, em "Esboços da vontade na tragédia grega" (1977). No primeiro estudo, assim como Snell e Fränkel, ele nega a existência em Homero de uma definição ou delimitação entre sujeito humano e forças naturais.[49] Carente de uma "dimensão interior do homem", o herói homérico não poderia ser responsável pelas ações cuja origem e resultado se encontravam fora dele e que, portanto, seriam "gratuitas", não-pessoais, estereotipadas e "exemplares" (Vernant, 1973, p.34).[50]

---

47 *Il.* (13.458, 14.23, 16.652), *Od.* (5.474, 6.145, 15.204, 18.93, 22.338, 24.239): "e assim pareceu melhor a ele que julgava" (ὧδε δὲ (ὥς ἄρα) οἱ φρονέοντι δοάσσατο κέρδιον εἶναι). Cf. Gaskin (1990, p.7).
48 Dodds (1988, cap.1), Lesky (1961) e Gaskin (1990, p.6).
49 Vernant (1973, p.29). Detienne (1973, p.47), citando Vernant, afirma que "os valores religiosos impediram a construção da noção de corpo e a delimitação da 'pessoa', que se prolongava de certa maneira na 'natureza', a *phýsis* antiga. Sem contornos, a 'pessoa' não podia fixar-se nem separar-se do mundo mítico".
50 Meyerson (1973, p.43, 54), um dos mestres de Vernant, alegava que não existia na Grécia, nem mesmo nos períodos mais tardios, uma "*psykhé*-pessoa", em função do vínculo da *psykhé* com o *daímōn* (um princípio divino e exterior ao indivíduo): "para nós, naturalmente, a ação supõe o agente, o agente implica a pessoa; o agente é de certo

Para Vernant (1977, p.27, 55), "ao contrário da epopéia e da poesia lírica, onde não se desenha a categoria da ação, já que aí o homem nunca é encarado como agente, a tragédia apresenta indivíduos em situação de agir", o que "pela primeira vez no Ocidente" torna-se objeto de reflexão. Mas o que Vernant (p.28) define como o "duplo caráter" do agir na tragédia – "de um lado é deliberar consigo próprio, pesar o pró e o contra, prever o melhor possível a ordem dos meios e dos fins; de outro, é contar com o desconhecido e incompreensível" – em nada difere dos exemplos de deliberação e ação dos heróis épicos aqui citados. O que não há na épica é o debate, que a tragédia coloca em cena, acerca das categorias de culpabilidade, das noções de intenção e responsabilidade que estavam sendo elaboradas nos tribunais da cidade.

Quanto à categoria da vontade, Vernant (p.29) acredita que o grego do período clássico dela teria uma experiência "incerta e indecisa". Negar ao homem homérico (e até ao clássico) a noção de vontade é outro lugar-comum entre os helenistas.[51] Vernant (p.37) criticou Snell (assim como Lesky) por atribuir aos heróis trágicos uma decisão "pessoal e livre", e por subestimar o papel das forças divinas que agiriam não só externamente, mas no interior das personagens, coagindo-as "até na sua pretensa escolha". A seu ver, a escolha do agente na tragédia não é livre, mas "engendrada pela necessidade (*anángkē*) imposta pelos deuses"; sua deliberação apenas "verifica a aporia", "a única via que se abre diante dele" (Vernant, loc. cit.). Isso não impede que o sujeito assuma a responsabilidade pelos seus atos, "o comprometimento traduz não a livre escolha do sujeito, mas o reconhecimento dessa necessidade de ordem religiosa à qual a personagem não pode se subtrair e que faz dela um ser *forçado* interiormente, no seio de sua própria *decisão* (Vernant, loc. cit.).

---

modo exterior à ação; a qualidade do agente é um atributo importante da pessoa e vice-versa". Conseqüentemente, se no pensamento grego antigo, "como também no indiano", o agente não é individualizado, mas situado "no interior da ação", não há ação humana responsável.

51 Cf. Dihle (1982) e Pohlenz (1948-1949, II.2), segundo os quais a *Willensfreiheit* começa com Zenão. Dodds (1988, p.29, n.31) nota que a ausência de uma noção de vontade não significa, porém, que o herói homérico não pudesse distinguir entre as ações que teriam origem nele próprio e as devidas à intervenção divina.

Para definir os modos de "vontade", "decisão" e "escolha" entre os gregos, Vernant (1977) investigou os significados de *hekṓn* (*hekoúsion*), *ákōn* (*akoúsios*), *proaíresis*, *boúleusis* e *boúlēsis* em Aristóteles (*EN*, *EE*), chegando à conclusão de que, se havia uma forma de vontade, ela estava "amarrada pelo temor que o divino inspira" e as decisões eram "sem escolha", seguidas pela "responsabilidade independentemente das intenções" (p.37, 39).[52] Não haveria, na Grécia antiga, livre escolha e vontade propriamente ditas; as instâncias de decisão autônoma apontadas por Lesky resultariam de uma projeção indevida.

Na *Ética a Nicômaco* (1111a22-24), a ação "involuntária" (*akoúsion*) se dá sob coerção (*bíai*) ou ignorância (*di' ágnoian*), enquanto a "voluntária" (*hekoúsion*) "pareceria ser aquela que tem sua origem no próprio agente que conhece as circunstâncias particulares em que efetua sua ação (*prâksis*)". Mas também se incluem entre as ações "voluntárias" as passionais causadas pela ira (*dià thymón*) ou pelo desejo (*epithymían*); caso contrário, não seria possível admitir que os outros animais ou as crianças agem "voluntariamente" (*EN* 1111a24-27). Segundo Aristóteles (*EN* 1113b19-22), se parece que o homem é autor de suas ações e não podemos buscar as origens de nossas ações senão em nós próprios, conseqüentemente as ações cujas origens estão em nós (elas próprias dependendo de nós) são voluntárias (*hekoúsia*).

No entanto, Vernant (1977, p.40-1), não reconhecendo os conceitos de *hekṓn* e *ákōn* como pertencentes às categorias da *vontade*,[53] nega que a ação de alguém que age *hekṓn* seja "intencional", ou se realize necessariamente após reflexão e decisão porque, embora seja "voluntária" no sentido de uma ação não coagida por qualquer força externa, ela surge do *thymós* ou da *epithymía*.

A *proaíresis* ("escolha") é "voluntária" (*hekoúsion*), porém menos abrangente, pois animais e crianças (*álogoi*, "seres irracionais") são capazes de ações "voluntárias", mas não de *proaíresis* (*EN* 1111b7-10).

---

52 Segundo Vernant (1977, p.39), para nós a vontade requer a existência de: 1. atos exclusivamente humanos que constituam uma conduta unificada; 2. uma noção de indivíduo e do indivíduo enquanto agente; 3. noções de mérito e culpa pessoal; 4. responsabilidade subjetiva (no lugar do crime objetivo); 5. análise das diversas modalidades de intenção e da realização dos atos.

53 Cf. LSJ para ocorrências desde Homero, de *hekṓn* e *ákōn*, traduzidos habitualmente por "voluntariamente", "de bom grado"/ "involuntariamente", "constrangido", "de mau grado", e a relação de *hekṓn* com o Sânscrito *vásmi* ("desejar").

Precedida por uma deliberação (*probebouleuménon*) que envolve *lógos* e *diánoia* (*EN* 1112a14-16), a *proaíresis* tem por objeto o que é possível e realizável pelo sujeito, e concerne aos meios sob nosso controle (*EN* 1111b20-30). A deliberação (*boúleusis*) que antecede a *proaíresis* também diz respeito aos meios, sejam esses vários ou um só, e tem objetos práticos. Cabe a ela averiguar as ações realizáveis: o que está em nosso poder, o que pode ser obtido por nossa agência (*EN* 1112a18-b9). O objeto da *boúleusis* é o mesmo da *proaíresis*, exceto que, ao ser "escolhido", ele já foi por ela determinado (*EN* 1112b32-1113a7). Conseqüentemente, a *proaíresis* tem como objeto algo que se deseja após a deliberação: é o desejo deliberado (*bouleutikẽ óreksis*) de algo em nosso poder; deliberamos, depois escolhemos e desejamos de acordo com a deliberação (*EN* 1139a1-15).

Quanto à *boúlēsis* ("aspiração"[54]), que pode ter qualquer objeto e que diz respeito aos fins da ação (*EN* 1111b20-30), para Vernant (1977, p.41) o problema consiste no fato de ser relativa a um fim "que lhe é imposto e que ela, a aspiração [*boúlēsis*], não escolheu". Mas não cabe à *boúlēsis* escolher, e sim, "querer".[55] O que se "quer" é o bem, ou o que parece ser bom, e isto, o que se "quer", o homem escolhe (*EN* 1113a15 ss.). O homem bom "aspira" ao bem porque julga corretamente (*krínei orthôs*) cada coisa, o que é e o que parece ser bom; de outro modo, a maioria pode escolher mal por causa de um erro de julgamento que acarreta a "aspiração" do mal (*EN* 1113a25 ss.).

Muitos, como diz Vernant (1977, p.41), acreditam que a *proaíresis* representa "o livre poder de escolha"; para outros, é uma "verdadeira capacidade de querer" que permanece acima dos apetites. Seguindo Gauthier & Jolif (1958-1959), Vernant recusa ambas as leituras porque a *proaíresis* não é independente nem da parte desejante da alma (*óreksis*), nem do intelecto (*noûs*) (*EN* 1139a17-20). De fato, para uma boa escolha, são necessários um princípio verdadeiro (*lógon alēthê*) e um desejo correto (*óreksin orthén*) (*EN* 1139a23-27). Se podemos escolher coisas boas ou más (o que determinará nosso caráter), só escolhemos o que nos parece bom, o que, por sua vez, é avaliado pela opinião (*dóksa*). Mas Vernant (loc. cit.) afirma que "A opção da *proaíresis* não se dá entre o bem e o mal, entre os quais teria livre poder de escolha".

---

54 "*Vouloir*", o termo empregado por Vernant, é traduzido por "aspirar a" na edição brasileira (1977).

55 Cf. Rackham (1934), que traduz *boúlēsis* por "*wish*".

Para Vernant (loc. cit.), as formas de vontade e escolha em Aristóteles não são "livres", mas "necessárias". No entanto, embora sejam necessárias, trata-se de uma necessidade de ordem interna, humana, e não externa ao agente; não é necessidade divina ou imposta por outro, senão pelas suas próprias faculdades. Vernant insiste em que o "agente" não é "um centro autônomo de decisão, fonte verdadeira de seus atos", porque "o que põe o sujeito em movimento é sempre um 'fim' que orienta, como que do exterior, sua conduta; seja o objeto para o qual tende espontaneamente seu desejo, seja o que a reflexão apresenta a seu pensamento como um bem" (p.46-8):

> o indivíduo, se ele já assume sua particularidade, se assume a responsabilidade de todos os atos realizados por ele de bom grado, permanece muito fechado nas determinações de seu caráter, muito estreitamente preso às disposições internas que comandam a prática dos vícios e virtudes, para libertar-se plenamente como centro de decisão pessoal e afirmar-se, enquanto *autós*, em sua verdadeira dimensão de agente.

Mas que vontade e escolha, em seres racionais, seriam "livres", no sentido de desvinculados do desejo e intelecto? É possível, como quer Vernant (p.42), tal "liberdade psicológica"?

Por fim, Vernant (loc. cit.) recorre ao método lexicográfico para reforçar seus argumentos, alegando não haver na Grécia antiga uma terminologia própria para a expressão do "livre-arbítrio", "vontade" e "ação voluntária" – entre outras "carências características da moralidade antiga".[56]

III) PERSPECTIVAS DE INVESTIGAÇÃO

O trabalho de Snell, evidente sobretudo na *Descoberta do espírito*, foi buscar um gradual desdobramento histórico do mundo grego:

> passo a passo, e justamente segundo uma ordem sistemática, vai emergindo ao longo do pensamento grego o que, por fim, levou à concepção européia do

---

56 São discutidos *ethélō* e outras palavras da família *boul*- como *boúlomai*, *boúlēma* e *boulé* (Vernant, 1977, p.46). Para um estudo detalhado de *boúlēsis* e *boúlēsthai*, entre outros termos do "desejo" na obra de Aristóteles, cf. Frère (1981, p.331-5, 350, 434, 436, 444-5, 449).

espírito e da alma, ou seja, à concepção européia da filosofia, da ciência, da moral e, mais tarde, da religião européia. (*DE* 16)

Snell parte de um ponto de vista negativo, procurando, entre os gregos, noções que eles desconheciam, e nisto segue Wilamowitz-Möllendorff, Stenzel e toda uma tradição que chega a um "certo déficit da alma" dos antigos, aos quais faltariam "conceitos como o *eu*, sentimento, mente, coração, humildade, consciência de si (*Selbststimmung*), responsabilidade", em suma, o que seja "interno, pessoal" (Seel, 1953, p.294).

Tal quadro resulta em grande parte do método lexicográfico pelo qual se deduz, na *falta* de uma palavra, a ausência do conceito: "*quod non est in verbo, non est in mundo*" (apud Latacz, 1984, p.30).[57] Além dos problemas já apontados pelos críticos (cf. nota 30, *supra*), e da existência em Homero de palavras que escaparam a Snell (ou que ele descarta), cabe lembrar que os poetas fazem recortes na linguagem. O que não existe nos textos homéricos poderia ter existido no vernáculo jônico ou em outras tradições poéticas da época. É a língua da épica, não da época, o que temos na *Ilíada* e na *Odisséia*. Mesmo se existisse um registro exaustivo do vernáculo do período homérico no qual não constassem tais palavras-chave, seria ainda necessário considerar as distinções de Frege: ao cunhar um termo, não se inventa o referente (seja esse objeto ou conceito), mas o seu "modo de representação".[58]

Outro problema é a "questão homérica". Quem não aceita a tese unitária, mas acredita que a *Ilíada* e a *Odisséia* tenham sido elaboradas por uma multiplicidade de aedos através dos séculos, não pode sequer cogitar de uma "visão de mundo" ou "quadro de homem homérico" coerente (cf. Latacz, 1984, p.16-7). Mesmo supondo que os poemas tenham chegado à forma em que os conhecemos por meio da elaboração de um só poeta, compondo dentro da tradição oral com tudo o que isso

---

57 *Contra*: Gundert (1955, p.467), West (1965b, p.159), Lloyd-Jones (1983, p.166-7, 158).
58 Cf. Gaskin (1990, p.4): "é possível que um indivíduo ou comunidade invente um nome (*Eigenname*) para um objeto (*Gegenstand*) ou conceito (*Begriff*) que sempre existiu. É evidente que é o modo de representação (*Art des Gegebenseins*) que deve ser considerado como o que se inventa nessa transação, e não o que já estava posto no mundo". Veja, por exemplo, Aristóteles, que, ao falar do casamento, diz que os gregos não têm nome para essa relação entre os cônjuges (*Pol.* 1253b: ἀνώνυμον γὰρ ἡ γυναικὸς καὶ ἀνδρὸς σύζευξις); existe o conceito, não o nome.

acarreta, seria possível obter dos poemas um retrato do homem da *época* de Homero?

É o que se pretende, embora muito tenha sido dito acerca da estilização da épica homérica, o que deve ser levado em conta quando se procura extrair dos poemas uma "visão de mundo" do período. E se o estilo, considerado por Snell e Fränkel como o *produto* de uma fase histórica específica, for determinado antes pelo *gênero* e não pela época (Rösler, 1980, p.20; Seel, 1953, p.311), a questão dos gêneros poéticos assume importância maior.

Talvez o estranhamento do homem moderno ante o homérico se deva em grande medida à linguagem poética da *Ilíada* e da *Odisséia*, cujo "modo metafórico de expressão" e caráter mais "sensível" seriam traços genéricos e/ou particulares do autor (Seel, 1953, p.304):

> Devemos considerar a possibilidade de que o que temos aceito como evidências da percepção limitada do homem homérico sejam, de fato, convenções artísticas de um poeta ou escola de poesia, que exercem tremenda influência embora sejam pessoais e não-representativas; a possibilidade de que as percepções estéticas da lírica primitiva foram excluídas da *Ilíada*, tão consciente e completamente, quanto o humor indecente. (Dover, 1957, p.323)

Por isso, mesmo que se possa obter um quadro do *homem* ou *mundo homérico*, não seria legítimo tomar a representação de um poeta (ou de um gênero poético) como a única existente ou possível em sua época.

Em virtude da escassez de documentação para esse período da história grega, os poemas homéricos, assim como os líricos, foram usados não apenas como *testemunhos* da história cultural e intelectual, mas praticamente como fontes únicas onde se imaginava encontrar, de forma imediata, um retrato fiel das sociedades em que seus autores viviam. É problemático buscar estabelecer, como o fez Snell (1961), uma relação entre poesia e sociedade quando as evidências para ambas são tiradas da mesma fonte (cf. Fowler, 1987, p.7). Esse é justamente um dos problemas que Vernant, por meio de sua antropologia histórica, procurou remediar.

Em palestra sobre os seus mestres e a sua pesquisa, Vernant (in Vernant & Schiavone, 1989-1991, p.29) dizia dever muito a L. Gernet e I. Meyerson, que teriam aberto o caminho para os estudos da "história interior do homem grego", da sua "organização mental".⁵⁹ A psicologia de Meyerson, ao negar a existência de "um sujeito interior fixo" com funções psicológicas permanentes, procurava traçar o percurso da história do espírito humano através de suas obras, indicando tranformações ocorridas em sua atividade mental. Ao mesmo tempo, Gernet estudava os elementos da transição de um universo intelectual mítico-religioso a outro "totalmente diverso": o da *pólis* grega. O advento do direito, da moeda, a instituição da política, o nascimento da filosofia e da história testemunhariam "uma mesma revolução" no plano social e mental: o homem se transformava tanto "dentro de si próprio, como em seu ambiente" (Vernant & Schiavone, 1989-1991, p.32-4).

De outro modo, para responder às perguntas "o que significa dizer que o homem mudou?", e por que escolher a Grécia para acompanhar tais mudanças, Vernant (p.35) afirma seu débito para com Hermann Fränkel e Bruno Snell. A partir deles, convenceu-se de "que a Grécia foi o teatro de uma profunda mutação, intelectual ou espiritual, que indicou o curso da história do homem no Ocidente" (loc. cit.). Mas ele assinala três divergências de sua perspectiva, a da antropologia histórica, em relação à dos mestres alemães. Em primeiro lugar, suas questões seriam "mais diferenciadas, menos globais", isto é, ele não se propõe a estudar "o espírito ou pensamento em geral", mas algumas mudanças específicas na atividade mental.⁶⁰

A segunda diferença diz respeito aos métodos. Apesar de também recorrerem à iconografia e à religião em suas análises, Snell e Fränkel têm como fonte primária a literatura, os textos poéticos, filosóficos e científicos.

---

59 Gernet e Meyerson conheceram-se por intermédio de M. Granet, que, por sua vez, ao lado de R. Hertz, M. Halbwachs, M. Mauss e Lévy Bruhl, pertencia ao grupo de alunos de Durkheim no início do século (Vernant & Schiavone, 1989-1991, p.33).

60 Vernant (in Vernant & Schiavone, 1989-1991, p.35-6) arrola os itens por ele estudados, e que constituem "os grandes quadros da experiência": 1. a organização do espaço, a construção do tempo; 2. as lógicas diversas nas narrativas míticas e no discurso político, jurídico, histórico, médico, filosófico e matemático; 3. o modo de funcionamento e a finalidade da memória; 4. os aspectos psicológicos do trabalho; 5. as formas de inteligência prática (astúcia, engano etc.); 6. a relação dos homens com seus atos (responsabilidade, decisão, vontade); 7. a imaginação e o imaginário: interpretação de cânones; 8. a identidade: "o que constitui, para o ser humano, no contexto da cultura grega, sua individualidade durante a vida e o que eventualmente sobrevive". Embora Vernant afirme haver maior especificidade nos temas que aborda, alguns deles (6 e 8) também foram analisados por Snell & Fränkel.

Seguindo uma perspectiva antropológica, Vernant considera, além dos textos, a iconografia, a religião, os fatores institucionais (organização familiar, jurídica e política) e econômicos (modos de produção, comércio). Por fim, Vernant (p.37) se diz comparativo e não normativo: "Para o antropólogo histórico, a Grécia não tem o privilégio do espírito; ela não o descobriu, nem encarna o pensamento e a razão". Por que então escolher a Grécia? Segundo Vernant (p.43), a Grécia "permite-nos seguir os passos do caminho ao pensamento científico", observando "mutações psicológicas", como, por exemplo, as referentes a memória e espaço.[61]

No entanto, embora suas pesquisas partam de elementos específicos (como, por exemplo, em seu trabalho sobre o espaço: Hestia-Hermes), seja qual for o elemento escolhido para análise, é sempre o mesmo esquema que se observa: a passagem do religioso ao político, no contexto da cidade (com suas instituições "igualitárias" e seculares), e do concreto ao abstrato. Assim, no final das contas, os diversos estudos de Vernant apresentam, como os de Snell e Fränkel, um quadro global. E essas "mutações", como diz o próprio Vernant, sejam elas mentais ou sociais, seguem o mesmo caminho.

B) ARQUÍLOCO E "A DESCOBERTA DO ESPÍRITO" NA POESIA GREGA ARCAICA

Embora a visão e a abordagem de Fränkel (1975)[62] sejam muito semelhantes às de Snell no intuito de revelar estilos e gêneros como manifestações de fases sucessivas do espírito, a leitura que faz de Homero e do período arcaico é consideravelmente diversa.[63] Pfeiffer (1929, p.146) e Jaeger (1979, p.168-9)[64] já haviam comparado o mundo da *Odisséia* ao do período lírico, notando que o problema da responsabilidade humana é discutido, na *Odisséia* (1.32 ss.) e em Sólon (fr.4W), quase nos mesmos termos. Apontando para as diferenças entre o

---

61 Detienne (1973, p.45) julga que "raramente o homem se construiu e se transformou tanto quanto durante o chamado período grego arcaico".
62 Primeira edição 1962.
63 As interpretações de Fränkel são também mais sutis, permanecendo os seus comentários a poemas individuais como valiosas análises do estilo arcaico (cf. Gundert, 1955, p.466 ss.).
64 Primeira edição 1936.

homem da *Ilíada* e o da *Odisséia*, Fränkel também atribui ao último uma estrutura mais próxima à do lírico: o novo homem da *Odisséia* teria mais iniciativa, começando a fazer distinção entre si e o mundo, o que não ocorreria na *Ilíada*. A *Odisséia* faria uma espécie de transição entre os mundos épico e lírico.[65]

Lesky (1961, p.37, 46), ao contrário, não acredita que a diferença entre os dois poemas seja tão grande, e mostra que alguns dos elementos citados como indícios do "novo espírito" da *Odisséia* já estavam presentes na *Ilíada*. Por exemplo, a "nova atitude" relativa à responsabilidade humana, na *Odisséia* (1.32 ss.) e no fragmento 4W de Sólon, não seria noção radicalmente diversa da que se encontra na *Ilíada* quando se afirma que algo possa ocorrer "além do destino" ou "fado" (*hypèr móron/aîsan*).[66] Embora também suponha que o autor da *Ilíada* e da *Odisséia* não seja o mesmo, Lesky (1961, p.37-44) adota com reservas a "teoria do desenvolvimento". Ao comparar os poemas, nota as seguintes diferenças: 1. o poeta da *Ilíada* serve-se de materiais e crenças mais antigas e populares do que o da *Odisséia*; 2. quanto às formas de influência divina, na *Odisséia* é mais freqüente a inspiração, na *Ilíada*, a intervenção; 3. na *Odisséia*, a responsabilidade é geralmente atribuída ora ao homem, ora ao deus, e não simultaneamente a ambos, como na *Ilíada*.

Resta saber se tais divergências (além do vocabulário diferenciado e da maior ênfase dada a questões morais na *Odisséia*) resultam de um rápido desenvolvimento social, das personalidades distintas de dois autores ou da diversidade dos temas tratados.

I) EFEMERIDADE HUMANA: *HIC ET NUNC*

A característica apontada primeiramente por Pfeiffer (1929, p.137), e desenvolvida por Fränkel (1946), como uma das mais significantes do período lírico, é que o homem deixa de ser "o que faz", para ser "o que o

---

65 Latacz (1984, p.19-20), seguindo Fränkel, afirma que a *Odisséia*, como "reflexo de um desenvolvimento social", está mais próxima à lírica em sua ética, religião e psicologia.
66 *Hypèr móron*: *Il.* (2.155, 20.30, 21.517), *hypèr aîsan*: *Il.* (16.780, 17.321), Lesky (1961, p.35). Veja também, como evidência da divisão que Fränkel não crê existir na *Ilíada*, a passagem (*Il.* 7.263) citada por Lesky (1961, p.37) e o paralelismo entre *Il.* (6.438) e *Od.* (4.712).

dia faz dele", tornando-se "efêmero", à mercê do dia. Por "efêmero", Fränkel (1946, p.131) entende "aquele que tem o dia sobre si", "o que vive um único dia", ou "o que vive dia a dia".⁶⁷ Assim, não apenas os fatos externos sofrem alterações radicais, mas o próprio homem, sendo de natureza plástica, é moldado pelas circunstâncias em que se encontra. Por ser efêmero, o homem arcaico tem seu campo de visão limitado e, sendo incapaz de apreender a realidade como um todo, sente-se impotente diante dos fatos (*amēkhanos*) – o que é contrastado com a onisciência e a habilidade dos deuses ao revirar os destinos humanos.⁶⁸

Um poema de Simônides de Amorgo (fr.1W) expressa bem esse sentimento, chegando a afirmar a ausência de *nóos* entre os homens: enquanto Zeus tem em mãos a realização (*télos*) de todas as coisas e as distribui como quer, os homens não têm razão (*nóos*) e vivem dia a dia (*ephēmeroi*) como animais, nada sabendo a respeito de como Zeus realizará cada coisa.⁶⁹

Associado ao tema da efemeridade humana, a "exaltação do presente" (do *hic et nunc*) é apontada como um traço fundamental da lírica grega arcaica. Embora essa caraterística seja atribuída por Snell (*DE* 82-3) inicialmente à lírica coral, ele parece estendê-la ao gênero como um todo:

> Esta poesia distingue-se da epopéia porque sabe glorificar o presente como digno objeto poético. As façanhas do passado já não se celebram por si mesmas, mas enquanto servem para exaltar o presente, a alegria arcaica em tudo o que é variegado, vivo e presente.

O que fazer então das narrativas históricas encontradas entre os poemas elegíacos e jâmbicos, considerados "líricos" numa acepção larga do termo e produtos da mesma época (Dover, 1964, p.201, 205)?

---

67 Achcar (1994, p.59-62) e *contra*: Dickie (1976, p.7-14).
68 Para o sentimento de *amēkhanía* também na *Ilíada*, cf. *Il.* (17.446) e Lesky (1961, p.47).
69 Mas Arquíloco, considerado o "fundador da lírica grega", admite ao homem a possibilidade de conhecer ou reconhecer um ritmo, um padrão em meio às inconstâncias (fr.128W): "Coração, coração, por inelutáveis males conturbado,/ ergue-te e, sendo hostil, defende-te lançando um peito/ adverso, perto de inimigos emboscados permanecendo/ firme, nem vencendo, abertamente exultes,/ ou vencido, em casa caído lamentes,/ mas com alegrias alegra-te e os males lastima/ sem excesso, pois reconhece qual ritmo regra os homens".

II) A "DESCOBERTA DO INDIVÍDUO"

A distinção mais notável da lírica e do período arcaico ante a poesia épica é, para Snell (*DE* 82), o despertar de poetas que falam de si próprios, cientes de sua individualidade.[70] Assim também Pfeiffer (1929, p.139), entre outros, vê surgir um novo mundo nos primeiros versos de Arquíloco, quando o poeta fala abertamente de seu *thymós* "e, com isso, refere-se à totalidade de sua pessoa". A presença do discurso em primeira pessoa – que, na verdade, pode servir a uma série de *personae*[71] além do "eu" lírico – é interpretada numa "perspectiva biográfica", os poemas sendo considerados depoimentos pessoais do poeta. Dessa forma, as obras são usadas como testemunhos para se reconstruir a vida e a personalidade de seus autores. Acredita-se, por exemplo, que Arquíloco teria sido o primeiro poeta que, embora empregasse a linguagem da épica, ao tratar da guerra, a despoja de toda grandeza[72] por ter sido um mercenário, conhecendo a dura realidade do campo de batalha (*DE* 90-1).[73]

III) A QUESTÃO DOS GÊNEROS

Com o *advento* da lírica literária na Grécia arcaica,

> Arquíloco segue objetivos pessoais, os seus versos servem-lhe não só para a ação, pois é evidentemente também um homem ativo, mas também para expressar os seus sentimentos, para proclamar a miséria e insegurança da vida humana. (*DE* 91)

Para Griffith (1983, p.39), nada é mais estranho à poesia arcaica do que essa chamada "expressão de sentimentos".[74] A lírica grega não é um *cri de coeur*. O seu objetivo não é a expressão, mas o discurso, diz Johnson

---

70 Cf. *DE* cap.4: "O despertar da personalidade na lírica arcaica".
71 Aristóteles (*Rh.* 1418b 23) cita dois poemas de Arquíloco (fr.19, 122W) em que os falantes (1ª pessoa sing.) são *personae*, e o número destas, especialmente entre os epodos, pode ser bem maior do que se imagina.
72 O que, por sinal, não se aplica a uma série de poemas marciais de Arquíloco (cf. Parte III *infra*).
73 Em um contexto maior, Snell (*DE*) considera que esse "realismo" não é apenas um traço da poesia de Arquíloco, mas produto da nova época. Para Fränkel (1975, p.86), o "realismo lírico" já estaria presente na *Odisséia*.
74 Griffith (loc. cit.) cita o prefácio de Wordsworth à 2ª edição de *Lyrical Ballads* (1800: "Poesia ... é o transbordar espontâneo de sentimento poderoso") como exemplo do que a lírica grega antiga jamais foi.

(1982, p.30), a descrição ou deliberação acerca da realidade das paixões internas, sua natureza e significado. Mas até essa definição é insatisfatória, pois se a descrição de "dores e esperanças do indivíduo" tem sido considerada um traço genérico da lírica que figura de modo secundário na épica (Fowler, 1987, p.6-7), basta folhear uma antologia de lírica arcaica para perceber que um grande número desses poemas não se ocupa de tais temas.

E se uma caraterística *freqüente* na lírica "propriamente dita" é o discurso na primeira pessoa do singular que versa sobre opiniões e sentimentos de uma personagem conhecida, ou do "eu" lírico, não é lícito considerá-la um "desenvolvimento" do novo período, pois já teria existido na lírica pré-literária.[75] O fato de muitos definirem a lírica grega arcaica por exclusão – simplesmente como toda poesia que não é épica nem dramática – é um indício das dificuldades encontradas ao se tentar estabelecer traços comuns a obras tão diversas em conteúdo, tratamento e modo de *performance* (cf. Fowler, 1987, p.105, n.1).

Também é improvável que, na época em que foram compostos, alguns poemas marciais de Arquíloco não tivessem uma "função social" comparável à dos versos de Calino e Tirteu:

> [Arquíloco] experimentou de um modo novo e profundo a nova realidade da vida. Por isso, os seus cantos de guerra já não servem, como em Calino e Tirteu, para animar os guerreiros; já não são meras arengas em verso, uma ajuda para o circo cerrado dos combatentes, mas afastam-se dessa função social. Como nos seus cantos guerreiros, esse poema [fr.79D] solta-se aqui de toda a referência prática, torna-se portador dos sentimentos pessoais. (*DE* 96).[76]

Esse julgamento de Snell soa contraditório em vista de seu reconhecimento de que os poetas arcaicos não compunham, como os modernos, monólogos solitários (*DE* 111). Tanto a lírica pré-literária, quanto a arcaica, sempre dirigidas a uma segunda pessoa ou a um grupo, jamais foram (ou fingiram ser) um "discurso para si" (*Selbstgespräch*).[77] Isso é algo que só ocorre muito mais tarde.

---

75 Dover (1964, p.201), Finnegan (1978), Rösler (1980, p.15, n.12) e Griffith (1983, p.40).
76 Hoje, o fragmento 79D é atribuído a Hipônax (fr.115-6W) e, por sinal, os poemas de Calino e Tirteu são *obras literárias*, não "meras arengas".
77 Cf. Rösler (1980, p.17) e Dover (1964, p.201).

Afastando-se do modelo da retórica clássica que se ocupa das questões de gênero, convenções, audiência, ocasião de *performance*, intenções e efeitos poéticos (Aristóteles *Rh*. 1.3. – 1358a), Snell confere um peso maior à "biografia" do autor ao interpretar os poemas. Em detrimento do estudo das tradições e convenções poéticas, centrou-se na figura do poeta, as obras sendo avaliadas segundo sua "expressividade" e intensidade de emoções.[78]

Isso faz parte de um projeto maior. Dando continuidade a seu programa, Snell (*DE* 84) procura demonstrar que

> O caminho dos líricos vai numa direção determinada, e o que à primeira vista parece ser apenas uma variação de um pensamento solto, enquanto modificação pessoal de um motivo tradicional, insere-se num processo histórico mais amplo.

Por meio da análise de três poetas (Arquíloco, Safo e Anacreonte), Snell (*DE* cap.4) delineia "o surgimento do indivíduo" no período arcaico.

Entre os comentários dos poemas de Arquíloco, o primeiro é exemplo triste (mas instrutivo) dos enganos a que se está sujeito na interpretação dos fragmentos. Demonstra também por que é arriscado servir-se deles para a elaboração de uma história do espírito: Snell (*DE* 84-5) leu seriamente o fragmento 25W como um "desenvolvimento" de passagens homéricas (*Il*. 14.228 e *Od*. 4.548), chegando Arquíloco ao reconhecimento de que "os homens reagem de modo diverso", idéia essa que, "na *Ilíada*, não se encontra ainda, pelo menos com tal claridade". A publicação do *Papiro Oxirrinco* 2310 (fr.1 col.1.40-8) em 1955 revelou que os versos pertenciam a uma sátira erótica (jambo), talvez com referência à pederastia.

A seguir, os fragmentos 131-2W de Arquíloco são comparados a outra passagem épica (*Od*. 18.136). Embora a dependência ou referência de Arquíloco a Homero seja por si só questionável, e o próprio Snell (*DE* 85) afirme não haver nada de novo no tema tratado, ele julga, de forma aparentemente arbitrária, que nesses versos Arquíloco atinge uma percepção mais aguda de si em sua particularidade, o que seria "algo de realmente novo" no mundo grego.

---

78 Se há um elemento enfatizado na retórica clássica, trata-se do destinatário (Johnson, 1982, p.30). Para um retorno aos princípios da retórica clássica na crítica anglo-saxã, veja Cairns (1972), West (1974), Nagy (1976), Johnson (1982) e Griffith (1983).

Por fim, supor que a divisão (segundo Snell, "inexistente em Homero"[79]) entre valores internos e externos ocorra pela primeira vez, manifestamente no fragmento 114W de Arquíloco, e ainda que o fr.5W represente um ataque à moralidade "tradicional" (leia-se, "homérica" *DE* 88-90), são problemas que discutiremos nos comentários desses poemas (Parte II.2.c) "Com um escudo" e (Parte II.3) "Dois generais: o grande e o cambaio".

Houve, evidentemente, mudanças na Grécia antiga, mas graduais. A "história do Espírito" de Homero a Platão não se fez por revoluções entre períodos claramente demarcados, com verdadeiras rupturas entre os momentos da história grega (Cf. Seel, 1953, p.296-8). Um problema nas leituras de Snell, entre outros, é conceber a história literária grega como uma sucessão cronológica de gêneros que se desenvolveram como "resultado e expressão de uma determinada situação histórica" (*DE* 81), não existindo simultaneamente como hoje. Além das dificuldades envolvidas ao se conceber cada gênero como produto de um novo espírito (a épica sendo "suplantada" pela lírica e esta pelo drama[80]), há nesse contexto complicações cronológicas. Não só a distância entre Homero e Arquíloco é insuficiente para transformações tão drásticas, mas a própria anterioridade de Homero com relação a Hesíodo é ainda questionada.

Atualmente, os estudos de métrica indo-européia têm revelado que, formalmente, os poemas de Safo e Alceu são mais tradicionais que os de Homero e as demais estruturas jônicas.[81] Se a mélica de Safo possui, do ponto de vista formal, características mais antigas que a épica, como saber se os temas e o discurso na primeira pessoa do singular, por exemplo, não estariam já presen-

---

79 Na mesma linha, Snell (*DE* 90) acredita que Arquíloco e Safo estejam "empenhados em apreender uma realidade autêntica e em encontrar, não a aparência, mas o que é". Veja também *DE* 110, onde afirma que "os líricos têm engenho suficiente para pensar muitas coisas de um modo diverso do que elas realmente são, o que lhes permite sentir a discrepância entre o possível e o real, entre as próprias expectativas e a realidade cruel, entre o Ser e a aparência".
80 O advento da lírica literária (provavelmente composta oralmente e depois registrada) não impediu uma contínua tradição épica, embora menos vigorosa, evidente nos festivais literários do período clássico. A lírica, por sua vez, também não foi extinta pelo drama.
81 As estrofes da tradição eólica conservaram a assimetria dos versos mais antigos, assim como um número maior de posições com quantidade indeterminada (*anceps*) especialmente no início (a chamada "base eólica"), ao contrário do simétrico e regular hexâmetro dactílico contínuo (*katà stíkhon*). Cf. Pavese (1972, p.107-8), West (1973), Nagy (1974), e Rösler (1980, p.15, n.12).

tes em autores de poesia pré-literária *anterior* à composição da *Ilíada* e da *Odisséia*?[82] Por que seriam necessariamente desenvolvimentos posteriores? Nesse caso, porém, como se explica a falta de registro ou memória dos antecessores de Arquíloco, autores de uma poesia pré-literária "pessoal"? Por que, além dos *carmina popularia* anônimos, cantigas associadas a ocasiões definidas (canções de trabalho, hinos etc.), os mais antigos poetas/músicos de que temos notícia, Museu, Orfeu e Terpandro, são conhecidos apenas por hinos e poemas religiosos? Fowler (1987, p.11-2) sugere que os outros nomes se perderam porque, nessa época, não havia escrita. Isto, porém, não justifica a lacuna, pois *esses* permaneceram, transmitidos pela tradição oral.[83]

Por outro lado, a chamada lírica grega literária não é assim tão "pessoal" (cf. Parte I *supra*). Se considerarmos os poemas de Arquíloco, por exemplo, talvez o papel de seus jambos no culto a Deméter seja subestimado, e alguns poemas, tidos como "pessoais" por expressarem "dores do indivíduo", sejam mais religiosos e tradicionais do que geralmente se supõe (cf. Dover, 1964 e West, 1974).

Para alguns, a poesia literária se diferencia dos *carmina popularia* por referir-se a pessoas e situações concretas, a um evento particular não-recorrente, e por ter "pretensões artísticas".[84] É fato que o poeta arcaico afirma com freqüência o orgulho que tem de sua técnica e sabedoria (*tékhnē/sophía*). Mas se alguns desses poemas surgiram associados a pessoas e eventos específicos, há também os que se servem de situações e tipos convencionais (*stock characters*).

Snell (*DE* 82) não ignorava que a poesia pré-literária ou popular era uma das fontes da poesia literária arcaica. No entanto, a seu ver, foi a influência e o impacto da épica homérica que possibilitaram o seu desenvolvimento para além do estágio "funcional". Muitos comentadores supõem que os poemas de Homero no século VII a.C. já eram semelhantes aos

---

82 Há referências à lírica monódica e coral na *Ilíada* (1.472-4, 16.180, 18.493, 590, 22.391, 24.720); cf. Diehl (1940, p.81-114), Maehler (1963, p.13) e Rösler (1980, p.15, n.12). Para a questão da anterioridade da lírica com relação à épica, cf. Rösler (loc. cit.); quanto ao problema da datação de Homero no século VII a.c., West (1966, p.40 ss.) e Burkert (1976).

83 Inclusive porque, como nota Sarian (1989), a escrita já teria sido apropriada pela poesia no século VIII a.C. (cf. as inscrições hexamétricas no *díplion* e na "taça de Nestor").

84 Dover (1964), Bowra (1962). Cf. Fowler (1987, p.12).

que temos hoje, alguns paralelos entre os líricos e a *Ilíada* e a *Odisséia* podendo ser imitações ou paródias.

É comum acreditar que Arquíloco obteve seu material de Homero e o reinterpretou, dando-lhe, deliberadamente, um novo sentido (cf. Fowler, 1987, p.8-9). Assim, muitos consideram Arquíloco o "fundador da lírica grega" (Fränkel, 1975, p.146), o grande e primeiro confrontador de Homero, que ele ataca em consciente polêmica (Lesky, 1995, p.133 ss.).[85]

Mas é difícil avaliar a influência de Homero sobre os demais poetas arcaicos, pois não sabemos até que ponto a *Ilíada* e a *Odisséia* que conheciam assemelhavam-se aos textos que nos chegaram. West (1965b, p.159) adverte: "poderia haver mais de uma dúzia de *Ilíadas*" nessa época.

De outro modo, se formas de poesia mélica, elegia, jambo e épica coexistiram no período pré-literário,[86] uma não teria sofrido o "impacto" da outra. Arquíloco e Homero também não seriam "fundadores" de gêneros distintos, estariam longe de seus primórdios (Rösler, 1980, p.2). Porque os dois pertenciam à mesma tradição poética, não é possível saber se o que geralmente é considerado paródia, empréstimo ou influência de Homero em Arquíloco (e em outros, particularmente nos elegíacos) não resulta apenas do recurso de ambos ao mesmo arsenal de fórmulas, expressões e "lugares-comuns" da tradição jônica que encontramos também nos poemas do *Ciclo épico*, teogonias, oráculos etc.[87] Quanto à ideologia, veremos que, em Arquíloco, o que se rotula como "anti-homérico" pode ser apenas "anti-heróico".

Os gêneros não são estáticos. O jambo, por exemplo, entre outras formas, deve ter perdido pouco a pouco seus elementos rituais. A dificuldade surge quando se procura um desenvolvimento nessas transformações. Um grande número de helenistas deste século (e do passado) concentrou seus esforços em mapear o "desenrolar" do pensamento e da cultura grega desde suas "origens" (isto é, Homero) até seu ponto mais alto que, segundo a maioria, foi o período clássico (século V a.C.).

Mas esse apogeu também já foi situado mais tarde, no período do florescimento da filosofia nos séculos IV-III a.C. ou, ainda, vinculado ao

---

85 Cf. Fränkel (1975, p.167): "Com brusquidez bárbara, ele [Arquíloco] completou a transformação do período épico ao lírico e, com clareza grega, formulou a ruptura revolucionária".
86 Rösler (1980, p.15, n.12, 53 n.64).
87 Por volta do século VIII, havia na Grécia três tradições poéticas com dialetos, métricas e práticas musicais (modos) distintos: a eólica, a dórica e a jônica.

surgimento da Igreja, sendo a religião grega associada às primitivas, em oposição aos sistemas monoteístas.[88] O que se faz é eleger, em termos estéticos e/ou morais, uma época mais recente como parâmetro para as anteriores, como se a última fosse melhor, mais "perfeita".

Aristóteles comparava a história da arte ao desenvolvimento orgânico: "à luz da biologia, sua ciência predileta, Aristóteles mantinha que cada espécie tinha sua natureza própria, para a qual todo seu desenvolvimento era direcionado; assim, na sua *Poética*, o *Édipo Rei* era o drama ideal e Ésquilo um poeta imperfeito que se esforçava em busca da perfeição de Sófocles" (Lloyd-Jones, 1964, p.372; cf. 1983, p.159). Mas o teatro de Ésquilo tem forma e princípios próprios, segundo os quais deve ser julgado.

C) *CONSCIÊNCIA*

Ao investigar a relação entre *consciência*, reflexão e ação na Grécia antiga, Snell (1930a, p.141) concluiu que o homem homérico não tinha consciência de suas ações, sendo incapaz de uma verdadeira reflexão e atribuindo todo impulso e sua realização a forças externas. Se, por um lado, ele afirma que "o pensamento europeu começa com os gregos", a épica e religião homérica constituindo o "primeiro projeto da estrutura espiritual que os gregos introduziram", por outro, ele isola o homem homérico como *primitivo* e fundamentalmente diverso do arcaico ou do clássico em termos de percepção, moral e qualidades intelectuais: o espírito só teria sido "descoberto" após Homero (*DE* 11-7).[89] Quanto à ação pessoal consciente, o período lírico representaria uma "fase de desenvolvimento" entre Homero, que a desconhecia, e o homem clássico do século V, com o qual ela chega à sua forma plena.

Snell (1930a, p.157) sugere que suas conclusões sejam confrontadas com a *Filosofia da História* hegeliana. Desde Hegel, é uma constante

---

88 Lloyd-Jones (1983, p.158-9) mostra como Jaeger, Snell e Fränkel têm a religião grega antiga como um empecilho ao pensamento racional.

89 *DE* (55): "*todo* primitivo se sente ligado aos deuses e não despertou ainda para a consciência da sua própria liberdade. Os gregos foram os primeiros a romper semelhante estreiteza e fundaram assim a nossa cultura ocidental. Será possível encontrar já em Homero traços que insinuam este posterior desenvolvimento?".

afirmar a inexistência da "consciência moral" na Grécia antiga.[90] Isto é, não haveria entre os gregos uma "moralidade individual" (*Moralität*), cujo desenvolvimento é associado ao cristianismo, mas uma "moralidade ética" (*Sittlichkeit*), que é a "culpa ou responsabilidade de um agente... perante seu feito (*Tat*), independentemente de seu conhecimento e intenção" (Inwood, 1992, p.192). A cultura grega antiga, e não apenas Homero (como em Snell), seria o mundo da "bela moralidade" (*schöne Sittlichkeit*) carente do "princípio da interioridade" (*Prinzip der Innerlichkeit*) e da "ciência da subjetividade" (*das Bewusstsein der Subjectivität*) (Hegel, *FH*).[91]

Assim também, Zucker havia concluído, em sua tese sobre *Syneídesis – Conscientia* (1928), pela inexistência de uma noção precisa de consciência (*Gewissen*) no mundo antigo. Haveria, no período sofístico, a representação da boa e da má consciência do sujeito acerca de seus atos, o que envolvia uma discussão sobre voluntariedade/involuntariedade e responsabilidade do agente. Mas faltaria a Sócrates, ou a Platão, uma consciência moral,[92] sendo Aristóteles (*EN* 1110b18-1111b3, 1140b22-24, 1150b29sg) o que mais se teria aproximado desse conceito desenvolvido mais tarde por estóicos e epicuristas (Zucker, 1928, p.7-16).

Divergindo da tese hegeliana, Snell (1930a e b), Nestle (1940) e Seel (1953), entre outros, apontaram para a presença de uma consciência moral em diversos momentos da história grega antiga. Mas o que Snell entende por *consciência* e por que a exclui de Homero?

Como na maioria dos estudos sobre consciência na Grécia antiga, Snell parte da equivalência de *syneídēsis* e *conscientia*, examinando também as formas verbais *syneidénai*, *syngignóskein* e, principalmente, a locução *syneidénai heautôi*. Essas expressões não ocorrem na épica e, segundo Snell (1930b, p.26), nem poderiam, porque, a seu ver, toda forma de conhecimento em Homero se dá por meio da visão.

A "consciência" homérica seria uma apreensão imediata e visual do objeto. Não havia consciência no sentido de uma reflexão sobre si próprio porque, embora o homem homérico pudesse "refletir" sobre o seu *thymós* ou *phrén*, esses seriam "órgãos físicos" e não partes do "eu"

---

90 Cf. Jaeger, Pohlenz e Wilamowitz-Möllendorff entre outros (Cancrini, 1970, p.9-10).
91 Cf. Cancrini (1970, p.9 n.1).
92 Cf. *contra*: Cancrini (1970, p.37) cita a *Apologia* (21b, 22c-d) como exemplo de uma noção de consciência moral em Platão.

concebido como um todo (Snell, 1930b, p.29). É por isso, alega Snell (p.26), que *syneidénai* não existe em Homero, "pois dizemos apenas metaforicamente que duas pessoas vêem algo com os mesmos olhos". Com os termos *syneidénai* e *synginóskein*, "abandona-se a esfera da visão" e esse seria o primeiro momento da cisão do "eu" cuja expressão plena se encontra na expressão *syneidénai heautôi* (loc. cit.).

Embora constate a ocorrência da locução *syneidénai heautôi* em Safo (fr.26LP),[93] Snell não admite haver nem nessa passagem nem em toda a lírica uma consciência propriamente dita. Isso porque, a seu ver, o sujeito na lírica pode ter um estado (*Lage*) como objeto da consciência, mas não um ato (*Tat*). No entanto, ele considera essa "consciência lírica" (a "reflexão sobre o estado próprio") como um desenvolvimento significativo[94] que prepara o caminho rumo à consciência da ação própria que o homem grego alcança no século V.

Em Heródoto (3.53, 5.86, 5.91), Snell (1930b, p.26-7) vê surgir a *consciência stricto sensu*, essa avaliação moral que tem por objeto uma ação própria do sujeito. Na tragédia, as Erínias de Orestes representariam uma "objetivação da consciência", um primeiro passo no "desenvolvimento do mito à consciência reflexiva", expressa nos célebres versos de Eurípides (*Or.* 365-6):[95] à pergunta de Menelau: "O que sofres? Que mal te abate?", Orestes responde: "A *consciência*, porque sei que fiz coisas terríveis". Nesses casos, segundo Snell (p.26), os verbos *syneidénai* e *synginóskein*

---

93   ]θαμέω
            ὅ]ττινα[ς γὰρ
            εὖ θέω, κῆνοί με μά]λιστα πά[ντων
            σίνοντα]ι
      5   ]ἀλεμάτ´

      11   ]αν, ἔγω δ´ ἔμ´ [αὔται
            τοῦτο σύ]νοιδα

"... freqüentemente ... pois a quem estimo, aqueles mais ferem-me ... em vão .... *e eu, em mim* [*mesma, isto*] *sei* ....". Nota-se, porém, que parte do verbo (*sý*]) e o pronome inteiro ([*aútai*) são suplementos dos editores.

94 Snell (1930b, p.26) encontra em Arquíloco (fr.128W) a primeira instância desta forma de consciência. Mas em que difere este discurso dos que encontramos em Homero, onde o sujeito dirige-se ao seu *thymós*?

95 Snell (1930b, p.28): *Or.* (395-6): τί χρῆμα πάσχεις; τίς σ´ ἀπόλλυσιν νόσος; ἡ ξύνεσις, ὅτι σύνοιδα δείν´ εἰργασμένος.

heautôi equivalem a um "reconhecer consigo próprio", o que implica uma espécie de divisão do "eu" que (re)conhece em si próprio um feito. Pode haver um tipo de "retorno" em *syneidénai* e *synginóskein heautôi* algo comparável à voz média do sistema verbal. Mas esses verbos têm por objeto ações próprias, não o "eu", como quer Snell (p.26). Ele os cita como exemplos da "reflexividade" em que o "eu" é sujeito e objeto do conhecimento, em que a mente pensa a si própria. Não há, porém, nessas passagens, tal "reflexão", como em Aristóteles.[96]

Em estudo sobre o conceito de consciência (*Gewissen*) entre os gregos, Seel (1953), ao contrário de Snell e Fränkel, apontava para a existência, já em Homero, de uma forma de consciência de si e da separação do eu/ mundo. A seu ver, a simples frase na primeira pessoa ("eu vejo x") expressa por si essa distinção entre o sujeito e o mundo (Seel, 1953, p.294, 303). Quanto à "consciência de si", ele segue Snell, julgando haver na locução *sýnoida emautôi* (traduzido como "conheço-me a mim mesmo") uma forma de consciência reflexiva na qual o "*eu*, em clara divisão e estratificação, é, ao mesmo tempo, sujeito e objeto da declaração". Mas, de outro modo, Seel (p.302, 312) indica passagens homéricas (*Od.* 3.26-7, 22.347) nas quais crê encontrar essa noção de reflexividade em *statu nascenti*, e cita o fragmento de Safo (fr.26LP) como a mais antiga expressão da consciência de si.[97]

Para examinar o tema da *con-scientia* na Grécia antiga, Cancrini (1970) fez o levantamento e a análise das ocorrências de *syneídēsis*, *syneidénai heautôi*, e de outras palavras do mesmo campo semântico, tais como *sýnnoia*, *synnoeîn* e *syngignóskein heautôi*. Limitando sua pesquisa aos termos compostos por *syn* + *verbum sciendi*,[98] dentre outros vocábulos

---

96 Em Aristóteles, são capazes de pensar a si próprias as mentes de Deus (*Metaph.* 1072b20) e dos homens (*de An.* 429b9-10).

97 Seel (loc. cit.) queixa-se de o fr.26LP de Safo não ter recebido a devida atenção. Como Safo e Homero não teriam vivido em períodos tão distantes, acredita que o poeta épico poderia ter conhecido esse uso do pronome relativo, o que não é impossível, mas pura especulação. Embora Snell (1930b, p.27) não ignorasse os versos de Safo, recusou-se a aceitá-los como testemunho válido porque julgava tratar-se, nesse caso, não da consciência de uma ação própria, mas de um estado. Em virtude das condições em que o texto se encontra, não há como chegar a tal conclusão. Cancrini (1970, p.42) judiciosamente afirma ser difícil precisar o sentido de *suneidénai heautôi* em Safo.

98 *Gignóskein*, *noeîn*, *epístasthai* e substantivos derivados. Cf. Cancrini (1970, p.65-79) para: 1) *sýnnoia/synnoeîn heautôi* como a consciência moral (um "saber consigo próprio" relativo

habitualmente estudados para a expressão de uma consciência moral (*aiskhýnē, idṓs, enthýmion, enkárdion*), ela observou que é um equívoco considerar a *sýnesis* como sinônimo de *syneídēsis* porque, sendo composta por *syn* + verbo de movimento (não de conhecimento), é a "inteligência", a "capacidade de compreensão".[99]

Conclui-se que o substantivo *syneídēsis*, a forma que mais corresponde à *conscientia*, é tardio, atestado primeiramente em Demócrito (fr.297Diels) e tornando-se freqüente apenas entre os historiadores do primeiro século (Cancrini, 1970, p.15). O termo possui o sentido inequívoco de uma "consciência moral" em Fílon de Alexandria,[100] na primeira epístola de Pedro, e em Paulo de Tarso (2 Cor. 1.12). A forma verbal com o pronome reflexivo (*syneidénai heautôi*) é, pelo contrário, comum nos textos dramáticos e retóricos do século V a.C. e mais rara no período helenístico (Cancrini, 1970, p.17).

Esse trabalho de Cancrini (1970) tem o mérito de ser o mais exaustivo e abrangente no exame das ocorrências dos termos escolhidos, revelando também maior variedade de construções e sentidos. Discute-se, por exemplo, o emprego de *syneidénai* (sem o pronome reflexivo) como a ciência particular (*conscientia* privada) da *Díkē* em Sólon (fr.4.15W), no contexto de um julgamento moral acerca de ações alheias. São também estudadas passagens em que *syneidénai* + um dativo (que não seja o pronome reflexivo) significa "compartilhar um saber que concerne a um outro", o que pode ou não envolver uma avaliação ética (Cancrini, 1970, p.45-9). Daí a possibilidade de os *syneídotes* serem "conspiradores" (Tucídides I.20), ou servirem como testemunhas, pois compartilham a ciência do ato com o agente.[101]

---

a uma ação pessoal ou alheia eticamente qualificada) em Ésquilo (*Pr.* 436-38), Sófocles (*Ant.* 278-79) e Eurípides (*Andr.* 802-4, *Or.* 632-35, *Her.* 381-82); 2) *syngignóskein/syngignóskein heautôi* (semelhante ao *syneidénai heautôi*, mas com valor incoativo, daí também com os sentidos de "convencer-se", "perdoar", "compreender") em Heródoto (1.89, 4.43, 5.91, 6.92) e Sófocles (*El.* 254-57, *Tr.* 274-80, *Ant.* 925-28); e 3) *synistoreîn* em Ésquilo (*A.* 1090-92).

99 Cancrini (1970, p.20-1) resume a discussão sobre *sýnesis* e *syneídēsis* em Jahnel, Osborne ("*sýnesis* não é percepção ou ciência, mas inteligência crítica"), e diverge de Gauthier & Jolif (1958-1959, II.2, p.519-26), que definem tanto *syneídēsis* quanto *sýnesis* na *Ética a Nicômaco* como formas de "consciência": a *syneídēsis* seria a "consciência conseqüente" (a má consciência), a *sýnesis*, a "consciência antecedente" ("julgamento sobre o bem a ser feito").
100 *De spec. leg.* (II.49), *Quod. det.* (146, 23), *De virt.* (124), *Quod omnis probus liber* (149), *Opif.* (128), *T. Rub.* (4.3), *T. Jud.* (20.2).
101 Cancrini (loc. cit.): Górgias (*Pal.* 11.5), Sófocles (*Ph.* 1081-5, *El.* 92-5, *OT* 249-51, *Ant.* 262-7), Eurípides (*El.* 43-4, *Hec.* 870-1, *Hipp.* 424-5) e Ésquilo (*Ch.* 216-7).

Quanto ao emprego do verbo com o pronome reflexivo (*syneidénai heautôi*), Cancrini (p.28, 44) discorda de que a construção implique, como afirmam Snell e outros, uma "divisão da subjetividade", e que a estrutura em si expresse o tipo de reflexividade na qual o "eu" é sujeito e objeto. A seu ver, *syneidénai* refere-se a um "saber compartilhado", seja com outros (em um grupo ou círculo restrito), ou consigo próprio (*heautôi*). O mesmo vale para os demais verbos da mesma formação (*syn* + verbo de conhecimento): ora é um "saber em si compartilhado com outros", ora um "saber em si, só consigo próprio" e, daí, "um conhecimento privado, particular", cujos objetos são vários (p.23, 44). Portanto, *syneidénai heautôi* pode *inclusive*, mas não necessariamente, ser a "expressão de uma consciência moral", isto é, a consciência do sujeito com relação a um ato ou situação própria qualificada em termos morais" (p.51-70).[102]

Por fim, retornemos à confrontação, sugerida por Snell, de suas teses com a *Filosofia da História* de Hegel. Se, por um lado, o homem grego do século V possui, segundo Snell, uma "moralidade" (*Moralität*), por outro, nada é mais estranho do que esse seu "homem homérico", cujas características parecem assemelhar-se às atribuídas por Hegel à fase do espírito do mundo oriental (*Filosofia da História*, Werke 12, p.142):[103]

> O mundo oriental tem como seu princípio próximo a substancialidade do ético (*Sittlichen*). É a primeira vitória sobre o arbítrio que submerge nessa substancialidade. As determinações éticas são proferidas como leis, de modo que a vontade subjetiva é regida pelas leis como se por um poder exterior, de modo que tudo que é interno, caráter, consciência, liberdade formal, não age, e isso porque as leis se impõem apenas de uma maneira externa e existem apenas como direito coercitivo.

Vimos que, assim também, o homem homérico de Snell sempre age sob uma compulsão externa e, não possuindo nenhuma forma de vontade, de

---

102 Cf. Aristófanes (*Eq.* 183-4, *Th.* 473-9), Sófocles (fr.931 Pearson), Eurípides (*Med.* 492-5, *Or.* 395-6).

103 *"Die orientalische Welt hat als ihr näheres Prinzip die Substantialität des Sittlichen. Es ist die erste Bemächtigung der Willkür, die in dieser Substantialität versinkt. Die sittlichen Bestimmungen sind als Gesetze ausgesprochen, aber so, dass der subjektive Wille von den Gesetzen als von einer äusserlichen Macht regiert wird, dass alles Innerliche, Gesinnung, Gewissen, formelle Freiheit nicht vorhanden ist und dass insofern die Gesetze nur auf eine äusserliche Weise ausgeübt werden und nur als Zwangsrecht bestehen".*

consciência de si e de subjetividade, segue preceitos morais fixos, determinados pela tradição.[104] Não há, como no mundo oriental hegeliano, distinção entre o interno e o externo (moralidade e lei).[105]

Alguns, como G. E. R. Lloyd (1970), fizeram a aproximação do pensamento grego arcaico com o egípcio.[106] De outro modo, citando com alguma reserva Lévy-Bruhl (1910), Frankfort (1948, p.362, n.4) associa o que chama de pensamento "pré-grego" (isto é, "pré-filosófico, pré-racionalista") ao primitivo.

Desse modo, a mentalidade grega arcaica ora é descrita, nos quadros da *Filosofia da História* hegeliana, nos mesmos termos que a oriental; ora é assimilada, em parâmetros antropológicos, à primitiva, via Lévy-Bruhl.[107] Com que intuito esses autores procuram isolar Homero, distinguindo-o radicalmente do homem clássico – ou de nós? Uma hipótese é que, sob influência do *Nascimento da Tragédia*, que apontou para aspectos demoníacos e irracionais na religiosidade grega, alguns helenistas foram longe demais, estudando os gregos, particularmente Homero, como se fossem antropólogos investigando uma tribo primitiva com padrões comportamentais e estruturas de pensamento absolutamente diversos (Lloyd-Jones, 1983, p.157).

Quase dez anos mais tarde, Vernant (1989-1991, p.35) faz suas as palavras de Lloyd-Jones no texto em que fala de sua dívida para com Snell e Fränkel e dos motivos para ter escolhido a Grécia como objeto de estudo:

> Os documentos – escritos e iconográficos – com os quais trabalhamos, se, de um lado, estão suficientemente distantes de nós para que possamos mirá-los com o olho de um etnólogo que observa uma tribo com costumes completamente diferentes dos seus, de outro, permanecem próximos o

---

104 É interessante que Snell (*DE* 16) considere desnecessária uma confrontação com o Oriente para se obter o que é especificamente europeu no desenvolvimento do pensamento grego.
105 Nessa linha, observa-se também a freqüente caracterização da realeza micênica em Homero como teocrática. Cf. Drews (1983) e Carlier (1984).
106 Os paralelos entre a mentalidade egípcia e a grega antiga são traçados por Lloyd a partir de uma definição de Frankfort (1948, p.61): "sua mente [a do egípcio] era voltada para o concreto, sua linguagem dependia de imagens concretas e, portanto, expressava o irracional, não por qualificar modificações de uma noção principal, mas por admitir a validade de várias abordagens ao mesmo tempo". Cf. Rowe (1983, p.125).
107 Cf. Wolff (1929, p.386) e Gaskin (1990, p.1), um dos críticos mais recentes que acusam Snell de atribuir ao homem homérico uma "forma de mentalidade primitiva".

suficiente para que os sintamos menos estrangeiros e para que nos permitam colher melhor os significados do que se se tratasse da China, da Índia, da África ou da América pré-colombiana.

Latacz (1984, p.39, n.38), por sua vez, sugere que o problema do homem moderno ante o homérico tem origem na contradição de valores apontada por Nietzsche: não aceitando a ética aristocrática de Homero, esforçamo-nos para distanciá-lo de nós, fazendo dele um fóssil exótico: primitivo, oriental ou criança.

No contexto maior da "história do espírito", Snell (*DE* 118-9) traçou paralelos entre a "descoberta da individualidade" na arte dos líricos, o novo conceito da alma (central na religião dos órficos e pitagóricos), e o estabelecimento da *pólis,* que teriam suplantado o conjunto de poesia épica, religião homérica e sistema da aristocracia feudal. Atualmente, porém, o trabalho de arqueólogos, filólogos e historiadores revela um quadro diverso. O século VIII a.C., período em que Homero teria vivido, é considerado um "renascimento":[108] uma época de importantes transformações associadas à reintrodução da escrita, ao "ressurgimento" nas artes plásticas e arquitetura, à expansão, fundação de colônias e maior intercomunicação com o desenvolvimento do comércio marítimo, a um nível de vida melhor e à formação da *pólis.*

Evidências da *pólis* (definida como uma cidade protegida por muralhas dominando campos cultivados e pastos)[109] encontram-se em Homero na descrição do *Escudo de Aquiles,*[110] e o seu surgimento tem sido rastreado por arqueólogos e historiadores com base no estudo da construção de templos urbanos, fortificações e mudanças no sistema funerário.[111] É,

---

108 Snodgrass (1971, p.416 ss.) e Hägg (1983, p.8-9). Para os problemas relativos a continuidade e ruptura no período arcaico, cf. Sarian (1989, p.585-6).
109 Cf. Aristóteles (*Po.* 1252b29): a *pólis* é um centro urbano que consiste da unidade da cidade e campo, gozando de autonomia local.
110 Latacz (1984, p.26). A esse quadro, que corresponde à realidade do século VIII, há uma superposição de reminiscências do período micênico palaciano.
111 Para templos urbanos: Snodgrass (1977, p.24-30; 1980, p.33-4); fortificações: Snodgrass (1971, p.415-6), Murray (1980, p.65); sistema funerário: Sourvinou-Inwood (1983, p.43), Morris (1987, p.17).

portanto, nesse período de transformações demográficas, sócio-econômicas, políticas e intelectuais que a épica chega ao seu apogeu.[112] O chamado "período lírico" (séculos VII-VI a.C.) não teria assistido a uma revolução. Enquanto grande parte dos críticos interessados no desenvolvimento enfatizam os aspectos diacrônicos, poucos têm-se ocupado dos elementos estáveis na cultura. Neste trabalho, buscou-se um equilíbrio na atenção dada à mudança e à continuidade de Homero a Arquíloco. O *corpus* foi circunscrito aos poemas marciais de Arquíloco, o que favorece a sua comparação com Homero, para avaliar a proximidade e a distância entre os dois poetas, sem ignorar fatores determinantes, como a possibilidade de diferenças devidas a estilo pessoal, gênero, função e ocasião de *performance*.

---

112 Segundo Snodgrass (1971, p.416) e Coldstream (1977, p.369), os poemas homéricos teriam inspirado o renascimento do interesse pelo período micênico. Mas é possível que, ao contrário, tenha sido o interesse por esse passado heróico o responsável pelo êxito da épica homérica (cf. Hägg, 1983, p.9).

PARTE II
O GUERREIRO ARCAICO: HOPLITA, ARMAS E TÁTICAS

Para se apreender a figura do guerreiro arcaico, é fundamental a concepção que se tem tanto do homem grego desse período, quanto do tipo de guerra e das funções dos combatentes. Na parte introdutória, discutiu-se o "homem arcaico", mas não a forma de luta e a ética do guerreiro, para o que será necessário considerar a chamada "reforma hoplítica". Não sabemos ao certo quando teria surgido a tática de luta que se tornou a marca distintiva dos combates gregos dos séculos V-IV a.C., o uso da falange hoplítica. No entanto, para a compreensão dos poemas marciais de Arquíloco, particularmente em vista de sua relação com Homero e a tradição épica, é importante saber, caso se admita a existência da falange na Grécia arcaica, de que espécie seria e se já haveria uma "ética hoplítica".

Segundo a "visão ortodoxa", na *Ilíada* e nos combates pré-hoplíticos, eram os heróis aristocráticos, detentores do poder, que decidiam as batalhas por meio de duelos. Por volta do século VII a.C., a "reforma hoplítica" teria acarretado uma série de mudanças. Como a vitória passou a depender não da proeza de alguns comandantes, mas da coesão das fileiras e do empenho de um número maior de guerreiros, o poder da aristocracia foi colocado em xeque. A classe que até então era destituída de qualquer poder, ao constatar sua força e importância nos combates, começou a exigir maior participação política e uma série de direitos. Uma das conseqüências desse novo modelo de guerra teria sido o surgimento da *pólis* e da tirania.[1]

---

[1] Essa tese deriva de uma interpretação de Aristóteles (*Pol.* 1297b) e, na crítica moderna, é defendida por Detienne (1968, p.140), Murray (1980, p.54-6) e Boardman (1986, p.29-30).

Essa visão encontrou, porém, uma série de adversários. Desde o final do século, Albracht (1886), seguido por Lang (1910), já defendia a idéia de que o fator decisivo nas batalhas da *Ilíada* era a luta em que a "massa" (*tò plêthos*) se empenhava, não os combates singulares.

Mais recentemente, historiadores e arqueólogos, baseando-se em iconografia e evidências encontradas nas escavações, argumentam que, a partir de 750 a.C., as armas começaram a sofrer mudanças que decorriam, provavelmente, de sua adaptação a uma nova forma de luta (Lorimer, 1947, p.76-108). A armadura mais pesada e a espada mais curta estariam associadas ao surgimento de uma formação mais estática, que exigia uma defesa maior para o combate corpo a corpo, travado após o choque inicial das fileiras. A mais antiga representação iconográfica do escudo e do elmo característicos dos hoplitas data do início do século VII (675 a.C.). Conclui-se que, na *Ilíada*, o modo de guerra e a panóplia seriam "pré-hoplíticos", ao passo que a introdução da tática hoplítica no período arcaico teria levado a profundas transformações políticas e sociais.

Após o texto de Lorimer (1947), que postulava a "reforma hoplítica", diversos problemas têm sido levantados. Houve realmente tal reforma? No que consistiria? Snodgrass (1965), ao contrário, não acreditava que a mudança tivesse ocorrido de uma só vez, mas que o desenvolvimento da tática e das armas características do hoplita tenha sido paulatino, durante um longo período de transição. Formas de luta e equipamentos teriam sido gradualmente modificados e, de fato, as fontes literárias e as evidências arqueológicas revelam uma miscelânea de armas, as narrativas apresentam diversos tipos de combates. Em certos momentos da *Ilíada*, por exemplo, se descreve algo muito semelhante às formações cerradas dos hoplitas (*Il.* 13.126-33, 16. 212-17):[2]

   ὡς δ' ὅτε τοῖχον ἀνὴρ ἀράρηι πυκινοῖσι λίθοισι
   δώματος ὑψηλοῖο, βίας ἀνέμων ἀλεείνων,
   ὣς ἄραρον κόρυθές τε καὶ ἀσπίδες ὀμφαλόεσσαι.
   ἀσπὶς ἄρ' ἀσπίδ' ἔρειδε, κόρυς κόρυν, ἀνέρα δ' ἀνήρ·

---

2 Cf. *Il.* (12.105, 13.145-52, 17.354-5). Lorimer (1947, p.114) afirma, ao contrário, que essas descrições não se referem à falange hoplítica, estando os guerreiros excessivamente próximos uns aos outros. A seu ver, haveria apenas uma menção (interpolada) à falange nos poemas homéricos (*Il.* 13.339).

ψαῦον δ᾽ ἱππόκομοι κόρυθες λαμπροῖσι φάλοισι
νευόντων· ὣς πυκνοὶ ἐφέστασαν ἀλλήλοισιν.

Como um homem com pedras cerradas faz o muro
de uma alta casa, bloqueando a força dos ventos,
assim, cerrados, estavam os elmos e os escudos bojudos.
Apoiavam-se escudo a escudo, elmo a elmo, homem a homem, e
os elmos de penachos tocavam-se com as chapas [3] luzentes
quando os homens acenavam, tão próximos estavam uns aos outros.

Uma hipótese é que tais passagens retratam um tipo incipiente de falange hoplítica. Embora a *Ilíada* e a *Odisséia* tivessem preservado, por meio da tradição oral, verdadeiros fósseis lingüísticos e memórias do período micênico, esses poemas teriam chegado a uma forma mais próxima da que conhecemos por volta do século VIII a.C. Assim, encontram-se em Homero lembranças de combates micênicos justapostos a elementos de sua própria época, como, por exemplo, essa espécie de falange hoplítica arcaica. A questão sobre se Homero conhecia ou não a luta em falange também tem sido considerada como mais um fator para a datação da *Ilíada*, pois os que acreditam que o hoplita teria surgido por volta de 700-750 a.C. situam os poemas antes ou após essa data, conforme a leitura que fazem de tais passagens (Powell, 1991, p.204-5).

São diversas as interpretações, não só desses versos, mas da organização da guerra em Homero como um todo.[4] Para alguns, como G. Murray (1934) e T. B. L. Webster (1958), a guerra na *Ilíada* consiste de uma série de combates singulares. As descrições de luta em grandes formações, como a citada anteriormente, seriam interpolações tardias. Outros acreditam que a luta de massas, existente no período homérico, era ignorada ou estilizada pelo poeta que, por convenção e/ou ideologia, a retratava em termos de duelos singulares. Segundo Lang (1910, p.54-9) e Pritchett (1985, v.IV, 15-21), havia dois momentos na guerra: primeiro, o encontro das formações cerradas que, após o choque inicial, se desfaziam em duelos ou lutas isoladas. Para Albracht (1886) e Latacz (1977), há também dois momentos, mas sua ordem é inversa: no início, os guerreiros de primeira linha (*prómakhoi*) avançavam para travar

---

3 Para o significado de *phálos*, cf. Janko (1992, p.61-2).
4 Cf. Van Wees (1988, p.2-3) para um resumo e crítica dessas.

duelos e, depois, davam um passo atrás, assumindo suas posições na falange. Por fim, a hipótese de Van Wees (1988, p.8) é que havia apenas um modo de guerra, descrito, porém, de formas diferentes.

Na verdade, encontram-se em Homero tanto a formação em falanges, quanto os duelos singulares, e não há uma seqüência determinada. É evidente que a falange arcaica não exibe o mesmo grau de organização e unidade estratégica que a falange hoplítica do século V. Ocasionalmente, os guerreiros se reúnem em fileiras compactas para um movimento defensivo ou ofensivo, mas não há uma uniformidade de táticas, nem de equipamentos; usam armas de toda espécie.[5] Provavelmente, a guerra era assim também na época de Arquíloco, embora o fragmento 3W sobre "Os senhores de Eubéia" dê indícios da supremacia da "nova" tática.

Nos versos de Arquíloco examinados a seguir, além dos contextos em que foram citados e o seu estabelecimento desde as edições mais antigas, serão estudados os elementos que contribuem para o esboço da figura do guerreiro arcaico, de suas armas, do seu modo de luta e da ética guerreira.

---

5 Até Tirteu descreve guerreiros com a panóplia típica do hoplita ao lado de outros com modelos mais antiquados, como, por exemplo, o escudo em forma de torre.

CAPÍTULO 1

ENIÁLIO E AS MUSAS

A) UM GUERREIRO-POETA? (FR.1W)

I) FONTES

A fonte mais antiga que possuímos do fragmento 1W, que inaugura quase todas as edições modernas de Arquíloco, é o *Fócion* de Plutarco (séculos I-II d.C). Fócion observava que os homens públicos de seu tempo se haviam dividido entre generais e oradores: Eubulo, Aristofonte, Demóstenes, Licurgo e Hipérides eram oradores e legisladores; Diopites, Menesteu, Leóstenes e Cares, generais que se fortaleciam pelo comando da guerra (*Fócion* 7.6). Fócion, ao contrário,

ἐβούλετο τὴν Περικλέους καὶ ʼΑριστείδου καὶ Σόλωνος πολιτείαν ὥσπερ ὁλόκληρον καὶ διηρμοσμένην ἐν ἀμφοῖν ἀναλαβεῖν καὶ ἀποδοῦναι. καὶ γὰρ τῶν ἀνδρῶν ἐκείνων ἕκαστος ἐφαίνετο κατὰ τὸν ʼΑρχίλοχον·

    ʼΑμφότερον, θεράπων μὲν ʼΕνυαλίοιο θεοῖο,
    καὶ Μουσέων ἐρατὸν δῶρον ἐπιστάμενος

καὶ τὴν θεὸν ἑώρα πολεμικήν τε ἅμα καὶ πολιτικὴν οὖσαν καὶ προσαγορευομένην.

queria retomar e reinstalar a política de Péricles, Aristides e Sólon, que era completa e harmonizada em ambas as práticas, pois cada um daqueles homens parecia, conforme Arquíloco,

"*ambos: servo do deus Eniálio e*
do amável dom das Musas conhecedor",

e percebia que a deusa era ao mesmo tempo guerreira e política, e assim era chamada.

Se as interpretações correntes do poema de Arquíloco o lêem como a afirmação de um guerreiro que é ao mesmo tempo poeta, a queixa de Fócion diz respeito à especialização dos homens de sua época como generais ou como oradores/legisladores. Ele evoca nostalgicamente os antigos, Péricles, Aristides e Sólon, que eram tanto uma coisa quanto outra.[1]

Nessa leitura, Plutarco reconhece que a deusa é Palas Atena, que a seu ver reúne os dois atributos, sendo ao mesmo tempo guerreira e política. No dístico, porém, ela nem é mencionada. "O dom das Musas", segundo Plutarco, é abrangente, incluindo não apenas formas poéticas, mas, especificamente, a retórica.

Ateneu (*Deipn*. 14.626 ss.) traz uma segunda versão do texto, citada em meio a uma longa digressão referente à teoria de Heraclides Pôntico sobre os modos musicais (dórico, jônico e eólico) e suas características. Quanto ao valor guerreiro que a música pode inspirar, Ateneu (loc. cit.) diz que, "antigamente, a música era uma exortação à coragem" e ilustra tal afirmação com um poema de Alceu (fr.357*PMG*), poeta que prezava a coragem acima da poesia, "sendo ele voltado para a guerra mais do que o necessário". "Mas os antigos tinham a coragem como a maior das virtudes cívicas, e a esta muitas coisas atribuíam" (Ateneu, *Deipn*. 14.627c):

Ἀρχίλοχος γοῦν ἀγαθὸς ὢν ποιητὴς πρῶτον ἐκαυχήσατο τῷ δύνασθαι μετέχειν τῶν πολιτικῶν ἀγώνων, δεύτερον δ᾽ ἐμνήσθη τῶν περὶ τὴν ποιητικὴν ὑπαρχόντων αὐτῷ, λέγων:

εἰμὶ δ᾽ ἐγὼ θεράπων μὲν Ἐνυαλίοιο ἄνακτος,
καὶ Μουσέων ἐρατὸν δῶρον ἐπιστάμενος

Arquíloco, bom poeta que era, primeiro vangloriou-se de ser capaz de participar de disputas civis e, em segundo lugar, recordou suas habilidades poéticas dizendo:

---

[1] Apesar de Sólon ter sido também poeta elegíaco, aqui ele é claramente citado como legislador.

"sou servo do senhor Eniálio e
        das Musas o amável dom conheço".²

Logo em seguida, Ateneu menciona a epígrafe de Ésquilo que celebra a sua participação em Maratona, sem fazer uma alusão sequer às Musas ou à sua arte.³ Portanto, nesse contexto, ao contrário de Plutarco, os que conhecem "o dom das Musas" não são oradores ou legisladores, mas verdadeiros *músicos* (*mousikoí*).

Nos versos de Arquíloco reproduzidos por Ateneu, há logo de início a expressão enfática do sujeito em primeira pessoa do singular (ausente no texto de Plutarco) e, em seguida, a oposição entre o serviço a Eniálio (Ares) e a perícia com relação ao "dom das Musas". Causa estranhamento o comentário que Ateneu faz do primeiro verso, pois diz que Arquíloco menciona antes (e assim valoriza) sua capacidade de participar de "disputas políticas" (*politikôn agónōn*).⁴ Pelo contrário, talvez o dístico valorize a poesia acima da guerra, pois, como observou Fränkel (1975, p.55), um traço característico do estilo de Arquíloco é que seus "fragmentos vão das expressões mais fracas às mais fortes, o argumento decisivo sendo colocado no final".

Temístio, sofista do século IV d.C., que tem Plutarco como fonte, cita os dois versos de Arquíloco em um de seus discursos ao imperador Teodósio (15.185a-b Downey). Os biógrafos geralmente dividem a vida de Temístio em duas fases: a do filósofo aristotélico e a do político. Inicialmente, Temístio foi nomeado para a cadeira de filosofia em Constantinopla (348-349), em que produziu uma série de comentários e paráfrases de Aristóteles,⁵ tornando-se político e propagandista do Império no reino de Constâncio II. O auge de sua carreira política ocorreu durante o governo de Teodósio, quando foi encarregado da educação do filho do imperador e da prefeitura

---

2 A diferença nas traduções do fragmento 1W de Arquíloco reflete as formas de citação do texto, a sua inserção no contexto (cf. *infra*).

3 Toda essa passagem (incluindo o texto de Arquíloco) é reproduzida por Eustácio (*Il.* 1320.2).

4 Isso parece ter levado Piccolomini (1883, p.270, n.1) a sugerir uma correção de "*agónes* políticos" (*politikôn agónōn*) para "*agónes* marciais" (*polemikôn agónōn*) – que são disputas guerreiras e não civis.

5 Dentre as obras filosóficas de Temístio, as mais importantes eram as paráfrases (ou metáfrases), das quais cinco foram conservadas: *Analíticos Posteriores*, *Física*, *Sobre a Alma*, *Sobre o Céu* e *Metafísica* (Dagrou, 1968, p.15).

de Constantinopla. Data desse período a sua produção retórica, da qual nos restaram 31 discursos. Entre esses, a oração 15, em que se encontra a citação de Arquíloco, foi proferida diante do senado de Constantinopla (c. 381) para comemorar as vitórias do imperador contra os godos (379-380). Temístio comenta o conteúdo e valor das obras de Homero, Tucídides, Hesíodo, e depois professa:

καίτοι οὐδὲ τὸ θέατρον ὑμῶν, οὗ εἴσειμι δωροφορήσων, ἧττον ἀγαπητὸν οὐδ᾽ ἀμουσότερόν τε καὶ ἀσοφώτερον τοῦ πάλαι δὴ κεχαρισμένου, ἀλλὰ προκάθηται μὲν ἀνήρ, εἰ μὴ λέληθα βουκολούμενος,

Ἀμφότερον, θεράπων Ἐνυαλίοιο θεοῖο
καὶ Μουσέων ἐρατὸν δῶρον ἐπιστάμενος,

παρεστήκασι δὲ ἐν κύκλῳ καὶ περικάθηνται οἱ συγχορευταὶ καὶ συνθιασῶται, κυδρούμενοι ἅπαντες μᾶλλον ταῖς Μούσαις ἢ ταῖς δυνάμεσιν.

Pois bem, nem vosso teatro, onde vou buscar prêmios, é menos adorável, nem é mais destituído de Musas e sabedoria do que o que antigamente existia, mas à sua frente está um homem que, se não estou divagando sem perceber, é

ambos: servo do deus Eniálio e
do amável dom das Musas conhecedor,

e colocam-se em círculo, e sentam-se ao seu redor os que fazem parte do mesmo coro e tíaso, todos orgulhando-se mais de suas Musas do que das forças [militares].

Um pouco adiante (185c), Temístio refere-se a Apolo como o "deus que é, ao mesmo tempo, arqueiro e líder das Musas"; aquele que possui uma dupla aparelhagem, a da paz e a da guerra.

Na *Antologia Palatina*, há duas "imitações" dos versos de Arquíloco. A do século V d.C. é de Platão ou Amônio (9.827); na outra, que é anônima e data aproximadamente do século I d.C. (9.389), Eniálio é associado a Apolo, e não às Musas:

Εἰμὶ μὲν εὐθώρηκος Ἐνυαλίου πολεμιστής
εἰμὶ δὲ καὶ θεράπων Ἑλικωνίου Ἀπόλλωνος,
αὐτοῖς ἐν πρώτοισι λελεγμένος ἀσπιδιώταις.

Sou, do bem-armado Eniálio, guerreiro
e sou também servo do helicônio Apolo,
entre os seus primeiros homens armados colocado.

Apesar das semelhanças, esse poema apresenta diferenças significativas ante o modelo. Em primeiro lugar, são três hexâmetros e não um dístico elegíaco. O "eu" não se declara "*servo* do *senhor* Eniálio", mas um "*guerreiro* do *bem-armado* Eniálio". E ele não "*conhece* o dom das Musas" mas é "*servo* do helicônio Apolo", o que é mais próximo da expressão "servo das Musas".

A inversão é interessante, resulta de uma certa leitura do original. Em Arquíloco, a ambigüidade é gerada pela posição do termo "Musas" no início do segundo verso. Lê-se: "sou servo do senhor Eniálio e das Musas, do amável dom, conhecedor". Quando se chega ao particípio, a última palavra do dístico, percebe-se que o sujeito "*conhece o dom das Musas*" – não é servo delas, como o é de Eniálio.[6]

Na outra "imitação" (*A.P.* 9.827), embora se trate de um epigrama elegíaco e algo da estrutura e do vocabulário do primeiro verso de Arquíloco tenha sido mantido ("Sou/servo", *eimì mèn/ therápōn*), as diferenças são ainda maiores. Não há uma oposição ou contraste entre duas esferas de atividades, mas referência a Dioniso e às Náiades, divindades afins:

> Εἰμὶ μὲν εὐκεράοιο φίλος θεράπων Διονύσου
> λείβω δ᾽ ἀργυρέων ὕδατα Ναϊάδων
> θέλγω δ᾽ ἠρεμέοντα νέον περὶ κώματι παῖδα

> Sou servo caro a Dioniso de belos cornos,
> verto águas das argênteas Náiades,
> e acalento o menino que dorme tranqüilo.

Assim como Temístio havia citado Arquíloco para louvar o imperador vitorioso no século IV d.C., em 1138, Nicéforo Basilakis, panegirista oficial da corte de Constantinopla, certamente dependendo de Temístio e Plutarco como fontes, reproduz uma pequena parte do poema em um encômio. Ele

---

6 Cf. Campbell (1982, p.141) que lê "Musas" como complemento de "servo".

celebra o retorno do imperador João II, após as vitórias contra a Síria e a Sicília (*Enc. Io.* 108 Maisano):[7]

Εἰ γὰρ καὶ δεινὸς σὺ τὰ πολέμια, ἀλλ᾿ οὔ τί γέ σοι τὸ ἀρρενικὸν καὶ φιλόμαχον ἐμπέφυκεν ἄκρατον· ἐπὶ σοὶ γὰρ δικαιότατα καὶ τὸ ᾿Αρχιλόχου ἐπικομψεύσομαι· ἀλλ᾿ ἐπίστασαι καὶ "μουσάων ἐρατὸν δῶρον", καὶ δέχῃ μετὰ τῶν ἄλλων οὐ σμικράν τινα καὶ φαύλην δασμοφορίας ἀπόμοιραν.

Se és, pois, também hábil no que concerne à guerra, certamente, em ti, a virilidade e o amor à luta tu não tens, por natureza, sem mistura. Será, pois, justíssimo que te orne com o dito de Arquíloco: também "das Musas o amável dom" conheces e recebes, dentre os demais, uma parte não pequena nem insignificante dos tributos.

Doze anos mais tarde, Nicéforo compôs outro encômio, dessa vez ao Patriarca Nicolau Muzalone, no qual se refere às "abelhas que colhem o amável néctar das Musas".[8] Embora seja impossível saber se, nesse caso, Nicéforo teria ou não os versos de Arquíloco (ou a passagem de Plutarco) em mente – pois a imagem "amável dom (ou néctar) das Musas" já se havia tornado um lugar-comum entre poetas e prosadores pós-clássicos e bizantinos (Maisano, 1977, p.236) – é curioso haver nesse contexto, como no *Fócion*, uma alusão a Demóstenes e às assembléias.

Por fim, Teodoro Pródromo (século XII) parodiou o dístico de Arquíloco em uma epístola a Aléxio Aristeno (*Ep.* II, 1246 Migne v.133):

᾿Αρμόσει γὰρ ἐπὶ σοὶ ἐκεῖνο τὸ ᾿Αρχιλόχειον, μικρόν τι παρωιδηθέν· ὑπάρ–
χεις γὰρ κατ᾿ αὐτὸν
    ᾿Αμφότερον, θεράπων μὲν πραγματικοῖο θεοῖο,
    καὶ Μουσάων ἐρατὸν δῶρον ἐπιστάμενος.

Será adequada a ti a frase de Arquíloco, com uma pequena variação: pois és, segundo ele,

"ambos: servo do deus pragmático[9] e
    do amável dom das Musas conhecedor".

---

7 Cf. Bossi (1990, p.67).
8 *Enc. Muz.* (17): αἱ μέλισσαι "Μουσάων ἐρατὸν ὀπὸν ἀμελγόμεναι.
9 "Ativo", "negociante".

Nesse elogio a um "guardião de leis, *prōtékdikos* e criador de órfãos", o "dom das Musas" passa a incluir a "Gramática, Retórica, Legislação e Filosofia que o aleitaram". Como em Plutarco, não se ouve falar de poesia. Teodoro também não menciona Ares, pois Aléxio é tampouco guerreiro: ocupa-se da administração e do manejo dos negócios políticos. Daí a necessidade da "pequena paródia".

Quanto ao estabelecimento do dístico de Arquíloco, as duas formas do primeiro verso, presentes em Plutarco e Ateneu, suscitaram uma série de problemas. A maioria das edições traz a versão de Ateneu,[10] e a escolha justifica-se pela possível observância do digama em Arquíloco, e porque as citações feitas por Temístio e Teodoro provavelmente derivam de Plutarco, que, por sua vez, teria adaptado o início do verso à sua prosa em terceira pessoa.

Há também outras hipóteses. Segundo De Falco (1946, p.355), o problema em Plutarco é de pontuação: "ambos" (*amphóteron*) pertenceria à prosa, não aos versos de Arquíloco. Morelli (1948, p.106), ao contrário, acredita que Plutarco, citando de memória, teria atribuído a palavra erroneamente a Arquíloco.[11] Em 1838, Schneidewin,[12] seguido por Fick (1886), argumentou a favor da versão de Plutarco, porque supunha que o digama não fosse observado em Arquíloco e que, conseqüentemente, haveria um hiato na citação feita por Ateneu.

Além dos editores que optaram entre as versões de Plutarco e Ateneu, outros fizeram propostas diversas. Friedländer (1948), notando a semelhança entre o dístico de Arquíloco e versos da *Ilíada* (3.179,[13] 4.58) e de Píndaro (*Ol.* 6.17),[14] combinou os textos de Plutarco e Ateneu:[15]

---

10 Brunck (1785), Liebel (1812), Gaisford (1823), Bergk (1882), Hiller (1890), Hoffmann ('Ενυαλίοιο θεοῖο, 1898), Crönert (1911), Hudson-Williams (1926), De Falco & Coimbra (1941), Diehl (1949-1952), Colonna (1956), Treu (1959), Tarditi (1968), Degani & Burzacchini (1977), West (1989), Bossi (1990).
11 A versão mais correta, presente em Ateneu, teria servido como fonte para Eustácio e os poetas da *Antologia Palatina* (Morelli, loc. cit.).
12 O texto de Schneidewin (1838) traz "senhor Eniálio" (*Enyalíoio ánaktos*) em vez de "deus" (*theoîo*).
13 Helena descreve Agamenão na Ticoscopia (*Il.* 3.179) como sendo "ambos: bom rei e forte lanceiro" (ἀμφότερον, βασιλεύς τ' ἀγαθὸς κρατερός τ' αἰχμητής).
14 Anfiarau era "ambos: bom como adivinho e na luta com a lança" (ἀμφότερον, μάντιν τ' ἀγαθὸν καὶ δουρὶ μάρνασθαι).
15 Seguiram-no Lasserre & Bonnard (1958) e Colonna (em 1946 com a supressão de εἰμὶ δ' ἐγώ). Mas, em sua edição de 1956, Colonna adotou o texto de Ateneu. Gigante (1957,

εἰμὶ δ' ἐγώ
ἀμφότερον, θεράπων μὲν ' Ενυαλίοιο ἄνακτος
καὶ Μουσέων ἐρατὸν δῶρον ἐπιστάμενος.

eu sou
ambos: servo do senhor Eniálio e
do amável dom das Musas conhecedor.

A hipótese mais verossímil, e a opinão da maioria, é que Ateneu citou Arquíloco diretamente, enquanto Plutarco adaptou o primeiro verso à construção da frase na qual o insere: "ambos" (*amphóteron*), no início do verso, repete o da frase anterior. Além disso, se o poema começasse com esse termo ("ambos"), Ateneu não precisaria modificá-lo. Plutarco, ao contrário, citando indiretamente, teria de alterar o verso para encaixá-lo em sua narrativa, caso ele se iniciasse por "eu sou" (*eimì d' egó*) – como de fato o fez (Monaco, 1950).

Temístio e Teodoro Pródromo, que seguem Plutarco, podem tê-lo compreendido mal, supondo, como alguns editores, que esse "ambos" fizesse parte do poema de Arquíloco. Mas, em Plutarco, não só os termos iniciais ("eu sou") foram substituídos por "ambos", como também "senhor" (*ánaktos*), por "deus" (*theoîoi*). Nessa versão, o dístico perde tanto a forte afirmação da primeira pessoa, quanto a estreita relação entre os correlatos: servo-senhor.

II) COMENTÁRIO

εἰμὶ δ' ἐγὼ θεράπων μὲν ' Ενυαλίοιο ἄνακτος,
καὶ Μουσέων ἐρατὸν δῶρον ἐπιστάμενος

sou servo do senhor Eniálio e
das musas o amável dom conheço.

Editores e comentadores reuniram uma série de paralelos homéricos ao dístico de Arquíloco (cf. Harder, 1953, p.381-4). São discursos aparentemente semelhantes a esse, nos quais heróis são elogiados ou se gabam,

---

p.360), concordando com Friedländer quanto à "fonte homérica" (*Il*. 3.178), propôs outra combinação dos textos de Ateneu e Plutarco: "sou ambos, servo do senhor Eniálio" (...ἀμφότερον/ εἰμὶ τ' ἐγὼ θεράπων μὲν ' Ενυαλίοιο ἄνακτος) etc.

eles próprios, de sua capacidade de luta e eloqüência.[16] No entanto, o que chama a atenção é que em nenhuma dessas passagens há referência às Musas. Nos exemplos citados da *Ilíada* e da *Odisséia*, os homens devem ser bons guerreiros e oradores, tal como no ideal expresso por Plutarco (*Fócion* 7.6). Não há, por sinal, herói homérico que seja, ao mesmo tempo, poeta épico e guerreiro, com a exceção de Odisseu, que se torna "semelhante" a um aedo ao narrar suas aventuras a Alcínoo e Eumeu. O mesmo vale para Aquiles (*Il.* 9.186): se canta e toca a lira defronte ao mar, isso não faz dele um aedo ou poeta mélico.

Em vista disso, alguns julgam que Arquíloco estivesse modificando uma fórmula da tradição épica: o seu novo ideal seria o do guerreiro-poeta, não o do guerreiro-orador. O dístico, citado como exemplo da especificidade e contraste da lírica arcaica com relação à épica homérica, representaria uma ruptura tanto pela "forte expressão do sujeito" na primeira pessoa do singular, quanto pelo novo estatuto do poeta.[17] Pois esse, ao contrário do aedo, não é mais necessariamente um profissional e pode ter outras ocupações além da poesia, à qual se dedica durante o lazer por gosto e/ou devoção. Outra questão levantada por muitos comentadores é a nova atitude do poeta perante as Musas: ao contrário do antigo bardo que é *inspirado*, instrumento das deusas, Arquíloco, *conhecendo* a sua arte, não é mais um receptáculo passivo.[18] Essa "nova" concepção do fazer poético se enquadra no contexto da crítica de Snell (*DE*) e Fränkel (1975) relativa à "descoberta do espírito" e surgimento das noções de responsabilidade humana no período lírico (Parte I: "Emoções mistas, reflexão e responsabilidade humana").

Vejamos até que ponto tais observações procedem. A afirmação inicial "eu sou" (*eimì d' egó*) é "forte expressão do sujeito", "uma epifania da personalidade" (Gigante, 1957, p.362), ou apenas um modo orgulhoso e enfático de apresentar-se? Em um verso da *Odisséia* citado freqüentemente após Diehl como um paralelo ("e eu sou filha do magnânimo Alcí-

---

16 O verso da *Ilíada* (3.178) que Friedländer (in Friedländer & Hoffleit, 1948) julga ser o modelo de Arquíloco não parece, a princípio, pertinente: Agamenão é bom rei e guerreiro – nada se diz de sua eloqüência.

17 Cf. Lanata (1956, p.169: "A lírica grega representa de fato uma nova consciência do "eu"), Fränkel (1975, p.132 ss.), Burnett (1983, p.33), Campbell (1983, p.254), e II.2 *supra*.

18 Cf. Lanata (1963, p.34; 1956, p.171), Kontoleon (1964, p.41), Broccia (1969, p.78), Romano (1974, p.32), Degani (1977, p.23), Aloni (1981, p.36).

noo"),[19] Nausícaa está apenas apresentando-se ao estrangeiro desconhecido. Não é necessário supor que Arquíloco tivesse esse verso em mente ao compor seu poema (De Falco, 1949, p.151), pois a linguagem é tradicional e a frase "eu sou" pode ter sido uma fórmula épica usada para introduções ou identificações. O mesmo início de verso encontra-se no *Hino Homérico a Apolo* (480), onde, como em Arquíloco, o *d´* não é um conectivo: "eu sou filho de Zeus, e Apolo me gabo de ser".[20] Desse modo, Nausícaa e Apolo, assim como o "eu" do poema de Arquíloco, não estariam descrevendo um "estado interior" (Burnett, 1983, p.33), mas apresentando-se com uma expressão convencional ou formular.

Quanto à estrutura do poema, nada impede que o primeiro verso citado seja o inicial.[21] Além do exemplo no *Hino Homérico a Apolo* (480) já citado, como bem notou De Falco (1949, p.151-3), a ausência da partícula "*dé*" nos poemas da *Antologia Palatina* nada significa, pois as construções são diversas. Nas "imitações" a oposição se faz com *mèn/dé* (o *dé* sendo substituído por *mén* para a simetria na enumeração), ao passo que, em Arquíloco, o "*dé*" inicial não é conectivo, mas tem eficácia assertiva (confere maior relevo ao sujeito "eu"), e a correlação é feita por *mén/ kaí*.[22]

O primeiro atributo do sujeito é ser um "servo (*therápōn*) do senhor Eniálio". O *therápōn* é "servo" ou "escudeiro", com um sentido religioso ou militar.[23] Na épica homérica, existe uma fórmula semelhante para qualificar heróis como "servos" ou "escudeiros de Ares" (*therápōn Árēos*).[24] Novamente, é possível que "senhor Eniálio", embora menos comum, seja uma fórmula, pois encontra-se também no *Escudo de Héra-*

---

19 *Od.* (6.196): εἰμὶ δ´ ἐγὼ θυγατὴρ μεγαλήτορος ᾿Αλκινόοιο.

20 *Hino Homérico a Apolo* (480: εἰμὶ δ´ ἐγὼ Διὸς υἱός, ᾿Απόλλων δ´ εὔχομαι εἶναι). Veja também *Odisséia* (11.252) e os *Hinos Homéricos a Deméter* (268) e *a Dioniso* (56).

21 *Contra*: Jacoby (1918, p.277), Morelli (1948, p.107). Alguns supõem que o poema esteja completo, o que parece menos provável: Colonna (1946, p.26), De Falco (1949, p.151), Monaco (1950, p.80), Lanata (1956, p.170), Treu (1959, p.189), Campbell (1982, p.140).

22 Porque o uso de *kaí* como correlativo de *mén* era raro (Kühner & Gerth, 1898-1904, II,2: 271.5), os epigramáticos podem tê-lo substituído pela construção mais comum. Para o *dé* inicial, cf. Denniston (1954, p.172-3).

23 Pátroclo, por exemplo, é o escudeiro (*therápōn*) de Aquiles (*Il.* 16.653).

24 *Il.* (2.110, 7.382, 15.733, 18.79, 19.47 etc.) e Nicéforo Basilakis (*En. Io.* 1008 s): "em vez de servo de Ares, sou servo de Hermes" (ἀντὶ θεράποντος ῎Αρηος, ῾Ερμοῦ θεράπων γίγνομαι).

cles (137).²⁵ De qualquer modo, seja esta uma expressão tradicional ou cunhada por Arquíloco, por que ele escolheu Eniálio e não Ares a divindade mais freqüentemente invocada?

A frase "senhor Eniálio" pode ter sido empregada justamente por ser menos habitual, ou por questões de métrica e de sonoridade. Nota-se a assonância de *eimì d´ egṓ... Enyalíoio* e que, dada sua posição métrica, *Enyalíoio* é uma "palavra pesada" (*schweres Wort*) que carrega o verso. Para muitos, trata-se de uma opção por um senhor da guerra mais cruel, sangüinário e bárbaro.²⁶ Mas representaria, como quer Kirkwood (1974, p.30), uma modificação deliberada na descrição do guerreiro, ante a do herói homérico? Segundo Burkert (1985, p.44, 171), Ares e Eniálio eram intercabiáveis como deuses da guerra. Na verdade, é difícil saber se, no século VII a.C., o nome Eniálio tinha outras conotações ou se realmente equivalia a Ares. Embora fosse um deus com culto próprio no período micênico,²⁷ na *Ilíada* Eniálio não é uma divindade distinta, mas, justamente, um dos epítetos de Ares (*Il.* 17. 211, 20.69, 21.391).

"Servo das Musas" é outra fórmula, talvez já corrente na época de Arquíloco, com a qual o poeta parece jogar.²⁸ O ouvinte, habituado com esse modo convencional de designar os aedos, julgaria, no início do segundo verso, que Eniálio e as Musas estivessem coordenados: "sou servo do senhor Eniálio e das Musas". Reconheceria, apenas no final do pentâmetro, que "Musas" pode ser adjunto adnominal de "dons": "dons das Musas". O que, porém, não elimina a ambigüidade.

O "dom das Musas", imagem comum na poesia grega arcaica, pode referir-se tanto às canções dos aedos sobre feitos de homens e de deuses, aos próprios versos em que a frase se encontra ou, ainda, à

---

25 Como em "senhor Eniálio" (*Enyalíoio ánaktos*), a terminação do hexâmetro em *-oio ánaktos* ocorre três vezes na *Ilíada* (2.373, 13.758 e 15.214), o genitivo épico (*-oio*) ocorrendo apenas mais uma vez em Arquíloco (fr.13.3W, onde trata-se de uma fórmula homérica) e, talvez, em Arq. (fr.120.1W).

26 Harder (1953, p.384), Lanata (1963, p.35), Kirkwood (1974, p.30), Romano (1974, p.29), Fränkel (1975, p.137), Burnett (1983, p.33).

27 Foi encontrada em Cnossos, entre outras inscrições votivas em Linear b para divindades micênicas, uma dedicada a *e-nu-wa-ri-jo*: "Eniálio" (Burkert, 1985, p.43).

28 *Margites* (fr.1.2W), Hesíodo (*Th.* 100), Teógnis (769), *Hino Hom.* (32.20), *A.P.* (9. 389), Eurípides (*El.* 717), Quérilo (2.2 Bernabé), Galeno (*Protr.* 9,10), Díon Cr. (33.12), *Monumento Pário* (IV B 10). Embora a fórmula "servo das Musas" não ocorra na *Ilíada* ou na *Odisséia*, ela é citada nas *Aves* (908-10) como se fosse homérica ("segundo Homero..."). Para West (1966, p.188), nessa época a frase já se havia tornado um "clichê humorístico".

poesia de um modo geral.²⁹ Esse dom da palavra cantada, ou recitada com acompanhamento musical, poderia ser concebido sob a forma de um objeto (bastão) ou de um instrumento que as Musas davam aos poetas/ músicos. Por exemplo, no relato do encontro de Arquíloco com Musas no *Monumento Pário*, conta-se que, um dia, o pai de Arquíloco mandou-o ao mercado vender uma vaca.³⁰ No caminho, o jovem encontrou mulheres que, em meio a zombarias, ofereçeram-lhe um preço pelo animal. De repente elas sumiram juntamente com a vaca, deixando uma lira aos seus pés. Foi só então que ele percebeu que as mulheres eram Musas disfarçadas.

Além desse dom da arte poética, Hesíodo (*Th.* 93) menciona um outro (*dósis*), que as Musas podem conferir aos reis a fim de que resolvam, com palavras persuasivas, as disputas entre os homens. É justamente essa extensão de "dom das Musas" à eloqüência retórica que encontramos nas citações do dístico feitas por Plutarco, Temístio, Nicéforo e Teodoro. Por que então o "dom das Musas" no fragmento de Arquíloco seria necessariamente o da poesia? É em virtude da "perspectiva biográfica", na qual o "eu" lírico é imediatamente identificado com o autor, que se supõe que Arquíloco esteja falando de si enquanto guerreiro e poeta. Mas não é impossível que, no poema, "o dom das Musas" tivesse um sentido mais abrangente, ou até que o poeta se referisse especificamente ao dom da arte retórica.

O dom é "amável" (*eratón*) e a qualificação não é ornamental,³¹ pois reforça o contraste entre os deuses (Eniálio/Musas) e as esferas de atividade das quais o "eu" participa. Fränkel (1975, p.137) observa que o sujeito do dístico é um "servidor de dois deuses que aparecem no *Escudo de Héracles* como formas de existência opostas". No pensamento arcaico, a deusa complementar de Ares (Eniálio) é Afrodite, não as Musas.³² Não é

---

29 Hes. (*Th.* 103: δῶρα θεάων), Álcman (fr.59b*PMG*: Μωσᾶν/δῶρον), Sólon (fr.13.51W: Μουσέων ... δῶρα), Teógnis (250: ἀγλαὰ Μουσάων δῶρα), Anacreonte (fr.346*PMG*: ἐρόεντα ... δῶρα ... Πιερίδων), Píndaro (*Ol.* 7.7: Μοισᾶν δόσιν e não δῶρον).
30 Cf. Treu (1959, p.42-4). A história contada por Hesíodo (*Th.* 22-34) de seu encontro com as Musas é muito semelhante a essa (cf. Breitenstein, 1971).
31 Cf. *Ilíada* (3.64): "amáveis dons ... de Afrodite" (δῶρ᾽ ἐρατὰ ...᾽Αφροδίτης). Essa é a única ocorrência de *eratós* em Homero, que prefere o adjetivo *erateinós*.
32 Cf. Hesíodo (*Th.* 933-4) e Empédocles (fr.122: *Philía* e *Neîkos*, fr.96 para Afrodite como demiurgo).

raro, porém, que as Musas sejam associadas a Afrodite, e o adjetivo *eratón* faz lembrar essa possível relação.³³

Por fim, o "eu" diz *conhecer* esse dom. O segundo predicativo do sujeito (*epistámenos*) corresponde ao *therápōn* ("servo") da frase anterior: "sou servo e conhecedor".³⁴ Trata-se de um saber com orientação prática; *epístamai* é o *know-how*, a capacidade ou habilidade de fazer algo.³⁵ As conotações do particípio e o paralelismo imperfeito na construção da frase evidenciam uma oposição e relação diferenciada do sujeito para com os deuses: ele é *servo* de Eniálio (da guerra); das Musas, porém, recebe "o dom", estando ao mesmo tempo empenhado como agente, como *conhecedor*.³⁶ Isso representa alguma novidade?

Em Homero (*Od.* 21.406-9), Odisseu é descrito como "um homem *experiente* (*epistámenos*) na cítara e no canto", e o símile compara a facilidade com que ele estica a corda no seu arco à de um aedo que encorda a cítara.³⁷ Alcínoo também elogia Odisseu por ter contado sua história "*experientemente*, como um aedo".³⁸ É notável que, em Homero, as palavras compostas a partir de *epist-* sejam freqüentemente empregadas com referência às duas atividades em questão: guerra e eloqüência/canto (Romano, 1974, p.31).³⁹

Intrigante e aparentemente contraditória é a passagem em que o bardo Fêmio suplica a Odisseu que o poupe (*Od.* 22.347-8):

---

33 Cf. Anacreonte (fr.2W): "brilhantes dons das Musas e de Afrodite" (Μουσέων τε καὶ ἀγλαὰ δῶρ᾽ Ἀφροδίτης). Há inclusive a Musa Erato, cujo nome revela uma aproximação às atribuições de Afrodite.

34 Cf. Kühner Blass (I p.38) para o particípio com o verbo *eimí* em construção perifrástica, equivalendo a um adjetivo.

35 O verbo tem sua origem em *epí* + *hístamai* que significa colocar-se *sobre, acima de algo* (Chantraine, 1968, s.v.). Segundo Gould (1955, p.8-9), "é do quarto século em diante que o significado é quase exclusivamente 'saber que', e não 'saber como'".

36 O substantivo *therápōn* é isento de qualquer movimento, enquanto o outro, o particípio *epistámenos*, indica um processo que se desenvolve no tempo.

37 *Od.* 21.406: ἀνὴρ φόρμιγγος ἐπιστάμενος καὶ ἀοιδῆς. "Experiente" seria a melhor tradução para *epistámenos* em Arquíloco, se não eliminasse a ambigüidade ("servo de Eniálio"/ "Musas"). A *phórminks* é um instrumento musical semelhante à cítara.

38 *Od.* (11.368): μῦθον δ᾽ ὡς ὅτ᾽ ἀοιδὸς ἐπισταμένως κατέλεξας.

39 Com relação à guerra (*Il.* 2.611, 13.223, 238, 15.282, 16.243, 142 = 19.389; *Od.* 9.49); à fala e canto (*Il.* 14.92, 19.80, *Od.* 8.240, 11.368, 21.406), Hesíodo (*Erga* 106, *Th.* 87).

αὐτοδίδακτος δ᾽ εἰμί, θεὸς δέ μοι ἐν φρεσὶν οἴμας
παντοίας ἐνέφυσεν...

Sou *autodidata*, e o deus em minha mente
implantou canções de toda espécie...

Trata-se de um exemplo de dupla motivação: Fêmio reconhece que o deus faz a poesia brotar dentro dele e que, ao mesmo tempo, ela é algo que ele aprende sozinho.[40] Desde Homero, a poesia é descrita simultaneamente como uma dádiva dos deuses (das Musas ou de Apolo) e uma arte (*tékhnē*) que se adquire com *experiência*, que se aprende por si só ou sendo ensinado por outros.[41] A mesma concepção encontra-se em Sólon (fr.13.51W):

ἄλλος ᾽Ολυμπιάδων Μουσέων πάρα δῶρα διδαχθείς,
ἱμερτῆς σοφίης μέτρον ἐπιστάμενος.

outro foi ensinado pelas Musas Olímpias os dons,
a medida da adorável arte conhecendo.

Portanto, não há em Arquíloco, pelo menos nesse fragmento, evidência de uma nova postura ante as Musas, ou de uma noção diversa da arte poética. O que não se encontra em Homero – caso o "eu" desse poema não seja um guerreiro/orador – é um guerreiro/ poeta. Os aedos homéricos pertencem a um palácio no qual sua única função é entreter os convivas com canto e música; os menos afortunados são forçados a vagar de cidade em cidade, oferecendo seus serviços em troca de alimento e abrigo.

Em razão disso, seria exagero acreditar, como Page (1964, p.134), que "esse dístico resume uma revolução social". Como foi dito, nem sabemos ao certo qual é o tipo de "dom" em questão (poético/retórico), e mesmo se Arquíloco estivesse "falando de si", ele não teria sido o primeiro poeta "lírico" nem, possivelmente, o primeiro poeta-guerreiro.[42]

---

40 Cf. Parte I: "Emoções mistas, reflexão e responsabilidade humana"; Fernández-Galiano et al. (1992) e Harriott (1969, p.92), para o significado de "autodidata" neste verso. West sugere que Fêmio teria aprendido a arte (técnica) sozinho, enquanto o deus lhe dá o conteúdo das canções.

41 Harriott (1969, p.104). Cf. Sobre Demódoco (*Od.* 8.489): "ou a Musa, filha de Zeus, ou Apolo ensinou-te" (ἤ σέ γε Μουσ᾽ ἐδίδαξε, Διὸς πάϊς, ἤ σέ γ᾽ ᾽Απόλλων).

42 Dado o caráter de sua poesia, é inverossímil que Arquíloco tivesse sido um poeta "profissional" como Simônides de Ceos ou Píndaro, que viviam em cortes, sustentados por tiranos. No

Quanto à ocasião de *performance* desses versos, pode-se imaginar um banquete, no qual seriam um escólio, ou teriam servido como introdução a um poema mais extenso. No estilo arcaico, os versos evidenciam a polaridade entre Eniálio (Ares) e as Musas, guerra e música, duas esferas de atividades que se complementam contrabalançando-se, como arco e lira ou, como diz Álcman (fr.41*PMG*):

ἕρπει γὰρ ἄντα τῶ σιδάρω τὸ καλῶς κιθαρίσδην

contrabalança, pois, ao ferro, tocar belamente a cítara.

---

entanto, alguns de seus poemas poderiam ser "oficiais", associados aos cultos de Deméter e Dioniso, se é que ele manteve a tradição sacerdotal de sua família (cf. Pausânias 10.28.3).

CAPÍTULO 2

CENAS ANTI-HERÓICAS

A) NA LANÇA (FR.2W)

Breve como o primeiro fragmento, e, até certo ponto, formalmente semelhante, o segundo apresenta uma cena cotidiana de um "servo do senhor Eniálio". Não é, porém, uma cena de batalha, um espetáculo de hoplitas enfileirados em formação cerrada ou combatendo, como é freqüente em Calino ou Tirteu. O soldado está em vigília e seus atos nada têm de heróico, muito pelo contrário:

> ἐν δορὶ μέν μοι μᾶζα μεμαγμένη, ἐν δορὶ δ᾽ οἶνος
> Ἰσμαρικός· πίνω δ᾽ ἐν δορὶ κεκλιμένος.

> *Na lança, meu pão sovado, na lança, o vinho*
> *Ismárico, e bebo na lança apoiado.*

A primeira tradução desse fragmento de que se tem notícia é de Dionísio Petávio (1612), editor e tradutor das cartas de Sinésio (Synesius *Ep.* 129b Migne):[1]

> *Maza mihi hastato praebetur, Bacchus in hasta*
> *Ismaricus; dum me sustinet hasta, bibo.*

Ao editar Arquíloco em 1812, Liebel citou, além dessa tradução de Dionísio, o escólio de Híbrias (século V ou IV a.C.), onde lança, espada e

---
1 Para uma edição moderna de Sinésio, cf. Garzya (1979, *Ep.* 130).

escudo são valorizados como os maiores bens do homem, já que, para ele, tudo conquistam (fr.909*PMG*):

> ἐστί μοι πλοῦτος μέγας δόρυ καὶ ξίφος
> καὶ τὸ καλὸν λαισήιον, πρόβλημα χρωτός·
> τούτωι γὰρ ἀρῶ, τούτωι θερίζω,
> τούτωι πατέω τὸν ἀδὺν οἶνον ἀπ᾽ ἀμπέλων,
> τούτωι δεσπότας μνοίας κέκλημαι.
>
> τοὶ δὲ μὴ τολμῶντ᾽ ἔχειν δόρυ καὶ ξίφος
> καὶ τὸ καλὸν λαισήιον, πρόβλημα χρωτός,
> πάντες γόνυ πεπτηῶτες † ἐμόν
> < ⏑ – > κυνέοντι δεσπόταν < ⏑ ⏑ – ⏑ – >
> καὶ μέγαν βασιλῆα φωνέοντες

> Minha grande riqueza são a lança, a espada
> e o belo escudo, defesa da pele.
> Com eles aro, com eles colho,
> com eles piso o doce vinho das uvas,
> com eles senhor de servos sou chamado.
>
> E os que não ousam levar a lança, a espada
> e o belo escudo, defesa da pele,
> todos prostrados aos meus joelhos
> beijam seu senhor,
> e de grande rei me chamam.

Partindo da tradução de Dionísio e do poema de Híbrias, esta tem sido a leitura tradicional, ou talvez mais freqüente, do fragmento, aceita pela grande maioria: é *com* ou *pela lança* que o "*eu*" obtém o seu pão e vinho. O seu sustento está *na lança* e ela serve-lhe também como objeto no qual se apóia para beber. A lança é útil em todos os momentos da vida do soldado, dentro e fora do combate. Com ligeiras variantes, pautam-se por essa interpretação as traduções de várias edições bilíngües de Arquíloco.[2]

Mas, em 1900, Bahntje já afirmava que em suas três repetições a preposição *en* ("em") teria um valor estritamente locativo e, portanto, *en dorí* ("na lança") teria sempre a mesma função: assim como o sujeito bebe

---

2 Edmonds (1931), De Falco & Coimbra (1941), Adrados (1956-1976, 1990³). Treu (1959), Lasserre & Bonnard (1958), Tarditi (1968). Veja, porém, a tradução de Gerber (1999), que entende ἐν δορί como locativo "na nau", cf. nota 9 *infra*.

apoiado *na lança*, o pão e o vinho estariam literalmente *na lança*.³ Isto é, presos à lança em um farnel. O vaso dos guerreiros micênicos ilustra tal prática: os soldados costumavam levar na extremidade da lança um pequeno bornal em que carregavam seus víveres (cf. Vernant, 1968, Pl.3 e Clay, 2004, p. 50 fig. 9).

Hudson-Williams (1926, p.83) apontou para o fato de que, na *Ilíada*, o particípio *kekliménos* ("apoiado") constrói-se apenas com o dativo, sem a preposição *en*. Assim, na última oração do fragmento de Arquíloco, a preposição *en* serviria somente para tornar a repetição mais enfática. O que, para Hudson-Williams (loc. cit.), seria apenas uma construção pouco usada, ou uma "licença poética", despertou a atenção de Van Groningen (1930, p.74), Bowra (1954, p.38) e outros, que a julgavam não-gramatical. Segundo esses, no grego arcaico, *kekliménos* empregava-se com o dativo (sem preposição), ou com a preposição *prós* + acusativo, para significar "apoiar-se em". Nesse caso, as versões tradicionais, incluindo a de Bahntje, estariam partindo de um uso impróprio do verbo *klínomai* com a preposição *en*.

Essa questão suscitou uma série de discussões acerca da interpretação corrente do fragmento. A presença da preposição no último cólon passou então a ser considerada enfática, por uns,⁴ contrária à gramática, por outros,⁵ simplesmente tradicional (Page, 1964, p.133), diferente da leitura de costume, mas com sentido e aceitável do ponto de vista da gramática⁶ ou, ainda, supérflua, se não incompreensível.⁷

Um segundo problema foi levantado por Bowra (1954). A seu ver, *en dorí* deveria ter o mesmo significado em cada repetição: "Primeiro, há uma dificuldade estilística. Quando *en dorí* ocorre três vezes no dístico, podemos esperar que tenha o mesmo significado em cada ocorrência ... Mas não é isso que a interpretação habitual requer" (p.37-8). A partir daí, surgiram as mais diversas leituras que buscavam, na sua maioria, satisfazer estes dois quesitos: 1) resolver o problema do verbo *klínomai* com a preposição *en* + dativo, e 2) manter a mesma construção para *en dorí* nas três ocorrências.

---

3 Cf. também Hauvette (1905, p.198-9).
4 Hudson-Williams (1926, p.83), Janni (1967, p.15), Romano (1974, p.43).
5 Davison (1960, p.1-4), Pocock (1961, p.180), Gerber (1970, p.12-3).
6 Gentili (1970, p.117), Arnould (1980, p.289-91).
7 Marzullo (1965, p.6).

Davison (1954, p.193) havia indicado a possibilidade de *dorí* significar "nau". Mais tarde, aceitando a sugestão de Diehl de que os fragmentos 2, 4, 8 e 12W pertenceriam ao mesmo poema, mantém que a leitura de *dorí* como "nau" seja a melhor alternativa, embora admita que a primeira ocorrência de *dorí* como *nau* é tardia e que, mesmo nesse caso, *dorí* é sempre qualificado por um adjetivo (Davison, 1960, p.3).

Gentili (1965, 1970, 1976) endossa essa hipótese, afirmando que a construção do verbo *klínomai* com *en* + dativo introduz a idéia de "estar distendido, jazer" (*Il.* 10.350), e que a anáfora exige que se mantenha o mesmo significado para *en dorí* em cada repetição. Concorda que os fragmentos 2 e 4W façam parte do mesmo poema, o que justificaria o emprego de *dorí* como "nau" sem a qualificação: o adjetivo que falta teria sido omitido por ser desnecessário em um contexto (fr.4W) onde a referência ao navio já havia sido feita (1965, p.133; 1976, p.18-20).[8] Na nova edição de *Polínnia* (Perrotta, Gentili e Catenacci, 2007³), os fragmentos 2 e 4W não são mais reunidos, mas mantém-se a mesma interpretação da locução *en dorí* como "sobre a prancha", isto é, dos bancos da nau.

Lasserre (1979, p.51) também adotou a interpretação de *en dorí* como "nau", embora não se convencesse de que os fragmentos 2 e 4W fizessem parte do mesmo poema. A seu ver, o soldado contrasta a situação presente, o momento crítico de uma expedição, com o que desfrutaria "em condições normais": está distante de seu barco onde poderia comer seu pão e beber seu vinho deitado confortavelmente, e não entre um ataque e outro, de pé ou sobre algum assento improvisado (p.52-3). Três foram os que aceitaram essa interpretação sem reservas: Russo (1973-1974, p.714), Aloni (1981, p.49) e Bossi (1990, p.70).[9]

Em seu comentário ao fragmento, Bowra (1954, p.40) cita exemplo de um uso locativo de *en* + dativo que indica uma proximidade (LSJ s. v. ἐν AI4). A frase *en dorí* como "ao lado, junto de minha lança", estendendo-se metaforicamente a "em armas, a postos", explicaria a presença dos versos no contexto da carta de Sinésio; porque tanto Sinésio quanto Arquíloco teriam passado suas vidas "combatendo" (loc. cit.).

---

8 Cf. Theunissen (1953, p.406). Gerber (1999), em nota à sua tradução, diz que "se 'na nau' estiver incorreto, seria provavelmente melhor traduzir a expressão por 'em armas'".

9 Mais difíceis são as propostas de Pocock (1961, p.180) e Giangrande (1972, p.37) que sugerem para *en dorí*, respectivamente, *"em"* ou *"sobre uma árvore"* e *"no pelourinho"*.

Antes de descartá-la, Davison (loc. cit.) havia levantado a hipótese de se traduzir *en dorí* por "equipado com a lança", em que ele parece atribuir ao dativo, como faz Ehrenberg (1962, p.239), "um sentido vago de companhia". Essa opção equivale, na verdade, ao "*hastato*" da versão de Dionísio Petávio. Arnould (1980, p.289-91) admite essa última alternativa de leitura, estendendo-a, porém, às três ocorrências de *en dorí*: ela supõe que *en dorí* pudesse ter um uso semelhante ao de *en hóplois,* citando exemplos (embora tardios) em que *en aikhmaîs* significa "armados de lanças". Na sua interpretação, o soldado come, bebe, mas bebe deitado, mesmo que esteja fazendo vigília, no que, a seu ver, consiste o humor irreverente do fragmento (p.293).

Ao contrário, é possível que a graça do poema surja de um jogo com o sentido ambíguo de *en dorí*. No hexâmetro, o locativo é gramaticamente possível, mas, por razões que logo exporemos, opta-se aqui pela leitura tradicional de *en dorí* nas duas primeiras ocorrências. Os dativos seriam instrumentais de meio empregados metaforicamente (como o *en hóplois* citado por Arnould): armado de lança ou com a lança, isto é, por meio da guerra, o *sujeito* obtém o seu pão e vinho.[10]

Muitos buscaram, nesses versos e no fragmento 216W, comprovação de que Arquíloco foi um mercenário, sendo a lança, literalmente, o seu ganha-pão. Nada impede nem garante que o "eu" desse fragmento seja de fato um mercenário. O problema é querer identificar o autor com o "eu lírico", coisa comum entre comentadores antigos e modernos que procuram extrair das obras biografias dos poetas sobre os quais há pouca ou nenhuma informação.

No segundo verso, *en dorí* seria um locativo. Quanto à construção do verbo *klínomai*, ela só é irregular quando se considera o dativo dependente da preposição, regido por ela. Mas o dativo poderia relacionar-se aqui diretamente com o verbo, a preposição mantendo o seu valor original de advérbio, como é freqüente em Homero.[11] Além disso, existe

---

10 O dativo de meio é freqüente, especialmente na poesia, com as preposições *en*, *sýn*, *hypó* (Smyth, 1980, p.347).
11 Monro (1891, p.194): "A construção com o dativo... é aquela na qual a preposição mais mantém o seu sentido 'adverbial' – tanto que há freqüentemente dúvida de que se possa dizer que a preposição 'rege' seu caso". Cf. Chantraine (1948, p.84), Romano (1974, p.42), Rankin (1972, p.472).

o verbo *enklínomai* que se constrói com o dativo para significar "inclinar-se", "apoiar-se em" (Tarditi, 1968, p.60).

Ao supor que o dativo na última oração seja um locativo, cabe explicar o porquê da mudança no final, pois, como foi dito, alguns insistem em que a frase *en dorí* deveria manter o mesmo significado e construção nas suas três ocorrências.[12]

As repetições de *en dorí* não são, porém, do ponto de vista estilístico, idênticas. Segundo Demétrio (*Eloc.* 268) e Longino (*Subl.* 20.1.2), a anáfora (ou epanáfora) consiste na repetição da mesma palavra (ou palavras) no *início* de orações sucessivas. Logo, a primeira repetição que ocorre no hexâmetro é anafórica, mas a segunda, a do pentâmetro, é mesárquica: a oração inicia-se com o verbo *pínō* ("bebo") e *en dorí* repete-se *no meio* da oração.[13]

Em segundo lugar, uma reiteração de palavras pode ser tautológica ou não; a antanáclase é justamente a figura em que um termo é repetido com sentidos diversos (Morier, 1981, s. v.). Portanto, além da terceira incidência de *en dorí* não ser, *stricto sensu*, anafórica, há indícios de que também não seja tautológica, pelo estilo do autor e, sobretudo, pela construção do dístico.

Fränkel (1975, p.135) havia observado que uma característica do estilo de Arquíloco é a crescente acuidade do tom e do pensamento no fim do poema. Alguns encerram-se com uma espécie de chave de ouro que pode expressar uma alternativa de ação, uma exortação, ou sentença moralizante (fr.13, 128, 132, 133W). A repetição de uma série de orações negativas para destacar uma última afirmativa é também um recurso freqüente (fr.3, 19, 22, 114, 133W). Outros (fr.5, 19W) reservam para o ouvinte uma surpresa que, no final, rompe uma ilusão mantida, como parece ocorrer nesse fragmento (2W) – caso o dístico constitua um poema completo.

Um traço distintivo desses versos (fr.2W) é a repetição, presente nos níveis fonético, morfológico e sintático. Qual a sua função e o efeito buscado?

No hexâmetro, há fortíssima aliteração de nasais (*m*, *n*) e assonância (*a*, *e*). As duas frases nominais iniciadas por *en dorí* têm como sujeitos o

---

12 Bowra (1954), Davison (1960, p.1), Gerber (1970, p.12), Gentili (1976, p.18-21), Arnould (1980, p.284). *Contra*: Rankin (1972, p.471), Romano (1974, p.43), Rubin (1981, p.1-8), Campbell (1982, p.142), Burnett (1983, p.38-9).
13 Mesarquia é a forma de repetição em que o termo ocorre no início de uma oração e no meio da seguinte (Shipley, 1943, s. v. *repetition*).

pão, qualificado pelo particípio, e o vinho (ainda sem qualificação). A *mâdza* é uma "pasta", ou "massa" não cozida de cevada, feita na hora.[14] Inferior ao *ártos*, seria o pão comum que fazia parte da ração de soldados e escravos.[15] A primeira pessoa figura sob a forma do dativo de interesse, o fraco pronome *moi*.

As frases nominais, coordenadas pelas partículas *mén/dé*, podem sublinhar um contraste, ou, como nesse caso, uma anáfora. Assim, como todas as frases desse tipo, elas não apresentam as determinações próprias do verbo: pessoa, tempo e modo. Não situadas no tempo ou no espaço, têm como objeto "um termo reduzido apenas ao seu conteúdo semântico" (Benveniste, 1976, p.171-2). No hexâmetro, a lança, em posição privilegiada, repetindo-se anaforicamente, tem ainda um emprego figurado. E a manutenção do mesmo significado para *en dorí* justifica-se pela anáfora, pela construção (*mén/dé*) e pela mesma sintaxe das orações. Quando se chega ao final do primeiro verso, ele parece conter uma idéia completa.

"Ismárico", a palavra com a qual se inicia o segundo verso, já aponta para uma mudança. No *enjambement*, percebe-se que a idéia (e a segunda oração) estava incompleta: se o pão é sovado, o vinho não é um vinho qualquer, como parecia no hexâmetro. O vinho ismárico é o que Odisseu usou para embriagar o Ciclope na *Odisséia* (9.196 ss.) e cuja fama se perpetuou séculos afora.[16] Alega-se que o vinho ismárico poderia ser nada mais que o *vin du pays*, bebido por soldados em expedição pela costa da Trácia (Campbell, 1982, p.143).[17] Mesmo nesse caso, o termo não perderia sua conotação de excelência, razão pela qual o dístico foi citado por Ateneu (*Deipn*. 14.627b-c).

Davison (1960, p.2) queixou-se da falta de harmonia entre a grosseira *mâdza* e o vinho ismárico, buscando homogeneidade onde parece haver contraste deliberado, pois, na virada do dístico, o termo "ismárico" costura

---

14 A frase "pão sovado", onde se concentra a aliteração, é uma figura etimológica presente também em Heródoto (I.200) e Aristófanes (*Eq*. 55, 282).

15 Ésquilo (*A*. 1041), Aristófanes (*Eq*. 55). Mais tarde, porém, por volta do século III a.C., é um artigo de luxo (cf. p.191, nota 25 *infra*).

16 Virgílio (*Georg*. 2.37), Propércio (2.33b 32), Ovídio (*Met*. 9.642). Nas citações do fragmento 2W de Arquíloco no *Suda* (iv. 666.6, ii. 669.25 Adler), Ísmaros é identificado como a antiga Maronéia.

17 Segundo West, em comunicação pessoal, Ísmaros fica longe demais da região próxima a Tasos (por onde o poeta parece ter guerreado) para que o seu vinho seja considerado "da casa".

os versos, iniciando um novo movimento. O nome geográfico cria um certo realismo (Treu, 1959, p.190), introduzindo uma nova determinação até então ausente: o espaço.

Logo após o adjetivo "ismárico" que completa a segunda frase do hexâmetro, a terceira e última oração inicia-se com o verbo *pínō* "bebo". Esperava-se mais uma repetição anafórica de *en dorí*, mas, em seu lugar, está o verbo, ritmicamente enfatizado. À construção *mén/dé* do hexâmetro soma-se um segundo *dé* que não marca uma identidade como o primeiro, mas uma diferença. Em oposição às frases nominais, essa é verbal. Se o nome próprio acarretou uma referência ao espaço, o verbo, o único do fragmento, traz consigo todas as determinações que lhe são próprias: narração, tempo, modo e pessoa. A primeira pessoa do singular figura como sujeito e agente no sufixo verbal, em contraste com os sujeitos impessoais do hexâmetro que não eram agentes. O tempo da ação, no discurso, é o presente.

Mesmo assim, distraídos pela força da repetição, podemos a princípio ignorar as mudanças e supor que este último *en dorí* seja idêntico aos anteriores, para perceber, somente no final, que o sujeito não bebe "em armas", mas apoiado "na lança". É o particípio *kekliménos*, a última palavra, que modifica o sentido de *en dorí*, rompendo a expectativa de que a repetição seria consistente até o fim. Ao emprego figurado de *en dorí* nas duas primeiras ocorrências opõe-se agora o locativo que é espacial e concreto. Em contraste com o hexâmetro, apesar das rimas e da assonância em o (*oînos, Ismarikós, kekliménos*), a repetição em termos fonéticos é, nesse verso, atenuada.

As diferenças indicam uma nova atitude. O ouvinte, esperando identidade de sentido onde há identidade sonora, é surpreendido. E todo o humor e ironia irrompem no final.

Arquíloco não canta a vida simples e feliz do soldado (Hauvette, 1905, p.277), nem se queixa de estar o tempo todo com a lança, lutando ou de vigília (Gerber, 1970, p.12). A árdua e austera vida militar apresenta-se no primeiro verso com a gravidade e circunstância que caracterizam a frase nominal.[18] Há também certa nobreza e orgulho guerreiro na anáfora

---

18 Construção típica da poesia proverbial e sentenciosa, a frase nominal não narra nem descreve fatos particulares, mas, concernente à essência e não à existência, faz uma asserção absoluta (Chantraine, 1948, p.1; Benveniste, 1976, p.178).

en dorí, pois a lança é um emblema da coragem e de valores heróicos. Aqueles que, com suas lanças, iam à frente da falange eram os que maior risco corriam.

Mas o segundo verso não mantém a pose. Há mudança de registro. Aqui, despida de toda metáfora e heroísmo, a lança serve para fins menos gloriosos, transformando-se em simples apoio para beber. E o que permanece vivo, presentificado, é a imagem do soldado que, apoiando-se nela, aproveita o seu bom vinho.

B) A CANECA (FR.4W)

O fragmento 4W de Arquíloco traz outra cena da vida militar. Até 1908, a única fonte do poema era Ateneu (*Deipn.* 11. 483d), que citou quatro versos (6-9) para ilustrar sua descrição do *kóthōn* ("caneca"). Segundo Crítias (DK 88 B.34), era de origem lacedemônica e "a mais adequada para o serviço militar" por ser prática, fácil de transportar em mochila ou farnel, e também útil quando não se tinha acesso a água limpa, pois a curvatura próxima à borda da vasilha retinha qualquer resíduo ou impureza:

μνημονεύει αὐτοῦ καὶ ᾽Αρχίλοχος ἐν ἐλεγείοις ὡς ποτηρίου οὕτως·

6   ἀλλ᾽ ἄγε σὺν κώθωνι θοῆς διὰ σέλματα νηὸς
7   φοίτα καὶ κοίλων πώματ᾽ ἄφελκε κάδων,
8   ἄγρει δ᾽ οἶνον ἐρυθρὸν ἀπὸ τρυγός· οὐδὲ γὰρ ἡμεῖς
9   νηφέμεν ἐν φυλακῆι τῆιδε δυνησόμεθα,

ὡς τῆς κύλικος λεγόμενης κώθωνος.

Arquíloco assim também o menciona [o *kóthōn*] em suas elegias como uma vasilha para bebida:

6   *mas vai, de caneca pelos bancos da nau veloz*
7   *corre e das cavas jarras arranca as tampas,*
8   *e toma o vinho rubro desde a borra, pois tampouco nós,*
9   *sóbrios, poderemos nesta vigília permanecer,*

chamando assim *kýliks* de *kóthōn*.

A publicação do *Papiro Oxirrinco* 854, em 1908, acrescentou pouca coisa ao que Ateneu havia citado, apenas o início dos primeiros quatro versos:

.(.)].(.)[

⊗ φρα[
   ξεινοι.[
   δεῖπνον δ᾽ ου[
5 οὔτ᾽ ἐμοὶ ωσαι[[19]

...
...
...

estrangeiros[
e ceia [
nem a mim impelir[

Mas esse pouco nos garante que o poema tinha, no mínimo, o dobro do tamanho do fragmento transmitido por Ateneu. Quanto à sua extensão original, só há conjecturas, mas é provável que se iniciasse no segundo verso, pois nesse ponto, à margem, parece haver sinais de uma *coronis* e um parágrafo.[20] Aparentemente, há uma referência a estrangeiros (v.3) e, talvez, à falta de uma ceia noturna (v.4).[21] A negação no início do quinto verso pode indicar algo da estrutura original, porque os poemas de Arquíloco dividem-se freqüentemente em partes antitéticas; às negações iniciais opõem-se afirmativas finais (Fränkel, 1975, p.150).[22]

O fragmento preservado por Ateneu se inicia com uma série de exortações enérgicas, não menos que quatro no espaço de três versos. Na primeira, com a interjeição exortativa "mas vai" (*all᾽ áge*), um início de verso comum em Homero, ordena-se que alguém vá com a caneca pelos

---

19 O papiro também traz o início dos quatro versos seguintes (6-9).
20 Lasserre (in Lasserre & Bonnard, 1958) sugere φρά[ζεο.
21 Gentili (1965, p.133), West (1989). Gerber (1981, p.2) arrola as seguintes alternativas de leitura para o verso: 1) enquanto Arquíloco e seu(s) companheiro(s) não tinham o que comer, os estrangeiros que viajavam com eles estariam jantando; 2) estrangeiros hostis estariam impedindo-os de procurar comida; 3) Arquíloco faz pouco caso da comida, preferindo o vinho.
22 Cf. Arq. (fr.3, 13, 114, 124 e 128W), Romano (1974, p.71) e Fowler (1987, p.72).

bancos da nau. Ateneu (loc. cit.) considerava esse *kóthōn* ("caneca") equivalente à *kýliks*, uma taça de vinho usada habitualmente dentro de casa e nos banquetes. Mas o *kóthōn* não é atestado em Homero e, segundo Page (1964, p.130), esse termo novo (ou de uso restrito) traz outro colorido à linguagem predominantemente tradicional do poema. Por outro lado, a palavra "*kóthōn*" pode ter sido empregada porque essa "caneca", mais rústica e adequada às expedições militares (Ath. *Deipn.* 11.483b), talvez fosse particularmente comum entre os marinheiros. O escólio a Aristófanes (*Eq.* 600) o define:[23] "o *kóthōn* é uma espécie de copo de terracota, ou de caneca lacedemônica e militar. Uma vez que os marinheiros tinham rações de água, usavam *kóthōnas*". Foi em razão do seu tamanho,[24] e do hábito de beber dos marinheiros, que o verbo *kōthōnízdomai* veio a significar "embebedar-se" (Gerber, 1981, p.3).

Em seguida, *dià sélmata* pode ser lido como "pelos bancos", isto é, pela nave central. No caso, o espaço a ser percorrido é naturalmente o que fica *entre* os bancos,[25] o emprego de *diá* + acusativo não representando nenhum impedimento para tal leitura.[26]

"Veloz" (*thoês*) é epíteto comum na tradição épica para navios,[27] e é curioso que a sua presença tenha levado alguns leitores a imaginarem que, no contexto desse poema, o barco e sua tripulação estivessem em alto-mar.[28] Sabe-se, porém, que "a não ser que fosse absolutamente

---

23 Schol. Aristófanes (*Eq.* 600): κώθων εἶδος ἐκπώματος ὀστρακίνου, ἢ εἶδος ποτηρίου Λακωνικοῦ καὶ στρατιωτικοῦ· ἐπειδὴ μεριστὸν ὕδωρ ἐλάμβανον οἱ ναῦται, κώθωνας εἶχον.
24 As dimensões do *kóthōn* variavam, mas poderiam ser bastante grandes (Conze, 1860, p.565-7).
25 Os dois significados de *sélmata* ("bancos"/"convés") são dados em Hesíquio. O substantivo não ocorre em Homero, mas o adjetivo *eússelmos* ("com belos bancos") é freqüentemente empregado com referência a navios. A maioria, exceto o *Bailly* e Monaco (1955-1956, p.188; 1960, p.19-22), aceita o primeiro sentido para esta passagem. Cf. Ésquilo (*A*. 1442, *Pers*. 358), Sófocles (*Ant*. 716) e Eurípides (*Or*. 242), *Et. Magn*. (398.9).
26 Gerber (1981, p.4-5) cita como exemplos paralelos a *Odisséia* (7.40) e *Os trabalhos e os dias* (513-517). Ao contrário, para Gigante (1957-1958), a preposição *diá* + acusativo só pode ter o sentido de "através".
27 *Od.* (1.260: θοῆς ἐπὶ νηός), *Il.* (1.12: θοὰς ἐπὶ νῆας), *Od.* (10.176, 12.320: νηΐ θοῆι; 10.244: θοὴν ἐπὶ νῆα).
28 Garzya (1958, p.69) e Podlecki (1969, p.73). Gentili (1965, p.134) supõe que o fragmento 2W de Arquíloco seja a continuação deste, e que as personagens estivessem comendo e bebendo no navio, sobre os bancos. Para Lasserre & Bonnard (1958) e Burnett (1983, p.39), trata-se de um momento de perigo, uma tempestade no mar.

impossível, [marinheiros] passavam a noite em terra" (Casson, 1971, p.44).²⁹ Mesmo os comentadores que admitem a possibilidade de o navio não estar em movimento julgam que, quer estivesse na praia ou ancorado, os marinheiros estariam dentro dele.³⁰ Talvez fizessem isso em território hostil e durante vigílias noturnas, para fugir, numa emergência, o mais rapidamente possível. No entanto, não encontramos nenhum exemplo comparável na literatura grega arcaica: parece que os marinheiros sempre comiam e dormiam na praia.³¹ Como os mantimentos ficavam no navio, naturalmente, para pegá-los, seria necessário passar pelos bancos (*dià sélmata*).

Nos versos seguintes (v.7-8), três imperativos são coordenados e, se o verbo *phoíta* ("corre") expressa urgência quanto ao sentido, por causa de seis sílabas longas consecutivas, ouvimos a primeira metade do pentâmetro (v.7), em que o termo se encontra, arrastar-se.³² *Phoíta* também ocorre em início de verso quatro vezes em Homero. As formas são aparentemente idênticas, mas, em Arquíloco, trata-se de um imperativo, não de um imperfeito.³³ Page (1964, p.130) discute o verbo sem concluir se é ou não iterativo, mas Gerber (1981, p.5) nota que em todas as 29 ocorrências de *phoítaō* em Homero, nos *Hinos Homéricos* e em Hesíodo, trata-se sempre de um movimento repetido, ou em várias direções. Aqui poderia ser "vai e volta", ou "vai, repetidas vezes".³⁴ A segunda alternativa é preferível, pois mais de uma jarra será consumida – dificilmente uma só rodada embriagaria marinheiros.³⁵

---

29 Cf. *Il.* (1.476), *Od.* (9.150-51, 168-69).
30 Degani (1987, p.11), Gerber (1970, p.14) e West (1974, p.11) consideram essas duas alternativas aceitáveis.
31 Cf. Fränkel (1975, p.145), Gerber (1981, p.9-10).
32 φοῖτα καὶ κοίλων πωμάτ᾽ ἄφελκε κάδων.
33 Para Romano (1974, p.73) e Aloni (1981, p.55), a diferença de sentido é significativa. No contexto, porém, é impossível haver qualquer ambigüidade. Cf. *phoíta* em início de hexâmetro em *Il.* (5.595, 9.10, 13.760), *Od.* (11.539).
34 Cf. *Il.* (3.449), *Od.* (2.181, 12.420), Safo (fr.55LP). Como nota Gentili (1965, p.132), a idéia de Garzya (1958, p.70) de que o verbo exprima uma ação furtiva é "bizarra" e deriva de sua associação do fragmento à carta 32H de Sinésio.
35 *Contra*: Monaco (1960, p.19n.4). A longa discussão sobre o *hýsteron-próteron* (cf. Garzya, 1958, p.69, n.9) é desnecessária: serão várias idas e vindas até que todo o vinho das jarras seja consumido. Gerber (1981, p.8) não entende por que a referência às "jarras" (*kádoi*) está no plural, julgando que uma só bastaria para embriagá-los. Isso depende, naturalmente, não apenas do tamanho das jarras, mas do número de pessoas incluídas no grupo ("nós").

A terceira ordem é a de retirar as tampas das jarras. Segundo Page (1964, p.130), os verbos conotam violência, podendo dar uma idéia de algazarra, de marinheiros atacando a bebida.³⁶ Mas Gerber (1981, p.6) observa que a ação descrita por *áphelke* não precisa ser violenta e que, dependendo de como as jarras estivessem seladas, seria necessário certa força para abri-las.³⁷

As jarras (*kádoi*) são de cerâmica, semelhantes às ânforas, e esse é mais um termo não empregado por Homero.³⁸ Suas dimensões variavam e podiam conter até cerca de trinta litros.³⁹ No fragmento de Arquíloco, não há indicação precisa do local em que eram guardadas. Gerber (1981, p.7) sugere que pudessem estar sob os bancos (local onde os presentes de Alcínoo a Odisseu foram colocados, cf. *Od.* 13.21), ou sob o convés (na popa ou proa) como em Sinésio (*ep.* 32H). Infelizmente, o melhor paralelo não é muito elucidativo: em Eurípides (*Cycl.* 144), o Ciclope pergunta a Odisseu onde está o vinho prometido, "está nos bancos (no convés?) do navio, ou tu o trazes contigo?".⁴⁰ Mas se, conforme a interpretação de Casson (1971, p.44), eram chamados de "cavos" os navios sem convés, resta apenas uma alternativa: os mantimentos estariam sob os bancos dos remadores.⁴¹

A última exortação, "toma" (*ágrei*), novamente em início de verso, ecoa a do hexâmetro anterior (*áge*). Em Homero, *ágrei* é geralmente empregado como uma exclamação (sinônimo de *áge* + imperativo), mas, aqui, é um imperativo, correspondendo ao verbo *hairéō* (*Il.* 5.765). Embora *agréō*

---

36 O imperativo composto *áphelke* ("arranca") não ocorre em Homero. Para Campbell (1982, p.144), o verbo também "sugere atividade violenta".
37 Bonnard (Lasserre & Bonnard, 1958) e Edmonds (1931) traduzem *pómata* por "bebida", mas, como em Homero (*Od.* 2.353) e Hesíodo (*Erga* 94), Arquíloco também se refere aqui às "tampas". Cf. Degani (1963, p.485). A primeira ocorrência de *pôma* como "bebida" encontra-se em Ésquilo (*Sept.* 308, *Suppl.* 1027, *Eu.* 266).
38 A origem da palavra *kádos* é semítica. Os fenícios provavelmente "exportaram-na" para os gregos juntamente com o vinho (Romano, 1974, p.74).
39 Cf. Ateneu (*Deipn.* 11.472e-73b) e Amyx (1958, p.186-90).
40 *Cycl.* (144): ἐν σέλμασιν νεώς ἐστιν, ἢ φέρεις σύ νιν; Gerber (1981, p.7) supõe que Eurípides tivesse o poema de Arquíloco em mente ao compor estes versos, o que não é necessário.
41 Ao descrever as jarras como "cavas", é possível que Arquíloco estivesse inovando, pois o adjetivo emprega-se em Homero como epíteto de navios ou escudos. Cf. *infra*.

("tomar") seja etimologicamente associado a "caça" (Chantraine, 1968, s.v. *ágra*), como no caso de *áphelke* ("arranca"), não é preciso supor violência (Page, 1964, p.130) ou um uso "não-convencional" (Romano, 1974, p.75): trata-se de uma forma poética, épica-eólica, expressiva e forte.[42]

O "vinho rubro" (*oînon erythròn*) é fórmula bem atestada na tradição jônica. Apesar de não ocorrer na *Ilíada*, e de estar sempre em final de verso na *Odisséia*,[43] a fórmula encontra-se nessa mesma posição no *Hino Homérico a Deméter* (208). Discute-se, também, o sentido desse comando: se é para tirar o vinho até a borra, sem tocá-la (*dalla feccia*), ou todo o vinho *incluindo* a borra (*fino alla feccia*).[44] Mas a palavra "borra" pode estar sendo empregada de modo genérico para o "fundo do recipiente". Daí, a questão não é de se tocar ou não a borra, mas de beber o vinho *todo* (Garzya, 1958, p.68; Gerber, 1981, p.8). Ordena-se que se retire todo o vinho, até o fim.

A diérese bucólica marca o final da série de comandos e, após essa pausa, como uma apódose, vem a explicação que se estende do oitavo ao nono verso em *enjambement*.[45] O pronome "nós" pode incluir apenas o "eu" que vem comandando e a segunda pessoa à qual ele se dirige, ou a tripulação inteira. Em vista das "jarras" a serem destampadas, a segunda hipótese é mais provável. Gerber (1981, p.9) sugeriu três leituras possíveis para a última frase: "nem ficaremos sóbrios (apesar de estarmos de vigília)", "também não ficaremos sóbrios (já que os outros estão se embebedando)", mas uma última opção, na qual *oudè* seria uma forma de negação enfática, é eleita por ele como a melhor. Em vista de duas passagens homéricas que apresentam a mesma construção (*Il.* 10.25; *Od.* 23.266), outros optaram pela segunda possibilidade, embora o fragmento

---

42 Cf. Safo (fr.31.13LP: "e uma tremedeira arrebata-me toda" τρόμος δὲ παῖσαν ἄγρει) e Ésquilo (*A.* 126).
43 *Od.* (5.165, 9.208, 12.19, 327, 13.69, 15.444).
44 Para a primeira leitura, cf. Lasserre & Bonnard (1958), Monaco (1960, p.19), Degani (1987, p.11) e, para a segunda, De Falco & Coimbra (1941), Garzya (1958, p.68), Degani (1963, p.486) e Aloni (1981, p.58). Treu (1959, p.191) chega a imaginar que sobra pouco do vinho. Cf. Teócrito (7.70), Sinésio (*ep.* 32H) e Horácio (*Odes* 3.15.16).
45 Para *oudè gàr* + pronome após diérese bucólica, cf. *Il.* (10.25) e *Od.* (23.266), e para *oúte gàr*, Sólon (fr.4c.3W).

não permita afirmar tanto. O verbo *nēphémen* ("permanecer sóbrio")[46] não ocorre em Homero e, apesar de sua presença na *Teognidéia* (478, 481, 627, 628), não parece ser comum na poesia; Romano (1974, p.77) e Monaco (1960, p.19) o têm como uma expressão coloquial.

Não sabemos o motivo da vigília e qualquer suposição nesse sentido é arbitrária, em vista da falta de dados, mas uma possibilidade verossímil é associá-la aos estrangeiros do terceiro verso, imaginando a ameaça de um ataque.[47] A locução "nesta vigília" (*en phylakêi têide*) já fornece alguns elementos concretos, situando o discurso no tempo e no espaço: sabe-se que é noite e que, provavelmente, a cena se passa em terra, pois a *phylaké* é uma "guarda noturna" e, como já foi dito, salvo raríssimas exceções, os marinheiros não passavam a noite no mar. O pronome demonstrativo (*têide*) dá relevo à "vigília" e ao tempo da enunciação, o presente.

O verbo *dunēsómetha* ("poderemos") completa o sentido da frase, mas talvez não o do poema.[48] Apesar da promessa de uma justificativa final (*gàr*, "pois..."), como bem notou Romano (1974, p.78), a frase não explica as ordens anteriores, apenas as intensifica ou confirma. Portanto, é possível que o poema ainda incluísse uma sentença gnômica ou conclusão generalizadora.

Quanto à linguagem do fragmento, Page (1964, p.129) pergunta se há escolha, seleção de termos apropriados, ou se o seu emprego evidencia tratar-se de composição no estilo da tradição oral. Em primeiro lugar, não é que o poeta épico seja privado de escolha, mas, pelas proporções de sua obra, é fato que as fórmulas o auxiliam no processo de criação. Enquanto o poeta elegíaco, por compor em unidades menores, não depende tanto assim das formas fixas transmitidas pela tradição, podendo inclusive recorrer a elas visando a fins diversos. Por exemplo, em um poema "sério", epítetos ornamentais podem servir-lhe para elevar a linguagem, assimilando-a à da épica. Os mesmos elementos, em um contexto satírico, vão surtir um efeito paródico.

---

46 O νήφειν μὲν presente no texto de Ateneu foi corrigido por Musurus para νήφειν ἐν, mas o papiro, segundo Grenfell & Hunt (1908), traz νηφέ[ι]ν e, segundo West (1989), νηφέμεν.

47 Para *kseînoi* como inimigos, usado ironicamente, cf. Arq. (fr.6W). Garzya (1958, p.70) arrola três hipóteses para o motivo da vigília: 1. o inimigo está próximo; 2. o navio é de carga (de vinho); 3. o mar está tempestuoso ou tediosamente calmo.

48 Adkins (1985, p.48), ao contrário, acredita ser este o último verso.

O poeta também pode jogar com formas convencionais de modo inovador, dando-lhes novos sentidos. Mas isso é impossível averiguar, porque quando ele nos parece estar criando, a partir da tradição, uma expressão nova, pode estar apenas empregando uma fórmula não atestada em Homero e nas demais fontes que nos foram transmitidas.

Assim, os adjetivos "veloz" e "rubro" que qualificam a "nau" e o "vinho" (*thoês ... nēòs, oînon erythròn*) são, para alguns, epítetos ornamentais, isto é, uns dos "poucos adjetivos épicos usados sem precisão", ou "desnecessários", em Arquíloco.[49] Se o barco está em terra, o epíteto "veloz" seria realmente convencional.[50] O segundo adjetivo ("rubro"), pelo contrário, não é "impróprio". De qualquer modo, ambos os epítetos acrescentam ao poema um colorido épico, e é de fato marcante a presença de elementos convencionais nessa passagem, a começar pelos detalhes descritivos que lhe conferem a plasticidade, pompa e circunstância da linguagem épica.[51]

Outras palavras têm sido apontadas como não-tradicionais e "selecionadas", tais como os verbos *áphelke*, *ágrei*, e o vocabulário que ocorre aqui pela primeira vez: *kádos*, *kóthōn*, *néphein*, *sélma* e *trýks*[52] (Page, 1964, p.130). Ao nomear utensílios comuns no dia-a-dia de um soldado em expedição, como jarros e canecas, obtém-se, em contraste com os epicismos, um certo realismo e contemporaneidade.

No sétimo verso, "cavas jarras" (*koílōn ... kádōn*) parece uma expressão formular; mas, como foi dito, porque não ocorre em outros textos, não há como saber se é construção nova, fórmula ou "pseudofórmula". O adjetivo, porém, é um epíteto freqüentemente empregado em Homero com referência a navios, entre outros objetos côncavos. Portanto, Arquíloco poderia estar atribuindo às jarras o epíteto tradicional do navio que as contém e cuja forma se assemelha a elas.

Para saber com que intento as expressões e os epítetos tradicionais estariam sendo empregados, seria antes necessário determinar o tom geral do poema, o que, dada a extensão do fragmento, não é possível discernir

---

49 Page (1964, p.129). Veja também Gerber (1981, p.3, 8), Degani (1987, p.11) e Fowler (1987, p.41).
50 A não ser que a sensação de urgência suscitada pela seqüência de exortações tenha sido deslocada para o epíteto.
51 Cf. Fränkel (1975, p.145).
52 "Jarra", "caneca", "permanecer sóbrio", "banco" e "borra".

com segurança. Segundo Romano (1974, p.78), a atitude retratada não estaria necessariamente "fora de lugar na épica". Tais ordens não seriam proferidas por um herói, mas não é difícil imaginá-las vindo de um "anti-herói", de um comandante como o Antínoo da *Odisséia*. Apesar da escassez de informações, a maioria dos comentadores supõe que o poema seja anti-heróico, concluindo, portanto, que as fórmulas tradicionais e a linguagem elevada sejam de natureza paródica.[53] O que, embora incerto, é verossímil.

Bossi (1990, p.76) encontrou em Quinto de Esmirna (I.217-19) uma passagem cuja formulação é semelhante à do fragmento de Arquíloco – se bem que os contextos e a natureza das parêneses sejam absolutamente opostos:

ἀλλ᾿ ἄγε, θάρσος ἄατον ἐνὶ στέρνοισι βαλόντες
ἀλκῆς μνησώμεσθα δαΐφρονος· οὐδὲ γὰρ ἡμεῖς
νόσφι θεῶν Τρώεσσι μαχησόμεθ᾿ ἤματι τῶιδε.

Mas vamos, coragem impetuosa lançando no peito,
recordemo-nos do vigor combativo; pois tampouco nós,
sem os deuses, contra troianos lutaremos neste dia.

Os pontos de contato são insuficientes para afirmar que Quinto, ao compor seu poema, tinha os versos de Arquíloco em mente (Bossi, loc. cit.). O mais provável é que seu modelo fossem exortações à luta provenientes da mesma tradição épica que Arquíloco teria parodiado.

Não há dúvida de que os soldados bebiam grandes quantidades de vinho durante expedições, antes e após os combates (Hanson, 1990, cap.XI). Mas é evidente que o seu consumo durante vigílias não era visto com bons olhos e jamais seria liderado por um herói épico. A exortação à bebida, tão freqüente nos banquetes, não teria lugar numa vigília noturna.

A formulação negativa da última frase, acusando sua incapacidade de permanecerem sóbrios, indica a consciência de que não deveriam estar bebendo. Enquanto o verbo *dunēsómetha* ("poderemos") expressa a capacidade de agir e, no caso, de abster-se de vinho, *nḗphō* não significa apenas

---

53 Cf. Gerber (1981, p.1). Para Adkins (1985, p.50), "os adjetivos rotineiros [leia-se: tradicionais] realçam os imperativos vivos e violentos".

"estar sóbrio", mas também "ser mestre de si".⁵⁴ Portanto, como os companheiros de Odisseu, eles não controlam seus apetites e, reconhecendo uma fraqueza humana, dão vazão aos impulsos.⁵⁵

C) COM UM ESCUDO (FR.5, 38W)

ἀσπίδι μὲν Σαΐων τις ἀγάλλεται, ἣν παρὰ θάμνωι,
ἔντος ἀμώμητον, κάλλιπον οὐκ ἐθέλων·
αὐτὸν δ᾽ ἐξεσάωσα. τί μοι μέλει ἀσπὶς ἐκείνη;
ἐρρέτω· ἐξαῦτις κτήσομαι οὐ κακίω

Com um escudo um saio ufana-se, o qual junto à moita,
arma irrepreensível, deixei sem querer,
mas salvei-me. Que me importa aquele escudo?
Que vá! Arranjo outro, não pior.

Este é um dos mais célebres poemas de Arquíloco. Antes, porém, de comentá-lo, examinaremos suas fontes antigas, pois o fragmento, isto é, o texto presente nas edições modernas, é na verdade uma compilação de citações feitas por Aristófanes, Plutarco, Sexto Empírico, e quatro neoplatônicos (Proclo, Olimpiodoro, Elias e Pseudo-Elias). Há um problema especialmente no que se refere ao terceiro verso, que, além de não se apresentar exatamente dessa forma em nenhum dos autores antigos, possui cinco variantes.

I) COMÉDIA (ARISTÓFANES)

A mais antiga citação do fragmento 5W de Arquíloco encontra-se em *A paz* (1298-1304) de Aristófanes, comédia apresentada nas Grandes Dionísias de 421 a.C. No fim da peça, após ouvir o filho de Lâmaco que não faz senão recitar versos militarescos,⁵⁶ Trigeu procura um "filho de Cleônimo" com a certeza de que esse, ao contrário, não cantará a guerra por ter um pai "prudente" (*sóphrōn*):

---

54 Cf. Chantraine (1968, s.v.) para *Nēphalieús* como epíteto de Apolo em oposição a Dioniso (*A.P.* 9.525).
55 Cf. *Teognidéia* (887, 1043).
56 Lâmaco, filho de Xenófanes, era representado por Aristófanes como um general ateniense fortemente a favor da guerra (*Ach.* 270).

1298 Π. "ἀσπίδι μὲν Σαΐων τις ἀγάλλεται, ἥν παρὰ θάμνωι,
         ἔντος ἀμώμητον κάλλιπον οὐκ ἐθέλων..."
1300 Τ. εἰπέ μοι, ὦ πόσθων, ἐς τὸν σαυτοῦ πατέρ᾽ ᾄδεις;
      Π. "ψυχὴν δ᾽ ἐξεσάωσα..."
      Τ.   καταισχύνας δὲ τοκῆας.
         ἀλλ᾽ εἰσίωμεν· εὖ γὰρ οἶδ᾽ ἐγὼ σαφῶς
         ὅτι ταῦθ᾽ ὅσ᾽ ᾖσας ἄρτι περὶ τῆς ἀσπίδος
1304   οὐ μὴ 'πιλάθῃ ποτ᾽, ὢν ἐκείνου τοῦ πατρός.

2º menino: "Com um escudo um saio ufana-se, o qual junto à moita,
      arma irrepreensível, deixei sem querer"...
Trigeu: "Diz, taludo, cantas para teu pai?"
2º menino: "mas salvei *a vida*".
Trigeu: "para a vergonha dos pais.
Mas vamos, bem sei que o que sobre o escudo cantaste, jamais
esquecerás, sendo filho de tal pai."

No terceiro verso de Arquíloco citado até a cesura masculina, o objeto do verbo "salvei" (*eksesáōsa*) é "alma" (*psykhḗn*) e não "si próprio" (*autón*). Alguns editores[57] e comentadores[58] preferem essa versão de Aristófanes principalmente em virtude de sua antigüidade.[59] Mas, segundo Gigante (1956, p.198), esse texto não foi aceito pela maioria de seus conterrâneos porque "sua antigüidade é em parte falsa, em parte autêntica"; pois se o verbo *eksesáōsa* presente em Aristófanes é autêntico, o pronome *autón* que aparecia originalmente no poema de Arquíloco teria sido substituído por *psykhḗn*. Isso porque, no século V, *psykhḗn* era empregado como equivalente a *autón* ("si próprio"), assim como, mais tarde, os neoplatônicos empregariam *autón* para *psykhḗn* (Gigante, 1956, p.199).

Esse é o argumento decisivo para a maioria que não acredita que o *psykhḗn* no texto de Aristófanes seja autêntico.[60] A versão de Aristófanes seria uma variante oral ou um "erro de citação comum" (West, 1974,

---

57 De Falco & Coimbra (1941), Adrados (1956-1976, 1990³), Lasserre & Bonnard (1958), e Treu (1959).
58 Weber (1917, p.96), Hauvette (1905, p.95), Benavente (1963, p.322) e Perrotta, Gentili e Catenacci (2007³).
59 De Falco & Coimbra (1941, p.102, n.39), De Falco (1946, p.347). Benavente (1963, p.322) cita Eurípides (*Heracl.* 15), aludindo à possível influência de Arquíloco. Perrotta, Gentili e Catenacci (2007³: 89) a preferem, porém, "principalmente por causa do tom" que lhes parece mais arquiloquéio.
60 Para Gigante (1956, p.198-9), além de as demais citações de Arquíloco em Aristófanes não serem textualmente indiscutíveis, o comediógrafo também teria substituído *autón* por

p.118), pois, na Atenas do século V, a eliminação do pronome reflexivo era freqüente, e a substituição de um enfático *psykhén* original pelo pronome *autón,* que figura em outras fontes, seria improvável (Hudson-Williams, 1926, p.85; West, 1974).[61]

O fato de o poema ser recitado na comédia por um menino não implica necessariamente que fizesse parte do currículo escolar da época (*contra*: De Falco, 1946, p.349). No entanto, é provável que fosse bastante conhecido e popular ao público. Cleônimo, o pai do "menino", era um político ateniense satirizado em quase todas as comédias de Aristófanes por sua glutonice, obesidade e, a partir das *Nuvens*, principalmente por ter abandonado o escudo e fugido ao combate.[62] Não sabemos, porém, se acusaram Cleônimo de *rhipsaspía* ("abandono do escudo"), que no fim do século V era crime (Romano, 1974, p.87).

O mais importante é que, desde a primeira citação de que temos notícia, os versos, associados à figura de Cleônimo, são lidos como expressão de covardia, adquirindo uma conotação escandalosa.[63]

II) COSTUMES E LEIS (PLUTARCO, SEXTO EMPÍRICO E CRÍTIAS)

No relato sobre os antigos costumes dos espartanos, Plutarco (*Inst. Lac.* 34.239 b-c) diz que Arquíloco, ao chegar na Lacedemônia, foi de lá imediatamente expulso quando souberam que ele preferiu abandonar as armas a morrer em combate.[64] Ao citar o poema, Plutarco omite o início do terceiro verso, justamente a parte mais controvertida.

---

psykhén, visando a criar uma antítese para *tokêas* ("pais"). Segundo Colonna (1946, p.28), que aceita a versão em Sexto Empírico como a legítima, o verso foi propositalmente abreviado por Aristófanes a fim de que Trigeu pudesse completá-lo. Romano (1974, p.89) sugere que *psykhén,* presente em Aristófanes, possa ter sido empregado pelo efeito dramático ou, simplesmente, como convenção do século V.

61 Cf. Platnauer (1964, p.171-2): "como os últimos (os neoplatônicos) chamam a atenção para a equivalência 'si próprio' = 'alma', não há dúvida que Aristófanes tenha distorcido a citação para que se adequasse ao uso ático".

62 Aristófanes (*Nu.* 353-4, *V.* 592, 822-3, *Pax* 444-6, 673-8, 1295-1304, *Av.* 290, 1473-81). Cf. Sommerstein (1983, p.153, n.19) para as demais referências a Cleônimo em Aristófanes.

63 Theunissen (1953, p.441) acredita que o poema não possuía originalmente tal conotação, mas que Aristófanes, tirando-o de seu contexto, o teria desfigurado, influenciando as leituras posteriores.

64 Segundo Valério Máximo (6.3.12), os lacedemônios proibiram os livros de Arquíloco em virtude de sua indecência e falta de pudor. Nesse caso, porém, é provável que a proibição visasse aos poemas eróticos.

Aproximadamente um século mais tarde, Sexto Empírico cita nas *Hipotiposes Pirrônicas* (24.3.216) os dois primeiros versos e uma variante do terceiro, provavelmente dependendo da mesma tradição seguida por Plutarco, ou tendo o próprio Plutarco como fonte; pois é também em contraste aos costumes lacedemônios que o poema de Arquíloco é lembrado. Ao encontrar entre os povos grande divergência quanto às formas de piedade, leis, costumes e crenças relativas ao que se deve ou não fazer, Sexto Empírico observa que, sendo várias as noções sobre o que é ímpio, vergonhoso, e sobre os seus contrários, nada é por natureza bom, mau ou indiferente.

Um exemplo da diferença entre leis e noções de virilidade encontra-se entre os costumes lacedemônios e o que dizem os versos de Arquíloco:

ἀλλὰ καὶ ὁ δειλὸς καὶ ὁ ῥίψασπις ἀνὴρ κολάζεται παρὰ πολλοῖς νόμῳ· διὸ καὶ ἡ τὴν ἀσπίδα τῷ παιδὶ ἐπὶ πόλεμον ἐξιόντι διδοῦσα Λάκαινα "σύ" ἔφη, "τέκνον, ἢ ταύταν ἢ ἐπὶ ταύταν". Ἀρχίλοχος δέ, ὥσπερ σεμνυνόμενος ἡμῖν ἐπὶ τῷ τὴν ἀσπίδα ῥίψας φυγεῖν, ἐν τοῖς ποιήμασι περὶ ἑαυτοῦ φησὶν

ἀσπίδι μὲν Σαΐων τις ἀγάλλεται, ἣν παρὰ θάμνῳ
ἔντος ἀμώμητον κάλλιπον οὐκ ἐθέλων,
αὐτὸς δ' ἐξέφυγον θανάτου τέλος.

mas também o homem covarde e o que abandona o escudo são punidos por lei em muitas regiões. Por isso, quando a lacônia entregava o escudo ao seu filho que partia para a guerra, dizia: "tu, filho, (volta) com ele, ou sobre ele". Mas Arquíloco, como se estivesse vangloriando-se para nós de ter fugido após abandonar o seu escudo, diz de si próprio em seus poemas:

Com um escudo um saio ufana-se, o qual junto à moita,
arma irrepreensível, deixei sem querer,
mas eu próprio escapei ao termo da morte.

Após outros exemplos, Sexto Empírico conclui que: "assim também, no que concerne à justiça, à injustiça e à virtude viril, há muita divergência". O autor, como bom cético, abstém-se de julgamentos, constatando apenas que Arquíloco se jacta daquilo que, entre os lacedemônios, seria punido por lei.

Essa variante do terceiro verso figura nas edições de Liebel (1812), Bergk (1882) e Tarditi (1968). A frase faz ecoar duas fórmulas épicas, "escapar à morte" (*ekphygéein thánaton*⁶⁵) e "termo da morte" (*télos thanátou*⁶⁶), que conferem ao verso um tom homérico, notado por todos que o elegem como a forma original.⁶⁷ Segundo Gallavotti (1949, p.136), o uso da linguagem épica em nova combinação é característica de Arquíloco e, nesse caso, a frase homérica não teria efeito cômico, mas indicaria uma atitude "nobre e séria".⁶⁸

No entanto, é possível que a versão presente em Sexto Empírico pertença a uma tradição tardia que teria criado a frase a partir de Homero, com o intuito de tornar o poema menos escandaloso. Um forte argumento contra a autenticidade do verso é o fato de ele apresentar uma cesura geralmente evitada nas elegias (Clarke, 1955, p.18). Gerber (1970, p.16) e Romano (1974, p.88) estranharam também a solenidade épica, que, a seu ver, não seria adequada nesse momento do poema. Mas Sexto Empírico pode ter esquecido o final do verso e o completado com uma fórmula homérica.⁶⁹ Como as citações feitas de memória tendem a ser deformadas no final, ele pode ter conseguido manter-se fiel ao texto até a primeira parte do terceiro verso e, depois, dele ter-se afastado (West, 1974, p.118).

Crítias, o filósofo pré-socrático, sem citar o poema propriamente, comenta o episódio da perda do escudo entre outros "dados biográficos" de Arquíloco (Ael. *V.H.* 10.13, fr.44DK):

> εἰ γὰρ μή, φησίν, ἐκεῖνος τοιαύτην δόξαν ὑπὲρ ἑαυτοῦ ἐς τοὺς ῞Ελληνας ἐξήνεγκεν, οὐκ ἂν ἐπυθόμεθα ἡμεῖς οὔτε ὅτι ᾿Ενιποῦς υἱὸς ἦν τῆς δούλης, οὔθ᾿ ὅτι καταλιπὼν Πάρον διὰ πενίαν καὶ ἀπορίαν ἦλθεν ἐς Θάσον, οὔθ᾿ ὅτι ἐλθὼν τοῖς ἐνταῦθα ἐχθρὸς ἐγένετο, οὐδὲ μὴν ὅτι ὁμοίως τοὺς φίλους καὶ τοὺς ἐχθροὺς κακῶς ἔλεγε. πρὸς δὲ τούτοις, ἦν δ᾿ ὅς, οὔτε ὅτι μοιχὸς ἦν ᾔδειμεν ἄν, εἰ μὴ παρ᾿ αὐτοῦ μαθόντες, οὔτε ὅτι λάγνος καὶ ὑβριστής, καὶ τὸ ἔτι τούτων αἴσχιον, ὅτι τὴν ἀσπίδα ἀπέβαλεν. οὐκ ἀγαθὸς ἄρα ἦν ὁ ᾿Αρχίλοχος μάρτυς ἑαυτῷ τοιοῦτον κλέος ἀπολιπὼν καὶ τοιαύτην ἑαυτῷ φήμην.

---

65 *Il.* (21.66). Para outras variantes formulares, cf. *Il.* (11.362, 20.350, 449).
66 *Il.* (3.309, 9.416), *Od.* (5.326), Hesíodo (*Erga* 166).
67 Bahntje (1900, p.37), Colonna (1946, p.27-30), Gallavotti (1949, p.135), Gigante (1956, p.198) e Fränkel (1975, p.137). O verso, apesar de manter o pronome *autós*, é "homerizante" quanto ao resto.
68 Para Burnett (1983, p.41), ao contrário, a versão de Sexto Empírico aumenta a noção de covardia.
69 Cf. Hoffmann (1898, p.92-3), Hudson-Williams (1926, p.84) e West (1974, p.118).

Pois, dizia ele, se [Arquíloco] não tivesse trazido ao conhecimento dos gregos tal opinião de si próprio, não saberíamos que era filho de Enipo, uma escrava, nem que, tendo deixado Paros por necessidade e pobreza, chegou a Tasos, ou que lá se tornou inimigo deles, e que tanto os amigos quanto os inimigos caluniou. Além disso, dizia ele, não saberíamos que era adúltero, se não o tivéssemos apreendido dele próprio, nem que era libertino e insolente, ou, o que é ainda mais vergonhoso, que abandonou o escudo. Com efeito, Arquíloco não era bom testemunho de si, tendo deixado tal fama e informação a seu respeito.

O que choca o orador e político ateniense do século V, mais que os fatos em si, é a falta de pudor de Arquíloco, a quem ele censura por ter-se difamado tanto.

Como sempre, os testemunhos antigos lêem o poema como uma confissão de um fato real e biográfico, e todos, com a exceção do cético, julgam Arquíloco moralmente, recriminando-o em diferentes graus pelo seu ato. Sexto Empírico reconhece, porém, que o abandono do escudo (*rhipsaspía*) era delito punido por lei entre muitos povos. Não sabemos se havia na Jônia do século VII alguma lei contra os que abandonavam seus escudos, mas, caso não houvesse, seria o fato menos vergonhoso?[70]

III) GEOGRAFIA (ESTRABÃO, *A VIDA DE ARATO* E EUSTÁCIO)

Um outro grupo – o geógrafo Estrabão, o autor desconhecido de *A vida de Arato* e Eustácio – preservou os dois primeiros versos do poema apenas em vista da informação geográfica que contêm.

No tempo de Arquíloco, os tásios lutavam continuamente contra os seus vizinhos trácios, pelas terras ou pelo domínio das minas de ouro do continente. Os trácios são mencionados em outros poemas marciais de Arquíloco, mas, nesse fragmento (5W), há referência a uma tribo específica, a dos saios. Trata-se de um povo cujo nome não consta do vocabulário homérico e, por isso, esses versos despertaram o interesse daqueles que buscavam situá-lo.

Estrabão, geógrafo que viveu do século I a.C. ao I d.C, cita o primeiro dístico em duas passagens. Na primeira (10.2.17), procurando justificar a origem do nome da ilha de Samos, diz que ela foi assim chamada por

---

70 Assim também, não seria necessário que Arquíloco conhecesse o provérbio das mães espartanas (cf. Assunção, 1989).

causa dos saios, antigos trácios que teriam habitado não somente a ilha, mas também o continente vizinho. Mais adiante, o geógrafo comenta as alterações sofridas pelos nomes próprios ao longo do tempo, especialmente entre os bárbaros (12.3.19-20): "Assim, alguns trácios, os 'síntios', foram depois chamados de 'saios', entre os quais Arquíloco diz ter abandonado o escudo...". Esses "saios", segundo Estrabão, eram os mesmos que, em sua época, chamavam-se "sapaios".

O autor desconhecido de *A vida de Arato* (séculos III/IV d.C.) distingue duas cidades chamadas "Saís" (*Vita Arati*, p.77.1 Maas): uma era trácia, a outra, egípcia. Os cidadãos egípcios chamavam-se "saitai", enquanto os trácios, "saios", e o dístico de Arquíloco é citado como evidência disto.

Eustácio, arcebispo de Tessalônica e estudioso bizantino do século XII, refere-se duas vezes aos versos de Arquíloco em seu comentário ao poema épico-geográfico de Dionísio Periegetes. Essa obra de Dionísio, autor alexandrino do período de Adriano, era uma descrição em hexâmetros de toda a terra habitada.[71] Ela alcançou grande circulação na Antigüidade como livro didático, sendo traduzida para o latim por Aviênio, Prisciano, e comentada por Eustácio.

As notas de Eustácio, porém, nada acrescentam, sendo o seu conteúdo quase idêntico ao dos comentários de Estrabão, um de seus autores diletos e que lhe servia freqüentemente como fonte. Eustácio (in Dion. Per. 533) repete que Samos é ilha trácia cujo nome tem sua origem nos saios, o antigo povo que a habitava, e que essa tribo é mencionada por Arquíloco, "que confessa ter abandonado entre eles o seu escudo impecável, fugindo à luta". Na segunda referência ao poema, Eustácio (in Dion. Per. 767) também comenta as mudanças de nomes dos povos: "como em Homero se diz que os síntios foram depois chamados trácios, assim também, segundo Arquíloco, havia os saios e, posteriormente, os sápai...".

IV) A SEGUNDA SOFÍSTICA E NEOPLATONISMO (FILÓSTRATO, PROCLO, OLIMPIODORO, ELIAS E PSEUDO-ELIAS)

Esses autores apresentam questões mais interessantes, tanto do ponto de vista do uso que fazem dos versos de Arquíloco, quanto dos problemas de crítica textual, pois, como se verá adiante, é a partir das citações feitas por

---

71 Περιήγησις τῆς οἰκουμένης.

Olimpiodoro, Elias e Pseudo-Elias que Diehl e outros editores estabeleceram o problemático terceiro verso.

Filóstrato (c. 170-245 d.C.) escreveu diálogos, narrativas, tratados sofísticos e "*quase* filosóficos" que são exemplos típicos da curiosa mescla das correntes sofísticas e religiosas da época.[72] A *Vida dos sofistas*, em que Filóstrato descreve a chamada "segunda sofística", não serve como testemunho confiável, pois não passa de uma compilação de biografias anedóticas, obtidas em fontes diversas sem muito critério (Reardon, 1971, p.33, 118). Assim também, a *Vida de Apolônio de Tiana*, obra encomendada pela imperatriz Júlia Domna, fica a meio caminho entre a biografia e o romance: tendendo ao sensacional e maravilhoso, Filóstrato narra viagens, curiosidades e milagres do filósofo pitagórico e taumaturgo que não ficam muito a dever aos de Cristo.[73]

Na *Vida de Apolônio de Tiana*, não há propriamente uma citação, mas uma referência ao poema de Arquíloco (fr.5W). Apolônio (II.7) diz que não abandonará sua filosofia como os soldados covardes abandonam o escudo, pois se, de acordo com Arquíloco, quem abandona o escudo pode arranjar outro melhor, aquele que abandona a filosofia jamais poderá recobrá-la. O escudo de Arquíloco serve a Filóstrato como um termo negativo de comparação: ao contrário da arma, a filosofia é insubstituível. E a menção dos versos se faz com o intuito de ornamentar seu texto com uma referência erudita.

Proclo, o sucessor de Siriano na Academia de Atenas (século V d.C.), é o primeiro dentre os neoplatônicos a citar, em seu *Comentário ao Alcebíades de Platão* (I. 139.26S), parte do terceiro verso do poema de Arquíloco. O *Alcebíades* foi um dos diálogos platônicos mais lidos e estudados na Antigüidade, um texto bem conhecido, igualmente por pagãos e cristãos, durante os séculos II e III d.C. (Segonds, 1985, p.xiv). Há dois comentários neoplatônicos ao diálogo, por Proclo e Olimpiodoro, e o que restou do texto de Proclo, aproximadamente 40% do original, deve ter sido composto entre 440 a 480 d.C. (Segonds, 1985, p.xlii). Proclo, partindo sempre de explica-

---

72 Cf. *A vida dos sofistas*, *A vida de Apolônio de Tiana*, *Ginástica* e *Epístolas*.
73 Cf. Reardon (1971, p.189, 265-7) e Pajores (1979, p.12) para o emprego indiscriminado dos termos "filosofia" e "filosofar" por Filóstrato, com referência à história religiosa, ao culto e à retórica.

ções de caráter geral, seguidas por questões mais específicas relativas ao texto de Platão, comenta a seguinte frase de Sócrates (*Alcebíades* 104e-105a):

ἐγὼ γάρ, ὦ 'Αλκιβιάδη, εἰ μέν σε ἑώρων ἃ νῦν δὴ διῆλθον ἀγαπῶντά τε καὶ οἰόμενον δεῖν ἐν τούτοις καταβιῶναι, πάλαι ἂν ἀπηλλάγμην τοῦ ἔρωτος, ὥς γε δὴ ἐμαυτὸν πείθω.

Ó Alcebíades, caso eu te visse satisfeito com as coisas que acabo de mencionar, julgando que entre elas devesses viver, há muito que eu teria deixado o meu amor; assim, ao menos, estou persuadido.

Proclo trata da questão da "natureza da verdadeira alma" na parte "teórica" (na *theōría*: 133.18 – 139.18), explicando na *léxis* (a partir de 139.19) a expressão de Sócrates: "assim, ao menos, estou persuadido" (Segonds, 1985, p.xliv). Segundo Proclo, Sócrates revela claramente que o amante "divinamente inspirado" (*éntheos*) auxilia o seu amado quando o vê disposto a voltar-se "ao intelecto" (*eis tòn noûn*), mas

σμικρὸν δὲ αὐτὸν εὑρίσκων καὶ ἀγεννῆ καὶ περὶ τὰ κάτω στρεφόμενον εἰς ἑαυτὸν ἐπιστρέφει καὶ πρὸς ἑαυτὸν μόνον βλέπει, τὸ αὐτόν μ᾽ ἐξεσάωσα πρόχειρον ποιούμενος.

vendo-o mesquinho, ignóbil e voltado às coisas inferiores, ele se volta a si próprio e só cuida de si, recorrendo ao famoso "salvei-me".

Ao citar a frase "salvei-me" (*autón m' eksesáōsa*), Proclo refere-se a ela como a algo "pronto", "à mão" – uma "frase feita". Não sabemos se estava ciente de que se tratava de parte de um verso de Arquíloco, ou se a expressão, a partir do poema, tornou-se um "lugar-comum" que circulava independentemente. Nota-se que, ao contrário da passagem em Aristófanes, nesse contexto o que se salva não é mais a "vida" (*psykhḗn*), mas "si próprio" (*autón*).

Olimpiodoro, filósofo neoplatônico pagão e aluno de Amônio, viveu em Alexandria durante o século VI de nossa era. Figura importante na linha transmissora da tradição platônica e aristotélica, ele comentou as *Categorias* e *Meteorológicos* de Aristóteles, e o *Fédon*, *Górgias* e *Alcebíades* de Platão. Atribui-se também a Olimpiodoro os *Prolegômenos à Filosofia de Platão* e uma *Vida de Platão* que introduz o seu comentário ao *Alcebíades* (Westerink & Trouillard, 1990, p.viii).

Por volta de 517 d.c., Olimpiodoro teria assistido a um curso de Amônio sobre o *Górgias*, o que provavelmente lhe serviu como base para o seu comentário ao diálogo. Westerink (in Westerink & Trouillard, 1990, p.xxi) supõe que Olimpiodoro não teria à sua disposição o texto do diálogo platônico, mas apenas notas do curso de Amônio e a obra de Proclo sobre o mito, porque o seu comentário, comparado aos outros, é um dos mais pobres em conteúdo, repleto de lembranças e anedotas relativas a Amônio.

Na passagem do *Górgias* (483a) em questão, Cálicles discute o que é pior com relação à natureza ou lei, cometer ou sofrer uma injustiça. Parte do poema (fr.5W) de Arquíloco é citada sem indicação do autor (Ol. *Gorg.* 140.28 – 144.2):

> εἰ δὲ ἀδικεῖταί τις περὶ τὰ ἐκτὸς ἢ τὸ σῶμα, οὐκ ἔστι κακόν, οὐδὲ γὰρ συνεγεννήθημεν τούτοις, ὥστε τὰ μὴ ἐφ᾽ ἡμῖν ἀπολλύντες οὐκ ὀφείλομεν ἄχεσθαι· εἰ δὲ ἀδικοῖτο ἡ ψυχή, κάκιστον, καὶ δεῖ τότε σπεύδειν ταύτης ἀπαλλαγῆναι τῆς ἀδικίας. φροντίσωμεν οὖν τοῦ σωθῆναι τὴν ψυχήν, εἰδότες ὡς τὰ χρήματα καὶ τὸ σῶμα οὐδὲν συμβάλλονται· ποιήσωμεν οὖν ὃ εἶπεν ἐκεῖνος· "αὐτὸν μέν μ᾽ ἐσάωσα, τί μοι μέλει ἀσπὶς ἐκείνη; ἐρρέτω".

> E se alguém sofre uma injustiça com referência às coisas externas ou ao corpo, não é um mal, pois nem somos concebidos com essas coisas, de modo que, quando perecemos, não nos devemos afligir quanto às coisas que não nos concernem. Se, porém, a alma sofre uma injustiça, é péssimo e, então, é preciso procurar colocar um termo a essa injustiça. Pensemos, portanto, em salvar a alma, sabendo que os bens e o corpo nada valem. Façamos, então, o que aquele disse: "mas salvei-me. Que me importa aquele escudo? Que vá".

Elias, o primeiro sucessor cristão de Olimpiodoro, também pertence à segunda metade do século VI d.C. De seus cursos só nos restaram os referentes ao *Órganon* (*Prolegômenos à Filosofia*, *Comentário ao Isagoge*, *Prolegômenos a Aristóteles*, *Comentário às Categorias*), alguns escólios sobre o *Sobre a interpretação* e o início de um *Comentário aos Primeiros Analíticos*.[74]

Elias é tradicionalmente considerado um aluno de Olimpiodoro em razão dos numerosos paralelos presentes em suas obras. No entanto,

---

74 As aulas incompletas de Elias sobre *Os Analíticos Anteriores* e as *Categorias* não tiveram grande circulação entre os bizantinos e só foram publicados no final do século passado (cf. Wilson, 1983, p.48).

como mostra Westerink (in Westerink & Trouillard, 1990, p.xxxv), quase todas as correspondências entre os dois encontram-se nas introduções que possuíam um esquema comum observado pelos professores. As improvisações e os desenvolvimentos próprios dos autores limitavam-se ao comentário do texto em si. A citação dos dois versos de Arquíloco encontra-se justamente na parte introdutória, em uma dessas passagens paralelas de Elias (*Prolegômenos à Filosofia* 22.19-23 in *Comm. in Arist. Graeca*) e Olimpiodoro (*Gorg.* 140.28-144.2).

Nos *Prolegômenos* (8.20-22), Elias parte da definição da filosofia como "a arte das artes e ciência das ciências" que, como um deus ou um rei, fornece todos os princípios às demais áreas, corrigindo suas falhas. Enquanto a retórica, por exemplo, distingue o benéfico (*symphéron*) do justo, para a filosofia eles são o mesmo. Assim, a ação de Antíloco que se sacrifica para salvar o pai é, segundo a retórica, justa, mas não benéfica, porque ele perde a vida. Mas, quanto à filosofia, ela é tanto justa quanto benéfica, "pois o benéfico é absolutamente justo, e o não-benéfico não-justo". Ela [a filosofia] então pergunta: "o que são para nós as lesões corporais?", pois "nós somos a alma".[75]

> οὕτω τρωθείς τις ἐν πολέμῳ ὑπὲρ φίλου ἔφη "αὐτόν μ᾽ ἐξεσάωσα· τί μοι μέλει ἀσπὶς ἐκείνη; ἐρρέτω", αὐτὸν μὲν τὴν ἰδίαν ψυχὴν εἰπών, ἀσπίδα δὲ τὸ ἴδιον σῶμα καλέσας.

> Assim, alguém que foi ferido na guerra em defesa de um ente querido, dizia: "*Salvei-me. Que me importa aquele escudo? Que vá*"; chamando sua alma (*psykhén*) de si próprio (*autón*), e seu corpo de escudo.

Essa versão se encontra também no *Comentário à Isagoge de Porfírio* (12.1-2)[76] de Pseudo-Elias que, como o próprio Elias, era um neoplatônico cristão e, provavelmente, um médico, já que demonstra familiaridade com a terminologia técnica (Westerink & Trouillard, 1990, p.xxxvii).

Nesse comentário, Pseudo-Elias discute a definição da morte ("do fim próximo"), tomando como ponto de partida uma passagem do *Fédon*: "os que filosofam acerca de si próprios e dos outros não percebem que não

---

75 τί γὰρ πρὸς ἡμᾶς τὰ τοῦ σώματος τραύματα; ἡμᾶς τὴν ψυχὴν.
76 Esse texto revela correspondências com outro comentário feito por David ou Pseudo-David (*RE*).

cuidam de outra coisa senão de morrer e estar morto". A seu ver (Pseudo-Elias, 12.3-4), o morrer e a morte, isto é, a "mortificação dos desejos corporais", são belos, e é por isso que Platão disse ser necessário cuidar da morte – não da morte física, mas da deliberativa (*proairetikón*). Pseudo-Elias refere-se à imagem do corpo como uma prisão da alma, explicando que o corpo se chama *démas* por ser a "amarra" (*desmós*) da alma, ou *sôma*, por ser "lápide" (*sêma*) e caixão da alma. Pouco adiante, ele continua (Pseudo-Elias, 12.17-21):

> καὶ γὰρ Σωκράτης ὁ Ἀθηναῖος ἔφασκεν "ἐμὲ Ἄνυτος ἀποκτεῖναι μὲν δύναται, βλάψαι δὲ με οὐ δύναται", τουτέστι "τὴν ψυχήν μου οὐκ ἀδικεῖ ὡς ἀσώματον, τὸ δὲ σῶμα φονεύει ὡς φθαρτόν". καὶ πάλιν ὁ Ἀνάξαρχος τυπτόμενος ἔφασκε: "πτίσσε, πτίσσε τὸν Ἀναξάρχου θύλακον, οὐ γάρ ποτε πτίσσεις Ἀνάξαρχον, θύλακον καλέσας τὸ σῶμα. καὶ πάλιν ὁ Ἀμφίμαχος φονευόμενος ἔλεγεν "ἐγώ με ἐξεσάωσα: τί μοι μέλει ἀσπὶς ἐκείνη; ἐρρέτω". οὕτω γοῦν δέδεικται ὡς οὐ τὸν φυσικὸν <θάνατον λέγει, ἀλλὰ τὸν προαιρετικὸν> καθ´ ὃν νεκροῦσα τὰ πάθη τοῦ σώματος ἡ ψυχὴ ἀνατείνει ἑαυτὴν πρὸς θεωρίαν.

> Pois Sócrates, o ateniense, também dizia que "a mim, Ânito pode matar, mas não pode ferir-me", isto é, "a minha alma ele não danifica porque é incorpórea, mas o corpo ele pode destruir porque é perecível". E, novamente, Anaxarco dizia ao ser surrado: "Bate, bate no saco de Anaxarco, pois jamais baterás no próprio Anaxarco", chamando o corpo de saco.[77] Anfímaco, ao ser morto, também dizia: "*Salvei-me. O que importa aquele escudo? Que vá*". Assim, ele indica que não está <referindo-se à morte física, mas à deliberativa>, segundo a qual a alma, tendo mortificado as paixões do corpo, eleva-se à contemplação.

O mais surpreendente nas leituras neoplatônicas é a forma pela qual invertem o sentido dos versos de Arquíloco. Filóstrato serviu-se do poema para fazer uma comparação negativa (a filosofia não é substituível como o escudo), mas, ao contrário dos neoplatônicos, sua leitura representa uma continuação ante a tradição mais antiga, pois são, nas suas palavras, "soldados covardes" que abandonam o escudo. Talvez Filóstrato conhecesse o poema inteiro ou, pelo menos, o primeiro dístico. Proclo, por outro lado, não chega a citar um verso inteiro, enquanto Olimpiodoro,

---

77 Essa célebre anedota é também uma das correspondências textuais entre Elias (*Prolegómenos à Filosofia* 22, 25-26) e Olimpiodoro (*Gorg.* 185. 20-22).

Elias e Pseudo-Elias parecem todos depender de uma mesma fonte, possivelmente de uma antologia, na qual os dois primeiros versos eram omitidos.[78] Caso contrário, como teriam surgido essas inusitadas interpretações? No texto de Proclo, o pronome *autón* (antes, "si próprio") já parece significar "alma", embora ele não o afirme explicitamente. As leituras claramente alegorizantes começam com Olimpiodoro, que lê "corpo" em lugar de "escudo", "alma" em lugar de *autón* ("si próprio").[79] Elias e Pseudo-Elias, alunos cristãos de Olimpiodoro, seguem o mestre, acrescentando detalhes desconcertantes. Pouco antes de citar os versos, Elias relata a ação "justa" de Antíloco, que perdeu a vida para salvar o pai.[80] Em seguida, os dois versos são atribuídos a "alguém" (*tís*) que morreu em combate defendendo um "ente querido" (Elias, *proleg. philos.* 8.20-22). Segundo Pseudo-Elias, é Anfímaco que profere os versos ao morrer.[81] Apesar das diferenças, Elias e Pseudo-Elias concordam que o "eu" desse dístico seja um comandante, um herói que não escapa com vida, mas que alcança uma "bela morte" no campo de batalha.

Nos neoplatônicos, com a exceção de Proclo, os versos de Arquíloco são citados para comparar a alma (que deve ser salva) à "vida" do guerreiro, e o corpo (que é supérfluo e até um empecilho), ao escudo. De onde Elias e Pseudo-Elias tiraram tais contextos e detalhes?[82]

No final dessa trajetória pelas leituras antigas, sem conhecerem o poema todo, sem saberem das intenções do autor, nem sequer quem ele seja, por ironia do destino as três últimas fontes chegam a um significado diametralmente oposto ao inicial: o "eu" do poema não é mais um covarde que sobrevive ao combate, mas um nobre guerreiro que morre em plena batalha para salvar o pai.

---

78 Weber (1917, p.94), Gigante (1956, p.198) e Romano (1974, p.89).
79 Olimpiodoro certamente conhecia o comentário de Proclo ao *Alcebíades* (Segonds, 1985, p.lxvi).
80 Antíloco, filho de Nestor, era um dos pretendentes de Helena e o comandante encarregado de dar a Aquiles a notícia da morte de Pátroclo (*Il.* 23.556, 13.545). Quando Nestor foi atacado por Memnão, Antíloco morreu para salvar a vida do pai (Píndaro *P.* 6.28).
81 Há dois Anfímacos na *Ilíada*: um comandante grego que é morto por Heitor (*Il.* 2.620, 13.185), e um cário, morto por Aquiles no Escamandro (*Il.* 2.870).
82 West sugere que eles confundiram os nomes Antíloco e Arquíloco, criando o espúrio Anfímaco.

V) COMENTÁRIO

Na literatura grega, essa é a primeira instância de que temos notícia em que se declara abertamente, em primeira pessoa, o abandono ou a perda do escudo.[83] Mas, se foi realmente o primeiro poema sobre o assunto, sua repercussão nos meios literários foi rápida. Alceu, que glorifica a indumentária dos guerreiros disposta na sala das armas (fr.357LP),[84] seguindo talvez o exemplo de Arquíloco, compõe dois versos em que, ironicamente ou não, diz estar salvo, mas sem o escudo. Quando mitilênios e atenienses estavam em guerra, um dos fatos mais notáveis, segundo Heródoto (5.94.5), teria sido a fuga de Alceu, cujo escudo, apreendido pelos atenienses vitoriosos, foi então suspenso como oferenda num templo de Atena em Sigeu. Alceu teria narrado o episódio no poema que enviou a um amigo em Mitilene (fr.428aLP).[85]

> Ἄλκαος σάος † ἄροι ἐνθαδ´ οὐκυτὸν ἀληκτορὶν †
> ἐν Γλαυκώπιον ἱρον ὀνεκρέμασσαν Ἄττικοι
>
> Alceu está salvo, <mas o escudo protetor>,
> no templo de Glaucópis, dedicaram-no os áticos.

Anacreonte também canta a perda de um escudo. No entanto, não se pode dizer se, nesse caso, se tratava de narrativa em terceira ou primeira pessoa do singular (fr.381bPMG):

> ἀσπίδα ῥίψας ποταμοῦ καλλιρόου παρ´ ὄχθας
>
> tendo abandonado o escudo às margens do rio de belas correntes

---

83 Conforme Durán (1999, p.87-103), neste fragmento, não se trata de um escudo, mas de uma mulher vil que "Arquíloco" orgulha-se de ter descartado. Além de essa interpretação não encontrar sustentação nas fontes e nos testemunhos antigos, depende de uma difícil leitura de *aspís* como "víbora" e, daí, como "mulher".

84 "Reluz a grande sala/ com o bronze e todo teto está ornado para Ares/ com luzentes elmos,/ dos quais, suspendidos, alvos penachos de crina/ balançam, adornos/ para as cabeças dos homens. Sobre cavilhas/ jazendo, ocultam-nas/ as bronzeas grevas, defesa contra a força da flecha./ Há couraças de linho novo/ e cavos escudos jogados pelo chão,/ ao seu lado, gládios calcídios,/ e ao lado destes, muitos cinturões e túnicas./ Esses não podemos esquecer,/ desde que primeiro nos encarregamos/ dessa obra."

85 Estrabão (13.600) também cita essa passagem, divergindo da versão de Heródoto apenas quanto ao destinatário do poema. Segundo ele, a mensagem de Alceu foi enviada aos familiares e não a Melanipo, o amigo do poeta.

Vê-se que o abandono do escudo (*rhipsaspía*) devia ser bastante comum, pelo menos o suficiente para tornar-se um tema entre os poetas arcaicos.[86] O escudo hoplítico era naturalmente a primeira arma a ser abandonada porque não oferecia ao fugitivo nenhuma proteção e, ainda, pesando aproximadamente sete quilos, preso da mão ao cotovelo, não seria mais que um estorvo (Hanson, 1990, p.99). Além disso, dentre as armas, era a mais barata.

Se relatos de abandono das armas no campo de batalha são freqüentes na literatura antiga,[87] não era coisa da qual costumavam se vangloriar, sobretudo quando se tratava do escudo, um símbolo do guerreiro que ocupava o lugar de honra no lar, suspenso sobre a lareira em tempos de paz. Aquele que o perdesse para os inimigos poderia vê-lo transformado em troféu, como o de Alceu. Perder lanças, espadas, elmos e couraças não era desonroso, pois essas eram armas de proteção pessoal. O escudo, porém, quando sustentado em posição correta, protegia o flanco direito do soldado à esquerda, formando uma barreira compacta com os demais guerreiros (Plutarco, *Mor.* 220A 2). Daí sua importância no combate hoplítico, pois ao se perder o escudo, abria-se uma brecha na formação, colocando em risco não apenas uma vida, mas a de todos na falange. Bela, portanto, era a morte na linha de frente, nada havendo de mais vergonhoso que a fuga ou morte pelas costas (Tirteu, fr.11.15-30W).

É, porém, somente no período clássico que se ouve falar de leis criadas para punir os que abandonavam o escudo. Platão (*Leis* 12.944a) distingue o soldado que "abandona" o escudo para fugir (*rhípsaspis*) daquele que tem as armas tomadas pelo inimigo no campo de bataha (*apoboleùs hóplōn*). Esse último, a seu ver, não devia sofrer castigos. Tal diferenciação, já presente na Antigüidade, levou alguns críticos modernos a discutirem se "Arquíloco" seria ou não culpado de ofensa grave, isto é, se ele "abandonou" ou "perdeu" o escudo.

Assim como Crítias, esses comentadores identificam o poeta com o "eu", e alguns tentaram inocentá-lo ou, pelo menos, abrandar sua culpa alegando: 1) que Arquíloco não conhecia a falange (Reverdin in Wistrand,

---

86 Cf. também mais tarde Horácio (*Ode* 2.7.9-10).
87 Hanson (1990, p.257). Tucídides (7.45), por exemplo, nota que após a batalha de Epípole, foram encontrados no campo mais armas do que mortos.

1964, p.285; Theunissen, 1953, p.408),[88] ou as leis de Esparta (Hauvette, 1905, p.186; De Falco, 1946, p.348); 2) que a região (Trácia) não era própria para a tática de luta hoplítica (Rankin, 1977, p.42); 3) que Arquíloco, sendo mercenário, não lutava pela sua pátria (Klinger apud De Falco, 1946, p.349; Croiset, 1913, II, p.190); 4) que ele lutava contra bárbaros que não possuíam o mesmo conceito de virtude guerreira (Kontoleon in Wistrand, 1964, p.287); ou, ainda, 5) que ele não teria "abandonado" o escudo, mas o "perdera".[89] Não será necessário refutar uma a uma tais justificativas. Ainda que não existisse a tática de falanges cerradas na época de Arquíloco, jamais, em tempo algum, vangloriar-se de ter abandonado o escudo, fugindo à luta, seria algo admissível para a ética do guerreiro.

Há ainda um outro fragmento em tetrâmetros trocaicos que parece tratar do mesmo tema.[90] Alguém dirige-se a um menino que abandonou o seu escudo, tentando confortá-lo, e, aparentemente, o tom do poema é bastante sério (*Adespota* fr.38W):

..ε[.]ποιεο[..].υπαντων[
.]..νος· .(.)δ[...]οιμε....[
....]ἐπικροτέων[
..]εβαμβάλυζε· πολλ[ὰ
5 καὶ τὸ μὲν φυγεῖν ὅταν δη[
ἀνδράσιν κείνοις χολωθεὶ[ς
δυσμενέων κομῆτα παιδ[
οὔ σε τοῦτ᾽ ἤισχυνεν οὐδεν[
ὡς ἀπ᾽ εὐεργέα τινάξας ἐτρ[άπης
10 καὶ γὰρ ἀλκιμωτέρους σέο κατα[

---

88 Theunissen (1953, p.408), além de não acreditar na existência da falange nesse período, supõe que os fragmentos 2 e 5W façam parte do mesmo poema no qual Arquíloco estaria expressando seu "desprezo pela arma defensiva [escudo] e apreço pela ofensiva [lança]".
89 Weber (1917, p.98) e Page (1964, p.286) imaginam que o poeta estava repousando quando foi tomado de surpresa, não havendo tempo para apanhar seu escudo na hora do ataque inimigo. Segundo Gerber (1970, p.15), Romano (1974, p.87) e Rankin (1977, p.42), a arma foi deixada junto à moita por descuido, não por covardia. Para Colonna (1946, p.30), "o guerreiro que se retira da batalha após ter perdido sua arma não está longe do herói homérico salvo por um deus no instante de maior perigo". Gallavotti (1949, p.136) afirma que Arquíloco teria deixado a arma na moita, chegando "quase a escondê-la", para recuperá-la no contra-ataque.
90 O autor desses versos, classificados entre os *Adespota*, é provavelmente o próprio Arquíloco (West, 1989).

ταῦτ᾽ ἐπηβόλη[σ]ε· θεοὺς γὰρ οὐκ ἐνίκ[ησεν βροτός·
ἀλλ᾽ ὁτεύνεκεν πρὸ πάντων εκ[
ἦλθες ἐκπλ[...]ς ἐφ᾽ ὑγρὰ κύματ[᾽ εὑρέης ἁὸς
ἀδρυφής, ου[...]νσε[......]εκλεῖ[
15 ἀλλαπαρθε[............]δεμ.[
.[.. π]όλιν π[............]ναγν[
....]ι·πολ.[
....].ος̣·π[

[t]u, faze[ndo...só] dentre todos (?)[
...
...]rangendo [os dentes
...]tremia, muit[a...
5 e o fugir, quando [preciso for, como naquela hora,
quando o deus,] irad[o] com aqueles homens, [impeliu o
exército] inimigo, menino de longos cabelos[...
isto não te desonrava, nem [é vergonhoso] que [o escudo]
bem feito, tendo abandonado, volt[aste...
10 pois mesmo aos mais fortes que tu, [temores assim excessivos]
afligi[r]am. [Um mortal], pois, não der[rota] aos deuses,
mas por isso, na frente de todos, [tendo deixado o exército],
vieste nav[egando] sobre as úmidas ondas [do vasto mar]
ileso, [no entanto, por essas coisas,] não [te louvaremos
15 ...
pela] cidade...[91]

Quem quiser levar em conta os suplementos, sempre hipotéticos, percebe que o "menino" que fugiu, abandonando seu escudo, é reconfortado, pois isso, fato freqüente na guerra, não é algo que o desonrará (v.7-9). Que seja necessário afirmá-lo indica, porém, que muitos o condenariam e que talvez já houvesse uma ética que, semelhante à hoplítica, pregasse a necessidade de manter firme o escudo e a posição nas fileiras.

---

91 Entre colchetes, estão traduzidos os suplementos alistados no aparato crítico de West (1989): 1-2 fort. – υ – ποιέω[ν] σὺ πάντων[... | μ]ο̣ῦνος 2 ε., sscr. ι, fort. μὲν cum v.l μιν 3 [ὀδόντας Peek, *Phil*. 100, 1956, 19 4 Peek 5-7 e.g. καὶ τὸ μὲν φυγεῖν ὅταν δὴ [χρεώ τις, οἷα καὶ τότε] ἀνδράσιν κείνοις χολωθει[ς θεὸς ἐπώτρυνε στρατὸν] δυσμενέων, κομῆτα Π: Κομῆτα Peek παίδ[ων Latte, *Gn*. 27, 1955, 495 8 e.g. ν[έμεσίς ἐστιν, ἀσπίδα 9 Peek 10 σεῦ Π e.g. κατα[λαβόντα δείματα 11 Peek; vel -σαν βροτοί 12fort. rectius ὁτεούνεκεν ἐκ[κριθεὶς στρατηλάτης Peek: malim ἐκ[λιπὼν στρατιὴν 13 ἐκπλ[εύσα]ς Peek, potuit et ἐκπλ[ώσα]ς; an ἐκπλ[αγεὶ]ς? fin. e fr.2, quod contulit Lobel 14 e.g. οὐ[κ ὢ]ν σε [τούτων] ἐκλεῖ[ζομεν χάριν 16 fort. ἀ̣[νὰ π]όλιν.

Voltemos ao fragmento 5W de Arquíloco. Essa elegia composta por dois dísticos parece estar completa.[92] A primeira palavra, *aspídi* ("escudo"), é de início indeterminada e não-qualificada: não se sabe de quem ou como é. No entanto, o "saio", sujeito da frase, situa-nos na Trácia,[93] e o pronome indefinido *tis* ("um") pode ter um efeito depreciativo: além de anônimo, trata-se de um saio "qualquer" (Romano, 1974, p.84).

O verbo "exulta" (*agálletai*) encontra-se duas vezes na *Ilíada* (17.472-3, 18.131-2), inserido em uma fórmula que se estende do final de um verso até o quarto dáctilo do seguinte. Em ambas as passagens, Heitor exulta, levando as armas de Aquiles que conquistou ao matar Pátroclo:

...τεύχεα δ᾽ Ἕκτωρ
αὐτὸς ἔχων ὤμοισιν ἀγάλλεται...

...Heitor, ele próprio,
trazendo as armas nos ombros, ufana-se...

...τὰ μὲν κορυθαίολος Ἕκτωρ
αὐτὸς ἔχων ὤμοισιν ἀγάλλεται...

...Heitor de elmo fremente, ele próprio, trazendo-as nos ombros, ufana-se...

Se Arquíloco conhecesse a *Ilíada* na forma em que chegou até nós, seria possível supor que a estivesse parodiando. Na *Ilíada* e no poema de Arquíloco, dois inimigos exultam com armas apreendidas, respectivamente Heitor e "um saio". A discrepância salta à vista. De um lado, o célebre herói, cujo nome e glória foram perpetuados pelo aedo em suas canções, ufana-se de possuir as incomparáveis armas de Aquiles, espoliadas do cadáver de Pátroclo. Do outro, um saio desconhecido exulta com armas não de uma vítima sua, mas de um inimigo que lhe escapou com vida.

---

92 West (1989), Fränkel (1975, p.137) e Assunção (1989, p.120).

93 A região é próxima à referida no fragmento 2W, mas o mesmo "colorido geográfico" dos fragmentos 2 e 5W não justifica a hipótese de que fizessem parte do mesmo poema (Theunissen, 1953, p.409). Owen (2003, p. 6, n. 26) nota que Arquíloco é genérico em suas referências aos trácios e que, neste fragmento, pode ter citado os saios visando a um trocadilho com o verbo *eksesáōsa* (v.4), conforme sugeriram Adkins (1985) e Campbell (1983, p.208).

O fato de o verbo se encontrar exatamente na mesma posição no hexâmetro de Arquíloco e nos da *Ilíada* não serve como argumento a favor da hipótese de uma paródia porque, como mostrou O'Neill (1942, p.143), mais de 95% das palavras com essa configuração métrica encontram-se, nos poemas homéricos, nessa mesma posição. Além disso, como já foi dito, Arquíloco não conhecia a "nossa" *Ilíada*. No entanto, ele certamente conhecia alguma forma da *Ilíada* e estava inserido na tradição de poesia jônica da qual a épica homérica fazia parte, e na qual o herói costumava ufanar-se (*agállomai*) das armas que conquistava dos inimigos. Assim, o verbo, nesse contexto, não deixa de conferir à frase um tom épico.[94]

O primeiro verso do fragmento encerra-se com a oração: "o qual, junto à moita"... *Thámnos* ("moita"), além de não ser uma "expressão comum fora da poesia épica" (Page, 1964, p.132), também está em posição tradicional (*Il.* 22.191, *Od.* 22.469).[95] Com esse adjunto adverbial, o poeta não parece sugerir cuidados do sujeito que "esconde" ou "guarda" sua arma, mas, dentro da tradição oral jônica, ele completa o hexâmetro como um aedo o faria, localizando o escudo.[96] A frase continua no pentâmetro em *enjambement*.

Bem ao gosto épico, o segundo verso se inicia com um aposto ("arma irrepreensível") que, além de descrever o escudo, aumenta a expectativa, protelando ainda mais o verbo e a revelação do ato. A palavra *éntos* ("arma"), que ocorre duas vezes em Arquíloco, não se encontra em Homero no singular, embora seja muito freqüente na forma do plural.[97] O epíteto da arma, *amómēton* ("irrepreensível"), também ocorre apenas uma vez em Homero (*Il.* 12.109), a forma *amýmōn* sendo a mais comum.[98] *Mômos* é a

---

94 O verbo *agálleō* no fragmento 128W de Arquíloco, embora não ocorra nessa mesma forma ou posição do verso, refere-se também à exultação por uma vitória na guerra.
95 O termo não se encontra, porém, sempre nessa posição no verso homérico e pode ter sido usado (embora raramente) no vernáculo jônico.
96 Nota-se que Anacreonte (fr.381b*PMG*) também indica o local onde o escudo foi abandonado.
97 Segundo Scherer (1964, p.110), *éntos* e *éntea*, de origem micênica, pertenceriam ao jônico coloquial, não à linguagem poética. Ao contrário, Page (1964, p.132) argumenta que *éntea* já é expressão "moribunda" na poesia épica e, como o singular não ocorre em nenhum texto jônico após Arquíloco, trata-se, provavelmente, de um termo épico e não do vernáculo jônico.
98 Os três adjetivos (*amómēton*, *ámōmos*, *amýmōn*) são formados a partir do prefixo negativo *a* + *mômos*, *mŷmar*.

"censura", a desgraça ou a sua marca (mácula); o que é *ámōmos* é "irreprochável", sem defeito ou pecha.[99]

O aposto preenche o primeiro cólon do pentâmetro, e o verbo destaca-se por ser colocado após a pausa e no início do segundo cólon. Em termos de linguagem, a segunda parte do verso é toda épica: *kállipon* ("abandonei") é um epicismo, com a apócope rara em Arquíloco, mas freqüente em Homero; *ouk ethélōn* ("sem querer") é uma fórmula homérica (Page, 1964, p.132; Scherer, 1964, p.97). O verso termina com uma espécie de atenuante: foi "contra a sua vontade", "sem querer", que o "eu" abandonou sua arma. Se o escudo é "irreprochável", não se pode dizer o mesmo de seu dono.[100] Percebe-se aqui o mesmo tipo de deslocamento presente no fragmento de Anacreonte citado acima, pois se o escudo é largado às margens do rio "que corre belamente" (*kallirόos*), a carreira do soldado em fuga não seria tão bela.

Até esse ponto, o tom do fragmento é semelhante ao de Alceu e Anacreonte; declara-se a perda do escudo, mas não se sabe ainda como isso se deu, nem por quê. Em Arquíloco, o sujeito ("eu") diz que foi a contragosto, o que poderia soar como o início de uma desculpa ou justificativa. Nesses dois primeiros versos, a linguagem permanece elevada, vocabulário e fórmulas evocando a épica. Não parece haver, tampouco, ironia, apesar de um certo estranhamento que o epíteto do escudo ("irrepreensível") possa causar.

O segundo dístico, ao contrário, inicia-se com um forte desafio e desdém, que o distingue dos outros poemas sobre o mesmo tema: "mas salvei-me. Que me importa aquele escudo?". Sabemos agora que a arma não foi "perdida" de forma nobre ou perdoável, como, por exemplo, Pátroclo perdera as de Aquiles. Não há modo de justificar-se ante o código de honra guerreiro. Ao abandonar o escudo para salvar-se, ele fez justamente o oposto do que manda o provérbio das mães espartanas ou, mais tarde, as *Leis* de Platão.

---

99 Hesíquio glosa *Mýmar* (uma forma eólica de *mômos*), por *aîskhos*, *psógos* ("vergonha", "censura"). Na poesia épica, o adjetivo *ámōmos* é empregado em apenas uma ocasião para qualificar uma arma: trata-se do arco de Teucro, cuja corda rompe-se no momento em que tem Heitor sob a mira (*Il.* 16.463). O arco é *amýmōn*, isto é, ele é "perfeito" e não tem culpa pela ruptura da corda, pois o aedo sabe e diz que foi Zeus o responsável.
100 O adjetivo *ámōmos* também serve de epíteto para heróis épicos (cf. Burnett, 1983, p.42).

Como as fontes oferecem quatro versões do segundo hexâmetro, que, por sua vez, apresentam uma série de dificuldades, será necessário abrir um parêntese para elucidar os problemas e as soluções dos editores para o seu estabelecimento.

Hoffmann (1898, p.92) foi o primeiro a adotar o texto de Elias, mas nota que "Arquíloco pode ter escrito tanto *autón m´ eksesáōsa*" ("salvei a mim mesmo"), "quanto *autòn d'eksesáōsa* ("salvei-me")", sendo possíveis ambas as formas. Diehl (1926) aceita a segunda sugestão de Hoffmann, corrigindo o assíndeto pela emenda do *m´* em *d´*.[101] Em sua edição comentada, Hudson-Williams (1926) adota essa mesma versão (*autòn d´ eksesáōsa*) por causa de: 1) a concordância de Olimpiodoro com Sexto Empírico; 2) a confirmação de *autón* pelo escoliasta aristotélico cujo argumento se baseia precisamente nesse termo; e porque 3) *eksesáōsa*, no texto de Aristófanes, não sendo expressão ática, mas homérica, deve ser uma citação. A mesma alternativa encontra-se também em West (1974, p.118); o *d´* contrastante e o *eksesáōsa* sendo "garantidos pela concordância de Aristófanes com os neoplatônicos".

Outros consideram autêntica a tradição neoplatônica do terceiro verso, mas propõem soluções diversas. O texto de Edmonds (1931) mantém o *m'* e introduz uma *tmese* (*autòn d´ ek m´ esáōsa*). Romano (1974, p.90) defende a versão de Elias sem a emenda (*autòn m´ eksesáōsa*), afirmando que o pronome *autón* é raramente usado sozinho em Homero como um reflexivo.[102] Segundo Gigante (1956, p.199), a legitimidade de *eksesáōsa* em Aristófanes é confirmada pelos neoplatônicos, mas, a partir do *autón m´* de Elias e do *autòs mén m´* de Olimpiodoro, ele entrevê um *autós m´* original "que se tornou um acusativo como *aspís* no contexto da exegese filosófica".[103]

Seguindo as lições de Hoffmann, Diehl e West, observa-se que o pronome reflexivo *autón* ("me") se opõe polarmente ao *aspídi* ("escudo") do primeiro verso, como o segundo elemento da construção (*mén/dé*).

---

101 Assim, o *autòn d´ eksesáōsa* responde ao *aspídi mèn* do primeiro verso.
102 Romano (1974, p.90) alega que o primeiro *mèn* é mais enfático do que antitético, a falta de conectivos justificando-se pelo efeito dramático. Para o uso do pronome *autón* como um reflexivo em Homero, veja porém Kühner & Gerth (1898-1904, II 565).
103 Gigante (1956, p.199) também não crê ser necessário haver uma antítese entre os dois hexâmetros, o seu *autón* assindético referindo-se antiteticamente ao nominativo *aspís* do mesmo verso (v.3).

Assim, a oração que inicia o terceiro verso completa e responde antiteticamente à primeira (v.1); os dois termos de comparação ("escudo"/"me") entre os quais o "eu" foi forçado a escolher, além de contrapostos, são enfatizados por estarem no início de cada hexâmetro.

O verbo *eksaóō* ("salvar") ocorre duas vezes em Homero (*Od*. 4.501, *Il*. 4.12). Colonna (1946, p.30) aproxima o fragmento de Arquíloco à passagem na *Ilíada* (4.12), supondo que "o guerreiro que se retira da batalha, após ter perdido sua arma, não está longe do herói homérico salvo por um deus no instante de maior perigo". Ao contrário, caso Arquíloco tivesse essa cena da *Ilíada* em mente, a comparação seria irônica. Porque, no texto homérico, Afrodite "salva" o seu protegido Páris justamente quando ele estava para ser morto em duelo com Menelau, e não é preciso lembrarmos que, na *Ilíada*, Páris não se distingue pela bravura no combate, muito pelo contrário.

O guerreiro de Arquíloco, após afirmar que preferiu salvar a vida à custa da honra, dando de ombros, diz: "Que me importa aquele escudo?". Motivo de exultação para o saio, o escudo é agora desdenhado por seu antigo dono. A pausa no final do verso faz ressaltar o pronome que se refere ao escudo perdido e desprezado ("aquele"), e a separação da pergunta e resposta (respectivamente, no hexâmetro e pentâmetro) também lhes dá maior relevo.

Irreverência e deboche eclodem na afirmativa final: "Que vá! Arranjo outro, não pior".[104] A nova atitude presente no segundo dístico é acompanhada por uma mudança de registro na linguagem. No início do terceiro verso, o "eu" confessa ter preferido salvar a vida e perder a honra, desafiando os valores heróicos. Da pergunta marcada pela cesura ("O que me importa aquele escudo?"), até o final do poema, o vocabulário e as construções coloquiais e rasteiras contrastam com o tom elevado e epicismos do primeiro dístico. A resposta, "Que vá!", mais do que a coloquial pergunta, é forma de imprecação.

No poema de Arquíloco, o "eu" toma o escudo pelo que é, um pedaço de madeira e ferro trabalhado, facilmente substituível. Mas, ao tratar sua arma como um utensílio qualquer, num só gesto ele lança fora todo valor que lhe é conferido, tudo o que ele simboliza. Entre sua honra, concretiza-

---

104 Essa é a primeira ocorrência do futuro do verbo *ktáomai* ("arranjo") no grego arcaico (Romano, 1974, p.93), empregado aqui com o sentido básico de "adquirir, comprar". A forma negativa de expressão ("não pior" em vez de "igual", ou "melhor") intensifica a afirmativa. Cf. Smyth (1980, p.680).

da sob forma de escudo, e sua vida, ele se agarra a essa última, contrariando a ética guerreira.

Esse fragmento, assim como o do general cambaio (fr.114W), é geralmente lido como exemplo do novo espírito da lírica arcaica que teria sido inaugurada por Arquíloco.[105] Apesar da oposição, ou questionamento do que tradicionalmente se esperava do soldado, os valores presentes nesses versos (fr.5W) não são absolutamente novos, nem anti-homéricos, mas, talvez, apenas anti-heróicos. Em Homero, é comum o herói que recua após uma tentativa fracassada de ataque ou, simplesmente, quando está em desvantagem. Nesses casos, não há "fuga" desonrosa, mas apenas uma tática de luta diferente.[106] Nenhum guerreiro é propriamente um *rhípsaspis* na *Ilíada* porque o seu escudo, diferentemente do hoplítico, tinha uma faixa de couro que lhe permitia lançá-lo para trás e proteger-lhe as costas em sua retirada (Lorimer, 1947, p.111). Assim, os heróis homéricos estão constantemente atacando e recuando, e quem abandona o escudo, abandona a batalha. Mas a forma de luta hoplítica era outra, assim como o escudo que, ao contrário, não seria mais que um estorvo na fuga.

Dificilmente, porém, encontraríamos algo semelhante ao tom desse poema na *Ilíada* ou na *Odisséia*. Seidensticker (1978) compara um episódio da *Odisséia* (14.276 sg.) ao fragmento 5W de Arquíloco:[107] em uma das quatro biografias fictícias narradas por Odisseu em Ítaca, o herói conta que, certa vez, derrotado pelos egípcios, ele conseguiu se salvar abandonando suas armas (lança, elmo e escudo) e rendendo-se ao inimigo. Há, porém, uma grande diferença tanto na ações do "Pseudo-Odisseu" e do "eu" de Arquíloco, quanto no espírito e tom de suas declarações. Se ambos parecem ter atitudes "pragmáticas e razoáveis" (Seidensticker, 1978, p.11), cabe lembrar que, além de fictícia, a narrati-

---

105 Fränkel (1975, p.136): "Essa é, *grosso modo*, a atitude da poesia lírica quando Arquíloco, seu fundador, rompeu com as ideologias tradicionais para colocar algo completamente novo em seu lugar". Veja ainda nessa linha Perrotta, Gentili e Catenacci (2007³, p.88): "No fragmento, o sentimento anti-homérico contrasta com o estilo homérico". Para a crítica e polêmica acerca da existência de uma forte ruptura entre poesia épica e lírica gregas, presente em muitos autores e defendida pela chamada "Fränkel-Snell school", cf. Fowler (1987, p.3-53) e a Introdução *supra*.
106 *Il*. (13.643-51, 16.806-15, 17.43-50, 5.21-6, 14.488, 15.727-31, 17.574-81, 22.136-46).
107 Além de Fränkel (cf. Introdução), Russo (1974) e Seidensticker (1978) também estudaram os pontos de contato entre a obra de Arquíloco e a *Odisséia*.

va de Odisseu não contém a ironia e a provocação do poeta jâmbico. Além disso, como bem apontou Schwertfeger (1982, p.261), o "Pseudo-Odisseu" rende-se, não foge.¹⁰⁸

Fränkel (1975, p.137) imaginava que esses versos de Arquíloco fossem seguidos por algo semelhante à passagem na *Ilíada* (9.408-9) em que Aquiles diz que a vida de um homem não pode ser recuperada, ou reconquistada, uma vez que atravessou a barreira dos dentes. Mas, como bem mostra o próprio Fränkel (loc. cit.), Aquiles está brincando com a idéia de que a vida poderia ser-lhe mais valiosa do que a honra. O que não é levado a sério na *Ilíada* reaparece na *Odisséia*, no diálogo entre Aquiles e Odisseu no Hades. Percebe-se então que o "eu" do poema de Arquíloco não precisa morrer para aprender – como Aquiles, o herói por excelência da *Ilíada* que optou por uma vida breve porém gloriosa –, que é preferível ser servo entre vivos a reinar sobre os mortos (*Od.* 11.503).

---

108 O que o "Pseudo-Odisseu" faz é, por sinal, uma das opções consideradas por Heitor na *Ilíada* (22.98-130).

CAPÍTULO 3

DOIS GENERAIS:
O GRANDE E O CAMBAIO

A) VAIDADE E CORAGEM (FR.114W)

I) FONTES E EDIÇÕES

Este talvez seja um dos textos mais citados, além do fragmento 5W, como exemplo da nova mentalidade do período lírico na sua rejeição de valores homéricos e "descoberta do indivíduo". Neste caso específico, tais interpretações estão de certo modo relacionadas à leitura mais antiga de Díon Crisóstomo. As demais fontes, Galeno, dois escoliastas e Pólux, citam ou referem-se ao poema à luz de informações de cunho lexicográfico. Nenhuma das citações antigas transmite os quatro versos da forma como os encontramos nas edições modernas (desde o século XVIII), mas, apesar de algumas emendas, o texto não é controvertido:

οὐ φιλέω μέγαν στρατηγὸν οὐδὲ διαπεπλιγμένον
οὐδὲ βοστρύχοισι γαῦρον οὐδ᾽ ὑπεξυρημένον,
ἀλλά μοι σμικρός τις εἴη καὶ περὶ κνήμας ἰδεῖν
ῥοικός, ἀσφαλέως βεβηκὼς ποσσί, καρδίης πλέως.

Não gosto do grande general, nem do que anda a largo passo,
nem do que é vaidoso de seus cachos, nem do bem barbeado,
mas que me seja pequeno e com pernas tortas
de se ver, plantado firme sobre os pés, cheio de coragem.

Díon Crisóstomo (*Or.* 33) dirige-se à população reunida em Tarso e, após comparar Arquíloco, o poeta da censura, a Homero, o poeta do louvor,[1] narra o mito segundo o qual o assassino de Arquíloco fora expulso do templo por Apolo. O deus não só teria banido aquele que matou "um servo das Musas", mas também dissera ao pai do poeta que seu filho seria imortal (Díon Cr. *Or.* 33.13). Um pouco adiante, Díon (*Or.* 33.17-18) continua:

ὁ δὲ ᾽Αρχίλοχος, ὅν φημι τῷ ᾽Απόλλωνι ἀρέσαι, περὶ στρατηγοῦ λέγων οὕτω φησίν·

οὐ φιλέω μέγαν στρατηγὸν οὐδὲ διαπεπλιγμένον
οὐδὲ βοστρύχοισι γαῦρον οὐδ᾽ ὑπεξυρημένον·

ἀλλά μοι, φησίν, εἴη ῥαιβός, ἀσφαλῶς βεβηκὼς καὶ ἐπὶ κνήμαισιν δασύς. μὴ οὖν αὐτὸν οἴεσθε στρατηγὸν μὲν μὴ ἀγαπᾶν οἷον εἴρηκε, μηδ᾽ ἐν σώματος μεγέθει καὶ κόμῃ τίθεσθαι τὸ τοῦ στρατηγοῦ ὄφελος, πόλιν δ᾽ ἂν ἐπαινέσαι ποτὲ εἰς ταῦτα ὁρῶντα, ποταμοὺς καὶ βαλανεῖα καὶ κρήνας καὶ στοὰς καὶ πλῆθος οἰκιῶν καὶ μέγεθος; κόμῃ γὰρ ἀτεχνῶς καὶ βοστρύχοις ταῦτα ἔοικεν. ἀλλ᾽ ἔμοιγε δοκεῖ μᾶλλον ἂν τούτων προκρῖναι σμικράν τε καὶ ὀλίγην σωφρόνως οἰκουμένην κἂν ἐπὶ πέτρας.

E Arquíloco, que digo ser caro a Apolo, falando sobre um general, diz assim:

não gosto do grande general, nem do que anda a largo passo nem do que é vaidoso de seus cachos, nem do bem barbeado,[2]

mas, diz ele, *que me seja cambaio, plantado firmemente, e peludo nas pernas*. Portanto, não deveis julgar que se ele não amava o general que descreveu, nem colocava a utilidade do general na estatura ou no cabelo, louvaria ele uma cidade tendo em vista estas coisas: rios, banhos, fontes, pórticos, numerosas casas e grandeza? Pois tais coisas assemelham-se simplesmente aos cabelos e cachos. A mim, porém, parece que ele teria preferido, em vez dessas coisas, uma cidade pequena em dimensão e população, mas sabiamente administrada, mesmo que estivesse sobre pedras.

Díon cita os dois primeiros versos, oferecendo uma "paráfrase" do terceiro e do quarto. Como diz Blumenthal (1922, p.42), Díon refere-se à passagem de Arquíloco "à maneira da exegese estóica de Homero", a leitura do texto visando a uma lição moral. Para ele, há no poema uma oposição

---

[1] Cf. Introdução (p.21-2).
[2] Para as interpretações de *hypeksyrēménon* (literalmente: "raspado por baixo", ou "um pouco"), cf. p.143: "Comentário".

entre qualidades "externas" (a beleza ou aparência estética) e "internas" ou "úteis", as últimas sendo preferidas em detrimento das anteriores. Veremos adiante a fortuna dessa interpretação.

Pouco sabemos do conhecimento que Galeno tinha de Arquíloco, mas ele o cita duas vezes em seu comentário a Hipócrates para esclarecer o significado do termo *rhoikós* ("torto"). O médico, fazendo as vezes de filólogo, traz primeiro versos de Teócrito, Arquíloco e Nicandro para demonstrar a grafia da palavra (Galeno περὶ ἄρθρων 18. p.537 Kühn):

τὸ μὲν γὰρ διὰ τοῦ κ λεγόμενον ῥοικὸν οἶδα καὶ παρὰ Θεοκρίτωι γεγραμμένον ἔνθα φησί·
    ῥοικὸν δέ κεν ἀγριελαίας
    δεξιτερᾶι κορύναν.³
καὶ παρ᾽ Ἀρχιλόχωι
    Ἀλλὰ μικρός τις εἴη καὶ περὶ κνήμας ἰδεῖν
    ῥοικός, ἀσφαλέως βεβηκυίας ποσὶ, καρδίης πλέως.
καὶ παρὰ Νικάνδρωι·
    Ἄλλοι δὲ ῥοικοῖσιν ἰσήρεες ἄντα παγούροις
    γυῖα βαρύνονται.⁴
τὸ μέντοι διὰ β ῥοιβὸν οὐκ οἶδα, καίτοι τινὰ τῶν ἀντιγράφων διὰ τοῦ β γέγραπται, ἀλλ᾽ ἐν τοῖς ἀξιοπιστοτέροις εὑρίσκεται τὸ κ.

Que *rhoikós* ("torto") se diz com um *k*, sei também segundo o que foi escrito por Teócrito onde diz:
    "E um cajado *torto* de oliveira selvagem
    na mão direita"
e, segundo Arquíloco:
    "Mas que me seja pequeno, e com pernas tortas
    de se ver, plantado firme sobre os pés, cheio de coragem".
e, segundo Nicandro:
    outros [escorpiões] semelhantes a caranguejos de pernas *tortas* têm
    membros pesados.
De fato, não conheço *rhoibón* ("cambaio") com um *b*; embora em algumas cópias apareça escrito com um *b*, nas mais confiáveis, encontra-se o *k*.

Segundo Blumenthal (1922, p.49), Galeno parece ter como fonte um antigo comentário hipocrático,[5] ou um escólio a Teócrito que reproduzia

---

3 Cf. Teócrito (7.18-9 Gow: ... ῥοικὰν δ᾽ ἔχεν ἀγριελαίω/ δεξιτερᾶι κορύναν).
4 Nicandro (*Theriaca* 788 e 799; Gow, 1953).
5 Escólio a Hipócrates μοχλ. 22 (Erotiano fr.43 Nachmanson):"Coxas tortas: Baqueio diz 'de nádegas voltadas para fora' [incorretamente]. Pois 'tortos' são 'curvos', como diz Arquíloco:

apenas o terceiro verso do fragmento 114W de Arquíloco.[6] Na segunda citação do texto em Galeno (18. p.604-5), há um verso a mais (v.1), e os dois últimos (v.3-4) são repetidos de forma ligeiramente diversa. O poema, segundo Galeno, ilustra uma crença antiga sobre a firmeza dos cambaios (18.p.604-5 Kühn):

... ὥστε καὶ αὐτῶν τῶν κατὰ φύσιν <οὕτως> ἐχόντων, τῶν ῥαιβῶν ἢ ῥοικῶν ὀνομαζομένων, <πολλοὺς> ἀσφαλέστερόν τε καὶ δυσανατρεπτότερον ἵστασθαι τῶν ἀκριβῶς ἐχόντων τὰ σκέλη ὀρθά. δηλοῦνται δὲ τοῦτο κἀξ ὧν Ἀρχίλοχος εἶπεν· "οὐ φιλέω μέγαν στρατηγὸν, οὐδὲ διαπεπηγμένον, ἀλλ᾽ ὅς μοι", φησὶ, "μακρὸς εἴη καὶ περὶ κνήμας ἰδεῖν ῥοικοὺς, ἀσφαλέως βεβηκὼς ποσὶ, καρδίας πλέως.

... desse modo também, os que são <assim> por natureza, os chamados cambaios ou tortos, <muitos> desses são mais firmes e difíceis de se derrubar do que os que têm as pernas perfeitamente retas. Isto também é claro a partir do que disse Arquíloco: "*não gosto do grande general, nem do que anda a largo passo, ma*s", diz ele, "*que me seja robusto e de pernas tortas de se ver, plantado firmemente sobre os pés, cheio de coragem*".

Por fim, ao explicar o que são "cambaios", Pólux (2.192) refere-se ao poema de Arquíloco (sem citá-lo) e à *Arte eqüestre* (1.3) de Xenofonte:

ῥαιβοὺς δὲ καλοῦσιν οἷς καμπύλα εἰς τὸ ἔνδον τὰ σκέλη, βλαισοὺς δὲ οἷς τὸ ἀπὸ τῶν γονάτων εἰς τὸ ἔξω ἀπέστραπται· καὶ τὸ μὲν Ἀρχίλοχος, τὸ δὲ Ξενοφῶν λέγει.

Chamam de *rhaiboí* os que têm as pernas tortas para dentro, e de *blaisoí* os que as têm, a partir dos joelhos, viradas para fora. Um é mencionado por Arquíloco; o outro, por Xenofonte.

    Mas que me seja pequeno e com pernas tortas
    de se ver, plantado firme sobre os pés.
Heraclides, o tarentino, diz que *rhoikós* é o que tende para dentro e o curvo". (ῥοικοὶ μηροί· Βακχεῖός φησιν ἐξώγλουτοι, <οὐκ ὀρθῶς>. ῥοικοὶ γὰρ οἱ καμπύλοι, ὡς Ἀρχίλοχός φησιν·

    ἀλλά μοι σμικρός <τις> εἴη καὶ περὶ κνήμας ἰδεῖν
    ῥοικός, ἀσφαλέως βεβηκὼς ποσσίν.
Ἡρακλείδης δὲ ὁ Ταραντῖνος ῥοικόν φησιν εἶναι τὸ ἔσω νεῦον καὶ σκαμβόν.)

6 4.49a Wendel: "Que me seja torto: em vez de curvo. Arquíloco também: "mas que me seja de pernas tortas de se ver" (εἴθ᾽ ἦν μοι ῥοικόν: ἀντὶ τοῦ καμπύλον. καὶ Ἀρχίλοχος "ἀλλά μοι ῥοικός τις εἴη κατὰ κνήμην ἰδεῖν). Para West, o mais provável é que o escólio hipocrático seja a fonte de Galeno.

Quanto ao estabelecimento do fragmento de Arquíloco, Brunck (1785) recorreu apenas à versão de Díon Crisóstomo, sendo o poema concebido sob a forma de sete dímetros trocaicos. Liebel (1818), seguindo Jacobs, julgou que fossem tetrâmetros trocaicos, e foi o primeiro a considerar Galeno e os dois escólios como fontes para os versos 3 e 4. É, porém, com Bergk (1882) e Fick (1888) que se chegou ao texto presente na maioria das edições modernas.[7]

II) A FORTUNA CRÍTICA

Hoje os comentários ao fragmento 114W dividem-se, *grosso modo*, em três linhas básicas. A primeira é a da escola representada por Schmid--Stählin, Jaeger, Lesky e Fränkel, que lêem o poema como "anti-homérico", um ataque ao ideário de Homero. Mais tarde, um grupo liderado por Page pretendia encontrar na épica, ou pelo menos na *Odisséia*, atitudes e uma percepção do indivíduo semelhantes às expressas por Arquíloco. Por fim, há outros que, mais recentemente, procuravam desvincular a leitura de Arquíloco da de Homero. Para esses últimos, se a lírica arcaica não se desenvolveu *a partir* da épica, mas possui tradição própria, os poemas não visariam a Homero necessariamente. Os líricos não o teriam sempre como referência, embora isso também pudesse ocorrer. Examinaremos, portanto, de início, os argumentos básicos dessas três linhas interpretativas, deixando o comentário do poema para o final.

Para Schmid & Stählin (1929, p.I.i.392), o mesmo poeta que zombou da noção de honra heróica (Arq. fr.5W) faz pouco do general "puro--sangue" (*Vollblutstratege*), de gestos nobres, preferindo o corajoso "pequeno sujeito de pernas tortas". "O novo ideal da feiúra cheia de caráter que tem sua realização em Esopo, Sócrates e Diógenes é, no entanto, profunda-

---

[7] Bergk (1882) segue Hemsterhuys, que propôs a emenda de διαπεπλεγμένον (Díon) ou διαπεπηγμένον (Galeno) em διαπεπλιγμένον (v.1); adota o σμικρός (v.3) do escólio hipocrático, τίς εἴη de Galeno (Iacobs) e ῥοικός (v.4) de Galeno e do escólio a Teócrito. Fick (1888) corrigiu πλέος em πλέως. Uma diferença entre as edições mais recentes consiste na forma πλέος (em vez de πλέως) mantida por Bahntje (1900) e Tarditi (1968). O texto de Lasserre & Bonnard (1958) também difere no v.3: περὶ κνήμησι´. Hiller (1890), Hoffmann (1898), Diehl (1936-1942), Adrados (1956-1976, 1990[3]), Treu (1959), Campbell (1982), West (1989[2]), Bossi (1990), Gerber (1999) e Perrotta, Gentili & Catenacci (2007[3]) seguem Bergk e Fick.

mente desprezado pelo criador da figura do Tersites", porque desvincula beleza física e caráter, que, em Homero, andavam sempre juntos (Schmid & Stählin, loc. cit.). Na *Ilíada*, Tersites, o homem mais feio, é também o mais desprezível.[8] Essa leitura representa, de certo modo, um desenvolvimento da interpretação de Díon Crisóstomo, segundo o qual Arquíloco preferiria uma cidade sem beleza, mas bem administrada.

Snell (*DE* 88) afirma categoricamente não haver, em Homero, uma divisão entre o que é "interior" e "exterior".[9] Antecipando possíveis críticas, explica que não considera o episódio em que Odisseu volta para casa como mendigo, porque se trata de um disfarce, não de sua forma real. Tal afirmação já é por si questionável, mas Snell (loc. cit.) extrapola ao dizer que o pequeno general do fragmento 114W é bom *justamente* por *não* ser elegante:

> Arquíloco é o primeiro a sublinhar o paradoxo de que a elegância é o que converte o oficial em incapaz, porque (como se lê nas entrelinhas) as suas grandes e longas pernas só lhe servem para correr na fuga; ou seja, a aparência exterior destrói o valor interior.

Lesky (1995, p.137) também acredita que "no mundo de Homero, as qualidades interiores e exteriores dos homens andavam inseparavelmente unidas", e que "Arquíloco (fr.60D) dissocia, em polêmica consciente, essa unidade", ridicularizando o general orgulhoso de seu penteado e preferindo o homem baixo, deselegante, mas corajoso.[10]

Arquíloco, para Fränkel (1975, p.137), é o "fundador da lírica" que, "opondo-se a ideologias românticas, agarra-se às realidades básicas, co-

---

8 Segundo Lasserre & Bonnard (1958, p.30), a paródia e a oposição a Homero nesse fragmento são evidentes, não havendo "nada menos homérico que estes quatro versos". Citando Schmid & Stählin (1929), chegam a afirmar que "A bravura militar, para conquistar Arquíloco, deve revestir o corpo de Tersites" (Lasserre & Bonnard, 1958). Para Dover (1964, p.196), o espírito e *êthos* de Arquíloco são geralmente descritos (em Lesky, Fränkel, Snell e Treu) como uma "rejeição consciente do ideal homérico"; interpretação que, a seu ver, é confirmada por esse fragmento.

9 Veja também Fränkel (1939, p.476): "Homens homéricos não possuem nada dessa espécie, não têm 'alma', nem 'ser interior' ... Homero carece da dimensão da profundidade". A mesma noção encontra-se em Pasquali (1935, p.98), Treu (1959, p.218), Dover (1964, p.196), Campbell (1982, p.152; 1983, p.208) e Burnett (1983, p.43). Para a idéia da "indissolúvel associação entre beleza e valor" (*kalòs kaì agathós*), "questionada" por Arquíloco, cf. Gallavotti (1949, p.142), Sisti (1989, p.78) e Degani (1990, p.19).

10 Lesky (loc. cit.), assim como Lasserre (1948, p.11), Lasserre & Bonnard (1958, p.30), Pouilloux (1964, p.20), Gerber (1970, p.27, n.5), Rankin (1977, p.40, 44), Campbell (1983,

locando os valores nos seus devidos lugares".[11] Fränkel também o contrapõe a Homero, as descrições de Agamenão (*Il.* 3.169) e de Tersites (*Il.* 2.212-19) sendo citadas como evidência da não dissociação entre o caráter (*êthos*) e a aparência física nas personagens épicas.

No segundo grupo de interpretações, a antologia de Buchholz & Peppmüller (1899, p.131) destaca-se em sua época por aproximar Arquíloco de Homero na sua antipatia pelo general que é apenas belo e vaidoso. Comparam o general rejeitado no fragmento 114W a Páris (*Il.* 11.385) e mostram como a atitude dos dois poetas ante essas personagens é semelhante. Assim, Buchholz & Peppmüller (1899), revelando precedentes homéricos, são dos primeiros a indicar que esses valores presentes em Arquíloco não são tão novos.

Page (1964, p.159), o maior advogado dessa linha, sempre procurando eliminar o fosso criado entre Homero e Arquíloco, afirma que, ao contrário do que geralmente se supõe, esse fragmento (Arq. fr.114W) é "homérico" quanto ao seu espírito, sendo a descrição do pequeno general idêntica à de Tideu na *Ilíada* (5.801).[12] Embora Arquíloco seja constrangido a empregar uma linguagem "fora dos padrões tradicionais" por retratar uma cena contemporânea, quanto ao tema "não há novidade", "o desenvolvimento de temas homéricos" sendo apontado como uma característica do poeta (Page, 1964, p.158-9). No caso, os modelos épicos seriam as descrições de Tideu e do Ájax lócrio citadas. Se tudo que foi dito por Arquíloco já está em Homero, a novidade consiste em "aplicar um tema tradicional a uma pessoa viva, não lendária" (loc. cit.). Assim, embora os poemas versem freqüentemente sobre experiências pessoais (do próprio poeta ou de outros), isso teria pouca influência sobre sua forma e conteúdo (Page, 1964, p.159). De modo geral, apesar de admitir alguma diferença entre Homero e

---

p.208) e Burnett (1983, p.43), parecem associar este fragmento a outro em que Glauco é zombado por seu estranho penteado (fr.117W). Gentili (Perrotta & Gentili, 1965, p.82) também julga que, ao descrever o grande general, Arquíloco tivesse em mente uma pessoa específica. West (1974, p.130) sugere que esse general seria o Leófilo do fragmento Arq. 115W.

11 Para uma noção semelhante, cf. Donlan (1973, p.146).

12 Outro herói pequeno, porém valente, é o Ájax lócrio (*Il.* 2. 529). O retrato de Iro (*Od.* 18.3) é citado por Page (1964, p.159) como mais um exemplo da possível divisão entre *aparência/essência* em Homero: Iro, alto e aparentemente forte, impressiona à vista, embora, na verdade, seja fraco e de má índole.

Arquíloco, Page sempre enfatiza o fato de que ela tende a ser superestimada pela maior parte dos críticos.

Na mesma linha, Stanford (1954, p.91) acredita que a comparação dos generais em Arquíloco seja muito semelhante (excetuando as "pernas tortas") àquela em que Homero (*Il.* 3.192) contrapõe o alto Agamenão ao atarracado Odisseu. Para Gerber (1970, p.27), ao contrário, o fragmento de Arquíloco talvez não esteja em oposição ao ideal homérico, mas ao ideal "romântico" de Homero que se encontra, a seu ver, na *Ilíada*.[13]

Russo (1973-1974, p.716) também considera o poema de Arquíloco distante da *Ilíada* ("antiiliádico"), mas muito próximo à passagem da *Odisséia* (19.246 ss.) em que Euríbates é descrito como um homem feio, mas que possui qualidades "internas". Em outro artigo, Russo (1974, p.146-7; 141n.5) acrescenta que o fragmento 114W expressa algo semelhante às ironias da *Odisséia* que sugerem a impossibilidade de se julgar qualquer aspecto da realidade pelas aparências. No entanto, retratos como o de Páris na *Ilíada* (cf. Buchholz & Peppmüller *supra*) provam que também nesse épico, e não somente na *Odisséia,* é possível encontrarmos uma contradição, ou, pelo menos, uma "inconsistência" entre qualidades internas e externas.

Hauvette (1905, p.190-1) é o representante mais antigo da atitude mais recente, pois não julga que Arquíloco visasse a Homero, mas que sua inventiva, mais pessoal que política ou social, dirigia-se contra uma figura contemporânea. Assim, a figura do "grande general" não satirizava heróis homéricos, mas nobres de Cólofon (Xenófanes fr.3W) ou de Samos (Ath. *Deipn*. 12.525e-f). Fowler (1987, p.6), criticando a escola de Fränkel e Snell por não levar em consideração o gênero do poema, também supõe que Arquíloco não estivesse reagindo necessariamente contra valores épicos, mas atacando um general específico e conhecido. Toohey (1988, p.3) é outro que não acredita que os versos sejam "anti-homéricos" ou comparáveis a Homero porque, segundo ele, a descrição do grande general se aplica tanto a um herói da *Ilíada*, quanto a um general espartano do século VII. Para esses críticos, a épica não serve a Arquíloco nem como alvo, nem como fonte.[14]

---

13 Kirkwood (1974), suspeitando que os versos de Arquíloco devam algo à descrição de Odisseu (*Il.* 3.193-98) ou de Tideu (*Il.* 5.801), julga que o poema seja "não-homérico", mas não "anti-homérico" (contrário a Homero).

14 Page (1964) também supõe que Arquíloco criticava personagens contemporâneas, mas que ele se servia de material homérico para fazê-lo. Veja ainda Perrotta, Gentili e Catenacci (2007[3]: 95), para quem o poeta descreve uma pessoa determinada que lhe desagrada e faz "a caricatura de um *miles gloriosus* do século VII a.C.".

III) COMENTÁRIO

Nas edições modernas, o poema consiste em quatro tetrâmetros trocaicos cataléticos. A descrição de cada general ocupa dois versos e a oposição entre essas duas partes parece, de início, perfeita. A estrutura polarizada, assim como a rejeição de um valor comumente aceito em vista de outro, seja este "novo" ou "menos popular", são traços típicos da literatura grega arcaica. Como bem notou Snell (*DE* 86-88, n.5), os debates sofísticos acerca do mais belo, do maior bem etc. são antecipados pelos líricos arcaicos.[15] Nesse caso, define-se o bom general.

A primeira parte do fragmento (v.1-2), em que um tipo de general é preterido, inicia-se com forte negação em primeira pessoa: "não gosto" (*ou philéō*). As quatro características desse general são rejeitadas numa seqüência simétrica: cada uma das quatro frases (uma para cada traço), iniciando-se com a enfática repetição da negação, ocupa exatamente dois troqueus.[16]

Na primeira oração, "não gosto do grande general", apresenta-se o objeto a ser rejeitado como um todo, antes que seus *defeitos* sejam pinçados um a um. Nessa visão de conjunto, descarta-se um primeiro atributo: o tamanho. Na *Ilíada*, a altura é um fator que distingue os mais nobres, pois fácil é a passagem de "grande" em tamanho (*mégas*) a "importante", "poderoso" (cf. Chantraine, 1968, s.v.). Por exemplo, na Ticoscopia (*Il.* 3.167-70), Príamo pergunta a Helena quem é o *grande* aqueu que se ergue uma cabeça acima dos demais, belo, nobre, semelhante a um rei; Heitor também é um *grande* comandante (*Il.* 6.263).[17] Que a altura era qualidade importante para o herói homérico evidencia-se na descrição de Tideu (*Il.* 5.801), que "era pequeno de corpo, mas um guerreiro". Isto é, *apesar* de pequeno, era bom guerreiro. Mas a grande estatura física não era característica desejável apenas na poesia ou na estética homérica. Toohey (1988, p.4-5) cita Plutarco (*Inst. Lac.* 237f, *Lyc.* 17.7-8), Xenofonte (*Res. Lac.*

---

15 Arquíloco (fr.19W), Safo (fr.16LP), Xenófanes (fr.2W).
16 Como os tetrâmetros são cataléticos, é claro que a quantidade silábica total (duração) dos troqueus na segunda metade de cada verso é ligeiramente inferior. Assim, a divisão é simétrica no sentido de haver duas unidades de cada lado.
17 Na *Odisséia* (21.108), o porte é também associado à beleza, na referência ao espectro de Aquiles "belo e grande", e à nobreza na descrição de Têlemo, "nobre e grande" (*Od.* 9.508).

2.5-6) e Eliano (*V. H.* 14.7) como prova de que, bem mais tarde, a altura ainda era um requisito importante para os espartanos.[18]

Se o substantivo *stratēgós* ("general", "comandante") ocorre pela primeira vez nesse verso, isso não significa que fosse um termo novo ou desconhecido dos poetas épicos, que, por sinal, empregam *stratós* ("exército"). Pela disposição de sílabas longas e breves no interior da palavra, simplesmente não havia meio de a encaixarem em seus hexâmetros dactílicos.

A segunda metade do verso inicia-se, após a pausa de sentido, com a repetição mesárquica da negação, passando-se de uma visão estática à do objeto em movimento, descrito pelo particípio: "nem do que anda a largo passo" (triste paráfrase do que, em grego, resume-se a duas palavras). A atenção do ouvinte passa do todo, da figura global, a uma parte: as pernas e as grandes passadas que elas permitem. Alguns traduzem o particípio (*diapepligménon*) como um substantivo, mas o enfoque é sobre o movimento.[19] O verbo *plíssomai* é raro, de uso poético, ocorrendo uma só vez na *Odisséia* (6.318) para descrever o trote das mulas de Nausícaa. O seu significado não é de todo certo; mas não pode ser *tripping along*, como quer Gerber (1970, p.27), porque Homero está louvando as mulas. Deve ser um passo elegante, ligeiro ou desenvolto, uma marcha larga.[20]

Heróis homéricos geralmente são retratados "dando longas passadas".[21] É, porém, equivocada a aproximação que Toohey (1988, p.3) faz entre o andar do grande general de Arquíloco e o de Odisseu (*Il.* 3.192-98), que percorre as fileiras de soldados como um carneiro: pois as pernas

---

18 Todas essas fontes citam Licurgo, segundo o qual não se devia permitir que os jovens comessem muito para que atingissem maior altura, pois imaginava-se que o excesso de comida os tornaria mais largos e menos altos.
19 Cf. Russo (1973-1974), Campbell (1982: "longas pernas") e Adrados (1956-1976: "*ni con las piernas bien abiertas*"). Para Degani (1990, p.19), o perfeito resultativo significa que o general está de "pernas abertas".
20 O escólio da *Odisséia* (6.318) diz que *plíks* é usado pelos dóricos como equivalente a *bêma* ("passo"). Veja também *apepliksato*, que significa "partir a largos passos", em Aristófanes (*Ach.* 217 e escólios loc. cit.). Hesíquio glosa *plíksanta* por *dianabánta, diapeplikhós* por *diestós, kekhēkós* ("boquiaberto"). Em Hipócrates (*Mul.* II.167), *stóma diapeplikhós* significa "boca aberta". Pearson (1917, p.243-4), no seu comentário ao fragmento 596 de Sófocles, cita o particípio em Arquíloco como equivalente a *eu diabás*. Cf. Davies (1991, p.145) para *amphípliktos*, o "epíteto problemático" em Sófocles (*Tr.* 520-21).
21 Cf. *Ilíada* (15.686: Ájax que vai de um lado para o outro "dando longas passadas" [*makrà bibás*], e *Odisséia* (9.450, 11.539).

curtas e atarracadas do herói, se quisermos compará-las, assemelham-se mais às do pequeno general (v.3-4).

O segundo verso, como o anterior, divide-se ao meio em duas orações coordenadas, a negação ("nem") repetindo-se no início de cada uma. Das pernas, sobe-se à cabeça, a censura visando ao general que é vaidoso, que se orgulha de seus cabelos. Como na oração principal do primeiro verso, a negação recai sobre uma característica do general ("grande"/"vaidoso"). Neste caso, porém, a crítica não tem por objeto uma qualidade física ou "externa". Esse detalhe passou curiosamente despercebido pelos comentadores que, como o grande general, concentram sua atenção nos cabelos, o complemento.[22]

O adjetivo *gaûros* ("vaidoso"), ligado a *gánymai, gaíō*, além das conotações de alegria e júbilo que tem, pode aplicar-se ao que é "orgulhoso" no mau sentido, talvez por associação a *agauós*, que significa "admirável", "nobre" (Chantraine, 1968, s.v.).[23] O objeto da vaidade, os cachos de cabelo (*bostrýkhoisi*), associado à descrição de Páris na *Ilíada* (11.385),[24] levou muitos a imaginarem que o grande general de Arquíloco fosse Glauco (Arq. fr.117W) ou alguém com um penteado semelhante ao seu. O termo *bóstrykhos* ("cacho de cabelo") é estranho à épica,[25] mas talvez a frase "vaidoso de seus cachos" (*bostrýkhoisi gaûron*) pertencesse à tradição poética. Caso contrário, devemos supor que tenha sido imitada por Eurípides (*Or.* 1532) para a descrição irônica que Orestes faz de Menelau.[26]

---

22 A censura que se faz aos "cachos" (*bostrýkhoisi*), objeto da vaidade, é, assim por dizer, indireta.

23 É interessante que a palavra tenha sido relacionada a *guaire* que significa "nobre" no irlandês médio (Chantraine). Apesar de não ocorrer em Homero, *gaûros* não é necessariamente expressão nova, ao contrário, segundo Scherer (1964, p.101), pode ser bastante antiga (*gaurios*). West critica tal etimologia dizendo que essa seria a base da forma irlandesa, mas que o sufixo grego é -ro- (equivalente ao -ra- do sânscrito).

24 *Il.* (11.385: *kérai aglaé*). Veja também *Il.* (3.55, 6.509) para os cabelos de Páris.

25 Segundo Chantraine (1968, s.v.), *bóstrykhos* é palavra familiar ou expressiva, de etimologia desconhecida. Cf. Pólux (II.27 fr.239) *diabebostrykhōménon*. Hesíquio glosa *bóstrykhoi* por *plókamoi*, e Eurípides emprega ambos os termos em as *Fenícias* (308-9) e as *Troianas* (1182-3). Em *Lex. Lucian.* (*AG* II.343 11s Bachm.), a distinção se faz entre o uso de *bóstrykhoi* para cabelos masculinos e *plókamoi* para os femininos.

26 Orestes diz não temer Menelau (*Or.* 1532): "Mas que vá, vaidoso de seus cachos dourados sobre os ombros" (ἀλλ' ἴτω ξανθοῖς ἐπ' ὤμων βοστρύχοις γαυρούμενος). Page (1964, p.158) parece considerá-la uma expressão tradicional: "*bostrýkhoisi gaûron* é frase altamente poética".

Em Homero, os aqueus têm cabelos longos (*kárē komóōntas*) e não merecem censura por isso, só não era visto com bons olhos o orgulho ou a vaidade excessiva por causa deles. Os lacedemônios, porém, ocupavam-se com seus cabelos mais do que os outros gregos, o que não fazia deles guerreiros inferiores (Toohey, 1988, p.8).[27]

A última crítica também concerne ao zelo pela aparência e, como na segunda parte do verso anterior, o objeto aparece sob forma de particípio. Trata-se da vaidade ainda relativa aos cabelos, ou melhor, aos pêlos da cabeça. O problema é saber quais: barba? bigode?, pois o particípio *hypeksyrēménos* significa "raspado por baixo" ou "levemente, "um pouco raspado". Assim, alguns visualizaram o grande general como sendo "raspado sob o queixo" (sem barba, ou de barba aparada),[28] ou "raspado sob o nariz" (sem bigode, mas com barba).[29] Nas ocorrências do verbo em Luciano, a referência é sempre à barba,[30] mas as modas e os significados das palavras não resistem a tanto tempo. Os comentadores distinguem três fases no uso de barbas na Grécia antiga: no período arcaico, usava-se barba com o bigode raspado; no clássico, barba inteira (com bigode); após Alexandre, o rosto limpo.[31] Portanto, se na época de Homero, como na de Arquíloco, o sinal de elegância era a ausência de bigode, é assim que devemos imaginar o grande general desse poema.

Na segunda parte do fragmento, a adversativa marca uma virada no poema, o momento em que o "eu" irá descrever o general de sua preferência. Enquanto nos dois primeiros versos o "eu" é o sujeito e o grande

---

[27] Heródoto (7.208) descreve como Leônidas e seus homens se pentearam antes da batalha de Termópilas. Plutarco (*Mor.* 189e, 228f) conta que Licurgo introduziu o costume de usar os cabelos longos porque, segundo ele, isto "faz os belos mais distintos (nobres), e os feios mais temíveis" e que, recordando essa frase, os espartanos sempre cuidavam muito bem dos cabelos. Em Plutarco (*Lyc.* 22, *Lys.* 1.2) e Xenofonte (*Rep. Lac.* 11.3, 13.8), o cabelo longo também faz os lacônios parecerem maiores, mais nobres e terríveis; em Filóstrato (*Vit. A. Tyana* 8.7), o cabelo longo é sinal de bravura.
[28] Will (1976, p.100), Campbell (1983, p.130-1), Degani (1987, p.19-20: "*lievemente sbarbato*"), e West (1993a).
[29] Hauvette (1905, p.190), Pouilloux (1964, p.20) e Toohey (1988, p.10-1). Em Fränkel (1975, p.138) e Gerber (1970, p.28), não fica claro o que entendem pelo particípio.
[30] Luciano (*Somnium* 10, *Dial. mort.* 9.4, *Tim.* 20, *Scyth.* 3). Cf. também Semônides (fr.10aW).
[31] *RE* (III 1899, p.30-4), Leaf (1900, p.*Il.* 10.173), Marinatos (1967: B22-24), Toohey (1988, p.10) e Degani (1990, p.19-20). É claro que haveria também variações e modas locais.

general, o objeto, nos dois seguintes, é o pequeno general cambaio que vem à frente como o sujeito, o "eu" sendo relegado a um dativo de atribuição. Há também uma passagem do indicativo, modo assertivo da realidade, para a expressão da volição (optativo).

De início, tem-se a impressão de que o poeta irá criar um paralelismo entre as duas descrições retratando, passo a passo, o pequeno general com qualidades diametralmente opostas às do grande. Seguindo a estrutura dos versos 1-2, a primeira característica encontra-se também em uma oração encaixada na primeira metade do terceiro verso: "mas que me seja pequeno" ou, "prefiro um pequeno". O adjetivo *smikrós* ("pequeno") opõe-se perfeitamente a *mégas* ("grande") porque, além da referência ao tamanho (o contraste mais óbvio), o seu campo semântico também envolve a noção de algo de "pouca importância" (o verbo *smikrýnō*, por exemplo, significa "depreciar, diminuir").[32] Alguns compararam a pequena estatura desse comandante à de Odisseu. No entanto, como nota Russo (1974, p.145), o poeta da *Ilíada* (3.193) não diz que Odisseu é pequeno, mas apenas *menor* que Agamenão, o grande líder que parecia ser o mais alto de todos os gregos.

Assim como o general *pequeno* opõe-se ao *grande*, espera-se, na segunda parte do verso, algum particípio com sentido oposto a *diapepligménos* ("o que anda a largo passo"). A simetria, porém, é aos poucos desfeita. A segunda oração não termina com a pausa no final do verso, mas no *enjambement*. A mudança é mais perceptível quando se *ouve* o poema. Ao contrário dos dois primeiros versos, cujo ritmo trocaico é perfeitamente "regular" (as sílabas breves em cada *anceps* marcando o passo cadenciado, leve e ligeiro do grande general), o terceiro, desde o início, é pesado e lento, pois sílabas longas arrastam todos os *ancepites*.[33] Em comparação com o total de 33 *morai*[34] dos versos 1-2, este verso (3), sozinho, dura 24. Isso

---

32 Os adjetivos *smikrós* e *olígos* têm quase o mesmo significado, mas além de o primeiro não comportar a noção numérica do segundo, "*smikrós* apresenta um sentido mais expressivo, concreto, às vezes familiar" (Chantraine, 1968, s.v.). Se mais tarde a palavra adquiriu um sentido banal, Arquíloco emprega aqui e no fragmento 24W a forma épica (ou mais antiga, com sigma inicial), presente na *Ilíada* (16.757), Hesíodo (*Erga* 361), Xenófanes (fr.2W), Teógnis (14, 323) e *Teognidéia* (580, 1281).

33 O *anceps* (pl. *ancepites*) é uma posição "não-marcada" do verso, que comporta uma sílaba longa, uma breve ou duas breves.

34 Na teoria antiga, a menor unidade de tempo da sílaba, isto é, a duração de uma breve, equivale a uma *mora* (West, 1982, p.193).

faz a palavra *smikrós* ("pequeno") crescer no verso (Russo, 1974, p.142). Sem dúvida, é uma forma de destacar o general preferido, mas o efeito maior é o contraste que se cria entre a leveza de um (o gracioso trote) e o peso do outro, opondo-os ritmicamente.[35]

A segunda oração do terceiro verso parece querer manter algo da estrutura das anteriores ao ser coordenada e iniciar-se no terceiro troqueu. No entanto, ao contrário das outras, a frase não se encerra no último pé e, após o *enjambement*, mais duas qualidades atribuídas ao pequeno general acumulam-se em orações assindéticas. Enquanto nos versos 1-2 as orações eram simétricas, as coordenações negativas ("não... nem... nem... nem...") martelando o ritmo a cada dímetro trocaico,[36] o terceiro começa muito lentamente, a segunda oração atravessa para o verso final e as duas últimas orações, comprimidas, somam-se em fluxo contínuo. A correspondência antitética também se perde, pois "estar plantado firmemente sobre os pés" não é o correlativo de ser "vaidoso", nem a "coragem" (literalmente "estar cheio de coração") contrapõe-se a um barbeado específico. Perde-se a oposição perfeita, mas, apesar disso, a estrutura é contrastante até o final.

Se há personagens homéricas pequenas, nenhuma tem pernas tortas. Esse traço diferencia o general de Arquíloco de todos os encontrados em Homero, e o torna, talvez, um tanto caricato.[37] Segundo Campbell (1982, p.152), na épica só Tersites é descrito nesses termos (*Il.* 2.216-19). O retrato do "homem mais medonho que foi a Tróia" não é, porém, comparável ao do pequeno general, pois Tersites, com uma deformidade em um pé, era manco, de andar trôpego,[38] e não como o general "plantado firme sobre os pés". Além disso, Tersites era corcunda, tinha o peito afundado e pouco cabelo sobre a cabeça pontuda, enquanto a personagem de Arquíloco não é figura hedionda, mas um

---

35 Pisani (1938, p.184) lembra que o nome do ritmo trocaico vem de "correr" (*trékhō*), cf. Eustácio (πλίσσοντο).

36 Isso parece ter levado Brunck (1785) a dispor o poema em oito dímetros.

37 Para *rhoikós*, cf. *Et. Magn.* (242.2) e as passagens de Pólux, Galeno, Erotiano, Teócrito e Nicandro *supra*.

38 O significado de *pholkós* é incerto. Kirk (1985, p.139) sugere "manco", "arrastando os pés" ou "um pé".

tipo popular comum na comédia: baixo, atarracado, deselegante, mas forte e resoluto.

A terceira qualidade atribuída a esse general é de certa maneira um desenvolvimento da anterior, pois se as pernas são tortas à vista, isso não traz instabilidade ao sujeito, não o impede de manter-se "firme sobre os pés". Pelo contrário, assim como em Galeno e Filóstrato, talvez Arquíloco imaginasse que a firmeza decorresse da forma curva das pernas.[39] Apesar da assimetria, o movimento do primeiro general, "que anda a largo passo", contrasta com a estabilidade do segundo, "com pernas tortas/ de se ver, plantado firme sobre os pés".[40] Quanto ao vocabulário, o verbo empregado (*baínō*) é comum (ao contrário do particípio *diapepligménon*), e cabe ainda lembrar que o advérbio *asphaléōs* ("firme") aplica-se originalmente a aquele que "não tomba", "não cai na luta", e daí a noção de segurança, de algo confiável e sólido (Chantraine, 1968, s.v.).

Nessa perspectiva, a passagem da terceira à quarta características, coordenada assindeticamente às anteriores, faz-se facilmente: o "pequeno general" é cheio, repleto de coragem. No português, a expressão é mais abstrata do que no grego, pois *kardíē*, traduzida por "coragem", é também "coração" enquanto órgão físico e sede de pensamentos e emoções.[41] Alguns, como Russo (1974, p.143), acreditam que esse traço representa "um salto a uma outra dimensão", a algo "metafísico".[42] No entanto, estar "cheio de coragem" (*kardíēs pléōs*) é uma afecção da mente ou do espírito,

---

39 Na *Vida dos sofistas* (II.1.7), Filóstrato diz que Herodes Ático tinha pernas pequenas e curvadas para fora que lhe conferiam firmeza no andar (καὶ κνήμην μικρὸν εἰς τὰ ἔξω κυρτουμένην καὶ παρέχουσαν τῆι βάσει τὸ εὖ βεβηκέναι). Essa devia ser uma crença popular, pois Gentili (Perrotta & Gentili, 1965, p.82) cita um paralelo moderno atestado por Romagnoli: até hoje parece que os romanos acreditam que os que têm as pernas em x andam com maior firmeza e são mais difíceis de se derrubar.

40 Pisani (1938, p.184). A forma épica *possí* ("pés") é empregada em vez de *posí* por questões métricas (West, 1974, p.98).

41 A frase equivale a algo como "ter peito". *Kardíē* é forma épica (*Il.* 2.452 = 11.12 = 14.152) empregada em Homero no sentido figurado de "coragem" (*Il.* 16.266, 21.547) ou como sede de temor (*Il.* 1.225). Cf. *Ilíada* (16.481: *hadinòn kêr*) e Janko (1992, p.380) para a noção de um "coração cheio" ou "denso".

42 Para Russo (loc. cit.), esta qualidade, a mais importante, "não está mais no âmbito físico", e como, a seu ver, não há nada paralelo a *kardíēs pléōs* ("cheio de coragem") nos dois primeiros versos, "Sentimos assim, na última imagem, todo o impacto da transferência repentina do plano físico ao metafísico".

assim como ser "vaidoso" (v.2: *gaûros*). E essa "coragem", apesar do emprego figurado de *kardíē*, se expressa em termos ainda mais sensíveis que a "vaidade" do "grande general", pois, se quisesse, o poeta teria encontrado maneira de acomodar no seu verso um substantivo como *thársos* ("coragem"). A confusão se faz com os objetos da vaidade (cabelos e bigodes), esses sim concretos e exteriores.

Conclui-se que, no poema, a oposição principal se dá entre a coragem de um e a vaidade do outro.[43] Se a opção pela primeira é "muito homérica", a linguagem de modo geral,[44] o humor e o tom caricatural na descrição de ambos estão distantes do gênero épico.[45]

IV) O GENERAL HOPLITA

Para situar a preferência de Arquíloco, é necessário examinar quais seriam, em sua época, as funções do general. Muitos já compararam a atitude do pequeno general às seguintes passagens de Tirteu (fr.10.31-32 = 11.21-30; 12.15-17W):

ἀλλά τις εὖ διαβὰς μενέτω ποσὶν ἀμφοτέροισι
στηριχθεὶς ἐπὶ γῆς...

mas que se permaneça bem plantado, ambos os pés
fixados firmemente ao chão...

---

43 Das oposições, apenas a primeira é perfeitamente simétrica (inclusive em termos de vocabulário): 1) "Não gosto do grande general" vs. "mas que me seja pequeno"; 2) "nem do que anda a largo passo" vs. "e com pernas tortas/ de se ver, plantado firme sobre os pés"; 3) "nem do que é vaidoso de seus cachos, nem do bem barbeado" vs. "cheio de coragem".

44 Algumas palavras não ocorrem em Homero (*stratēgós, gaûros, rhoikós, diapepligménos, hypeksyrēménon*) e não há, em todo o fragmento, uma fórmula atestada, apesar de *perì knēmas* parecer, para Page (1964, p.158), "tradicional". Se não são termos "novos" (Scherer, 1964, p.101-2), devemos supor que pertencessem a outro filão da tradição oral ou, como sugere Page (loc. cit.), que são palavras "escolhidas livremente" (do vernáculo?). Vimos que *possí* ("pés") é homérico e, para Page (loc. cit.), a frase *asphaléōs bebēkòs possí* ("plantado firme sobre os pés") pode vir da fórmula *possì bebēkós/ asphaléōs*.

45 Segundo Gentili (Perrotta & Gentili, 1965, p.82) e Degani (1990, p.19), o primeiro general é precursor do *miles gloriosus* e, para Marzullo (1965, p.14), ele lembra o Capitaine Merdaille de Rabelais. Na Antigüidade, outras figuras comparáveis são criticadas por Aristófanes na parábase da *Paz* e nos *Acarnenses* (1071-1234).

ξυνὸν δ᾽ ἐσθλὸν τοῦτο πόληΐ τε παντί τε δήμωι,
ὅστις ἀνὴρ διαβὰς ἐν προμάχοισι μένηι
νωλεμέως,...

E é um bem para a cidade e toda população
o homem que firme na primeira linha permanece,
sem cessar...

Se a guerra em Arquíloco e em Tirteu era semelhante, isto é, hoplítica, para a maior eficiência da tática era importante que todos mantivessem suas posições nas fileiras. O general deveria servir de modelo para os demais, obtendo deles obediência por admiração e respeito (como Agesilau), ou pelo medo.[46] Por isso, se já houvesse na segunda metade do século VII batalha de hoplitas, o grande general de Arquíloco, além de não demonstrar nenhuma qualidade útil do ponto de vista do combate,[47] dificilmente obteria respeito de seus subalternos para o melhor desempenho de sua função. No século VII a.c., estamos muito longe do general que assiste à guerra de camarote, ou cuja função principal é a elaboração de estratégias. Tendo ainda muito em comum com o "chefe-guerreiro da tribo", o general hoplítico freqüentemente liderava seus homens a partir da extremidade direita da primeira fileira, que era a posição de maior risco (Hanson, 1990, p.148).[48] A diferença entre o general hoplita e o "chefe" é que o primeiro tinha um "mandato" e, caso sobrevivesse, voltava depois a ser um hoplita comum (p.150).

Durante seu período de comando, o general obviamente não era *igual*, não tinha o mesmo *status* que um hoplita qualquer e, até mesmo no ideal democrático da *pólis* do século V, ele gozava de privilégios.[49] Como os

---

46 Xenofonte (*Ages*. 6.4.7). Segundo Plutarco (*Mor.* 231f), o primeiro era o método de melhores resultados, pois quando perguntaram a Polidoro por que os espartanos lutavam tão corajosamente, ele teria respondido que era porque respeitavam e não temiam seus líderes.

47 Toohey (1988, p.7, n.33) exagera ao dizer que o grande general não é capaz de manter-se nas fileiras: "Talvez ele até tropece ... Sem dúvida, espera-se que demos risada". As sugestões de Treolar (Toohey, loc. cit., p.7, n.34) de que sua grande altura o tornava "imprestável" na falange hoplítica, ou que suas passadas muito longas romperiam a linha, são também despropositadas.

48 Wheeler (1991, p.121-70) questiona essa idéia comumente aceita, pois, a seu ver, o general não estaria sempre nessa posição no momento do choque inicial, mas tomaria a dianteira na segunda instância da batalha quando as fileiras se misturavam. O grande número de generais mortos nas batalhas teria outra causa.

49 Entre os demais guerreiros, também havia divisões, pois os membros da aristocracia que podiam se armar ocupavam as primeiras fileiras, enquanto os de menos recursos formavam "tropas ligeiras".

comandantes homéricos, os generais hoplíticos recebiam a "parte do leão" dos espólios e, mais tarde, um salário maior. Os generais também se diferenciavam dos demais pelas suas vestimentas e armas (Wheeler, 1991, p.141).

Embora haja diferenças em qualquer época entre comandantes e soldados, a atitude ostensiva do grande general no poema de Arquíloco o distancia por demais do guerreiro comum, ao contrário do pequeno. Uma figura comparável a este último, sem o aspecto caricato, é Agesilau, o general exemplar de Xenofonte (*Ages.* 9.1-2) que, sentindo a necessidade de estabelecer uma identidade maior com os seus homens para a eficácia do seu comando, comia e bebia frugalmente e usava roupas simples, mostrando-se indiferente ao calor e ao frio.

V) CONCLUSÃO

Quanto às linhas de leitura referidas anteriormente (cf. p.139-43: "A fortuna crítica"), não se pode dizer com os "anti-homéricos" (grupo 1) que haja nesse poema um contraste entre qualidades "externas" vs. "internas", a coragem sendo valorizada acima da aparência física, como afirma Snell (*DE* 88):

> Homero desconhece tal distinção entre valores exteriores e interiores ... se alguma vez há uma contradição entre a aparência e o real, não se leva a cabo, como aqui em Arquíloco, uma contraposição entre qualidades externas e internas. O general de Arquíloco é valente precisamente porque não é elegante.

Em primeiro lugar, das polaridades presentes no poema, apenas a relativa ao tamanho (grande/pequeno) é realmente "externa": as demais opõem movimento/estabilidade e qualidades do caráter (vaidade/coragem). Se, por um lado, a estatura pequena, as pernas tortas e a sua firmeza não são atributos menos "externos" do que a grandeza e o andar do primeiro general, por outro, vimos também que a oposição principal, assim como a "escolha", se faz entre duas qualidades "internas": ser "vaidoso" (*gaûros*) e "cheio de coragem" (*kardíēs pléōs*). Entre essas, Arquíloco opta pela segunda, como Homero faria.

Mais importante, porém, é que, apesar da freqüente associação em Homero entre a aparência externa e as disposições internas, há instâncias em que isso não ocorre. Na *Ilíada* (1.225), por exemplo, Aquiles acusa Agamenão de ter "olhos de cão" e "coração de cervo", isto é, de ter um aspecto ameaçador (olhar impudente e atrevido), mas de faltar-lhe uma verdadeira coragem. Russo (1974), buscando demonstrar a existência de um "homem interno" na *Odisséia*, chama a atenção para descrições como a de Euríbates (19.246-48), que, apesar de sua aparência, Odisseu estimava acima dos demais companheiros por seus "pensamentos":

> γυρὸς ἐν ὤμοισιν, μελανόχροος, οὐλοκάρηνος,
> Εὐρυβάτης δ᾽ ὄνομ᾽ ἔσκε· τίεν δέ μιν ἔξοχον ἄλλων
> ὧν ἑτάρων ᾽Οδυσεύς, ὅτι οἱ φρεσὶν ἄρτια ᾔδη.
>
> era corcunda, de pele escura, cabelo crespo
> e tinha o nome Euríbates. Estimava-lhe Odisseu acima dos demais
> companheiros, porque seus pensamentos eram conformes.[50]

Outro exemplo já mencionado é a descrição de Iro, que "não tinha vigor nem força, apesar de ter um corpo muito grande de se ver".[51] Portanto, não é lícito afirmar que não haja em Homero uma possível divisão entre o que é "interno"/"externo", que Arquíloco, nesse poema, teria alcançado. Têm razão os que aproximam o fragmento de Arquíloco dos versos da *Ilíada* (3.44-45) em que Heitor repreende Páris por ter uma bela aparência, mas nenhuma força ou vigor no "espírito" (*phrḗn*).[52] De outro modo, o pequeno general não é, como quer Stanford (1954, p.90-1), "um eco deliberado de Homero", um Odisseu pequeno e forte (*Il*. 3.192), pois, como já dissemos, não há traços caricatos na figura do herói épico.

Por fim, alguns sugeriram que Arquíloco, lançando mão de um tipo, estivesse atacando um personagem público contemporâneo – talvez o mesmo Glauco que, em outro fragmento, é criticado por causa dos cabelos, arranjados em "galhos" ou "chifres grandes" (Arq. fr.117W, cf. n.11).[53] Não sabemos ao certo como seria esse penteado, mas as conotações de seu

---

50 Literalmente: "porque (Euríbates) sabia em sua mente coisas que concordavam com ele (Odisseu)", isto é, "pensava coisas concordantes com ele".
51 *Od*. (18.2-3): οὐδέ οἱ ἦν ἲς / οὐδὲ βίη, εἶδος δὲ μάλα μέγας ἦν ὁράασθαι).
52 *Il*. (3.43-44): οὕνεκα καλὸν / εἶδος ἔπ᾽, ἀλλ᾽ οὐκ ἔστι βίη φρεσὶν οὐδέ τις ἀλκή. Veja também *Odisséia* (8.166-77).
53 Veja também a *Ilíada* (11.385) para a censura do "feminino" Páris, vaidoso de seu penteado (*kérai aglaé*).

nome apontam para um animal que, segundo os gregos, reunia as características do grande general de Arquíloco: o cervo. Nas fábulas (Esopo e Bábrio [A3, 95.B]), o cervo também é grande e "vaidoso de sua forma" (*gaúrē mèn eîdos*), mas covarde, e por isso se dizia que pessoas covardes tinham "coração de cervo" (Lasserre, 1948, p.11).

Embora as interpretações mais atuais tenham a prudência de não considerar Homero o eterno paradigma de Arquíloco, ou como um pano de fundo para os seus poemas, é fato que os dois poetas partilhavam a mesma tradição e, dado o estado fragmentário em que a obra de Arquíloco se encontra, Homero pode ser-nos de grande utilidade. Isso não significa, porém, que os versos de Arquíloco *sempre* representassem uma forma de reação ao épico, embora muitas vezes – mas não no caso desse fragmento – critiquem valores heróicos e aristocráticos dos quais Homero é um dos maiores representantes.[54]

---

54 *Contra*: para Podlecki (1984, p.41), o realismo anti-heróico desse poema de Arquíloco chega a ser iconoclástico.

CAPÍTULO 4

ALIADOS

Arquíloco, segundo a biografia forjada pelos críticos a partir de sua obra, teria sido um mercenário.[1] O fragmento 1W (cf. p.77: "Um guerreiro-poeta?"), do qual deduzem que a guerra e a poesia seriam os seus dois *ofícios*, é citado em apoio dessa tese. Sempre identificando o "eu" com a pessoa do autor, somam a essa "evidência" mais três poemas: fr.2W (cf. p.93: "Na lança"), em que a lança seria o seu "ganha-pão", e, sobretudo, os fragmentos 15 e 216W, nos quais se supõe que Arquíloco, "um soldado sem escrúpulos" (Arnould, 1981, p.156), fala de si, ou com experiência própria.

A) *PHILÍA*: O PACTO DE AMIZADE (FR.15W)

A fonte e o contexto da citação do fragmento 15W, que Bergk (1882, 1915) atribuiu a Arquíloco por ser um hexâmetro dirigido a Glauco,[2] pouco esclarecem. Na *Ética a Eudemo* (1236a15), distinguem-se três tipos de "amizade" (*philíai*) baseadas, respectivamente, na "virtude" (*areté*), na "utilidade" (*tò khrésimon*) e no "prazer" (*tò hedý*). Em seguida, Aristóteles

---

1 Croiset (1913, II.191), Parke (1933, p.4), Adrados (1956-1976, p.55, n.5), Privitera (1965, p.24), Rankin (1977, p.29, 40 ss.), Wheeler (1991, p.132), Lesky (1995, p.136).

2 A sugestão de Bergk (loc. cit.) foi aceita por todos, com exceção de Bahntje (1900, p.40), que confia no testemunho de Aristóteles segundo o qual se trata de um provérbio anônimo.

cita este verso, que ele conhece como sendo um provérbio anônimo (*EE* 1236a33, Arq. fr.15W):

τούτων ἡ μὲν διὰ τὸ χρήσιμόν ἐστιν ἡ τῶν πλείστων φιλία· διὰ γὰρ τὸ
χρήσιμοι εἶναι φιλοῦσιν ἀλλήλους, καὶ μέχρι τούτου, ὥσπερ ἡ παροιμία·
         Γλαῦκ´, ἐπίκουρος ἀνὴρ τόσσον φίλος ἔσκε μάχηται
καὶ
         οὐκέτι γιγνώσκουσιν ᾿Αθηναῖοι Μεγαρῆας.

Dessas [amizades], a da maioria é a que se baseia na utilidade, pois são amigos uns dos outros por serem úteis, e enquanto assim for, como diz o provérbio
         Glauco, um aliado é amigo enquanto luta (fr.15W)[3]
e
         "não mais Atenas conhece Mégara" (*Adesp. eleg.* 5W).

Essa amizade do *epíkouros*, traduzido por "aliado", baseia-se no interesse (utilidade), mas isso implica necessariamente uma monetarização das relações? O *epíkouros* desse verso já era o que Estrabão (14.2.28) entendia por "mercenário", um soldado profissional sem raízes, vagando mundo afora? Havia contra eles, no período arcaico, o preconceito atestado por Crítias no século V? Para ler o fragmento de Arquíloco, é antes necessário definir o que significavam na época as duas palavras-chave do poema, *epíkouros* ("aliado"? "mercenário"?) e *phílos* ("amigo").

Na *Ilíada*, o *epíkouros* é um "auxiliar" que ajuda, socorre e protege militarmente. A maioria das ocorrências do termo em Homero tem por referência tropas *aliadas* não-gregas, havendo inclusive uma fórmula em que se distinguem troianos, dárdanos e seus "aliados".[4] Na épica homérica, a palavra ainda não possui conotação pejorativa, pois o próprio Príamo

---

[3] O texto do fragmento 15W difere muito pouco nas edições. Fritzsche (apud Bergk, 1882, 1915) corrigiu o τὸν σὸν φίλον dos códices para τόσσον φίλος, e a única divergência concerne à forma ἔσκε que Fick (1888), seguido por Hudson-Williams (1926, p.31), tem como ἔστε. Hauvette (1905, p.65, 233, 240), que traz a forma ἔσκε, suspeita de sua autenticidade. Para ἔσκε como εἰς + conjunção ὅτε, ou como uma abreviação do homérico εἰς ὅ κε, cf. Schwyzer (1939-1950, II.653) que não descarta, porém, a possibilidade de uma "mistura" do último + ἔστε, ou de uma leitura incorreta. Para Scherer (1964, p.91-2), trata-se de contaminação de εἰς ὅ κε com ἔστε jônico (cf. *Il.* 5.466: εἰς ὅ κεν...μάχωνται).
[4] Cf. *Il.* (2.815; 6.111, 227; 7.477; 9.233; 10.420; 12.61, 108; 13.755; 17.14, 335, 362; 18.229 etc.). Para a fórmula, cf. *Il.* (3.456; 7.348, 368; 8.497) e Lavelle (1997), para um estudo do termo *epíkouros* e dos *epíkouroi* nas literaturas e história gregas arcaica e clássica.

recorda com orgulho a ocasião em que lutou como "aliado" (*epíkouros*) em terra estrangeira (*Il.* 3.188), e um epíteto os qualifica como "famosos" (*kleitoí*).⁵

Próximo a Arquíloco em tempo e espaço, Heráclito (fr.94DK) diz que "Hélio não ultrapassará suas medidas, senão as Erínias, auxiliares (*epíkouroi*) da Justiça, irão pegá-lo".⁶ É a primeira vez que o adjetivo se aplica a figuras que, embora divinas, representam os aspectos mais sombrios da justiça arcaica. Após Heráclito, o termo não se encontra nos textos supérstites até Píndaro (*Ol.* 13.97) e Baquílides (cf. *epikouría* 18.13). Não há nada de negativo em todas essas ocorrências, especialmente na ode pindárica onde o "eu" afirma, com orgulho, ser um *epíkouros* das Musas.

No período clássico, a palavra começou a adquirir um aspecto pejorativo,⁷ talvez porque chamavam de *epíkouroi* os guardas pessoais dos tiranos,⁸ e/ou pela distinção que se fazia entre essas tropas estrangeiras e as hoplíticas, formadas por cidadãos.⁹ Trata-se, aparentemente, de um desenvolvimento tardio que não deve ser considerado na leitura do fragmento de Arquíloco. De qualquer forma, o uso antigo, não-pejorativo, de *epíkouros* não se perdeu: em Platão (*R*. 414b, 415a, 545d), os *epíkouroi* formam uma classe militar, são os "guardiães" da cidade que, numa escala de valor, ficam no centro, entre os governantes e os artesãos.¹⁰

Interessante é a justaposição dos conceitos de "auxílio" (*epikouría*) e "amizade" (*philía*) no verso de Arquíloco (fr.15W). Com certeza, o auxílio dos "aliados" em Homero não é desinteressado, sendo os espólios da guerra

---

5 Os "aliados" também são "os chamados à distância" (*tēleklētôn Il.* 5.491) ou "os de vasta fama" (*tēlekleitôn*), conforme as melhores leituras (*Il.* 3.451, 4.379, 11.220, 17.212 etc.).

6 Ἥλιος γὰρ οὐχ ὑπερβήσεται μέτρα· εἰ δὲ μή, Ἐρινύες μιν Δίκης ἐπίκουροι ἐξευρήσουσιν.

7 Os lésbios empregam *sýmmakhos* para "aliado", também sem conotação negativa. Safo (fr.1Voigt) refere-se a Afrodite como uma "aliada" (*sýmmakhos*), enquanto Alceu (fr.350, 48LP) orgulha-se do irmão que lutou como "aliado" (*sýmmakhos*) dos babilônios no reino de Nabucodonosor. Os termos não são, porém, sinonímicos: o *sýmmakhos* geralmente designa um aliado de estatuto equivalente (ou superior); o *epíkouros*, apesar de também poder ser do mesmo nível, a partir de Píndaro, começa a designar um aliado que é inferior.

8 Cf. Heródoto (1.64, 3.145, 6.39), Tucídides (6.55, 58). Garlan (1975, p.100-1) acredita que o estigma dos mercenários surgiu um pouco mais tarde, no século IV (Isócrates 8.45-6), sendo depois amplamente explorado na comédia latina.

9 Heródoto (1.154, 2.163, 3.145), Tucídides (1.61, 2.33) e Lísias (12.94).

10 Cf. também Heródoto (5.103).

divididos entre os guerreiros de acordo com seu poder. Essa assistência militar, porém, não se prestava indiscriminadamente, como a do mercenário moderno, mas se dava entre povos aliados em torno de interesses comuns, ou entre *phíloi*, o que implica uma forma de "pacto", uma reciprocidade.[11] A *philía* é "um valor social ligado à hospitalidade", havendo uma troca de promessas (Benveniste, 1969, I.335). Trata-se de uma relação entre membros de um mesmo grupo social (no caso, do mesmo exército),[12] que foi depois estendida àqueles que estão próximos à casa, familiares e entes "queridos" (Chantraine, 1968, s.v. *phílos*). Esse "laço de amizade" (*philía*) é freqüentemente associado a *aidós*[13] que, de certa forma, ajuda a defini-lo; pois *aidós* é o sentimento que leva os membros do grupo (*phíloi*) a se defenderem quando um deles sofre um ataque ou ultraje (Benveniste, 1969, p.340).[14]

Se, por um lado, o "aliado" deve honrar a "amizade" e as obrigações de respeito e dever que ela acarreta, por outro, longe de casa, onde o guerreiro aliado é um estrangeiro privado de direitos, ela é sua única segurança e garantia contra agressões. Percebe-se, então, a ambigüidade do verso: ao lermos "um aliado é amigo enquanto luta", podemos entender, como a maioria, que o falante: 1) esteja advertindo Glauco para não se fiar na fidelidade de um "aliado" que, terminada a guerra, poderá tornar-se uma ameaça, voltando-se contra os locais; ou que 2) se dirige a Glauco lembrando-lhe que, após o serviço prestado, quando não seria mais "útil", ele corria o risco de sofrer um tratamento injusto da parte de seus hóspedes por ele ser "aliado" em território estrangeiro.[15]

---

11 Para a associação de *sýmmakhos* e *phílos*, cf. Heródoto (1.56, 69), Sófocles (*Ájax* 1053) e Tucídides (1.61).
12 O orador homérico pode dirigir-se a todos os guerreiros reunidos nas assembéias como *phíloi* (*Il.* 2.79, 2.110 etc.).
13 Cf. *Il.* (15.561, 661).
14 *Aidós* é o "respeito", a "reverência", que se tem por outra pessoa, ou o "pudor" e a "vergonha" com relação a si próprio, cf. LSJ.
15 Os únicos que notaram esta possibilidade parecem ter sido Fränkel (1975, p.140) e Hauvette (1905, p.220: "Um homem nada mais vale após morto, é aos vivos que procuramos agradar". Pela mesma razão, "'um auxiliar é amigo enquanto durar a batalha'. O mesmo interesse nos faz esquecer as boas ações de um, os serviços prestados pelo outro; reconhecimento é palavra vã".). West sugere ainda a seguinte alternativa: "um aliado/ mercenário não mais conta com o favor, se parar de lutar, ou fugir à luta".

B) AUXILIARES CÁRIOS (FR.216W)

O outro verso de Arquíloco (fr.216W) é citado em escólios platônicos e em Porfírio por causa do provérbio "correr o risco do cário". Os escólios são quase idênticos (*Schol. Plat. Lach.* 187b; *Schol. Plat. Euthyd.* 285c), e os seus contextos, semelhantes. Sócrates (Platão *Laques* 186e) quer saber quem é o mais hábil educador, Laques ou Nícias, e se conseguiram, por meio da educação, transformar homens, torná-los bons. Ele os adverte que, se quiserem fazer uma experiência, não deverão fazê-la inicialmente com os seus próprios filhos ou com os filhos de amigos, mas com um cário, para não começar a aprender cerâmica fazendo um jarro, isto é, uma peça grande na qual o erro custaria caro. Ao discutir no *Eutidemo* (285c) se a educação é capaz de tornar bom um homem, Sócrates diz estar disposto a "correr o risco do cário", oferecendo-se como o objeto da experiência. O escólio à passagem explica a expressão:

ἐν τῷ Καρὶ ... ὁ κίνδυνος. παροιμία ἐπὶ τῶν ἐπισφαλέστερον καὶ ἐν ἀλλοτρίοις κινδυνευόντων· Κᾶρες γὰρ δοκοῦσι πρῶτοι μισθοφορῆσαι, ὅθεν καὶ εἰς πόλεμον αὐτοὺς προέταττον· ἐντεῦθεν γὰρ καὶ τοὺς μικροὺς στρατιώτας τινὲς Καρίωνας προσηγόρευον· καὶ τὸ παρ᾽ ῾Ομήρῳ (*Il.* 9.378) δὲ "ἐν Καρὸς αἴσηι" ἐν τῷ τυχόντι τινὲς ἀκούουσιν. μέμνηται δὲ αὐτῆς ᾿Αρχίλοχος (fr.216W)   λέγων
 καὶ δὴ 'πίκουρος ὥστε Κὰρ κεκλήσομαι,
καὶ ῎Εφορος ἐν α´ ἱστοριῶν (*FGrH* 70F12), καὶ Φιλήμων ἐν Γάμωι (17 KA)
 ἐν Καρὶ τὸν κίνδυνον· οἶδα, δέσποτα,
καὶ Εὐριπίδης Κύκλωπι (654)
 δράσω τάδε· ἐν <τῷ> Καρὶ κινδυνευτέον.
καὶ Κρατῖνος Βουκόλοις (18 K-A):
 ἐν Καρὶ τὸν κίνδυνον· ἐν ἐμοὶ δὴ δοκεῖ
 πρῶτα πειρῶσθαι.
καὶ Πλάτων ἐνταῦθα.

"O risco no cário". Um provérbio sobre os que correm o maior perigo em terras estrangeiras, pois os cários parecem ter sido os primeiros a receber recompensas, por isso também, na guerra, se deve colocá-los na frente. Daí, também, por que alguns chamam os guerreiros pequenos de cariozinhos, e entendem a expressão "no lote do cário", de Homero (*Il.* 9.378), como referente ao que é de pouca importância. Arquíloco recorda-se dela ao dizer:
 e de aliado, como um cário, serei chamado (Arq. fr.216W)
e Êforo no livro I das *Histórias* (*FGrH* 70F12), e Filémon no *Casamento* (18 Kock):

o risco do cário, conheço, ó déspota,
e Eurípides no *Cíclope* (654)
   Isto farei: pois é preciso correr o risco do cário
e Cratino nos *Boiadeiros* (16 Kock, 18 KA):
   o risco do cário, em mim, ele parece
   ter tentado primeiro.
e Platão nesta passagem.

O escólio é problemático.[16] Primeiro, no verso de Homero citado com relação ao provérbio, o alfa em *karós* (*Il.* 9.378) é breve e não longo como no nome próprio (<*Kaeros*) – e, até hoje, não se sabe exatamente o que significa esse *karós* homérico. Segundo Hainsworth (1993, p.112), trata-se de um *hápax legómenon* (forma atestada apenas uma vez em toda literatura supérstite), o genitivo singular de um substantivo desconhecido, talvez associado a *keírō* ("cortar", "tosar"). O sentido de *Il.* (9.378) seria algo como "honro-o como quem está na situação de um cário", isto é, "não tenho um fio de respeito por ele".[17] Em segundo lugar, o escoliasta cita, entre os exemplos dos séculos V-III a.C., o verso de Arquíloco que, além de não conter o provérbio em questão (mencionando apenas "aliados cários"),[18] data do século VII a.C. Nesse ínterim, o significado e as conotações da palavra *epíkouros* sofreram transformações.

No período arcaico, havia maior número de *epíkouroi* servindo no Oriente e no Egito do que na Grécia; por isso, Heródoto (2.152 ss.) julgava que os "aliados" cários e jônios no Egito fossem os mais antigos. Ele conta que o rei Psamético I soube, por meio de um oráculo, que subiria ao poder quando homens de bronze surgissem do mar. Por causa de suas armas,

---

16 O fragmento 216W de Arquíloco não apresenta problemas textuais, mas Lasserre (Lasserre & Bonnard, 1958, p.9-10) o reuniu ao *P. Oxy.* 2312 fr.13 + 14 (1-11), cuja primeira parte parece pertencer a um poema erótico.

17 *Il.* (9.378): τίω δέ μιν ἐν καρὸς αἴσηι. Hainsworth (loc. cit.) remete-nos a Hesíquio καριμοίρους· τοὺς ἐν μηδεμιᾶι μοίραι. Quanto a essa mesma passagem homérica, Porfírio (in Hom. *Il.* 9.378 Schrader) explica a expressão como proveniente da "sorte dos cários": "Vem dos cários, os quais o poeta [Homero] sempre censura (*Il.* 2.867), como se o quinhão do cário fosse o do escravo... e Arquíloco (fr. 216W): honro-o como quem tem por quinhão ser guerreiro de recompensa e de pouca importância". Nota-se, porém, que no verso *Il.* (2.867) os cários não são censurados por serem mercenários; Homero apenas os chama de *barbaróphōnoi* ("os que, para os gregos, falam língua incompreensível"). Cf. Estrabão (14.2.28).

18 Cf. Hauvette (1905, p.65, n.4). Hudson-Williams (1926, p.89), ao contrário, acredita que "correr o risco do cário" era originalmente um verso de Arquíloco que se tornou proverbial.

esses foram identificados como os piratas cários e jônios que, desviados de sua rota, chegaram ao Egito por acaso. Psamético estabeleceu "laços de amizade" (*philía*) com eles, transformando-os em seus "aliados" (*epíkouroi*). Quando, porém, o rei conquistou o trono, eles não partiram em busca de novas guerras ou conflitos onde obteriam lucro, mas estabeleceram uma colônia nas terras egípcias que o rei lhes dera como "recompensa" (*misthós*).

É interessante que Heródoto, no século V, concebesse os primeiros "aliados" gregos e cários como sendo originalmente piratas. Hoje, sabemos que esses "aliados" provavelmente foram enviados por Giges, o rei da Lídia, pois o seu auxílio militar a Psamético I está documentado nos anais assírios, e inscrições cárias e gregas na estátua de Ramsés II em Abu Simbel registram a permanência de uma segunda geração de cários e jônios no Egito.[19]

Os cários eram conhecidos, desde a época arcaica, por suas inovações no aparato militar. A eles se atribuía a invenção de cristas nos elmos, emblemas e alças dos escudos.[20] Segundo Heródoto (1.171), esses elementos, já mencionados por Homero, seriam bem mais antigos, remontando ao período minóico. Atualmente, porém, acredita-se que tais desenvolvimentos fizeram parte da gradual transformação das armas e táticas militares conhecida como a "reforma hoplítica" (Asheri, 1988, p.364). Não há, inclusive, do ponto de vista arqueológico, o que nos garanta que sejam realmente invenções cárias. Uma hipótese é que se tratava de inovações gregas, atribuídas aos cários por eles as terem divulgado não só pela Grécia, mas também pelo Oriente (Asheri,1988).[21]

Os cários, segundo Estrabão (14.2.27-28), peritos na arte da guerra, "vagavam por toda a Grécia", "guerreando por prêmio".[22] É fato que lutaram na Lídia, no Egito, e Arquíloco também os conhecia, ao menos por

---

19 Cf. Tod (1946), Jarcho (1982, p.317), Boardman (1980, p.100, 115) e Lloyd (1988, p.134-5).
20 Heródoto (1.171). Estrabão (14.2.27) cita como evidência Anacreonte (fr.401*PMG*): "novamente, na alça feita pelos cários,/ enfiando os braços" (διὰ δηὖτε Καρικουργέος/ ὀχάνου χεῖρα † τιθέμενοι †) e Alceu (fr.388LP): "sacudindo a crista cária" (λόφον τε σείων Κάρικον). Veja também Plínio (*NH* 7.200).
21 Contra: Lavelle (1997, p.248, n.47, 2002: 348) que cita Heródoto 1.171 para a tese da invenção cária das armas hoplíticas.
22 Para Garlan (1975, p.93), essas três características definem os "mercenários". Cf. também Parke (1933, p.1-5) e Griffth (1935, p.3).

ouvir dizer. Quanto ao pagamento, no período arcaico o "aliado" não recebia um "salário", mas, como diz Estrabão, uma "recompensa" (*misthós*) por serviços prestados, por empreitada ou tarefa perigosa, como em Homero (*Il.* 21.445, *Od.* 18.358).[23]

Na *Ilíada* (10.304), por exemplo, o *misthós* consiste em um carro e dois belos cavalos oferecidos a quem realizar uma façanha, e já vimos que, segundo Heródoto, os cários e jônios receberam terras como "prêmio" de Psamético I (cf. Benveniste, 1969, p.164). Assim, também, uma espada de ouro e marfim que o irmão de Alceu (séculos VII-VI a.C.) traz do "fim do mundo" é um "prêmio" (*misthós*) pelo "grande feito" que realizou servindo como "aliado" (*epíkouros*) aos babilônios (Estrabão 13.2.3).

Após definir a *philía* e o *epíkouros* arcaicos, conclui-se que, no fragmento 15W, o "eu" revela uma atitude cética quanto à estabilidade desses "laços de amizade". A traição e o rompimento de relações e pactos travados são temas freqüentes na obra de Arquíloco.

Quanto ao fragmento 216W, em resposta às interpretações "biográficas" que o liam como a confissão de um Arquíloco mercenário (cf. nota 1), Hauvette (1905, p.65) argumentava que, por estar no futuro, a frase indica justamente sua recusa de ser um mercenário.[24] Mas o texto não nos permite supor que, no século VII a.c., os cários já gozassem de má reputação: o que se tem é apenas um verso onde o "eu" não afirma, mas lança como possibilidade, o fato de vir a ser eventualmente chamado de "auxiliar, qual um cário". Ele não diz se isto resultará de escolha sua, nem se a idéia lhe desagrada. Em vista do que um "aliado cário" passou a representar no *futuro*, segundo as fontes do século V em diante, alguns imaginaram que fosse algo negativo, a evitar.[25] Não há evidência contem-

---

23 A "*merces*" latina, presente em nossa palavra "*mer*cenário", não era propriamente um *salarium* (dinheiro dado a um soldado para comprar *sal*) que marca "a introdução do dinheiro nas relações humanas para comprar serviços" (Benveniste, 1969, p.170). O "*soldado*", por sua vez, não recebe mais "recompensa" ou "prêmio" de guerra, ele é "pago" (*Pacare*: acalmar pela distribuição de dinheiro).
24 Cf. Lasserre & Bonnard (1958, p.9). Para Burnett (1983, p.41, n.22), Arquíloco revela o desencanto com sua época em comparação com as anteriores.
25 Segundo Treu (1959, p.202), Arquíloco sabe que isso não é nenhum "título de nobreza" (*Ehrentitel*), mas pouco se importa. O fragmento, porém, não oferece elementos para se chegar a tal conclusão.

porânea ao verso de Arquíloco que justifique, porém, essa interpretação da palavra *epíkouros*, ou da frase.[26]

---

26 Veja também Lavelle (1997, 2002: 348), que mostra como os aliados cários eram prezados no período arcaico por seu valor marcial e que, por causa das conotações positivas que os termos do verso evocariam nesta época, e devido "ao impacto que a renomada expedição cário-jônica ao Egito exerceu sobre os gregos", "o fragmento 216 parece ser a reação positiva à informação sobre a expedição, a afirmação de que o 'eu' de Arquíloco pelo menos buscaria emular, enquanto guerreiro, os célebres *epíkouroi* cários (como aparentemente fizeram outros jônios), se é que 'ele' não pretendia ir de fato ao Egito, assim como eles" (p.350).

CAPÍTULO 5

O MODO DE GUERRA HERÓICO

A) OS SENHORES DE EUBÉIA (FR. 3W)

O fragmento 3W de Arquíloco, citado apenas em uma passagem de Plutarco (*Teseu* 5.3), não desperta interesse do ponto de vista de sua fortuna crítica na Antigüidade, nem apresenta grandes problemas textuais. Lido, porém, como uma referência à chamada "Guerra Lelantina", e sendo associado a outras menções a essa mesma guerra em Tucídides, Heródoto e Estrabão, os versos têm servido como um elemento para datar o próprio poeta, a guerra e, além disso, para definir o modo como a batalha foi travada, as táticas e armas empregadas.

I) FONTE

Plutarco (*Teseu* 5.3) conta que a prática e o nome do costume délfico segundo o qual os rapazes, ao visitar ao oráculo, cortavam o cabelo e o sacrificavam a Apolo, remontariam a Teseu. O herói aparava apenas a parte frontal do cabelo, como os abantes, que, conforme Homero,[1] assim faziam para evitar que o inimigo tivesse por onde segurá-los no combate cerrado:

---

[1] Na *Ilíada* (2.534-45), os abantes da Eubéia são descritos como sendo "ferozes guerreiros", cujo penteado com cabelos longos atrás, mas cortados (ou raspados) na frente, os diferenciava dos demais.

ὄντες πολεμικοὶ καὶ ἀγχέμαχοι, καὶ μάλιστα δὴ πάντων εἰς χεῖρας ὠθεῖσθαι τοῖς ἐναντίοις μεμαθηκότες, ὡς μαρτυρεῖ καὶ 'Αρχίλοχος ἐν τούτοις·

οὔτοι πόλλ᾽ ἐπὶ τόξα τανύσσεται, οὐδὲ θαμειαὶ
σφενδόναι, εὖτ᾽ ἂν δὴ μῶλον "Αρης συνάγηι
ἐν πεδίωι· ξιφέων δὲ πολύστονον ἔσσεται ἔργον·
ταύτης γὰρ κεῖνοι δάμονές εἰσι μάχης
δεσπόται Εὐβοίης δουρικλυτοί.

porque eram belicosos e lutadores de perto e, mais do que todos, sabiam avançar na luta contra os inimigos, como Arquíloco nos testemunha nestes versos:

Não muitos arcos serão tendidos, nem freqüentes
serão as fundas, quando Ares reunir a luta
na planície: de espadas será a obra de muitos gemidos,
pois eles são peritos nesse combate,
os senhores de Eubéia, afamados lanceiros.

Em seguida, Plutarco conta que Alexandre da Macedônia, por essa mesma razão, ordenou que seus homens se barbeassem. Vê-se, portanto, que Plutarco está interessado nas origens e causas dos cortes de cabelo entre os militares e, ao citar Homero, recorda-se dos versos de Arquíloco que lhe servem para evocar a fama dos eubeus, peritos no combate "de perto" (*agkhémakhoi*), no corpo a corpo, que justifica o modo como cortavam seus cabelos.[2]

II) A "GUERRA LELANTINA"

Aqueles que associam o fragmento 3W de Arquíloco à "Guerra Lelantina" baseiam-se não em Plutarco, sua fonte, mas em um relato independente de Estrabão (10.1.12) sobre o pacto travado entre Cálcis e Erétria relativo às armas a serem empregadas na disputa pela planície de

---

2 Estrabão (10.1.13) também cita os mesmos versos da *Ilíada* (2.543-44) como evidência da perícia dos eubeus nesse tipo de luta e, mais adiante (10.3.6), afirma que, segundo Arquémaco (historiador de Eubéia), os curetas que foram a Cálcis, pelo mesmo motivo, deixavam o cabelo crescer atrás, raspando a parte dianteira, "durante as lutas travadas continuamente pela planície de Lelanto". Nessa passagem, Estrabão ou Arquémaco parece identificar os curetas com os abantes.

Lelanto. Segundo Estrabão (loc. cit.), um acordo entre calcídios e erétrios, inscrito em uma estela do santuário de Amarinto, proibia o uso de armas de longo alcance (*mḕ khrêsthai tēlebólois*). Porque o fragmento 3W de Arquíloco faz menção a uma planície, aos eubeus e ao fato de não haver muitos arcos ou fundas na batalha, alguns associaram esses versos ao testemunho de Estrabão, acreditando ter em mãos mais um depoimento sobre essa guerra tão escassamente documentada.[3]

Entre os historiadores, Burn e Bradeen serviram-se do texto de Arquíloco (fr.3W) para datar a guerra. Segundo Burn (1929, p.33), é praticamente certo que o fragmento "refira-se à convenção cujo registro Estrabão viu muito mais tarde em uma inscrição do período da Guerra Lelantina". Por isso, ele situa a guerra entre os séculos VIII e VII a.C., de modo a incluir o período de vida de Arquíloco. Assim também Bradeen (1947, p.227), julgando que o poema, "uma alusão contemporânea à Guerra Lelantina", ecoe o tratado que Estrabão (10.1.12) associa à guerra, o tem como um *terminus ante quem* para a guerra.

Blakeway (1936, p.48), inversamente, procura obter da associação dos textos uma data para Arquíloco. Após analisar as evidências dos conflitos entre Cálcis, Erétria e seus aliados, ele conclui que a guerra teria ocorrido entre *c.* 734-700 a.C. Como o poema (fr.3W), por ser projeção sobre um combate futuro, não poderia ter sido composto após 700 a.C., Blakeway (loc. cit., p.49) situa o período ativo de Arquíloco no século VIII. No entanto, o próprio autor confessa que "extrair informação cronológica sobre Arquíloco a partir da 'Guerra Lelantina' pode parecer a alguns historiadores como tentar iluminar o lusco-fusco com breu" (loc. cit., p.47).[4]

Se o fragmento for examinado com um interesse menos dirigido, ele poderá fornecer alguma informação de caráter histórico, mas não necessariamente cronológico.

---

3 Não foram poucos os que relacionaram o fragmento 3W de Arquíloco a Estrabão (10.1.12): Gaisford (1823b), Busolt (1893, p.455), Crönert (1911), Beloch (1912, p.338 ss.), Glotz & Cohen (1925, p.313), Burn (1929, p.33), Blakeway (1936, p.49), Meyer (1936, p.498), Bradeen (1947, p.227), Bonnard (1957, p.13), Greenhalgh (1973, p.92). *Contra*: Wade-Gery (1952, p.61), Boardman (1957, p.29), Forrest (1957, p.163-4), Lasserre & Bonnard (1958, p.4), Treu (1959, p.190-1), Brelich (1961, p.13), Gerber (1970, p.3). Embora Donlan (1970, p.133) não associe o fragmento 3W a Estrabão (10.1.12), ele também julga que o poema se refira à Guerra Lelantina.

4 Os argumentos de Jacoby (1941, p.97 ss.), hoje amplamente aceitos, datam o período de vida de Arquíloco no século VII, entre *c.* 680-640 a.C.

III) COMENTÁRIO

O fragmento 3W inicia-se com duas orações coordenadas; o primeiro sujeito, *tóksa* ("arcos"), encontra-se entre a *tmese* da preposição (*epí*) e o verbo *tanýssetai* ("serão tendidos"), e o segundo, *sphendónai* ("fundas"),[5] no pentâmetro. A *tmese* é de uso freqüente na linguagem épica, mas, aqui, não há nenhuma fórmula atestada.[6] No plano sonoro, há uma forte aliteração (*t*, *th*) no hexâmetro e, como apontou Hudson-Williams (1926, p.83), um zeugma estende o verbo *tanýssetai* ao sujeito da segunda oração em *enjambement*.

Primeiro, cabe notar que não há nesses versos uma negação absoluta. Em lugar algum afirma-se que *não* haverá arcos ou fundas, como no pacto que Estrabão diz ter lido (10.1.12). O que se diz é que esses não serão "muitos" ou "freqüentes". Na *Ilíada*, essas não são de fato as armas preferidas entre os "heróis de primeira linha" (Lorimer, 1950, p.289).[7] No entanto, na época micênica, o arco era de amplo uso na caça e na guerra, e continuou a gozar de prestígio em Creta (Snodgrass, 1967, p.40). Há pouca evidência arqueológica ou literária relativa ao arco no século VIII, mas, a partir do século VII, a cerâmica registra sua difusão, graças aos sítios e cimérios, e ele chega a ser associado a uma figura como a de Héracles (p.82). Não há, portanto, na Grécia arcaica, nenhuma forma de "repúdio" ao arco; é o desprezo no período clássico por arqueiros e "tropas ligeiras" que tem sido atribuído anacronicamente às épocas anteriores.[8]

---

5 Na única ocorrência de *sphendónē* em Homero (*Il*. 13.600), ela não é usada como uma "funda", mas como "curativo" para a mão ferida de um guerreiro. Mas, segundo Janko (1992, p.119), trata-se de uma funda militar, usada de improviso como um curativo. Na *Ilíada*, além de Heleno (13.581-3, 598-600), os lócrios também usavam arcos e fundas (13.712: οἰὸς ἄωτος, cf. nota 7). Veja, porém, a sugestão de Bossi (2000, p.96), segundo o qual Arquíloco poderia ter empregado aqui, metonimicamente, *sphendónai* para os projéteis lançados, como ocorre em Xenofonte (Anab. 3, 4, 4; 5, 2, 14 etc.).

6 Tarditi (1968) segue o texto de Schneidewin (1838) que tem ἔτι e não a tmese com ἐπὶ. O verbo só ocorre nesta forma em Arquíloco e Píndaro (*Ol*. 2.91, 8.49; *P*. 4.129), mas temos em Homero τὸ (τόξον) τανυσσάμενος, τανύσσαι / τόξον (*Il*. 4.112, *Od*. 21.254-5), ἐτάνυσσεν (*Od*. 1.442).

7 Stanford (1954, p.71) e Page (1959, p.278). A hipótese de que a passagem sobre os arqueiros lócrios (*Il*. 13.712-22) seja uma interpolação (Lorimer, 1950, p.289-301) é aceita por Romano (1974, p.60). Snodgrass (1967, p.39) lembra, porém, que, apesar de o arco ter um papel bem limitado na *Ilíada*, ele é mencionado como uma arma usada pelos dois lados (gregos & troianos), tanto pelas tropas, quanto por heróis individuais (cf. Páris e Teucro, Pândaro e Odisseu).

8 Snodgrass (1967, p.17, 99). Na época clássica, o arco, pouco usado entre os gregos, era a arma de persas, lídios (em Maratona) e mercenários orientais.

Na terceira oração, o sujeito não é mais uma arma, mas o deus Ares: tudo isso ocorrerá "quando Ares reunir a luta". Novamente, a frase transborda até o verso seguinte em *enjambement*, completada pelo locativo "na planície".[9] O *môlos* ("luta") é um trabalho ou esforço penoso, termo que se emprega na fórmula épica "trabalho de Ares" (*môlos Árēos*) como expressão figurada para "combate".[10] Ares, que (*reunindo*) lidera o "penoso trabalho" na planície, é o primeiro sujeito realmente atuante, pois o verbo *tanýssetai* ("serão tendidos") é passivo, enquanto o segundo, elidido, é verbo de estado.[11] Como em Homero, o deus Ares, presente, preside o combate.

Vimos que a menção a uma "planície" (*en pedíōi*) é considerada por alguns críticos um dos elementos que permitem relacionar o fragmento 3W de Arquíloco a Estrabão (10.1.12) e à "Guerra Lelantina". Isso, porém, nada prova, porque o poeta não especifica a planície, e praticamente todas as batalhas do tipo ao qual Arquíloco parece referir-se eram travadas em terreno plano.

As "espadas" (*ksiphéōn*), vindo no início da oração seguinte, após uma pausa, são realçadas. Essas armas opõem-se aos arcos e às fundas que, em razão delas, serão preteridos. A oposição também se faz sintaticamente; a ligação adversativa contrapõe essa oração afirmativa às negativas do primeiro e segundo versos. Espera-se ouvir que, se não haverá muitos arcos e fundas, muitas serão as espadas na luta. Há, porém, um deslocamento: muitos serão os *gemidos*. O sujeito da frase "obra de muitos gemidos" (*polýstonon érgon*[12]) retoma de forma figurada a "luta" (*môlon*), mantendo a noção de um trabalho penoso, mas a dor é intensificada pelo adjetivo (*polýstonon*).

Se o prefixo *polý-* ("muitos") e o verbo *éssetai* ("serão") ecoam o *poll'* (*epi tóksa*) *tanýssetai* ("*muitos* arcos *serão* tendidos") do primeiro

---

9 *En pedíōi·* ("na planície") é também início de verso em Homero (*Il.* 7.66).
10 Cf. Chantraine (1968, s.v.), *Ilíada* (2.401, 7.147, 16.245, 18.134), *Odisséia* (18.233) e Hesíodo (*Scutum* 257).
11 Na *Ilíada*, há expressões semelhantes em que são os homens que conduzem a "contenda de Ares", ou em que "Ares" pode ser lido com o sentido de "combate": *Il.* (2.381 = 19.275, 5.861, 7.330, 14.448).
12 Embora a "obra" seja o sujeito, o genitivo ("de espadas") é subjetivo e, portanto, o "agente". Cf. Hesíodo (*Erga* 145: Ἄρηος ἔργα στονόεντα), *Il.* (11.73: Ἔρις ... πολύστονος; 8.453: πολέμοιο ἔργα; 6.522: ἔργον μάχης; 4.470-71: ἔργον.../ ἀργαλέον; 11.734: ἔργον Ἄρηος).

verso,[13] o adjetivo sublinha o contraste entre os dois modos de combate. Isso porque a luta com espadas, corpo a corpo, exige muito mais dos guerreiros que ouvem os "muitos gemidos" de suas próprias vítimas e companheiros, ao contrário dos arqueiros ou lançadores de fundas aos quais, de longe, chega apenas a turba geral em que os gritos, misturados, não são individualmente discerníveis. O final da frase coincide com o do verso, criando a primeira pausa forte no fragmento.

No quarto verso, a explicação se dá sob forma de quiasmo, com o sujeito e seu predicativo no centro ("aqueles são peritos..."), ladeados pelo complemento ("neste... combate"). O miolo (quem são "aqueles"), é explicitado no verso seguinte, enquanto as pontas ("este combate") referem-se ao anterior. O único problema de ordem textual concerne o predicativo. Os melhores manuscritos de Plutarco trazem *daémones* ("peritos", cf. *Od.* 8.159), e os outros, *daímones* ("divindades"). A objeção ao primeiro é a *synízesis* (metricamente impossível), enquanto o segundo apresenta, para alguns, um problema de sentido. Os que preferem a forma *daímones*[14] geralmente citam Hesíquio, Eustácio (*Il.* 213) e o escólio à *Ilíada* (1.222 em que "divindade" [*daímōn*] é glosado por "perito" [*daémon*] e vice-versa), e, além desses, a etimologia popular (Platão, *Cr.* 398b) que associava os dois termos.[15]

Uma alternativa sugerida por Schwyzer (1922, p.960[16]) é que "atrás de *daímones* estivesse o épico (eólico) *haímones* (*Il.* 5.49)", o que Gais-

---

13 Além da repetição de vocábulos e sufixos, nota-se a mesma aliteração em *p, t / ks, s* nos dois versos.

14 Brunck (1785), Liebel (1812), Gaisford (1823b), Schneidewin (1838, também cita Hesíodo [*Erga* 314], Bergk (1882), Crönert (1911), Sitzler (1922, p.960), Hudson-Williams (1926), Diehl (1936-1942), Lasserre & Bonnard (1958), Treu (1959), Gerber (1970). *Daímōn* geralmente é forma pela qual se designa uma divindade cuja identidade é mal definida, ou que não se quer, ou não se pode (por ignorância) nomear (cf. Chantraine, 1952, p.51-4; Else, 1949, p.24-36). O plural é raro em Homero e, quando usado com referência aos humanos, emprega-se a expressão *daímoni ísos* "semelhante a uma divindade" (*Il.* 16.705, 785, 20.447,493, 21.18, 227).

15 Hesíquio (δαίμων· δαήμων) "divindade = perito", Eustácio (*ad. Il.* p.213: δαήμονες· δαίμονες) "peritos = divindades", Schol. Hom. (*Il.* I.222): "ele chama os deuses de *divindades* ou *peritos*, pois eles próprios são experientes e hábeis em tudo" (δαίμονας καλεῖ τοὺς θεούς, ἤτοι δαήμονας. ἔμπειροι γὰρ καὶ ἴδριες πάντων αὐτοί εἰσιν), Platão (*Cr.* 398b): "porque eram sagazes e *peritos*, chamou-os de *divindades*" (ὅτι φρόνιμοι καὶ δαήμονες ἦσαν, δαίμονας αὐτοὺς ὠνόμασε).

16 *Contra*: Sitzler (1922, p.959-60).

ford (1823b) indicou como o significado original.¹⁷ No entanto, essa hipótese é inviável por causa do hiato. Fick já havia oferecido em 1888 uma solução mais simples. Corrigindo o homérico *daémones* com a forma jônica contrata (*dámones*), ele preservou, sem a necessidade de maiores justificativas, o sentido de "hábil, perito em".¹⁸

Se a relação estabelecida entre "divindade" e "perito" (*daímōn/ dáēmōn, dámōn*) presente em Platão e nos comentários a Homero já fosse corrente no século VII, seria possível que Arquíloco, ciente dessa etimologia popular, quisesse indicar, ao empregar o termo, algo de *suprahumano* na perícia "daqueles homens" nesse tipo de combate.¹⁹ Esses guerreiros são identificados no último verso como os "senhores de Eubéia, afamados lanceiros". O sentido original de *despótēs* ("senhor") é o de "chefe da casa"²⁰ mas, além desse primeiro significado, no período arcaico tardio, em Píndaro (*N.* 1.13), o termo designa um deus e, depois, em Heródoto (3.89), o soberano absoluto asiático. Arquíloco, ao chamar os "comandantes" ou "chefes de Eubéia"²¹ de *despótai*, utiliza uma palavra que não consta nos textos homéricos,²² embora o feminino *déspoina* seja empregado com freqüência para a "dona da casa" (deusas e rainhas).

O último epíteto parece ter causado certo desconforto entre os leitores. Se a "obra" será de espadas, e os senhores de Eubéia são peritos nessa luta, por que qualificá-los como "afamados lanceiros" (*douri-*

---

17 Cf. *Etm. Magn.* (251.13) *haímōn = daímōn* glosado por *daémon*. Cf. αἵμονες na primeira edição de Diehl.

18 Fick (1888) cita exemplos semelhantes a *dámones* nas contrações de *nikáēte* em *nikâte*, e *Danáē* em *Danâ*. Seguiram-no Hoffmann (1898), Scherer (1964, p.93), West (1989²) e Gerber (1999). Hiller (1890), Tarditi (1968) e Adrados (1956-1976, 1990³) mantêm a forma não-contrata *daémones*.

19 Chantraine (1968, s.v.): "em Arquíloco (fr.3.4), se a boa lição for *daímones*, o poeta joga com *daímōn, daémōn*". Mas, caso fosse uma noção popular corrente, a "boa lição", para este efeito, poderia ser tanto *daímōn* quanto *dámōn* (= *daémōn*). Nota-se que o demonstrativo "aqueles" (*keînoi*) também indica uma distância maior dos "peritos supra-humanos" (*dámones*).

20 Sólon (fr.36.14W), Tirteu (fr.7.1W) e Hipônax (fr.40.1W).

21 As edições mais antigas têm o *Euboías* do texto de Plutarco, mas, após Schneidewin (1838), todos adotaram a correção para *Euboíēs*.

22 É curiosa a ausência do termo na *Ilíada* e na *Odisséia* e, como bem observou Chantraine (1968, s.v.), isso não se explica por questões métricas, pois o plural poderia ter sido usado, assim como em Arquíloco.

klytoí)? Isso levou Page (1961, p.69) a corrigir o adjetivo *douriklytoí* para *áori klutoí* ("afamados espadachins"), pois, a seu ver, os "epítetos convencionais em Arquíloco são, via de regra, apropriados ao contexto, mesmo quando são apenas decorativos". Portanto, para Page (loc. cit.), é "inapto", "desagradável", em suma, "deselegante" e estranho ao estilo de Arquíloco" descrever os "senhores de Eubéia" como famosos lanceiros, quando sua arma é a espada.

Em vista disso, alguns[23] citaram os versos no catálogo das naus (*Il.* 2.543-44) onde os abantes são descritos justamente como "lanceiros, ansiosos por, com suas longas lanças de freixo,/ perfurar as couraças dos inimigos no peito".[24] Romano (1974, p.65) supõe que Arquíloco tivesse essa passagem da *Ilíada* em mente ao compor seu poema e que o adjetivo *douriklytoí*, empregado no plural, adquirisse um significado "coletivo e generalizado" como "valentes na batalha", ou "alguma outra expressão imprecisa". Assim, há quem não o traduza literalmente por "afamados lanceiros", mas por "senhores da guerra", ou por algo semelhante.[25]

Se o fragmento 3W fizesse parte de uma narrativa épica, composta à maneira da *Ilíada* e da *Odisséia*, Arquíloco poderia empregar, como faz Homero, um epíteto que, por vezes, não fosse adequado, mas ao qual recorresse como um atributo *essencial* do objeto em questão. Arquíloco, porém, compõe em unidades menores que não exigem tão grande esforço mnemônico e uso de fórmulas; logo, o recurso a elas pode ser mais *consciente*. Quando designa os eubeus como "famosos pela *lança*", após ter mencionado três armas diferentes em versos consecutivos, Arquíloco provavelmente não está sendo "inapto", mas deve ter um motivo, uma intenção específica.

Retornemos ao quarto verso. Como seria "esse combate" (*taútēs mákhēs*)? A "luta" será "obra das espadas", mas é possível conceber uma batalha travada nesse período com uma única arma, apenas com a curta espada? Alguns, associando o poema (Arq. fr.3W) à passagem em Estra-

---

23 Liebel (1812), Gaisford (1823b), Schneidewin (1838) e Hudson-Williams (1926).
24 *Il.* (2.543-44): αἰχμηταί, μεμαῶτες ὀρεκτῇσιν μελίῃσι/ θώρηκας ῥήξειν δηΐων ἀμφὶ στήθεσσι·.
25 Liebel (1812), Lasserre & Bonnard (1958), Burnett (1983, p.40) e West (1993a). Aqueles que o traduzem literalmente são Treu (1959), Tarditi (1968) e Gerber (1970, p.14), que alega se tratar em Homero de um epíteto formular, empregado por Arquíloco "apesar da inconsistência".

bão (10.1.12), crêem tratar-se do combate para o qual os participantes fixaram regras: "que mísseis de longo alcance não sejam utilizados". O fragmento de Arquíloco pode ser citado como mais uma evidência da "Guerra Lelantina". Em que, exatamente, ela consistiu?

Tucídides (I.15), ao demonstrar a dimensão da Guerra do Peloponeso, diz que, antigamente, no período entre a Guerra de Tróia e a Médica, não havia grandes poderes terrestres ou guerras generalizadas, com a exceção da travada entre Cálcis e Erétria, durante a qual todo o mundo grego se dividiu, aliando-se a um dos dois lados. Tucídides não especifica a causa dessa guerra, nem quais eram os aliados. Heródoto (5.99.1) conta que, na revolução jônia, Erétria prestou auxílio a Mileto porque esta a havia apoiado na guerra contra Cálcis, "quando os sâmios auxiliaram os calcídios contra erétrios e milésios". Em outra passagem, Heródoto (I.18) parece somar a Cálcis e Erétria mais dois aliados, Quios e Éritra, respectivamente.

É em Plutarco (*Mor.* 760e-761b) que ouvimos falar pela primeira vez na "Guerra Lelantina". No auge dessa guerra, quando a infantaria calcídia estava sendo derrotada pela cavalaria erétria, Cleômaco chegou como aliado para auxiliar Cálcis. Despediu-se de seu amado e, liderando a cavalaria tessália contra a erétria, Cleômaco repeliu tanto a cavalaria quanto os hoplitas inimigos, garantindo a vitória calcídia.[26]

Os textos de Tucídides e Heródoto não mencionam Lelanto, nem o motivo do conflito generalizado. De outro modo, a "guerra" descrita por Plutarco e Estrabão pode ter sido apenas uma batalha no conjunto maior de conflitos aos quais os historiadores se referem. Afinal, as duas grandes potências devem ter lutado não só nas colônias, mas também em casa, tendo como campo de batalha natural a planície entre elas.[27] Não é lícito, portanto, usar o relato de Estrabão (10.1.12) sobre a estela de Amarinto para associar o fragmento 3W de Arquíloco à "Guerra

---

[26] Cleômaco não sobreviveu ao combate e sua morte é dada como a causa original da aceitação da pederastia entre os calcídios. Na versão de Aristóteles (fr.98 Rose), as circunstâncias da morte de Cleômaco são outras, e o jovem amante seria um dos aliados trácios enviados em auxílio a Cálcis.

[27] A planície em si não seria a causa da guerra, apesar de ter sido rica região vinícola (cf. *Teognidéia* 892). Estrabão (10.1.9) afirma que, naquele tempo, ela possuía reservas de cobre e ferro, mas ele próprio admite que, já na sua época, não havia sinal dos metais (cf. Boardman, 1957, p.27).

Lelantina". Além das razões já expostas, Arquíloco nem menciona a cavalaria que, segundo as passagens de Plutarco e Estrabão que se referem inequivocamente a essa guerra, parece ter desempenhado um papel decisivo.[28]

Historiadores modernos não chegam a um acordo quanto à data ou dimensão da "Guerra Lelantina". Os períodos aventados estendem-se dos séculos VIII ao VI a.c., e suas proporções vão de uma única batalha entre as duas cidades pela planície a uma guerra pan-helênica envolvendo toda a Grécia.[29] Deve ter havido muitas batalhas entre Cálcis e Erétria na planície de Lelanto e, se a mencionada por Plutarco e Estrabão fazia parte da grande guerra à qual Tucídides e Heródoto se referem, o seu motivo não seria pela posse da planície, nem a contenda se decidiria em uma única batalha. Questões de colonização e comércio seriam as causas mais prováveis da série de conflitos que, durante um longo período, envolveu cidades rivais (Cálcis vs. Erétria, Samos vs. Mileto, Corinto vs. Mégara etc.) que se aliavam conforme seus interesses particulares, formando dois "blocos".[30]

Para contextualizar os versos de Arquíloco, é importante saber qual a posição de Paros e Tasos nessas disputas. Dois fatos levariam a crer que Paros se alinhava no bloco dos calcídios: o ataque de Mileto e seus aliados contra colônias párias no nordeste do Egeu e na Propontis, e a aliança de Paros com Cálcis em *c.* 655, na disputa desta com Argos por Acanto.[31] De outro modo, nessa mesma época, Naxos, a cidade vizinha e

---

28 A não ser que a referência à cavalaria se fizesse em parte não preservada do poema. Uma outra estela do santuário de Amarinto (Estrabão 10.1.10) registrava uma procissão de três mil hoplitas, seiscentos cavaleiros e sessenta carros de guerra. Jacoby (1941, p.108) não associa o fragmento 3W de Arquíloco aos relatos de Estrabão, julgando que o poema não pode ser usado para se estabelecer uma cronologia porque: 1) se trata de um fragmento; não sabemos do seu conteúdo ou propósito; 2) nos versos transmitidos, a Guerra Lelantina nem é mencionada; 3) é possível que Arquíloco estivesse apenas citando um exemplo de "luta cavalheiresca". Para a mesma opinião, cf. Boardman (1957, p.28-9), Forrest (1957, p.163) e Treu (1959, p.190-1).

29 Para as datas, veja, por exemplo, Burn (1929, p.14-37), Bradeen (1947, p.223), Forrest (1957, p.160), Boardman (1982, p.III.1.763) e Hornblower (1991, p.49). Para a extensão da guerra, Bradeen (1947, p.223) e a bibliografia citada.

30 Abbott (1892, p.106), Macan (1895, p.249-50), Blakeway (1936, p.48), Boardman (1957, p.27) e Forrest (1957, p.164).

31 Wade-Gery (1952, p.61, n.1): "creio que o contexto histórico dos fragmentos 3 e 56D seja a fundação de Acanto (Plut. *Ques. Gr.* 30)". Forrest (1957, p.164) e Gerber (1970, p.3) compartilham da mesma opinião.

rival de Paros, fundava colônias com Cálcis na Sicília. É difícil discernir com clareza os rumos da política externa de Paros durante esse período, pois ela parece ter eventualmente "mudado de lado" conforme as circunstâncias.[32] De qualquer forma, esses aliados não formavam dois grupos estáveis; em vez de "blocos", ou "ligas", talvez fosse melhor pensar em termos de uma *entente cordiale* (Burn, 1929, p.14).

Arquíloco poderia ter participado, ou ter sido testemunha, dos conflitos regionais na Trácia, pois, com a expansão colonialista, tanto Cálcis quanto Erétria haviam estabelecido bases na Calcídia, e seus soldados lutavam muito próximo de Tasos. Como bem notaram Lasserre & Bonnard (1958, p.26-7), em outro fragmento (Arq. fr.89W) de um poema narrativo marcial, Arquíloco menciona Toronéia, local onde ele pode ter encontrado os "senhores de Eubéia".

Embora o fragmento 3W não nos forneça elementos para precisar as datas da "Guerra Lelantina", ele informa sobre as armas e o modo pelo qual as batalhas eram travadas no século VII. Se não há perspectiva de muitos mísseis nessa luta, o que se teme parece ser outra forma de combate, a da falange hoplítica, na qual o corpo-a-corpo não se dá apenas com espadas, mas também com lanças. Podemos agora entender o epíteto "afamados lanceiros". Embora no poema (Arq. fr.3W) a espada ofereça um contraste maior com as armas de longo alcance, a marca distintiva do hoplita era a lança; tanto que Lorimer (1947, p.115) e Snodgrass (1964, p.179-80), que parecem ignorar o epíteto, julgam improvável que o fragmento se refira à "introdução de armas hoplíticas", justamente por não encontrarem nele menção às lanças características (*doúrata*).

O epíteto "afamados lanceiros" é, portanto, mais que um "eco convencional": a lança não figura no poema por acaso ou para "completar" o verso. Há, com efeito, uma simetria: lanças e espadas, em oposição a arcos e fundas, distinguem o novo tipo de combate pelo qual os eubeus eram afamados. É até possível que essa fama já tivesse sido registrada pelo poeta da *Ilíada*.[33]

---

32 Burn (1929, p.14) e Forrest (1957, p.169).
33 Cálcis era um centro antigo e famoso por suas armas (Donlan, 1970, p.139). Cf. Alceu (fr.357LP) e Snodgrass (1964, p.202, 265, n.44-5; 1967, p.70). Lorimer (1947, p.114) não admite a possibilidade de Homero ter conhecido alguma forma de falange hoplítica e, portanto, livra-se de todas as passagens "suspeitas", considerando-as interpolações.

Encontramos na *Ilíada* passagens que parecem apontar para uma forma incipiente da falange hoplítica, e há evidências arqueológicas de que, por volta de 700-650 a.c., ocorreram mudanças no armamento e o surgimento do escudo hoplítico. Não se trata, porém, de uma "introdução" ou "reforma hoplítica", como é freqüentemente chamada, pois as inovações teriam sido adotadas gradualmente, havendo um período de transição do qual não apenas Arquíloco, mas também Homero seriam testemunhas (Snodgrass, 1965, p.111-3; 1967, p.74). Com essa nova formação, a importância dos mísseis diminuiu, embora eles não fossem totalmente excluídos. Há descrições não só dessa época, mas também mais tardias, de tropas ligeiramente armadas, lutando em conjunto com os hoplitas. Tirteu (fr.11.29-30, 34W), que associa o trabalho dos hoplitas à "espada" (*ksíphos*) e à "longa lança" (*égkhos makrón* = *dóry makrón*), não despreza as tropas ligeiras (*gymnêtes*), que são também exortadas à luta (fr.11.35-38W). Esses guerreiros, mantendo-se agachados sob a proteção dos hoplitas, arremessam pedras e dardos contra o inimigo.

Segundo a leitura mais comum do poema, conclui-se que Arquíloco expressa sua admiração pelos eubeus, cujos métodos de luta seriam mais antigos e nobres, em contraste com os "modernos".[34] Como diz Jacoby (1941, p.108), o fragmento seria "um paradigma da luta cavalheiresca", onde se comparam "as armas pérfidas dos bárbaros na Trácia com as nobres espadas e lanças dos Hipóbotas da Eubéia".[35] Ao contrário, porém, vimos que o poema retrata um momento de transição da luta antiga para a moderna, e o temor ante o *novo* tipo de combate.[36] Assim, a interpretação tradicional faz uma leitura às avessas do fragmento 3W

Assim também, ela julga que a descrição dos abantes na *Ilíada* (2.542) seja mais uma interpolação que celebra a tática hoplítica (Lorimer, loc. cit.).

34 Glotz & Cohen (1925, p.313), Meyer (1936, p.498), Fränkel (1975, p.148) e Burnett (1983, p.400).

35 Jacoby (loc. cit.) também imagina que o poeta esteja aconselhando a si próprio, ou a algum amigo, a deixar Tasos e a Trácia e ir a Eubéia.

36 Bonnard (1957, p.13) e Donlan (1970, p.137). Para Forrest (1957, p.163), após a "introdução" da falange hoplítica, o pacto dos senhores da Eubéia seria o de "banir métodos obsoletos e usar apenas os mais recentes". Embora esta seja uma interpretação interessante da estela de Amarinto, já vimos por que não é possível associá-la ao fragmento 3W de Arquíloco. *Contra*: Romano (1974, p.58).

em virtude da concepção que tem das táticas de guerra em Homero e Arquíloco.

Por fim, cabe notar que, embora os versos não contenham fórmulas homéricas, pode-se dizer que a linguagem[37] e a ideologia pertencem à tradição épica. Talvez essa semelhança se deva, sobretudo, a uma questão de gênero, pois em outros fragmentos marciais de Arquíloco é possível encontrar uma atitude bastante diversa.

---

37 Page (1964, p.132). Treu (1959, p.190-1) concorda que os "homerismos" não são poucos, mas que, entre estes, há o "não-homérico" *polýstonon érgon* ("obra de muitos gemidos").

PARTE III

AS NARRATIVAS MARCIAIS

Como situar as narrativas marciais de Arquíloco em termos da história dos gêneros?[1] Qual a sua relação com a épica homérica, particularmente com a *Ilíada*? Na perspectiva de Bruno Snell, de que maneira esses poemas se enquadram no "período lírico", momento da "descoberta do espírito" que se diferencia da épica sobretudo pela emergência de poetas que "dizem os seus nomes, falam de si mesmos e dão-se a conhecer como indivíduos", e que não mais se ocupam de "façanhas do passado" (*DE* 82-3, cf. Parte I: "A 'descoberta do indivíduo'" *supra*)?

Ao tratar da *forma* de uma obra lírica, Hegel (*Estética*, Werke 15, III. III. C. b 1b α) indica poemas líricos que se aproximam da épica em seu conteúdo (*Gehalt*) e aparência externa (*äusseren Erscheinung*):

> A forma do todo é então, por um lado, a de uma *narrativa*, posto que relata o curso de uma situação, de um acontecimento, a mudança brusca nos destinos de uma nação etc. Mas, por outro lado, o tom fundamental permanece completamente lírico, porque trata acima de tudo, não da descrição ou da pintura carente de subjetividade de um acontecimento real, mas da expressão do modo de conceber e de sentir, do estado de alma alegre ou melancólico, corajoso ou deprimido do poeta, que ressoa ao longo do todo, e, além disso, porque a ação para a qual a obra lírica foi escrita é também da esfera lírica.[2]

---

[1] Para a importância da narrativa na elegia grega arcaica, veja Bowie (2001a, 2001b) e, para o jambo de Arquíloco a Aristóteles, Rotstein (2008).

[2] *"Die Form für das Ganze ist in diesen Arten einerseits* erzählend, *indem der Hergang und Verlauf einer Situation und Begebenheit, einer Wendung im Schicksal der Nation usw. berichtet wird. Anderseits aber bleibt der Grundton ganz lyrisch; denn nicht die subjekti-*

Entre esses poemas de conteúdo (*Inhalt*) épico e tratamento (*Behandlung*) lírico, encontram-se αα) o epigrama e epitáfio, ββ) a narrativa descritiva (romances), e γγ) baladas. No grupo seguinte (III. III. C. b 1b β), nos "poemas de ocasião" (*Gelegenheitsgedichte*), o elemento subjetivo da lírica surge de maneira mais explícita, uma situação efetiva oferecendo ao poeta uma oportunidade para que se expresse nela ou sobre ela:

> Em segundo lugar, o elemento subjetivo da poesia lírica revela-se mais explicitamente quando um acontecimento ou uma situação real se oferece ao poeta como mero pretexto para exprimir-se nele, ou sobre ele.[3]

Citam-se, como exemplo, as elegias marciais de Calino e Tirteu:

> Calino e Tirteu, por exemplo, cantaram elegias guerreiras em circunstâncias reais que lhes serviram de ponto de partida e pelos quais pretendiam entusiasmar o auditório; embora apareçam ainda pouco a sua individualidade subjetiva, e seu coração e sentimento.[4]

Até que ponto as proposições feitas sobre esses poemas de Calino e Tirteu se aplicam às narrativas marciais de Arquíloco? Ao analisar os fragmentos, procuraremos elucidar essas questões.

---

vitätslose Schilderung und Ausmalung des realen Geschehens, sondern umgekehrt die Auffassungsweise und Empfindung des Subjekts, die freudige oder klagende, mutige oder gedrückte Stimmung, die durch das Ganze hindurchklingt, ist die Hauptsache, und ebenso gehört auch die Wirkung, zu welcher solch ein Werk gedichtet wird, ganz der lyrischen Sphäre an."

3 Hegel (*Werke* 15, III.III. C.b 1b β): *"Explizierter nun zweitens tritt schon das subjektive Element der lyrischen Poesie dann heraus, wenn irgendein Vorfall als wirkliche Situation zur blossen Veranlassung für den Dichter wird, sich darin oder darüber zu äussern".*

4 *"So sangen z.B. bereits Kallinos und Tyrtaios ihre Kriegselegien für wirkliche Zustände, von denen sie ihren Ausgangspunkt nahmen und für die sie begeistern wollten, obschon ihre subjektive Individualität, ihr eigenes Herz und Gemüt noch wenig zum Vorschein kommt."*

CAPÍTULO 1

AGRURAS DA GUERRA

A) MALES MAGNÉSIOS (FR.20W)

O fragmento 20W de Arquíloco tem sido citado, desde a Antiguidade, tanto para o estabelecimento das datas de Arquíloco e Calino quanto como testemunho sobre um episódio da história grega arcaica: os "males" dos magnésios e dos tásios. Heraclides Lembo, a fonte mais antiga, transmite o que parece ser um excerto da Constituição dos Atenienses de Aristóteles (22 Müller *FHG* ii.218 = 50 Dilts):[1]

Μάγνητες δ<ι>΄ ὑπερβολὴν †ἀτυχημάτων πολλὰ ἐκακώθησαν· καί που καὶ
᾽Αρχίλοχός φησι·

κλαίω τὰ Θασίων, οὐ τὰ Μαγνήτων κακά.[2]

Os magnésios, por excesso de infortúnios, sofreram muitos males, e em certa passagem também Arquíloco diz:

choro os males dos tásios, não os dos magnésios.

Estrabão (14.1.39-41), a segunda fonte do verso de Arquíloco, cita-o em seu capítulo sobre jônios e cários. O geógrafo descreve a localização

---

1 Este texto de Heraclides Lembo (historiador do século II a.C.) foi erroneamente atribuído a Heraclides Pôntico, o historiador do século IV a.C. (ἐκ τοῦ ῾Ηρακλείδου περὶ πολιτειῶν), cf. Gottschalk (1980, p.157).

2 Bergk (1882), Fick (1888), Hiller (1890), Hoffmann (1898), Diehl (1925, p.36, 52), Adrados (1956-1976, 1990³), Lasserre & Bonnard (1958), Treu (1959), Tarditi (1968) e Gerber (1999). Antes da correção de Tyrwhitt em Heraclides, seguido por Bergk (τὰ *Thasíōn*), lia-se "choro os males dos *mares* (*thalassôn*), não os dos magnésios".

de Magnésia na planície do rio Meandro, os povos que a habitaram, os homens e as construções notáveis, como, por exemplo, o templo a Ártemis, entre outras curiosidades locais. Interessado também na história da cidade, ele discute a questão da cronologia relativa entre Calino e Arquíloco (Estrabão 14.1.40). Embora prosperasse por longo tempo, Magnésia teria sido arruinada pelos treres, que, nessa passagem, são identificados como uma tribo ciméria. A destruição teria sido total, chegando a varrer do mapa a cidade cujo território foi ocupado no ano seguinte pelos milésios, seus antigos rivais. Segundo Estrabão (14.1.40), se Calino menciona os magnésios como ainda prósperos e vitoriosos na guerra contra os efésios,

Ἀρχίλοχος δὲ ἤδη φαίνεται γνωρίζων τὴν γενομένην αὐτοῖς συμφοράν, κλαίειν <φάσκων
τὰ> Θασίων οὐ τὰ Μαγνήτων κακά.³
ἐξ οὗ καὶ αὐτὸν νεώτερον εἶναι τοῦ Καλλίνου τεκμαίρεσθαι πάρεστιν.
ἄλλης δέ τινος ἐφόδου τῶν Κιμμερίων μέμνηται πρεσβυτέρας ὁ Καλλῖνος, ἐπὰν φῇ·
νῦν δ᾽ ἐπὶ Κιμμερίων στρατὸς ἔρχεται ὀβριμοεργῶν,
ἐν ᾗ τὴν Σάρδεων ἅλωσιν δηλοῖ.

É evidente que Arquíloco já conhece a desgraça que lhes sucedera, [dizendo] chorar

[os] *males dos tásios, não os dos magnésios*.⁴

A partir disso, é possível dar testemunho de que [Arquíloco] é mais jovem que Calino. Calino lembra uma outra invasão ciméria mais antiga quando diz (fr.5aW):
"e agora chega a tropa dos violentos cimérios",
onde ele se refere à captura de Sardes.

Estrabão sugere que os "males magnésios", que se tornaram proverbiais, sejam a extinção da cidade pelos treres.

---

3 κλαίειν Θάσον, οὐ τὰ M. κ. Liebel (1818: "chorar Tasos, onde há males magnésios"). κλαίειν τὰ ΘΑΣΙΩΝ οὐ τὰ M.κ. Gaisford (1823b). κλαίω δὲ Θάσσον, οὐ τὰ M.κ. Schneidewin (1838).
4 Nota-se que, ao citar Arquíloco (fr.20W), Estrabão parafraseia parte do poema (*klaíen pháskōn*). Os manuscritos apresentam o verbo (*klaíō*) na forma do infinitivo, θάσ̃ων, θάσσον e θείων (em vez de θασίων) como predicados, e οὑ em lugar de οὐ.

Uma outra fonte, aparentemente contraditória, é Ateneu (*Deipn.* 12.525c). A seu ver, Arquíloco e Calino se referem à destruição de Magnésia por Éfeso, o que pode ser uma inferência a partir do fato de que os efésios ocuparam o antigo território magnésio (cf. Hogarth, *CAH*, v.3, cap.21, p.50); ou, ainda, ele podia ter em mente não esse episódio notório (como quer Blakeway, 1936, p.45), mas outros conflitos atestados por Eliano (*V.H.* 14.46).

Outra hipótese é que os "males magnésios" representassem a sujeição da cidade jônia à Lídia. Hauvette (1905, p.28-31) e Podlecki (1984, p.32), citando relatos tardios (Plínio, *N.H.* 7.38, 35.8) dos ataques sofridos por Magnésia durante o reino de Candaules, sugerem que os "males magnésios" fossem invasões anteriores à dos treres. Hudson-Williams (1910, p.262) também os identifica com a sujeição da cidade à Lídia, mas na época de Giges.[5] Conforme, porém, argumenta Jacoby (1941, p.104), esse foi o destino comum à maior parte das cidades gregas da Ásia; não havia, portanto, motivo para que se tornasse proverbial. Ao contrário, o total desaparecimento de uma cidade, permitindo que inimigos antigos ocupassem seu território, seria um fato memorável.

Porque Calino menciona a prosperidade dos magnésios, e Arquíloco, os seus "males", Estrabão concluiu que o segundo, por contar um fato mais recente, seria o mais jovem dos dois.[6] No entanto, ele não cita o poema de Calino em questão (fr.3W), mas um verso (fr.5aW) que menciona uma "invasão anterior" na qual os cimérios capturaram Sardes. Quanto aos treres, há uma certa confusão, pois a tribo é identificada por Estrabão ora como trácia (13.1.8), ora como ciméria (1.3.18-21), e, em uma terceira passagem que não trata de sua origem, ela é diferenciada dos cimérios (13.4.8): "Calístenes diz que Sardes foi tomada primeiro pelos cimérios, depois pelos treres e lícios, como mostra Calino, o poeta elegíaco, e que, por último, foi tomada no tempo de Ciro e Creso".[7] A esse respeito, Heródoto

---

[5] Cf. Nicolau de Damasco (*De virtutibus* in *FGrH* 90 F62; cf. com. ii. 233 ss., 239, 244).

[6] Clemente de Alexandria (*Strom.* 1.131.7 = Dionísio de Halicarnasso *FGrH* 251 F 3) situa os eventos narrados no fragmento 20W no final do século VIII e, para Blakeway (1936, p.53), Arquíloco teria vivido durante a segunda metade século VIII a.C.

[7] Calístenes (*FGrH* 124 F 20): φησὶ δὲ Καλλισθένης ἁλῶναι τὰς Σάρδεις ὑπὸ Κιμμερίων πρῶτον, εἶθ᾽ ὑπὸ Τρηρῶν καὶ Λυκίων, ὅπερ καὶ Καλλῖνον δηλοῦν, τὸν τῆς ἐλεγείας ποιητήν, ὕστατα δὲ τὴν ἐπὶ Κύρου καὶ Κροίσου γενέσθαι ἅλωσιν. A obra de Calístenes (século IV a.C.) sobre a história arcaica das cidades gregas na Ásia Menor (᾽Αλεξάνδρου πράξεις) é provavelmente a fonte de Estrabão (14.1.40). Segundo Tucídides (2.96.4) e St. Byz. (s.v. Τρῆρες = Calino fr.4W), os treres são trácios. Para Burn (1960, p.105) e Boardman (1980,

(1.15) afirma que o filho e sucessor de Giges ainda lutava contra os cimérios quando estes tomaram a cidade baixa de Sardes (possivelmente com o auxílio de treres e lícios).[8]

Arquíloco e Calino, vivendo aproximadamente na mesma época, poderiam narrar conflitos mais ou menos antigos. No entanto, se Arquíloco compôs o poema em que menciona Giges (fr.19W) enquanto este ainda estava vivo, e se aceitarmos a tese segundo a qual Giges morreu lutando contra os cimérios em uma batalha que fazia parte dessa mesma onda de ataques que causou a destruição de Magnésia, todos esses fatos datariam aproximadamente do mesmo período (Hauvette, 1905, p.26). Segundo Jacoby (1941, p.106), os "males magnésios" do verso de Arquíloco teriam ocorrido no mesmo ano da morte de Giges (652 a.C.). Isso, porém, não significa que o texto de Calino seja *necessariamente* mais recente que o de Arquíloco, a não ser que se julgue que a matéria desses poemas tenha, via de regra, origem em acontecimentos contemporâneos aos poetas.

Os cálculos de Jacoby (1941, p.97-109), que chega a uma estimativa de *c.* 680-640 a.c. para o período de vida de Arquíloco (Calino é considerado seu contemporâneo ou ligeiramente mais jovem), têm sido aceitos de modo geral. Essa datação baseia-se, principalmente: 1) na menção ao eclipse solar de 6.4.648 a.C. (Arq. fr.122W); 2) nos anais babilônicos que registram a data da morte de Giges em 652 a.C. e o reinado de Assurbanipal em *c.* 668-631 a.C.; 3) na aproximação do fragmento 19W de Arquíloco a Heródoto (I.12.2); e 4) na destruição de Magnésia pelos treres (*c.* 652 a.C.?, cf. Arq. fr.20W).[9]

Não há como saber se os "males magnésios" já eram proverbiais quando Arquíloco compôs seu poema. De qualquer forma, é possível que logo tenham adquirido notoriedade, se é que os versos da *Teognidéia* (603/4) e de Teógnis (1103/4) têm em vista o mesmo evento:[10]

---

p.91), os treres, originalmente uma tribo trácia, participaram das invasões do século VII ao lado dos cimérios, expulsos do Mar Negro pelos síntios. Daí a possível confusão. Hogarth (in *CAH* I, p.596), por sua vez, acredita que os treres da Ásia Menor aliados aos cimérios não tinham relação com os da Trácia. Para outras hipóteses, cf. Wirth (1967, p.47-51).

8 Cf. Estrabão (13.4.8), Mellink (1991, p.647).

9 Veja, porém, Lavelle (2002: 344-351), para a hipótese de que foi a contratação dos cários por Psamético em 664 ou 663 a.C. e a referência a esses aliados no fragmento 216 de Arquíloco que teria motivado a datação de Arquíloco, por Apolodoro, precisamente em 664/3 a.C.

10 Hudson-Williams (1910, p.262), entre outros, acredita que na época de Arquíloco a destruição de Magnésia já era proverbial. Jacoby (1941, p.104), ao contrário, nem tem certeza de que

603   τοιάδε καὶ Μάγνητας ἀπώλεσεν ἔργα καὶ ὕβρις,
      οἷα τὰ νῦν ἱερὴν τήνδε πόλιν κατέχει.

destruíram também Magnésia feitos e desmesura,
como os que agora se apoderam desta cidade sagrada.

1103 ὕβρις καὶ Μάγνητας ἀπώλεσε καὶ Κολοφῶνα
      καὶ Σμύρνην· πάντως Κύρνε καὶ ὔμμ᾽ ἀπολεῖ.

a desmesura destruiu Magnésia, Cólofon
e Esmirna; certamente, Cirno, também a vós destruirá.

A "desmesura" (*hýbris*), causa da ruína de Magnésia segundo a *Teognidéia* e Teógnis, também pode estar subentendida em Heraclides. Os versos de Teógnis (1103-4) são mais antigos que os da *Teognidéia* (603-4), e como mencionam mais duas cidades gregas podem levar a crer que "os males magnésios" fossem realmente a sujeição da cidade à Lídia, ou que, se tinham originalmente um significado diverso, foram interpretados como tal por Teógnis. É ainda possível que esses dois dísticos nem tratem do mesmo assunto que o fragmento 20W de Arquíloco;[11] o fato de não mencionarem "os males magnésios", mas sua "destruição" pela "desmesura", reforça essa hipótese.

Juliano (*Or.* 7.210d-211a)[12] é outra fonte tardia do provérbio. Tarditi (1959, p.118) julga haver também aqui uma associação entre a "desmesura" e seu castigo; mas, ao empregar a frase apenas como termo de comparação para algo indizível e vil, Juliano (loc. cit.) pouco esclarece sobre a causa ou a natureza dos "males magnésios":

> ἔγραψε γὰρ καὶ τραγῳδίας τοῖς λόγοις τοῖς ἑαυτοῦ παραπλησίας, ἀρρήτων ἀρρητότερα καὶ κακῶν πέρα, καὶ οὐκέθ᾽ ὅτι φῶ περὶ αὐτῶν ἀξίως ἔχω, κἂν τὰ Μαγνήτων κακά, κἂν τὸ Τερμέριον, κἂν πᾶσαν ἁπλῶς αὐτοῖς ἐπιφθέγξωμαι τὴν τραγῳδίαν μετὰ τοῦ σατύρου καὶ τῆς κωμῳδίας καὶ τοῦ μίμου, οὕτω πᾶσα μὲν αἰσχρότης, πᾶσα δὲ ἀπόνοια πρὸς ὑπερβολὴν ἐν ἐκείναις τῷ ἀνδρὶ πεφιλοτέχνηται·

---

a expressão fosse um provérbio na *Teognidéia* (603/4) e em Teógnis (1103/4), pois, a seu ver, essas poderiam ser "adaptações" da matéria de Calino a "máximas moralizantes".
11 Cf. Wilamowitz-Möllendorff (1913, p.283) e Lehmann-Haupt (*RE* XI 420).
12 *Or.* 7.210d = *Suda* s.v. Μαγνήτων κακά.

pois ele [Enomao] escreveu tragédias semelhantes aos seus discursos, mais do que infames, excessivamente vis, e não tenho o que falar delas, nem mesmo citarei *os males dos magnésios*, nem mesmo o termério, ou simplesmente toda a tragédia com o drama satírico e o mimo; assim, todo excesso de vileza e de toda insensatez foram naquelas obras habilmente criadas pelo homem.

Fränkel (1975, p.139) aponta para um aspecto do fragmento 20W de Arquíloco que é repetidamente sublinhado como um traço diferenciador da lírica arcaica com relação à épica: o poeta lírico não revela interesse por fatos distantes no tempo ou espaço, para ele, "a história do mundo empalidece diante do que ocorre na nossa própria rua".[13] Nessa perspectiva, o poema, assim como a lírica de forma geral, centra-se no sujeito ("eu" lírico), no espaço e tempo presente.

É possível que Arquíloco estivesse vivo quando a calamidade assolou Magnésia, mas não é necessário supor que ele estivesse, como quer Fränkel, em oposição à épica, *recusando-se* a cantar um evento passado e distante, para celebrar um atual e próximo. Pelo contrário, comparar os "males tásios" a outros, talvez mais antigos, certamente mais notórios, seria um recurso eficaz para ressaltar suas dimensões.

Enquanto se buscou, com base em outras fontes, situar historicamente os "males magnésios", para os "males tásios", o verso de Arquíloco (fr.20W) é nosso único testemunho e, a partir dele, muito pouco se pode inferir. Não sabemos se foram conflitos internos (Lasserre, 1950, p.230 ss.) ou externos, mas a segunda hipótese é preferível (Gerber, 1970, p.21), dada a comparação com Magnésia: no caso, as duas cidades gregas estariam enfrentando ameaças dos bárbaros.[14]

B) LAMENTOS TÁSIOS (FR.102, 103 E 228W)

Em outros fragmentos, Arquíloco chora "males dos tásios" cujas origens e natureza não são mais que objeto de especulação, em virtude da brevidade das citações e dos papiros. Um deles é o verso transmitido por

---

13 Cf. Treu (1959, p.197).
14 Cf. Arq. (fr.91, 136W) e Tarditi (1959, p.118). Lasserre (Lasserre & Bonnard, 1958) insere esse fragmento em um epodo que ele reconstruiu (arbitrariamente) com base em Horácio (*Ep.* 16) e Virgílio (*Ep.* 5).

Estrabão (8.6.6) como evidência de que Arquíloco foi um dos primeiros a empregar a palavra "pan-helênico" (fr.102W):

Περὶ δὲ τῆς Ἑλλάδος καὶ Ἑλλήνων καὶ Πανελλήνων ἀντιλέγεται. Θουκυδίδης μὲν γὰρ τὸν ποιητὴν μηδαμοῦ βαρβάρους εἰπεῖν φησὶ διὰ τὸ μηδὲ Ἕλληνάς πω τὸ ἀντίπαλον εἰς ἓν ὄνομα ἀποκεκρίσθαι. καὶ Ἀπολλόδωρος δὲ μόνους τοὺς ἐν Θετταλίαι καλεῖσθαί φησιν Ἕλληνας·
Μυρμιδόνες δ' ἐκαλεῦντο καὶ Ἕλληνες
Ἡσίοδον μέντοι καὶ Ἀρχίλοχον ἤδη εἰδέναι καὶ Ἕλληνας λεγομένους τοὺς σύμπαντας καὶ Πανέλληνας, τὸν μὲν περὶ τῶν Προιτίδων λέγοντα ὡς Πανέλ–ληνες ἐμνήστευον αὐτάς, τὸν δὲ ὡς
Πανελλήνων ὀϊζὺς ἐς Θάσον συνέδραμεν.

Há uma controvérsia acerca de "Hélade", "helenos" e "pan-helênicos". Pois Tucídides (1.3) diz que o poeta [Homero] em parte alguma menciona bárbaros, porque os helenos ainda não se haviam distinguido por meio de um único nome que os opusesse àqueles.[15] Apolodoro (244 F 200) diz que só os tessálios se chamavam helenos (*Il.* 2.684):

"e chamavam-se mirmídones e helenos"[16]

mas Hesíodo e Arquíloco já sabiam que todos se chamavam helenos e pan-helenos; o primeiro, sobre as filhas de Preto, diz que "todos os helenos" as cortejaram (fr.130M-W), o outro, que (Arq. fr.102W)

o lamento de todos os helenos a Tasos concorreu.

Os primeiros editores do fragmento 102W de Arquíloco tinham apenas essa passagem de Estrabão como fonte. Alguns consideravam a conjunção "que" (*hos*) como parte do verso,[17] embora Liebel já tivesse indicado em 1818 que não pertencia à citação de Arquíloco, mas ao texto de Estra-

---

15 No entanto, o termo "pan-helênico" é empregado por Homero (*Il.* 2.530) e Hesíodo (*Erga* 528), cf. Kirk (1985, p.202). Um cochilo de Tucídides, ou não? Aristarco já estranhava a ocorrência de *Panéllēnas* nessa passagem, e Kirk (loc. cit.) também acredita se tratar de interpolação pós-homérica, embora note que, se *Héllēnes* ocorre apenas uma vez em Homero, *Panakhaioí* é fórmula presente no final de oito versos. Cf. Wilamowitz-Möllendorff (1931-1932, v.I, p.87) e Heródoto (2.178).

16 Ignora-se por que o nome de uma tribo ("helenos") foi estendido a todos os gregos (cf. Kirk, 1985, p.229).

17 Gaisford (1823b), Schneidewin (1838), Bergk (1882, 1915), Fick (1888), Hiller (1890), Diehl (1925, 1936, 1952), Hauvette (1905, p.187), Adrados (1956-1976, 1990³) e Treu (1959).

bão.[18] Lobel publicou em 1954 um pequeno fragmento do *P. Oxy.* 2313 fr.18 (= Arq. fr.103W) que talvez fizesse parte do mesmo poema. Com a inserção do verso transmitido por Estrabão (8.6.6), teríamos:[19]

]νερ.[
Πανελλήνων ὀϊζὺς] ἐς Θάσ[ον συνέδραμεν
π]λοῦτ[ο

O único acréscimo significativo, a menção à "riqueza" (*p*]*loût*[*o*) no verso seguinte, embora incerta, se enquadra bem no contexto imaginado por Treu (1959, p.215): a seu ver, a "escória de toda a Grécia" ("*Abschaum aller Hellenen*") reuniu-se em Tasos esperando enriquecer. Seria uma corrida do ouro? Lasserre & Bonnard (1958, p.31) acreditam que sim e associam esse fragmento ao do "filho de Pisístrato" (Arq. fr.93aW).[20]

Na mesma linha, Fränkel (1975, p.147) e Gerber (1970, p.24) supõem que o substantivo "lamento" (*oïzdýs*) seja empregado de forma equivalente ao adjetivo substantivado "miseráveis" (*oizdyroí*).[21] Essa leitura pode ter sido sugerida pelos lexicógrafos tardios, particularmente por Hesíquio, que glosa *oïzdýs* por "pobreza", além de "sofrimento", "fadiga", e "perversidade".[22]

Lasserre (Lasserre & Bonnard, 1958) mantém a conjunção como parte do verso, mas, no aparato crítico, declara sua incerteza.

18 Hoffmann (1898), Jacoby (Apolodoro 244 F 200), Tarditi (1968), West (1989²), Bossi (1990, p.158) e Gerber (1999) seguem-no. Bossi (loc. cit.) afirma, porém, não estar absolutamente certo a esse respeito, citando Eurípides (*I.A.* 350) como um possível argumento contrário.

19 Lobel (in Lobel & Roberts, 1954) indicou a possível combinação dos fragmentos Arq. 102 & 103W que foi efetuada por Treu (1959, fr.54), com a adição dos suplementos (exceto o *hos* que ele mantêm). Cf. também Campbell (1982, p.149). No *P. Oxy.* 2313 fr.36 (= fr.Arq. 104.2W: ἐ]ς Θάσον κ[), o κ indica que se trata de outro poema ou verso (não o mesmo citado por Estrabão) onde uma "expedição" pode ter sido mencionada (v.3:]ν ἄνα στ[), se a leitura não fôr σπ[, como sugere West (1971-1989).

20 Cf. tradução de Bonnard (in Lasserre & Bonnard, 1958): "quando a miséria de todo o povo grego...". Veja Owen (2003, p.1, n.2), que prefere uma tradução na qual se enfatiza o desespero dos colonos, denegrindo-os: "a escória de todos os gregos reuniu-se em Tasos".

21 Gerber (1970, p.24) imagina a debandada desses "miseráveis" de toda a Grécia para Tasos como sendo a causa dos "males" aos quais o poeta se refere no fragmento 20W. Mas, vindos de toda a Grécia, não poderiam ser os mesmos "cidadãos mortos de fome" do fragmento 109W: <ὦ> λιπερνῆτες πολῖται (cf. Wistrand, 1964, p.258).

22 ὀϊζύς· πτωχεία, κακοπάθεια, ταλαιπωρία, κακουργία. Cf. também *Phot. Lex.* (318.9P) = *Suda* ὀϊζύς· πόνος, ταλαιπωρία; e o *Et. Magn.* (619.51) ὀϊζύς· ἡ ταλαιπωρία. Bossi (1990, p.158-9) discute as glosas.

A maioria faz a equivalência de *oïzdýs* ("lamento") e *talaipōría* ("fadiga", "pena"), uma das opções dadas pelos léxicos (cf. nota 21). A preferência talvez se deva à associação da palavra com *pónos* e *kámaton* ("trabalho", "fadiga") na épica.[23] O substantivo *oïzdýs*, originariamente derivado do verbo *oízdō*, que significa "gritar *oí*" (exclamação de dor), é termo expressivo para "lamento"[24] e, daí também, "sofrimento", "miséria" (Chantraine, 1968, s.v.). Isso não exclui a possibilidade de um contexto de guerra para o fragmento de Arquíloco,[25] e, no caso, pode significar tanto "aqueles que se lamentam", "os que são lamentáveis", ou ainda, "os que serão causa de lamento" para todos os gregos.[26]

Na fórmula épica, *oïzdýs*, coordenado com *pónos* (cf. nota 22), é enviado pelos deuses aos homens, e é difícil saber até que ponto, em Homero e Arquíloco, o sentido é mais concreto, significando a "lamentação" propriamente dita, ou figurado, como "sofrimento", "miséria". O predicado causa certo estranhamento, fazendo o "lamento" parecer uma personificação, pois nas demais ocorrências do substantivo ele jamais tem como predicado um verbo de ação, como neste caso ("a miséria de toda a Grécia *reúne-se, correndo,* em Tasos"). Bossi (1990, p.159) nota, inclusive, que atrás da expressão de Arquíloco pode estar a personificação "Miséria" (*Oïzdýs*), presente também na *Teogonia* (214) de Hesíodo.

O adjetivo "triplamente lamentável" (*trisoizdyrḗn*), da mesma raiz de *oïzdýs* e modificando também o mesmo objeto (Tasos), ocorre apenas em outro verso jâmbico de Arquíloco transmitido por Eustácio (*in Hom.* p.1542 = fr.228W):

---

23 Cf. a fórmula homérica que reúne *oïzdýs* + *pónos* (*Il.* 13.2, 14.480, *Od.* 8.529) e *oïzdýs* + *kámaton* (*Il.* 15.365).
24 Cf. *Il.* (14.89): "lamentamos muitos males" (ὀϊζύομεν κακὰ πολλά).
25 O adjetivo qualifica o combate (*pólemos*) em *Il.* (3.112). Adrados (1956-1976, p.91 n.2, 1990³) traduz *oïzdýs* por "miséria", que ele interpreta, neste contexto, como decorrente da participação de várias cidades gregas nas lutas em Tasos.
26 A última hipótese parece menos provável. Cf. Treu (1959, p.215), Scherer (1964, p.95), Gerber (1970, p.25), Campbell (1982, p.149), Burnett (1983, p.29) e Bossi (1990, p.158). Lasserre (Lasserre & Bonnard, 1958) nota que Timão (século III a.C.) poderia ter Arquíloco em mente ao compor os seguintes versos (fr.3D = *Suppl. Hell.* 777): "Não me agrada o pão de Teos, nem o tempero/ dos lídios, mas em uma simples lentilha seca/ está toda a miséria da dieta sem luxo dos gregos" (οὔτε μοι ἡ Τείη μᾶζ᾽ ἀνδάνει οὔτε καρύκη/ ἡ Λυδῶν, λιτῆι δὲ καὶ αὐαλέηι ἐνὶ κόγχωι/ Ἑλλήνων ἡ πᾶσ᾽ ἀπερισσοτρύφητος ὀϊζύς). O poema evoca também os fragmentos 2, 102 e 114W, e nota-se que a *mâzda*, neste texto tardio, não é mais o "pão sovado" do fragmento 2W, mas um artigo de luxo.

ἰστέον δὲ ὅτι αἱ συνθέσεις τοῦ τρίς ἐπιρρήματος ποτὲ μὲν ... αὐτόχρημα τριάδα δηλοῦσιν... ποτὲ δὲ πλῆθος σημαίνουσιν, ὡς ... καὶ ἐν τῷ
    ἀλλ' ὦ τρισκεκορημένε Σμερδίη
παρ' Ἀνακρέοντι (fr.366PMG), ἤγουν πολλάκις ἐκσεσαρωμένε, καὶ
    Θάσον δὲ τὴν τρισοιζυρὴν πόλιν [27]
παρ' Ἀρχιλόχῳ ἤτοι τὴν λίαν ὀϊζυράν.

Deve-se saber que os compostos do advérbio "três" às vezes ... revelam exatamente o triplo ... às vezes indicam uma multiplicidade, como também em
    "mas, ó triplamente arada Esmêrdies"
de Anacreonte, isto é, muitas vezes varrida, e
    Tasos, a triplamente lamentável cidade
de Arquíloco, certamente, a muito lamentável [cidade].

Alguns editores do texto de Arquíloco[28] separam o adjetivo composto (*trisoizdyrén*) cuja ocorrência motivou Eustácio a citar o verso. Lasserre (in Lassere & Bonnard, 1958) foi o primeiro a sugerir que o fragmento *P. Oxy.* 2313 fr.34 pertencesse ao mesmo poema (seguido por Treu e West, com reservas).[29] Novamente, como no fragmento 102W, apesar das sugestões verossímeis, não se pode precisar no que consiste exatamente a "miséria de Tasos".

---

27 Cf. Eustácio (*in Hom.* p.725.38): "Arquíloco dizia que Tasos é uma "cidade triplamente lamentável" ('Ἀρχίλοχος δὲ "τρισοιζυρὴν πόλιν" ἔφη τὴν Θάσον).

28 Fick (1888), Hoffmann (1898) e Bahntje (1900, p.63). Cf. [Hesíodo] fr.211.7 e Sófocles (*O.C.* 372).

29 *P. Oxy.* 2313 fr.34:   ].
        τρισο]ιζυρη[ν πόλιν.

Tarditi (1968), considerando apenas o papiro, tem "Θάσον δὲ τὴν" como parte da frase de Eustácio.

CAPÍTULO 2

O MONUMENTO DE MNESÍEPES
(FR.89, 88W)

No leito do Êlita, uns três quilômetros a nordeste de Paros, foram descobertos em 1949 três blocos de mármore cujas inscrições datam da segunda metade do século III a.c.[1] Os textos foram publicados por Kontoleon (1955, p.34), segundo o qual os mármores haviam sido roubados de uma construção, de um fosso ritual (*bóthros*) ou de um altar (*eskhára*) onde Arquíloco era honrado como herói, recebendo oferendas em um culto ctônico. Outra hipótese é que as inscrições estariam inseridas num *Hérōion* que incluísse um ginásio associado com o culto, como o Mimnérmeion em Esmirna (Kontoleon, 1955, p.50-2). Robert (1955, p.249) e Peek (1955, p.14, n.2) rejeitam a idéia de um ginásio, mas admitem a existência de um *Hérōion* ou *Mouseîon* no qual o poeta, em festivais periódicos, teria sido honrado com a recitação de seus poemas.[2]

Outros blocos poderiam pertencer ao conjunto, mas, das três pedras encontradas, apenas duas são inscritas. Nelas haveria originalmente um total de quatro colunas de texto, 57 linhas por coluna.[3] Mnesíepes,[4] o responsável pelas inscrições e pela construção ou "reforma" (restauração?)

---

1 Robert (1955, p.248) nota que a disposição livresca do texto, gravado em colunas como papiros inscritos sobre a pedra, é comparável à da *Crônica de Paros* da mesma data. Veja Clay (2004) para o culto a Arquíloco e um estudo dos memoriais de Mnesíepes e Sóstenes.
2 Para Tarditi (1956, p.129), durante as festas, também seria divulgada uma biografia do poeta. Cf. Parke (1958, p.90).
3 Cf. Kontoleon (1955) e Peek (1955) para uma descrição pormenorizada e reproduções fotográficas.
4 Se Mnesíepes fosse apenas um representante da "sociedade" (*sýnodos*), seu nome não figuraria nas respostas do oráculo. O plural presente no texto (E_1ii. 19) seria o de autor ou de

do recinto sagrado (*témenos*) em honra do poeta e de outras divindades, pertencia à poderosa e influente família de Sóstenes II, que também dedicou mais tarde (*c*. 126 a.C.) um monumento a Arquíloco.[5]

Infelizmente, essas inscrições e, em particular, a do segundo bloco, que mais nos interessa, estão muito danificadas pela corrosão. Na primeira pedra (E_1), é possível ler apenas algumas letras da primeira coluna (E_1I), talvez uma menção a Paros no genitivo.[6] A segunda coluna (E_1II) está inteira e nela encontram-se os oráculos dados a Mnesíepes que sancionaram a construção já iniciada do templo (ou altar) e prescreveram as divindades a serem cultuadas juntamente com Arquíloco (1-15). As três respostas do oráculo corresponderiam a três perguntas feitas por Mnesíepes. No templo, Mnesíepes deveria 1) erigir um altar e sacrificar às Musas, a Apolo *Mousagétēs* e *Mnēmosýnē*, Zeus *Hyperdéksios*, Atena *Hyperdéksia*, Posídon *Aspháleios*, Héracles, Ártemis *Eukléia*, e enviar uma retribuição a Delfos; 2) sacrificar a Dioniso, às Ninfas e Horas, a Apolo *Prostatérios*, Posídon *Aspháleios*, Héracles, e enviar uma contribuição a Delfos; e 3) honrar Arquíloco.[7]

Uma das hipóteses é que o monumento fora erigido com (ou por) a organização de uma "sociedade" (*sýnodos*) cujos patronos eram Apolo e Dioniso e que, como os Homéridas em Quios, se ocupava de Arquíloco como "herói fundador" (*hḗrōs ktístēs*) ou "primeiro autor" (*arkhēgétēs*) da poesia em Paros.[8] A segunda possibilidade é a mais provável, pois,

---

modéstia (Peek, 1955, p.16). Embora a iniciativa provavelmente tenha sido de Mnesíepes, outros também estariam interessados nessa empresa (Privitera, 1965, p.7).

5 Sóstenes II era neto de Próstenes (Gossage, 1951, p.213-21). As epígrafes do *Monumento de Sóstenes* já haviam sido publicadas desde o início deste século (*IG* XII (5) 445 (+ Suppl. p.212), *FGrH* (502), cf. Parte III.3 *infra*.

6 Π]αρίων Kont. A seguir, as leituras e os suplementos dos editores serão assinaladas apenas por seus nomes (ou abreviações); as correções posteriores ou sugestões presentes em seus artigos sendo notadas com a indicação bibliográfica completa (ano e página).

7 Cf. Peek (1955, p.12-3), Tarditi (1956, p.123), Parke (1958, p.91) e Privitera (1965, p.7). Segundo Peek (1955, p.16), o oráculo introduzia em Paros os cultos a Zeus *Hyperdéksios*, Atena *Hyperdéksia* e Apolo *Prostatérios* com a aparente intenção de "corrigir o caráter estrito e privado da sociedade", e de oficializar o culto a Arquíloco. Privitera (1965, p.8-25) procura estabelecer um vínculo imediato entre todas as divindades que tinham sido prescritas e a obra de Arquíloco, o que por vezes não é convincente.

8 Kontoleon (1955, p.53), Peek (1955, p.13-5), Robert (1956, p.150) e Tarditi (1956, p.124).

se Arquíloco fosse cultuado como herói fundador, o monumento deveria estar em Tasos, não em Paros.[9] Segundo Parke (1958, p.91), o monumento foi construído em agradecimento pela liberação de males. É difícil imaginar de que tipo poderiam ser, ou como relacioná-los com Arquíloco, a não ser que Parke tenha em mente a passagem sobre as acusações feitas pelos pários contra o poeta, o castigo infligido por Dioniso à população e, por fim, o estabelecimento do "novo culto" dionisíaco na ilha (E_1III 36-46, cf. p.196 *infra*). Há também a hipótese de que Mnesíepes e seu grupo tivessem interesse político em manter ou reavivar o culto do poeta. A sugestão é verossímil, mas, por azar, a natureza específica do *Monumento a Arquíloco*, ou da sociedade, foi provavelmente descrita na primeira coluna da qual pouco resta.

Ainda na segunda coluna (E_1II 20-22), após os oráculos, Mnesíepes registra uma "biografia" de Arquíloco, dizendo que essas informações foram transmitidas pelos antigos e redigidas por ele mesmo.[10] O material obtido "dos antigos", isto é, as lendas ou a tradição pária sobre Arquíloco, é introduzido pelo discurso indireto (E_1II.21, III.16, 36, 43, 46), enquanto os oráculos e poemas citados vêm de outras fontes (Kontoleon, 1955, p.45-7).[11]

No primeiro mito, o do encontro de Arquíloco com as Musas, é narrada a origem de seu dom para a poesia. Quando o rapaz estava a caminho da cidade, tendo sido enviado pelo pai para vender uma vaca, as Musas apareceram e, em meio a zombarias,[12] trocaram-lhe uma lira pelo animal. Mnesíepes não informa de onde veio esse "mito das Musas".[13] Talvez fosse derivado dos versos de Arquíloco, do fragmento 1W por exemplo (Kontoleon, 1955, p.57), ou poderia ter sido narrado pelo poeta em algum de seus

---

9 Cf. Bowden (1993, p.45-63) e a bibliografia (loc. cit.) para as teses relativas à função do culto heróico na *pólis*. Por volta do século VIII a.C., os cultos aos heróis foram redefinidos. O fundador cultuado, no entanto, deveria ser enterrado na ágora (ou presumido tal), pois exercia o papel de "guardião da cidade" (Bowden, 1993, p.50).
10 E_1II 20-22: τάδε παρα/[δ]έδοταί τε ἡμῖν ὑπὸ τῶν ἀρχαίων καὶ αὐτοὶ πεπρα/[γ]ματεύμεθα.
11 Robert (1955, p.249) acredita que as partes "novas" às quais Mnesíepes se refere sejam citações do autor da crônica de Paros, Démeas, que Peek (1955) quer identificar com o próprio Mnesíepes.
12 As brincadeiras e zombarias das Musas aludem ao jambo, o gênero que fez a fama de Arquíloco.
13 Cf. Breitenstein (1971, p.9-12).

poemas perdidos (Webster, 1958, p.29, n.47), ou, ainda, elaborado de forma independente na época de Mnesíepes, por rapsodos locais.[14] Uma *pyksís* ("caixa") de Boston nos serviria para datar a antigüidade desse mito (*c*. 460-450 a.C.), se tivéssemos certeza de que as cenas nela representadas são as do encontro de Arquíloco com as Musas. De um lado, há uma vaca, um vaqueiro e uma mulher (vestida de forma diversa das outras mulheres); de outro, três mulheres com instrumentos musicais (lira, cítara e siringe); e, no último, duas mulheres, respectivamente, com um *aúlos* e uma cítara. Beazley (1931-1963, p.34-7) sugeriu que se trata do mito de Hesíodo com as Musas, mas, após a descoberta do *Monumento de Mnesíepes*, outros julgaram que fosse uma representação de Arquíloco com as Musas.[15]

Na inscrição, a narrativa encerra-se com o oráculo proferido a Telesicles (o pai de Arquíloco) e Licambes. A origem dos oráculos é outro problema.[16] Parke (1958, p.94) acreditava que tivessem sido transmitidos a Mnesíepes pelos sacerdotes de Delfos. Quando, porém, observou a diferença entre as respostas da inscrição e as transmitidas pela tradição literária,[17] ele admitiu a possibilidade de Mnesíepes ter combinado duas estórias distintas (o "Mito das Musas" e a consulta de Licambes ao oráculo), o que resultou em uma "tradição um tanto truncada".[18]

Essa "combinação" deve ter sido forjada pelo próprio oráculo de Delfos *post eventum*, a fim de obter glória (e oferendas) para o santuário. A idéia de que Arquíloco teria mencionado em seus poemas oráculos que ele e seu pai teriam recebido (Lasserre, 1956, p.233) é, como mostrou Tarditi (1956, p.132 ss.), inverossímil. Ao contrário, assim como o santuário havia divulgado oráculos que associavam Delfos com Homero e Hesíodo,

---

14 Peek (1955, p.21-2), Treu (1959, p.19, n.8) e Tarditi (1956, p.129).
15 Kontoleon (1955, p.57-8), Snell (1957, p.155), Parke (1958, p.92) e Harriott (1969, p.36). *Contra*: Peek (1955, p.23-5).
16 Por causa da censura de Píndaro (*P*. 2.52) a Arquíloco, Tarditi (1956, p.137) supõe que os oráculos délficos foram forjados após o século VI a.C. Os oráculos são tardios, mas Píndaro não teria tanta influência sobre as decisões políticas do santuário.
17 *A.P.* (14.113), Eusébio (*Prep. Ev.* 6.7.1, 5.31.1).
18 Parke (1958, p.92). O interesse de Delfos em Arquíloco, suscitado pela visita de seu assassino, teria durado por gerações, levando à invenção de outros oráculos que, mais tarde, associavam o poeta à Pítia. A biografia de Arquíloco estaria pronta por volta do século V a.C. (Parke, 1958, p.94).

fazendo deles seus propagandistas, o mesmo teria ocorrido com Arquíloco (Defradas, 1954).[19]

Não há muito o que comentar do início da terceira coluna (E_1III). Parece haver menção a uma festa (17) e algumas citações dos jambos de Arquíloco referentes a Dioniso (31-35). Depois, provavelmente, narra-se em prosa a seguinte lenda e oráculo: os pários, que recusavam uma nova forma de culto a Dioniso que Arquíloco procurava introduzir, ficaram impotentes quando abriram contra o poeta um processo público. Ao consultar Apolo (36-46), souberam que deveriam retirar as acusações contra Arquíloco e respeitar o novo culto (47-50); o que pode ter sido considerado a causa originária (*aítion*) deste culto dionisíaco em Paros (Parke, 1958, p.94).

Na segunda pedra, é possível ler apenas na primeira coluna o início das linhas que continham resumos em prosa e uma narrativa marcial de Arquíloco pertencente ao gênero sério e elevado, que não fez a fama de seu autor, lembrado na posteridade como o grande poeta jâmbico.[20] Como não sobrou mais do que um terço de cada verso, é desesperadora, e talvez vã, a tentativa de fazer sentido dessas palavras isoladas e, conseqüentemente, grande a discrepância entre os suplementos e as interpretações oferecidas. Não fosse isso, o texto, além de nos oferecer um belo exemplo de narrativa de guerra de Arquíloco, contribuiria para a compreensão das complicadas alianças e conflitos entre Estados e colônias nesse período tão escassamente documentado.

Antes do poema de Arquíloco (fr.89W), há treze linhas de prosa (*SEG* XV.517, E_2I.1-13; 89W):

1   νομίσειεν ἄν τις ᾿Αρχί[λοχον
    καὶ ἐξ ἄλλων πο[

---

[19] Para notícia de outros oráculos referentes a Arquíloco na tradição literária, cf. 1) o oráculo dado a Telesicles quanto à fama de seu filho na *Antologia Palatina* (14.113), em Enomao (apud Eusébio *Prep. Ev.* 5.32-39,9) e Teodoreto (*Graec. affect. cur.* 10.36), 2) a fundação de Tasos em Enómao (apud Eusébio *Prep. Ev.* 6.7,8) e Steph. Byz. (s.v. Θάσος), e 3) sobre o assassinato do poeta em Díon Crisóstomo (*Or.* 33.11,17), Galeno (*Prot.* I p.22 Kühn), Heraclides Lembo (*Pol.* 8 Dilts), Orígenes (*Contra Celsum* 3.25) e *Suda* (s.v. ᾿Αρχίλοχος).

[20] É por comodidade, seguindo Kontoleon (1955, p.35), que se chama esta outra pedra de "segunda" (E_2), pois na verdade não sabemos se ela vinha imediatamente após a primeira, ou se havia outras de permeio.

γράφειν μακρόν· ἐν ὀ[λίγοις
των δηλωσόμε[θα πολέμου γάρ ποτε πρὸς τοὺς Να]
5   ξίους ἰσχυροῦ ὄν[τος
μένα ὑπὸ τῶν πο[
μασι περὶ αὐτῶ[ν
σας, ὡς ἔχει προ[θύμως (?)
πατρίδος καὶ ὑπ[
10 καὶ ἐνεφάνισεν[
ειν καὶ παρεκάλε[σεν
βοηθεῖν ἀπροφ[ασίστως
καὶ λέγει περὶ αὐτ[²¹

Alguém poderia julgar que Arquí[loco...] e dos outros... escrever extensamente; em p[oucos(?)...] demonstrarem[os, pois estivemos em guerra] feroz [contra os ná]xios... por... acerca dele[s...] assim (ele?) ar[dentemente...] da pátria... e... mostrou... e... invoc[ou]/exort[ou]?... ajudar pront[amente...] e diz acerca...

O redator tem intenção de desfazer uma reputação de Arquíloco – talvez a que surgiu a partir da atitude anti-heróica presente em alguns jambos, ou da sua fortuna na comédia e em relatos "biográficos" como o de Crítias. Mnesíepes cita poemas marciais para fazer a apologia do herói Arquíloco, demonstrando sua bravura e patriotismo na guerra contra os náxios (4-5; Peek, 1955, p.30).

A seguir, por ceticismo, falta de imaginação ou de habilidade em composição de versos gregos, quase nada será acrescido ao trabalho já feito pelos editores, em particular aos comentários pormenorizados de Kontoleon (1955) e Peek (1955) relativos ao fragmento 89W. O arrolamento dos suplementos não implica sua aceitação da nossa parte, e que o leitor não se surpreenda com as hipóteses diametralmente opostas que os editores e críticos nos fornecem. Apenas indicaremos, quando possível, as sugestões que nos parecerem mais verossímeis (embora quase sempre incertas), e alguns pontos de interesse (fr.89W):

---

21 1 ' Ἀρχί[λοχον Kont. 2 πολλῶν μ α̣ Peek. 3 Peek. μακρὸν E Kont. 4 Peek. δηλωσόμε[θα Πολέμου γάρ - - πρὸς τοὺς Να] Kont. 5 Kont. ὄντος κ̣ Peek. 6 π̣ο̣ [λιτῶν Kont. πολ̣[ι]τ̣ῷ[ν Peek. 7 Kont. αὐτῶν̣ [Peek. 8 προ[θύμως Kont. πρὸς α[Peek. 9 Kont. ὑπο Peek. 10 Kont. ἐνεφάνισεν ὠ[ς] ἐν̣ μ̣[ε]γ̣ ? Peek. 11 Kont. παρεκάλε̣σ̣ε̣ν̣ α̣ὐ [τοὺς Peek. 12 Kont. ἀπροφα̣σ̣[ίστως Peek. 13 αὐτ[ῶν ἐν τεῖ -- ὡιδε(;)] Kont. αὐτῶν [ἐν τοῖς ποιήμασιν οὕτω]·

0   τῆς νῦν πάντες[dela, agora todos[
    ----   ----
    ἀμφικαπνίουσιν[deitarão fogo[
    νηυσίν, ὀξεῖαι δ[em naus, e agudas[
    δηΐων, αὐαίνετ[αι δέ   de inimigos, e resse[ca
    ἡλίωι, θράσος τε[pelo sol, e coragem[
5   οἳ μέγ᾿ ἱμείροντες[os que muito desejam[
    Ναξίων δῦναι φ.[f[?] dos náxios penetrar[
    καὶ φυτῶν τομὴν[e o corte das plantas[
    ἄνδρες ἴσχουσιν[homens detêm[
    τοῦτό κεν λεὼι μ[isto, à tropa[
10 ὡς ἀμηνιτεὶ παρῃ[que sem ira[
    καὶ κασιγνήτων .[e de irmãos[
    τέων ἀπέθρισαν[de quem cortaram[
    ἤριπεν πληγῆισιδ[tombou com golpes[
    ταῦτά μοι θυμὸς[isto meu coração[
15 νειόθεν .οβ..δε[do fundo[
    ----   ----
    ἀλλ᾿ ὅμως θανον[mas, de todo modo, morr[
    ----   ----
    γνῶθί νυν, εἰ τοι[sabe agora, se, com efeito[
    ῥήμαθ᾿ ὃς μέλλε[ι   palavras, o que pretend[e
    οἱ μὲν ἐν Θάσωι.[uns em Tasos[
20 καὶ Τορωναίην[e Toronéia[
    ----   ----
    οἱ δ᾿ ἐν ὠκείηισ[ι( ) νηυσί   e outros em [naus] veloz[es
    και...ἐκΠάρου τ[e de Paros[
    καὶ κασιγνη[τ   e irmã[os
    θυμὸς αλ.[coração[
25 πῦρ ὃ δὴ νῦν ἀμφι.[fogo que agora circun[
    ἐν προαστίωι κε[nas cercanias[
    γῆν ἀεικίζουσιν[a terra ultrajam[
    Ἐρξίη, καταδραμ[Êrxia, corr[
    τῶ᾿ς ὁδὸν στελλ[partir assim via[
30 μηδὲ δεξιοὺς επ[nem à direita[

Na altura da linha 14 (= fr.89.0W), ocorre o deslocamento da coluna peculiar às citações diretas de Arquíloco (ou dos oráculos) nessa inscrição. No caso, porém, o que foi inscrito como o primeiro verso deve ser a

---

Peek. Para suplementos mais extensos a esta passagem, cf. Treu (1959, p.48-51, 210-11), *SEG* XV.517 e Gerber (1999).

continuação da prosa, não podendo ser, por questões métricas, o início do poema.[22] Supondo, portanto, que a citação de Arquíloco comece na linha 15 (= fr.89.1W), a primeira palavra é o verbo *amphikapníousin* que significa literalmente "farão fumaça", daí, "deitarão fogo";[23] o sujeito pode ser "os inimigos", possivelmente, os náxios (cf. v.3, 6).[24]

Depois, no segundo verso, há referência às "naus" (*nēusín*)[25] e a um sujeito "agudo" (fem. pl. *okseîai*).[26] Uma hipótese é que sejam os "gritos" (*boaí, kraugaí*) "agudos de inimigos"; ou, segundo a leitura de Kontoleon (1955, p.85), que aproxima essa passagem ao fragmento 107W de Arquíloco,[27] seriam "agudos raios de sol" (*augaí*) que ressecam muitos inimigos. Nessa mesma linha, Peek (1955, p.32) propõe outra opção, julgando tratar-se de uma metáfora onde o "ânimo do inimigo" é ressecado.[28] Apesar de incerta, talvez a sugestão de Kontoleon seja a mais razoável, dada a presença do "sol" (*hēlíōi* = "com/pelo sol") no início do verso seguinte.

Após "sol" (v.4 *hēlíōi*) há uma pausa e, depois, algo talvez como: "coragem"[29] [e ímpeto não faltam?] aos que muito desejam" (v.5) as

---

22 A maior parte dos editores tem a linha 15 como o início da citação do poema. Os únicos a manter que a linha 14 é um verso de Arquíloco viram-se obrigados a emendar o texto: εἰ δὲ νῦν πάντες πο [λῖται Peek; ἧκε νῦν· πάντες γαρ [Lass. Kontoleon (1956, p.31) propõe que a segunda metade dessa linha continha o título do poema. Um problema ainda não resolvido é o significado dos riscos horizontais que destacam alguns versos (como este) ou passagens mais extensas (Jarcho, 1982, p.322).

23 Como em Homero, o verbo ainda não é acentuado como perispômeno (Wackernagel, 1956, p.828-30). Essa é a mais antiga ocorrência atestada do verbo na forma composta (cf. *Il.* 2.399 para a forma simples).

24 Kont.(= West, Lass. Treu, Tarditi, Gerber). Peek (1955, p.31) sugere que sejam inimigos acampados fora da cidade que chegaram nas velozes naus (ἀμφικαπνίουσιν ἄ[στυ, δεῦρ´ ἐπελθόντες θοαῖς]/νηυσίν?), remetendo-nos à *Ilíada* (18.207). A hipótese em Lasserre & Bonnard (1958, p.26), é que os náxios incendiarão Tasos que está sitiada. Tarditi (1958, p.40) reitera outra possibilidade já aventada por Peek: poderia tratar-se de um "sinal de fumaça", e não de um incêndio.

25 Para a pausa após *nēusín*, cf. Peek (1955, p.31).

26 Kont. (1956 = West, Lass., Tarditi, Gerber). δ´ ἀκ[ου Peek (1955, p.32). δ´ α[Treu.

27 Arq. (fr.107W): "*espero que a muitos deles o Sírio resseque,/ brilhando agudo*" (ἔλπομαι, πολλοὺς μὲν αὐτῶν Σείριος καθανανεῖ/ ὀξὺς ἐλλάμπων·).

28 v.3 αὐαινέτ[αι δὲ. Referências são feitas a Sólon (fr.4.35W), Sófocles (*El.* 813) e Aristófanes (*Ran.* 613). Lasserre (Lasserre & Bonnard, 1958) endossa suplemento de Peek. αὐαίνετ[αι Kont. (= Treu, Gerber). τ[Kont. (1956, p.31) (= Tarditi). Bossi (1990, p.150) prefere a forma do imperativo em Peek, mas o sentido dado por Kontoleon (1955, p.85).

29 θράσος τ Kont. (τε 1956, p.31 = West, Lass., Tarditi, Gerber). θράσος τε κ (θράσος τε [πᾶσιν]?) Peek p.32. ΤΕΛTreu.

"f[alanges"(?)] "dos náxios penetrar" (v.6)... "corte das plantas" (v.7)... "homens detêm" (v.8). Quem é o sujeito no início do quinto verso? Seriam esses os mesmos homens que, mais adiante, algo "impedem" ou "detêm" (v.8)? Seriam "os que desejam entrar na terra? cidade? dos náxios e destruir suas plantações" (v.5-7; Peek, 1955, p.32)?[30] West (1974, p.126) pergunta se não seriam "os jovens (pários) que, cheios de audácia e coragem, desejam entrar em Naxos e destruir os pomares, mas que os mais velhos detêm". Se o episódio se passa em Tasos, talvez pários e tásios "desejassem romper as falanges náxias" e assim "deter", impedir a destruição de suas próprias culturas (Tarditi, 1958, p.41).[31] Isso porque, embora alguns mantenham que o interesse maior de Paros em Tasos residia em suas minas de ouro e posição estratégica,[32] os sítios das colônias eram escolhidos em vista da produção agrícola, e as vinhas de Tasos eram célebres.[33]

Quanto aos versos seguintes, é difícil até obter uma noção geral do que se passa: há menção à "tropa" (v.9 *leói*), "sem ira" ou "ressentimento" (v.10),[34] "irmãos" (v.11),[35] "de quem cortaram" (v.12 *apéthrisan*)[36] e "tombou com golpes" (v.13).[37] Não sabemos quem, ou de quem são os

---

30 v.5: Kont. (= West, Peek, Lass., Treu, Tarditi, Gerber). v.6: Kont. (= West, Tarditi, Gerber). φ[άλαγγας (Kontoleon, 1955, p.45, 86). φ[έροντο --- ἐλπίσιν?] Peek (1955, p.32). φα[λαγγας Lass. (= Treu) v.7: Kont. (= West, Lass., Tarditi, Gerber). τομὴν λ̣ Peek (= Treu). v.8: Kont. (= West, Lass., Tarditi, Gerber). δ[ὲ Peek. Δ[Treu.

31 Tarditi (loc. cit.) nota que o particípio dá a entender que "apesar de seus esforços, eles não prevalecem". Em Lasserre & Bonnard (1958), trata-se de um símile: "penetrar as fileiras dos náxios... e, como plantas que se ceifam, <matá-los>". Gerber (1999), por sua vez, supõe tratar-se da derrubada de árvores.

32 Coldstream (1968, p.354-5). Cf. Heródoto (6.46-7), Tucídides (1.100) e Plínio (*H.N.* 7.56-7).

33 Podlecki (1974, p.3). Para a destruição dos campos cultivados pelos inimigos, até mesmo no período clássico dos combates hoplíticos, cf. Hanson (1991, p.4-5).

34 Esta é a primeira ocorrência de *amēnitei*, que aparece como advérbio em Ésquilo (*Ag.* 1036) e adjetivo em Heródoto (9.94) e Ésquilo (*Ag.* 649, *Suppl.* 975).

35 Kontoleon (1955, p.87) acredita que após o v.10 haveria uma apóstrofe dirigida aos pários e o paradigma mítico da parênese (é assim que ele classifica o poema), na qual o "eu" justificaria a narrativa, iria até v.15. O mito narrado seria o da morte do filho de Minos, em Paros, por Héracles.

36 "de quem" (v.12 *téōn*) deve ser o genitivo plural de *tís* (Peek, 1955, p.33), talvez empregado como relativo (Tarditi, 1958, p.41), e não a ilha Teos (Kontoleon, 1955, p.86-7).

37 v:9: Kont. (= West, Lass., Treu, Tarditi, Gerber). τοῦτο <μ>ὲν λεὼι μ[ε]νο[ινῶ τοὔπος ἐννέπειν σαφές] Peek (1955, p.32). v.10: παρ Kont. (talvez παρη 1956, p.31 = West, Treu,

irmãos (dos pários? tásios?). Segundo Lasserre & Bonnard (1958), a idéia é que uma parte do exército foi separada da outra (v.12), e os homens não podem deixar a "tropa" crer que, "sem ira", permitem que os "campos" de seus pais e "irmãos" "sejam devastados". A passagem, no entanto, mais parece relatar a morte de algum soldado (Peek, 1955, p.34).

No verso 14, o "eu" conclui (ou interrompe) o episódio com a descrição do efeito de tais acontecimentos sobre si. A mudança de tom é marcada pela passagem da narrativa em terceira pessoa e no pretérito, ao que, no presente, "essas coisas" (*taûta*) fazem que o "meu coração" (*moi thymós*)...?[38] Talvez pudéssemos imaginar algo como: "tais coisas dilaceram meu coração" (*amýssetai*).[39] Após dois versos (15-16),[40] uma segunda pessoa é advertida (v.17-18: "Sabe agora, se com efeito... palavras, o que pretende...").[41] Ouve-se falar então de grupos distintos: "uns em Tasos" (v.19)... "e Toronéia" (v.20) são contrapostos a "outros em [naus] veloz[es]"...? (v.21)...."de Paros" (v.22).[42]

Tarditi, Gerber). παρῆσ [θαι Peek. (ὡς ἀμηνιτεὶ παρῆσ [θαι μηδαμῶς ἐπίσταμαι (ἔοικε δή)] ου παρ᾽ ἡμῶν τοιάδ᾽ οὐ δεχθήσεται] Peek, 1955, p.33). παρ᾽ ἡ Lass. v.11: Kont. (= West, Tarditi, Gerber). κασιγνήτων [δὲ μοῖραν ἐντίθημί σοι φρεσίν? Peek (1955, p.33). κασιγνήτων κ Lass. κασιγνήτων Ν (ou K) Treu. v.12: ἀπέθρισα Kont. (ἀπέθρισαν Kont., 1956, p.31 = West, Lass., Treu, Tarditi, Gerber). ἀπέθρισαν [κ]ά[ρ]ην[α Peek. v.13: πληγῆισι Kont. (= Tarditi). δ Kont. 1956, p.31 (= West, Treu, Gerber). δο [ὕπος Peek. δοὺ [πος δ᾽ ἀμφόρωρ᾽ ἐπὶ χθονός?] Peek (1955, p.33).

38 v.14: Kont. (= West, Lass., Treu, Tarditi, Gerber). χο [λωθεὶς Peek. χο [λωθεὶς εἰσιδόντ᾽ ὠρίνετο] Peek (1955, p.34). Na sua leitura, Tarditi (1958, p.41) supõe para essa passagem algo semelhante ao que Kontoleon havia proposto para os versos 15-16: o tema da morte que alcança até mesmo os vis (cf. Calino fr.1.14-15W).

39 A aproximação dessa passagem a Sólon (fr.4.30W): "o coração ordena-me ensinar essas coisas aos atenienses" (ταῦτα διδάξαι θυμὸς ᾽Αθηναίους με κελεύει) é um tanto desajeitada, pois seria estranho introduzir mais um pronome (με) no verso (cf. Peek, 1955, p.33-4).

40 v.15: νειόθεν. Ο ... ΔΕ Kont. (= West, Gerber). νειόθεν φόβου δὲ Peek (= Lass.) φόβου δὲ [μεστοὶ καὶ τότ᾽ ἦσαν οἱ φίλοι] Peek (1955, p.34). νειόθεν. ΟΚΟΥΔΕ Treu. νειόθεν. Tarditi. v.16: West, Gerber. ὁμῶς θανόν[τ Kont. (= Adrados). ὅμως θανόντα[ς] ο[ὔ τις ? Peek. θανόντα[ς] ο[ὐ χρὴ νωλεμὲς στεναζέμεν]) Peek (1955, p.34). ὅμως θανόντ[Lass. θανόντα[ς Treu. ὁμῶς θανόν[Tarditi. Esse verso é destacado por *parágrafos*, cf. nota 1 *supra*.

41 v.17: το[ι Kont. τοι Kont., 1956, p.31 (= West, Treu, Tarditi, Gerber). τοῖα Peek. εἴτ οι [Lass. v.18: μέλλε[ι συνήσειν (;)] Kont. μέλλε[Kont, 1956, p.31. (= Tarditi). μέλλεις ἀ[κούσειν Peek. ἀ[κούσειν, ὦ φίλ᾽ ἐλπίδας πάρα.] Peek (1955, p.35) também nota a mesma posição de ῥήμαθ᾽/ῥήματα no fr.109W. μέλλε[ι Lass. West, Gerber. μέλλε[ι]ς Treu.

42 v.19: Θάσωι[Kont. (= West, Tarditi, Gerber). Θάσωι γὰρ Peek. Θάσωι π Lass. Θάσωι Ι Treu. v.20: West, Gerber. Τορωναί[.ν Kont. Τορωναί[ω]ν Peek. (= Lass.) Τορωναίων Ν Treu.

Em primeiro lugar, a quem se dirige o imperativo "sabe agora" (v.17)? Peek (1955, p.35) acreditava que o destinatário não fosse outro senão o próprio Êrxia, invocado a seguir (v.28) e no fragmento 88W de Arquíloco que, a seu ver, seria o início desse poema. Depois, o que fazem e quem são estes homens em Tasos, Toronéia, os que estão nas naus velozes (v.21) e os que vêm de Paros (v.22)? Qual a relação entre Tasos e Toronéia? Para Kontoleon (1955, p.88), o contexto é ainda o do mito de Héracles e sua viagem de Tasos a Toronéia (Apolodoro *Bibl.* 2.5.9.14). No entanto, não parece haver lugar nesse poema para um mito paradigmático. Teríamos, no máximo, algumas frases sentenciosas e de admoestação.

Tarditi (1958, p.42), que supõe uma relação militar entre as duas cidades, parece tomar o rumo certo. Nessa linha há, porém, várias hipóteses. A do próprio Tarditi (p.43) é que haveria em Tasos tropas de Toronéia aliadas a Naxos. Lasserre & Bonnard (1958, p.26) imaginam que uma parte do contingente pário estivesse sitiada em Tasos pelos náxios e que a outra parte, na qual estaria o poeta, precisasse de reforços e, por isso, pedia socorro a Êrxia para poder liberar os assediados. Quanto aos toroneus, eles perguntam se esses não seriam os mesmos "senhores de Eubéia", e se o contexto não é o mesmo episódio previsto no fragmento 3W (Lasserre & Bonnard, 1958).[43] Treu (1959, p.211) sugere que alguns homens podem ter partido para Toronéia, deixando em apuros os "irmãos" em Tasos. Lendle (1969, p.41) e Campbell (1982, p.138), ao contrário, situam o combate em Paros, de onde Arquíloco teria pedido ajuda ao amigo Êrxia (que estaria em Tasos) contra um ataque náxio. Outra idéia é a de que, nessas passagens, houvesse referência aos mortos em Tasos, Toronéia e no mar (West, 1974, p.126).

Sem uma crônica detalhada das guerras e batalhas desse período e, dado o estado da inscrição, é impossível precisar o movimento das tropas e o local de cada combate. Sabemos apenas que o contexto geral da narrativa deve ser o dos conflitos coloniais da época, a "Guerra Lelantina" já discuti-

---

Τορωναίων Tarditi. v.21: ὠκείηισ [ι Kont. (= Tarditi, Gerber). ὠκείηισι γ[ηυσὶ Peek (= Lass.). ὠκείηισι βά[ντες νηυσὶ Treu. v.22: ΚΑΙ ... ΕΚ ΠΑ [ΡΟΥ Τ Kont. καινὸν ἐκπλόου τ Peek. καινὸν ἐκ Πάρου τ Lass. (= Treu, Tarditi).

43 Giannini (1958, p.84-5) e Jarcho (1982, p.322) seguem Lasserre & Bonnard (1958) em linhas gerais, porém, para Giannini (loc. cit.), o contingente pário (no qual se encontrava o poeta), que tinha por tarefa lutar contra os náxios que sitiavam Tasos, foi dividido por um ataque surpresa dos toroneus, o que poderia ter sido uma tática combinada.

da no comentário ao fragmento 3W ("Os senhores de Eubéia"). Quanto a Toronéia, cabe lembrar que a presença de pários em Tasos poderia representar uma ameaça a Cálcis, sua fundadora, porque Tasos servia de trampolim à expansão colonial de Paros, que enviava expedições a Esime, Neápolis e Estrime. Isso seria um motivo de preocupação também para Naxos, a cidade rival de Paros que, aparentemente, se alinhava ao "bloco" de Cálcis (Podlecki, 1974, p.3).

Por volta de 650 a.C., Paros, Êritra e Samos foram árbitros no conflito entre Cálcis e Ândro pela posse de Acanto. Inesperadamente, Paros apoiou Cálcis contra os seus "aliados" (Plutarco *Quest. Gr.* 298a-b). Como, porém, o voto de Paros não alteraria a decisão (Tucídides 4.84), a sua atitude foi interpretada como uma manobra para minimizar as hostilidades da parte de Cálcis e obter um acesso mais fácil à Trácia (Tarditi, 1958, p.43). Segundo Podlecki (1974, p.5), era um passo arriscado que poderia ser entendido como uma afronta a Mileto. No entanto, já notamos que essas "ligas" não eram fixas, e que seus integrantes passavam, às vezes, de um a outro lado, conforme seus interesses.[44]

Os versos seguintes não são menos problemáticos. Os "irmãos" (v.23) devem ser os mesmos do verso 11, reinvocados.[45] Menciona-se o "coração" ou a "coragem" (v.24 *thymós*),[46] e o fogo, que no início (v.1) era uma ameaça futura, torna-se presente (v.25): "fogo que agora circun[da...".[47] As "cercanias" (v.26 *en proastíōi*)[48] são atingidas pelo fogo (Peek, 1955, p.36) e/ou é a "terra ultrajada" pelos inimigos (v.27).[49] Seriam esses os pomares (v.7-8 "plantas") cuja destruição os homens queriam evitar?

---

44 Para Podlecki (1974, p.16-7), é possível que, ao apoiar Cálcis na disputa de Acanto, Paros quisesse demonstrar o seu desejo de mudar de lado e de entrar "para a esfera de influência de Corinto, Cálcis e Delfos" – o que, a seu ver, explicaria a produção dos oráculos referentes a Arquíloco. Vimos, porém, que esses oráculos foram forjados provavelmente muito mais tarde, quando o cenário político também já era outro.

45 West, Gerber. κασιγνή[τ ... ΕΙΝ Kont. κασιγνήτων δὲ Peek. κασιγνήτοισιν Lass. κασιγνήτων δε ιν Treu. κασιγνη Tarditi.

46 Cf. nota 37. West, Gerber. ΑΛ ... ΑΓ ... ΛΛ Kont. (= Treu). ἄλκι[μος] μ ε Peek (cf. Tirteu fr.10.17,24W; Calino fr.1.1W). ἄλκιμ [ο]υ τ Lass. αλ[Tarditi.

47 Kont (= West, Treu, Tarditi, Gerber). ἀμφιβα[ίνει] πού[λ]υπο[ν ? Peek (cf. Teógnis 215, *A.P.* 9.10.1). ἀμφὶ πύ[ργον Lass.

48 Esta é a primeira ocorrência do termo *proástion*, mas veja Píndaro (fr.129). ἐμ προαστίωι κε[Kont. κε[Kont. (1956, p.32 = Treu, Gerber, West κέ[αντες). ἐμ προαστίωι κεχ[ληδὸς Peek. ἐν προαστίωι κε[νωθέντ' Lass.

49 γῆν ἀεικίζουσιν (= West, Treu, Tarditi, Gerber). [ἡμ]έων Peek. ἡ[μῖν Lass.

Arriscamos supor que, ao se retomar elementos anteriores, aquilo que se apresentava de início sob forma de ameaça, reaparece aqui dramaticamente como algo que se realiza.

Por fim, um apelo é feito a Êrxia (v.28), talvez para que ele venha/vá? (v.29 "corr[") "sem ignorar" ou "esperar bons augúrios" (v.30).⁵⁰ Êrxia figura em outros fragmentos de Arquíloco (fr.88, 110W?), mas, ao contrário de Glauco (Pouilloux, 1955, p.75 ss.), não há evidência de que tenha sido personagem histórica. Peek (1955, p.30) julga que "Arquíloco" esteja pedindo socorro ao comandante de uma força aliada. West (1974, p.126) sugere que tanto a pergunta no fragmento 88W quanto essa invocação "seriam mais adequadamente dirigidas a um deus", pois Êrxia, o "Defensor", é um título de divindade.⁵¹ Outro argumento a favor dessa leitura é que, no fim do poema, a narrativa em prosa informa-nos que as súplicas de alguém foram atendidas (cf. fr.89W, l.45-7):

> εὐξαμένωι οὐν[---------------------------------- ἐπή-]
> κουσαν οἱ θεοὶ κα[--------------------- ἐπετέλεσαν τὰς]
> εὐχάς.⁵²

ao que rezou, portanto...
os deuses [ou]viram e ... [cumpriram as]
preces.

Não fica claro, porém, se o autor da inscrição está resumindo os últimos versos citados, ou parafraseando uma parte do poema que ele omitiu. Se Êrxia for aqui o título de um deus, devemos ainda supor a presença, nas

---

50 v.28: Kont. (= West, Treu, Tarditi, Gerber). καταδραμ[οῦνται? Peek. Ἐρξίη, καταδραμ[οῦνται δ᾽ ἄστυ δήιοι τάχα.] Segundo Peek (1955, p.36-7), o pedido seria para que ele não esperasse por oráculos, mas que viesse o mais rápido possível (cf. Ésquilo *Pers*. 609). καταδραμό[ντες Lass. v.29: τῶις ὁδὸν στέλλ Kont. (= Tarditi). τῶι σ᾽ ὁδὸν στέλλ[ειν τάχιστην Peek. τῶι σ᾽ ὁδὸν στέλλ[ειν ταχίστην δεῦρο νῦν λιλαίομαι] Peek (loc. cit). τῶι᾽ς ὁδὸν στέλλε[σθε Lass. τῶι σ᾽ ὁδὸν στέλλ[ειν Treu. v.30: Kont (= West, Lass., Tarditi, Gerber). ἐπ᾽ ὄ[ρνεις Peek. ΕΠΟ Treu.
51 Em Heródoto (6.98), o termo é empregado como título de Dario. West (loc. cit.) nota, porém, que Êrxia também ocorre como um nome próprio jônico em Ateneu (*Deipn*. 561f), onde se trata de um historiador de Cólofon.
52 l.45: οὐ Kont. οὖν α[ὐτῶι --- ὑπή-] Peek (= Lass, Treu, Gerber). οὐ[ἡ] Tarditi. l.46: κα[Kont. καὶ[--- τὰς] Peek. καὶ [--- ἐπετέλεσαν τὰς] Treu. καὶ Tarditi. κα[ὶ ---] Lass., Gerber. l.47: παντε[Kont. πάντες Kont. (1956, p.32 = Tarditi, Gerber). πάντες [δὲ---γε] Peek. πάντες [δὲ--ἄνδρα ἀγαθὸν γε-] Treu.

lacunas ou na continuação do poema, de outras divindades invocadas (cf. linha 46 da citação: "os deuses"). Bossi (1990, p.149), opondo-se à sugestão de West, afirma que Êrxia é um *sobrenome* significativo, e arrola uma série de nomes próprios (todos designando mortais e não deuses) que se iniciam com *Êrx-*. Trata-se de mais uma das questões "insolúveis" que a inscrição nos apresenta.

Peek (1955, p.39) resgata entre os tetrâmetros de Arquíloco o que lhe parece ser o início e o fim desse poema (fr.88 e 111W, respectivamente). A seu ver, o fragmento 111W viria não mais que um verso depois do que está inscrito[53] e, quanto ao fr.88W, há também outros que o colocam logo antes desse poema em suas edições:[54]

' Ερξίη, πῆι δηὖτ᾿ ἄνολβος ἀθροΐζεται στρατός;
Êrxia, onde se reúne novamente o infeliz exército?

Mas assim como há vários fragmentos de Arquíloco em que Glauco é evocado, não é necessário que esses dois versos que fazem menção a Êrxia, quer seja figura humana ou divina, estivessem no mesmo poema. O fragmento 111W, por sua vez, poderia ser encaixado facilmente entre outros tetrâmetros de Arquíloco.

É possível que esses versos (Arq. fr.89W) fizessem parte de uma parênese semelhante às elegias de Calino ou Tirteu (Kontoleon, 1956, p.38) e não fossem, conforme Peek (1955, p.37-9), dirigidos apenas ao "amigo Êrxia". O tom é sério, pois, ao contrário, não seriam citados por Mnesíepes como episódio biográfico para demonstrar a bravura e patriotismo de Arquíloco. Trata-se de uma narrativa de guerra na qual se encontram não apenas descrições de combate, mas comentários (ou reflexões) do poeta sobre os eventos narrados e previsões quanto ao futuro.[55] É isso que, de certo modo, a diferencia da narrativa épica, por mais pontos de contato que possam ter.[56]

---

53 Cf. Kontoleon (1955, p.91-2).
54 Lasserre & Bonnard (1958, p.26), Tarditi (1968), West (1989²) e Gerber (1999). Veja ainda Tarditi (1958, p.43) e Giannini (1958, p.84).
55 Veja também Arq. (fr.3, 105, 107, 112W).
56 Cf. Tarditi (1958) para um "Arquíloco épico".

Quanto ao culto de Arquíloco, Aristóteles diz que já em sua época os pários o honravam.[57] Mesmo se Mnesíepes provavelmente não foi, em Paros, o primeiro a elevar Arquíloco à categoria de herói, o seu esforço de dignificá-lo e de eliminar a fama de mercenário covarde, bastardo, blasfemo e difamador que o poeta vinha adquirindo desde Píndaro, se não antes, havia de ser monumental.

---

57 Aristóteles (*Rh*. 1398.b11): "Os pários honram Arquíloco, apesar de ele ser blasfemo" (Πάριοι γοῦν ’Αρχίλοχον καί περ βλάσφημον ὄντα τετιμήκασι).

CAPÍTULO 3

O MONUMENTO DE SÓSTENES

Em vista da transmissão dos textos, a "saga" da descoberta paulatina e repleta de peripécias das inscrições epigráficas pertencentes ao *Monumento a Arquíloco*, erigido por Sóstenes (*c*. I a.C.), merece ser contada. Isso porque as epígrafes foram achadas e novamente perdidas, sem mencionar os diversos usos a que os mármores se prestaram desde o século III d.C., e os relatos desencontrados dos editores.

Os textos do primeiro mármore (A) foram publicados pela primeira vez em 1900 por Hiller v. Gaertringen.[1] Na verdade, foi De Ridder o primeiro a descobrir a pedra que, retirada da necrópole, ficava sob os claustros da igreja bizantina *Katapolianê* em Paros. Mas De Ridder notou apenas as duas epígrafes tardias[2] do século III d.C. Nesse período, o mármore que trazia a antiga inscrição com resumos e citações diretas de poemas de Arquíloco foi virado de ponta-cabeça e retrabalhado para servir de lápide a um defunto menos notável. Como fizeram um orifício retangular no centro do mármore para encaixar um relevo ladeado por duas coroas e novas epígrafes, as duas antigas colunas centrais de texto foram completamente destruídas. Mas, nos lados, a superfície não encoberta pelas duas coroas e novas inscrições não foi bem raspada, o que poupou partes das colunas I e IV, menos do que um terço da inscrição original.

---

1 Cf. a publicação posterior em *IG* XII 5.1 (1903) 445 + Suppl (Hiller v. Gaertringen, 1939, p.212). Para um estudo recente do *Monumento de Sóstenes*, com fotos das inscrições e reconstruções do memorial, veja Clay (2004).

2 De Ridder publicou uma delas em 1897.

Quando, mais tarde, Wilhelm percebeu os textos mais antigos, fez um esboço deles e chamou Hiller (1900, p.5) para publicá-los. Depois, em 1904, Hiller encontrou nos arquivos de *Inscrições Gregas* (*IG*) transcrições de epigramas que lhe pareciam pertencer ao mesmo monumento. Elas haviam sido feitas por Kumanudes e enviadas a Berlim em 1849, mas ficaram perdidas, misturadas entre cartas geográficas por mais de cinqüenta anos. Eram textos da segunda pedra (B) que Hiller (1904, p.1237), na sua época, supôs perdida, mas que havia sido descoberta em 1849 por Kumanudes, quando servia como degrau numa escada domiciliar em Paros. Originalmente, segundo Kumanudes (apud Hiller, 1904, p.1238), havia quatro colunas inscritas com 68 linhas. Hoje, possuímos o final dessa inscrição (B IV) graças à cópia feita por Kumanudes, pois o mármore não foi perdido, mas permaneceu na escada, mesmo após sua descoberta e identificação, sofrendo setenta anos de pisoteio.[3]

Os relatos desencontrados dizem respeito à publicação mais recente de um pequeno fragmento que pertence ao mesmo conjunto e contém versos de Arquíloco (fr.7, 7aW). Em um artigo de 1964 (publicado em 1965, p.1-5), Orlando fez uma nota sobre a sua descoberta de 1962. Segundo Peek (1985, p.13), West lhe havia perguntado em 1969 se poderia incluí-lo na sua edição de 1971 e, como resposta, Peek mandou-o tratar do assunto diretamente com Kontoleon. Peek (loc. cit.) observa que o texto "não saiu" na edição de West e que Kontoleon acabou morrendo antes de publicá-lo. Após conversa com Orlando, Peek foi a Paros em 1978 para fotografar a pedra, mas ela já havia sido perdida. Ficamos então apenas com a cópia e as notas anteriores (descrições do fragmento) feitas por Peek em 1972 e publicadas em 1985.[4]

As duas pedras de mármore (A & B) antes adjacentes formavam um painel de 2,58 metros com sete colunas de textos inscritos, a quarta (= A IV + B I) dividindo-se entre as duas pedras. Do primeiro mármore (A), restaram-nos as colunas I, muito pouco de III e o canto direito de IV; o

---

[3] Quando o mármore foi recuperado em 1908, já estava praticamente ilegível. Cf. Peek (1985, p.13-22).

[4] Segundo West (1985a, p.8), a história é outra, e ele tem como prova a carta em que Peek lhe responde, dizendo que havia feito a solicitação a Kontoleon, mas que este, alegando que ele próprio publicaria o fragmento, negou-lhe a permissão. Assim, West deixou um espaço vazio para o fragmento na primeira edição, reservando-lhe apenas um número, e o publicou somente em 1989.

segundo (B) perdeu as colunas do meio (II-III). É provável que A I fosse o início e B IV o final do monumento. O novo fragmento (fr.7, 7aW) traz as partes inferiores de duas colunas.⁵ Wilhelm e Rubensohn (in Rubensohn, 1900, p.342) imaginavam ter encontrado parte do *Marmor Parium* (uma crônica de Paros) ou de um relato sobre a fundação de Tasos.⁶ Hiller (1900, p.8-9), porém, logo indicou que se tratava de um *Monumento a Arquíloco* e sugeriu que a obra do até então desconhecido Démeas fosse a fonte do autor da inscrição.⁷ Historiador, cronista ou "antiquário" local, Démeas procurou estabelecer uma cronologia para Arquíloco. Tomando por base uma lista de arcontes de Paros e versos de Arquíloco, ele atribuiu a cada ano um "feito" que revelaria a piedade do poeta e serviço por ele prestado à pátria⁸ (A I.1-9):

    [Σωσθένης Προσθένου τάδε ἀνέγραψεν ἐκ τῶν τοῦ Δημέου]
1   ἀναγέγραφεν] δ[´ ὁ Δ]ημέας οὐ μόνον περὶ τ[
    ἀλλὰ * *]σιλυ.π.λλλ πολίτης ᾿Αρχίλο[χος
    * *]εὐσ<εβ>είας καὶ τῆς περὶ τὴν πατ[ρίδα σπου-]
    δῆς· ἀνέμνησ]ε γὰρ τῶν πεπραγμένω[ν ὑπὸ τοῦ ποι-]
5   ητοῦ] πολλῶν καὶ μεγάλων ἀγαθῶν [ἐκ
    ....]ε τοῦ ἀνηγαγωχότος ταῦτα εἰς[
    * ἀν]αγέγραφεν δὲ ὁ Δημέας ἕκαστα [τῶν τε πεπραγμέ-]

---

5 Peek (1985, p.18) supõe que os versos ficavam sob as colunas A I-II, ao passo que West (1985a, p.9) argumenta pela sua inserção sob B II-III ou B III-IV. Cf. Parte III.3: "Os novos fragmentos elegíacos".
6 Para Kontoleon, o *Marmor Parium* (c. 263-262 a.C.) também estaria originalmente no *Arquiloqueion* (cf. Graham, 1978, p.83). Hauvette (1905, p.6-9) e Jacoby (*FGrH* IIIb502 comm. p.421) discutem a possível relação entre Démeas e o autor da crônica.
7 Hiller (1904, p.1236) acreditava que o *Monumento de Sóstenes* fosse um resumo ou excerto da obra de Démeas sobre a vida de Arquíloco e a história de Paros. Hauvette (1905, p.3-5) compartilhava dessa mesma opinião e, baseando-se no testemunho de Alcidamas em Aristóteles (*Rh.* 1398b11), acreditava, muito antes da descoberta do *Memorial de Mnesíepes*, que a obra de Sóstenes seria uma "reforma" de um *Herôion* mais antigo. Apesar de incerto, Jacoby (*FGrH* IIIb502 comm. p.421) achava mais provável que houvesse um antigo livro de Démeas, usado por Sóstenes.
8 Démeas, segundo Hiller (1903, p.xxv *IG* XII.5) e Jacoby (*FGrH* III.B.502) viveu de *c*. 300-250 a.C. Supõe-se, geralmente, que ele teria sido uma espécie de cronista de Paros (cf. Privitera, 1965, p.25; e Podlecki, 1974, p.6), mas, para Tarditi (1956, p.129), Démeas era apenas alguém que se incumbiu, como Mnesíepes, da tarefa de fazer uma inscrição sobre Arquíloco.

ν]ων καὶ γεγραμμένων ὑπὸ ᾿Αρχιλόχου κατ[´ ἄρχοντα]
ἕκαστον, καὶ ἦρκται ἀπὸ ἄρχοντος πρῶτον Εὑρ[*⁹

"[Sóstenes, filho de Próstenes, estas coisas inscreveu a partir da obra de D]émeas, [o qual havia escrito] não só acerca de [... mas] cidadão Arquílo[co...] da pie[da]de e [zelo] pela pát[ria]. Pois [recor]dou os feito[s do poeta], numerosos e grandes bens [de...] do que conduziu esses para [...]; e Démeas [in]screveu cada um [dos feitos] e escritos de Arquíloco segundo cada [arconte], e começou primeiro a partir do arcontado de Eur[..."

Fontes independentes informam que o responsável pelo monumento, Sóstenes II, filho de Próstenes II e parente de Mnesíepes (*IG* XII.5.(2) 1040), era sacerdote de Zeus *Basileus* e Héracles *Kallínikos* (aos quais dedicou um templo, *IG* XII.5 (2) 234), e que ele reavivou ou manteve o culto a Arquíloco, uma tradição de sua família.¹⁰

No final da inscrição, após referência a uma *mãe*¹¹ (B IV.5) e talvez outra breve descrição do conteúdo da obra de Démeas (B IV.9-10), os epigramas copiados por Kumanudes esclarecem a natureza do *Monumento* (B IV.12-17):¹²

τίς σε τὸν ἐμ πέτρηι Μουσῶν θεράποντ´ ἐχάραξεν,
    παῖ Τελεσικλῆος κοῦρε, καταγλαΐσας;

λέξω δή σοι ἐγὼ μάλ´ ἐτήτυμα, εἰ σὺ μὴ οἶδας·
    ἐσθλὸς ἐὼν ἀρετῆς τ(ε) οὐχ ὑπολειπόμενος
Σωσθεὺς Προσθένου υἱὸς ἐμὴν πολ[ύυ]μ[νον ἀοι]δήν
    τιμῶν ἀεν[άων] αἶσαν ὑπεσπάσατο.

---

9 O arrolamento dos suplementos será limitado às citações diretas de Arquíloco. Para os suplementos aos textos em prosa, cf. Leo (1900, p.4-7), Hiller (*IG* XII 5 (1903) 445 + Suppl (1939, p.212; 1934, p.44-5), Edmonds (1931, fr.114), Diehl (1936, fr.51), Lasserre & Bonnard (1958, Test.31), Treu (1959, p.52-62), Tarditi (1968, Test.5), West (1989, fr.192W) e Gerber (1999, Test. 4).
10 *IG* XII.5 (2) 135: Sóstenes II teria contribuído com a soma de quinhentas dracmas para uma distribuição de cereais aos carentes (*sitometría*) que, segundo Gossage (1951, p.220), dataria de *c*. 89 a.C., quando a frota de Mitradates fazia bloqueio de suplementos e atacava as ilhas da Grécia e Ásia Menor.
11 Hiller (1934, p.53) imagina que seja uma menção a Enipo, segundo Crítias (Eliano *V.H.* 10.13), a mãe de Arquíloco.
12 Hiller (1904, p.1239, e 1934, p.54) supunha que, originalmente, havia um retrato, um medalhão do poeta esculpido acima das inscrições (cf. B IV.12: ἐχάραξεν).

Quem na pedra a ti, servo das Musas, entalhou,
 ó jovem, filho de Telesicles, glorificando-te?

Eu te direi coisas muito verdadeiras, se tu não sabes,
 sendo nobre e não carente de virtude,
Sóstenes, filho de Próstenes, minha [can]ção de muito[s hi]nos
 honrando, granjeou fortuna ete[rna].[13]

Após uma lacuna, ouve-se falar de um "timão da Prudência" (*Sōphrosýnas oíaka*), então há outra lacuna e a última palavra: "Paros". Wilamowitz e Hiller (in Hiller, 1934, p.54), supondo que o "Timão da Prudência" se referisse a Sóstenes, julgam, respectivamente, que ele fosse um *sofronista* (Gimnasiarca) ou oficial de alto escalão. Citando exemplos comparáveis em outras inscrições (*IG* XII 1.75a, IX 2.59), Hiller (1934, p.55) também sugere que, no final, *Paros* esteja agradecendo seu benfeitor.

No início da epígrafe, o primeiro texto de Arquíloco a ser "datado" pelo redator, isto é, justaposto à menção a um arconte da lista (A I.9), figura nessa posição ou porque foi dado como o "fato" cronologicamente mais antigo narrado pelo poeta (Hauvette, 1905, p.7), ou porque quem alinhou os poemas com os arcontes tinha em mãos um livro de Arquíloco onde os epodos foram transcritos no início (West, 1985a, p.10).[14]

Mas de que modo essa primeira citação de Arquíloco, o epodo sobre Cerano e o golfinho, ilustraria a *piedade e zelo patriótico* do poeta? Porque a nota em prosa que precede esses versos menciona embaixadores milésios,[15] alguns buscaram na lenda um evento político e histórico. Edmonds (1931, fr.114), para enquadrar o mito e os poemas citados em um contexto geral, sugeriu que Arquíloco teria participado de uma batalha em que o navio milésio que levava Cerano foi afundado. Mas, como notou Peek (1955, p.42), é difícil imaginar um papel para o poeta

---

13 O sentido do último verso é difícil e incerto (*aenáōn* = *athánatōn*?).
14 West (loc. cit.) nota que as citações no *Memorial* parecem seguir uma seqüência métrica: primeiro um epodo, depois vêm tetrâmetros trocaicos, as últimas sendo elegias (se for correta a sua colocação dos fragmentos 7 e 7aW no final). Como nos livros os poemas de Arquíloco seriam dispostos conforme o metro, West sugere que se Démeas os lesse, poderia imaginar que tivessem sido compostos nesta seqüência.
15 A I.10: "um navio de cinqüenta remadores [p]arecia con[duzir] embaixadores milésios" (δ]οκεῖ πεντηκόντορος Μιλησίων πρέσβεις ἄγ[ουσα - -]).

nessa história "meio mítica".¹⁶ Além disso, nenhuma das demais fontes da fábula de Cerano menciona uma guerra ou embaixada política.¹⁷

Se considerarmos o caráter dos outros epodos e o fato de Posídon ser mencionado como o salvador de Cerano, é mais fácil supor que o verso da fábula foi citado por Démeas como um exemplo de piedade do poeta. Mas, dado o pouco que restou do *Monumento*, é impossível saber se todos os poemas transcritos seriam necessariamente exemplos de patriotismo e religiosidade.

Após o resumo em prosa, o texto torna-se praticamente ilegível. Os suplementos ao fragmento 192W de Arquíloco devem-se à sua citação em Plutarco (*sol. anim.* 36), pois na epígrafe restaram-nos apenas cinco letras. Por ser muito duvidoso que essa fábula contivesse elementos históricos relativos à guerra ou política, não faremos aqui o comentário do verso.¹⁸

A) A EMBAIXADA MUSICAL (FR.93A-BW)

Na vigésima linha anuncia-se um novo arconte e, após o intervalo de dezoito linhas perdidas, podemos ler alguma coisa da introdução em prosa aos versos seguintes (A I.40-42):

]φονδετοσ[χρή-
μ]ατα τοὺς Θρᾷκ[ας λέ]γουσιν Πάριοι ἑαυ[τοῖς ...
ἀποκαθιστάναι[ι πάλι]ν. διασαφεῖ δὲ τ[οῦτο ...
τ.. αὐτὸς α[

---

16 Mais tarde, porém, Peek (1985, p.18) parece considerá-lo um poema marcial, pois afirma que o *Monumento de Sóstenes* limita-se à história militar de Tasos e Paros, como a conhecemos dos fragmentos de Arquíloco.
17 Dentre essas, Plutarco (*sol. anim.* 36) é o único a citar o verso de Arquíloco (fr.192W), mas a mesma fábula (com variações) se encontra em Filarco (81 F 26) e Eliano (*H.A.* 8.3). É ainda possível, porém, contra-argumentar que, como nessas fontes o interesse reside no aspecto fabular da história, outros dados podem ter sido omitidos.
18 Para discussões acerca das fontes e da passagem em prosa no *Monumento de Sóstenes*, cf. Hiller (1900, p.9-15; 1934, p.44-6), Hauvette (1905, p.9-10), Podlecki (1974, p.7; 1984, p.35-6) e Jacoby (*FGrH* IIIb comm. p.250) que sugere, como Hiller (1934, p.46), a associação do episódio com a passagem em Heródoto (5.28-29) sobre as relações entre Paros e Mileto.

os pários [di]zem que os trác[ios (tásios?)][19] devolveram-[lhes os be]ns, e i[sso] ele próprio esclarece...",

certamente nos versos de Arquíloco. Os três versos e meio do início da citação do poema estão praticamente perdidos e quando a leitura se torna novamente possível, o sentido do evento narrado é difícil, suscitando um número de interpretações divergentes (A I.46-49, Arq. fr.93aW):

ωντολα.[x]ειπεασ[...]ιων παῖς Πεισιστράτου
5 ἄνδρας ..(.)ωλεῦντας αὐλὸν καὶ λύρην ἀνήγαγεν
ἐς Θάσον κυσὶ Θρέϊξιν δῶρ᾽ ἔχων ἀκήρατον
χρυσόν, οἰκείωι δὲ κέρδει ξύν᾽ ἐποίησαν κακά [20]

...] *filho de Pisístrato,*
5 *homens* [...] *aulos e lira conduziu*
a Tasos, trazendo aos cães trácios dádiva de puro
ouro; e visando lucro pessoal, fizeram males públicos

Logo a seguir, há mais uma passagem em prosa que talvez esclarecesse o episódio, mas a leitura deste texto não é mais fácil (A I.49-52):

---

19 Em *IG* XII 5 (1903) 445, após o artigo "os" (*toùs*), "trácios" (Θρᾷκας) parece ter sido restaurado conforme o sentido dado pelo editor à passagem, pois a letra que segue o θ parece um Α, talvez um Λ, jamais um P. Daí a possível leitura "tásios".
20 O texto em Gerber (1999) é o mesmo de West (1989²).
v.4: εἶπε... Hiller (1900, p.16). εἶπετ᾽ - - Leo (1900, p.5). εἶπε [τ...] Hiller (1903, p.445); εἴπετ᾽[ ] Bowra (1933, p.61). ειπεαστ...... Hiller (1934, p.47); πολλ[∪ –×] εἶπε ἀστ[x -] Diehl (1952). εἶπε ᾽Αστ[x ὢν] Hiller (1939, p.445 suppl). ὦρτο δ᾽ αὖ[τις] ἔπτ᾽ ἐάσ[ας, τ]οὺς Lass. πολλ[ὰ *] εἶπ᾽ ἔασ.[Tard.
v.5: ἄν[δ]ρα[ς ...]ων.....ας; ἀνὴρ ἄγων Hiller (1900, p.16); ἀνῆρ᾽ ἄγων Edmonds (1931, p.164), cf. Bossi (1990, p.154). ἄνδρας - - λοῦντας; ἀνῆρ᾽ ἄγων Hiller (1934, p.47). ἀν[δ]ρα[ς εὖ ν]ω[μῶ]ντας; ἀνὴρ ἄγων Leo (1900, p.5). ἄνδρας [-]ωλοῦντας; ἀνῆρ᾽ ἄγων Diehl (1952). ἄνδρας [εὖ φ]ωνοῦντας; ἀνῆρ᾽ ἄγων Hiller (1939, p.445 suppl.). ἄνδρας εὖ φιλοῦντας; ἀνήγαγεν Jensen (in Hiller, 1939, p.445 suppl.). ἄνδρας [εὖ φ]ων<ε>ῦντας; ἀνῆρ᾽ ἄγων Lass.
v.6: εἰς Θάσον φ.σὶ Θρηῒξιν Hiller (1900, p.16); φ[ω]σὶ von Arnim (ap. Hiller, 1903, p.445, cf. Bossi, 1990, p.154); κυσὶ Θρέιξιν (Hiller, 1934, p.47; 1939, p.445 suppl.). εἰς Θάσον κυσὶ Θρ<έ>ιξιν Diehl (1952). ἐς corr. Lass. (φ[υγὰς] Leo, 1900, p.5).
v.7: οἰκείωι<ς> Hiller (1900, p.16); οἰκείω<ι> corr. Wilamowitz-Möllendorff (ap. Hiller, 1903, p.445). cf. Teógnis (46): οἰκείων κερδέων εἵνεκα.
Para o verso 6 e uma nova leitura do fragmento, veja Owen (2003), que defende a sugestão de Von Arnim (v.6: φ[ω]σὶ), argumentando que as interpretações prevalecentes, que partem de κυσὶ, se baseiam mais nas noções modernas sobre a percepção que os gregos *deveriam* ter dos bárbaros, e não sobre um método epigráfico apropriado (p. 10).

ὅτι τοὺς Θρᾶικας ἀποκτείναντες αὐτοὶ οἱ μὲν αὐτῶν ὑπὸ Παρίων ἀπώλοντο, οἱ
δ᾽ εἰς τὰς Σάπας <φυγόντες> ὑπὸ τῶν Θραικ]ῶν.

Porque eles próprios, após terem matado os trácios, uns foram mortos pelos pários e outros, <que fugiram> para os sapaios, pelos trác]ios.

Quem é o "filho de Pisístrato" e o que pretende? Por que trazem ouro? Que lucro e "males públicos" são esses? Por fim, como entender as mortes que parecem envolver no mínimo quatro grupos? Talvez jamais possamos responder a essas perguntas satisfatoriamente. Avaliaremos, primeiro, as hipóteses oferecidas para desvendar esse complicado caso de mortes.

No primeiro verso, surge a questão da identidade do "filho de Pisístrato" e de seu grupo. A alternativa proposta por Hiller (1900, p.18-9) é que esse fosse o narrador, enquanto o "homem" (*anér*), que ele sugere como leitura para o quinto verso (cf. a nota 20), seria o protagonista e líder do grupo.[21] Mais tarde, Hiller (1934, p.47) adotou a sugestão de Leo (1900, p.4-5):[22] é o "filho de Pisístrato" quem conduz a Tasos uma delegação de pários. Hauvette (1905, p.56-8) acredita que o "filho de Pisístrato" e sua comitiva seriam gregos de uma "cidade desconhecida" que, de alguma forma, cometeram uma traição – daí o resultado final. Só podemos dizer que, se para nós ele é um desconhecido, certamente não o era para aqueles aos quais o poema originalmente se destinava, pois a denominação feita pelo patronímico indica tratar-se de um homem importante, ou de família nobre.

Alguns, seguindo Keil (apud Weber, 1917, p.113), Steffen (1954, p.56-7) e Lasserre & Bonnard (1958, fr.98), supõem que o grupo não seja de pários, mas de náxios que, primeiro, matam os trácios e, depois, são mortos, uns por pários em Tasos, outros por trácios na terra dos sapaios.[23] Tal leitura baseia-se, principalmente, na prosa que introduz os versos seguintes: "Enfim, não há dúvida de que sejam náxios: ao conti-

---

21 Hiller (loc. cit.), referindo-se a Crítias (fr.44) e à *Antologia Palatina* (7.664), pergunta se este não seria o próprio poeta que deixa Paros por pobreza. Cf. Jurenka (1900, p.15) para a mesma interpretação.
22 Cf. nota 20. Seguem-lhe também Hauvette (1901, p.89-90), Weber (1917, p.112-3), Bowra (1933, p.61), Tarditi (1958, p.27) e Treu (1959, p.57, 212). West (1974, p.127), embora não aceite os suplementos oferecidos, concorda que o "filho de Pisístrato" seja o chefe do grupo pário. Cf. Burnett (1983, p.37).
23 Cf. Luria (1961, p.187), Huxley (1964, p.23) e Podlecki (1974, p.7-8). Para Steffen (loc. cit.), no entanto, esses náxios aliados a trácios não pertencem à embaixada.

nuar sua narração, Démeas fala de uma 'nova' vitória dos pários sobre os náxios" (Lasserre & Bonnard, 1958, p.32).[24] Huxley (1964, p.21-5), apoiando-se nos suplementos ao poema seguinte (Arq. fr.94W),[25] argumenta que Pisístrato era um Neleida e, arrolando evidências da presença dessa família em Naxos, conclui que o líder náxio nos dois poemas citados (A I.46 & 58/9) seria o mesmo Neleu, "filho de Pisístrato" (cf. Heródoto 5.65, 1.64).

O que se lê, porém, no texto em prosa logo antes e depois do fragmento 93W de Arquíloco não menciona náxios. Mesmo que se admita a possibilidade, já frágil, de uma referência a um Neleida no verso 94.6W, não é lícito associar essas duas citações com base nos argumentos de Lasserre e Huxley porque o narrador, na passagem em prosa, não fala de uma "nova vitória contra os náxios", mas diz que, no ano seguinte, "novamente é claro nos versos...", e cita mais um poema de Arquíloco.[26]

No segundo verso do fragmento 93aW, o sujeito deve ser o "filho de Pisístrato" que "conduz homens... aulos e lira". Mas Hiller (1900), na sua primeira leitura, entendia que os instrumentos musicais, não os homens, fossem os objetos, enquanto o sujeito seria o "homem", que ele identifica com o próprio poeta: o *narrador*, "filho de Pisístrato", conta que "um homem levando o aulos e lira a Tasos...".[27] Leo (1900, p.4-5) rejeitou esta interpretação, sugerindo que o "filho de Pisístrato" conduzia "homens hábeis" nos instrumentos (ἄν[δ]ρα[ς εὖ ν]ω[μῶ]ντας, cf. também Gerber, 1999) e que, por serem mais músicos do que guerreiros, dependeriam do ouro para o sucesso de sua missão. Ao desenvolver essa idéia, Burnett (1983, p.36) procurou mostrar que o poeta, chamando os homens de músicos, os depreciava, dando a entender que eram afeminados e não valentes guerreiros.[28] Mas isso é de estranhar; para Arquíloco, não haveria demérito em ser um *servo das Musas*.

---

24 Veja também Steffen (1954).
25 A I.58 Νήλε[Hiller (1934). Νηλέ[ως Diehl (1952). Cf. III.3.b *infra*.
26 O advérbio *pálin* ("novamente") não se refere ao verbo *eníkēsan* ("venceram"), mas a *diasapheî* ("é claro"). Cf. A I.41-42, onde pode haver a mesma construção.
27 Hiller (1900), εἶπε ... παῖς Πεισιστράτου ἄν[δ]ρα[ς ..] ω/νω...ας αὐλὸν καὶ λύρην ἀνὴρ ἄγων εἰς Θάσον φ. σι.
28 Segundo Burnett (1983, p.37-8), o tom difamatório estaria relacionado à função do poema ("esta canção pode ter sido parte das zombarias públicas que precediam a execução dos homens"). Cf. também Aristófanes (fr.232 KA).

Nenhuma das interpretações oferecidas esclarece adequadamente a situação. Primeiro, há aqueles para os quais os protagonistas são náxios: 1) o grupo náxio liderado pelo "filho de Pisístrato" tentou subornar os trácios a lhes darem direitos de extração nas minas de ouro e, quando esse expediente fracassou, recorreram às armas (Podlecki, 1974, p.8); 2) a comitiva náxia não leva, mas recebe o ouro dos trácios para auxiliá-los na luta contra os pários em Tasos (Steffen, 1954, p.53-7);[29] 3) os náxios travaram um pacto com os trácios contra pários, mas os náxios trouxeram presentes e mataram seus anfitriões (Luria, 1961, p.187).[30]

Outras hipóteses têm pários, ou "desconhecidos", como membros da embaixada: 4) gregos procuravam assentar-se em Tasos no tempo em que os trácios ainda ocupavam parte da ilha e, quando os colonos foram descobertos tramando com os trácios, os pários os mataram (Hauvette, 1905, p.56-7);[31] 5) os pários queriam comprar terras dos habitantes trácios, fecharam o negócio e depois romperam o trato, recuperando o ouro (Bowra, 1933, p.61); 6) o ouro era público, e não chegou às mãos certas. Por isso, os pários mataram os trácios para reaver o que lhes haviam prometido por algum serviço (West, 1974, p.127); 7) na mesma linha de Steffen (cf. item 2), notando a dificuldade dessa leitura em face de A I.40-42, Bossi (1990, p.154) sugere que uma parte dos pários que havia recebido o ouro dos trácios rompeu o pacto matando alguns trácios e, quando esses pários, por sua vez, foram mortos por outros trácios, o ouro foi restituído à ala fiel da missão.

Em todas essas interpretações, exceto na de Bossi (loc. cit.), não fica claro por que os trácios devolveram o ouro aos pários, e ninguém explica a função dos músicos na embaixada. Imaginemos uma situação inversa: e se fossem os hóspedes, não os anfitriões trácios, que oferecem presentes e entretenimento musical? A esse respeito, Tucídides (2.97) comenta um "hábito" que prevalecia entre os trácios: eles recebiam, não ofereciam

---

29 Aqui, o verbo *ékhō* ("ter") é lido como "ter recebido", mas West nota que *ékhō*, no sentido de "levar", não se constrói com um dativo. Cf. Luria (1961, p.187), Treu (1959, p.213) e Huxley (1964, p.24).

30 Se, porém, os náxios buscavam o auxílio dos trácios para fazer frente aos pários, seria vantagem matar seus aliados?

31 Cf. Hiller (1934, p.47-8) para uma interpretação semelhante, embora, a seu ver, o grupo pário cai nas mãos dos trácios após terem matado ladrões (piratas?) sapaios (uma leitura difícil de οἱ ληιστὰς Σάπας ὑπὸ τῶν Θραι[κ]ῶν que subentende ἀποκτείναντες Πάριοι).

presentes, e era impossível obter qualquer coisa na Trácia sem "dádivas" (*dôra*).[32] Assim, para agradá-los, certamente com interesse próprio e "visando a lucro pessoal" (*oikeíōi dè kérdei*), os pários poderiam ter presenteado os trácios não apenas com ouro, mas também com música. Se nos arriscarmos a ir mais longe, poderíamos supor que se tratasse, na verdade, de um artifício do "filho de Pisístrato" para introduzir consigo no recinto, sem levantar suspeitas, um pequeno número de companheiros. A certa altura, trocando seus instrumentos por armas, os músicos atacariam os trácios embriagados e procurariam escapar com o ouro.

A situação não é inverossímil se lembrarmos que, para se vingar dos pretendentes, Odisseu também entra disfarçado em seu palácio. Que a morte dos trácios fosse um "mal comum" é perfeitamente compreensível, pois haveria vingança, o que intensificaria os conflitos locais.[33] Por fim, se essa escaramuça esclarece a presença dos músicos, a causa e o modo da restituição do ouro aos pários ficam ainda mal resolvidos. Também pode causar estranhamento o fato de o ouro ser levado de Paros a Tasos, já que as minas ficavam em Tasos e no continente próximo, não em Paros.[34] Mas se o movimento de riquezas entre Paros e Tasos fluísse geralmente no sentido contrário, não é impossível que uma missão fosse diretamente de Paros aos trácios, sem parar em um entreposto para recolher o ouro. No entanto, não podemos esquecer que todas essas hipóteses acerca da devolução do "ouro" se constroem sobre uma base frágil: um *suplemento* ao texto de Démeas.[35]

Vimos que a passagem em prosa (A I.49-52) após a citação dos versos é também problemática e pouco ajuda para resolver essa questão: "Porque eles próprios, após terem matado os trácios, uns foram mortos pelos pários, e outros <que fugiram> para os sapaios, pelos trác]ios". A primeira edição do texto trazia (A I.51-52) "...[8] aos p[ir]atas sapaios, pelos t[rá]/[c]ios";[36] outras alternativas foram suge-

---

32 Cf. Lavelle (1980-1981, p.198).
33 Para a leitura de "um mal comum", cf. *Il.* (16.262) e Hauvette (1905, p.57). Não é necessário relacionar este "mal" aos "males tásios" (fr.20, 102W), como o faz Hiller (1934, p.47). Para a associação da passagem com o fragmento de Calímaco (*Aetia* 104Pf.) sobre Oisidres, cf. comentário a Arquíloco fr.92W (Cf. IV.1 *infra*).
34 Hiller (1934, p.47), Steffen (1954, p.53) e Bossi (1990, p.153).
35 A I.40-41: χρήμ]ατα.
36 ων [8] λ[ηι]στὰς Σάπας ὑπὸ τῶν Θ[ρα]/[κ]ῶν Hiller (1900, p.16-7, *IG* XII (5) 445). A leitura é aceita por Diehl (1936), Treu (1959) e Tarditi (1968), com o termo "piratas"

ridas por Leo[37] e Steffen[38] mas foi Jensen (apud Hiller, 1934, p.219) quem, ao reexaminar a inscrição, leu "e outros, para os sapaios",[39] o que elimina o problema gramatical e oferece um sentido plausível. Quanto aos sapaios, Pausânias (7.10.6) é testemunho de que Arquíloco os mencionou em um poema.[40]

B) UMA VITÓRIA SOBRE OS NÁXIOS (FR.94W)

É com um voto de confiança nos olhos e no discernimento dos editores que lemos esse fragmento, pois, se nos fiarmos na transcrição feita por Hiller em 1903 (*IG* XII.445, 55-8), a epígrafe é praticamente ilegível e as poucas letras e palavras compreensíveis não batem, na sua maioria, com as atualmente aceitas. Hiller, que não havia enfrentado essa tarefa em 1900, esperava voltar mais tarde à questão e assim o fez em 1903 e 1934, seguido por outros. Arrolaremos, portanto, verso a verso, as tentativas de reconstrução paulatina do texto. Em algumas passagens, porém, uma crítica das diversas emendas e leituras propostas é, pelas condições da epígrafe, impraticável. Optar por uma lição, em detrimento de outra, fica mais a critério do bom senso ou gosto do leitor carente de balizas mais firmes.

A I.52-55:

μετὰ ταῦτα πάλιν γίνεται ἄρχων ᾽Αμφ[ί]τιμος· καὶ ἐν τούτοις διασαφεῖ πάλιν ὡς ἐνίκησαν καρτερῶς τοὺς Ναξίους, λέγων [ο]ὕτω·

(*lēistàs*) entre cruzes. Hiller (1934, p.48) subentende "os pários, tendo matado" (*apokteínantes Párioi*) de modo a justificar o acusativo.

37 1900, p.5: "<e outros, quando afastavam> os piratas sapaios" (<οἱ δὲ, ὅτε ἀπεωθοῦντο> ληιστὰς Σάπας).

38 1954, p.56: "<e> outros, <atacando> os piratas sapaios" (οἱ <δ᾽ ἐμπεσόντες εἰς> ληιστὰς Σάπας).

39 οἱ δ᾽ εἰς τὰς Σάπας, adotado por Lasserre (Lasserre & Bonnard, 1958) e West (1971) com a adição do particípio <φυγόντες> (considerada por Bossi desnecessária, cf. Kühner & Gerth, 1898, I.543). Jensen (loc. cit.) havia suposto que *Sápai* fosse o nome da cidade, não dos habitantes, enquanto, para Luria (1961, p.186), são "mulheres sapaias".

40 Cf. fr.93bW: "[Perseu] liderando um exército contra os sapaios e o seu rei Abrúpolis, aliados dos romanos, devastou sua terra. Desses sapaios, Arquíloco faz menção em um jambo". (καὶ

fr.94W:

> τῶν δ᾽ Ἀθηναίη μάχηι
> ἴλαος παρασταθεῖσα παῖς ἐρικτύπου Διὸς
> καρδίην ὤρινεν†αὐτῆς τῆς πολυκλαύτου λεώ
> .[..]υτων[..]αλλα κεἰνης ἡμέρης ἐπὶ χθ[όν]α̣
> 5 ἄλλον†ἤεισεν· τόσους γὰρ ἐξεχώρησεν γύας
> νηλε[....]π̣α̣ντος· ἀλλὰ θεῶν Ὀλυμπίων νόωι
> νη[

Depois disto, Anfitimo é novamente arconte e, novamente, (Arquíloco) evidencia nestes versos como derrotaram fortemente os náxios, dizendo [a]ssim (fr.94W):

> e, na luta deles, Atena,
> propícia, postada ao seu lado, filha de Zeus tonitruante,
> impeliu[41] o ânimo de sua lamentável tropa
> ...] naquele dia sobre a t[er]ra
> 5 a outro (?) cantou; pois tantas glebas recuou
> ...] de todo, mas à mente dos deuses olímpios

Antes de Peek e Maas vislumbrarem a deusa Atena no primeiro verso, Leo (1900, p.6) havia sugerido *tônde antiâi* ("contra a sorte"?),[42] adotado por Diehl (1922) e Hiller (1900, p.19).[43] Mas o sentido de *antiâi* é difícil. Mais tarde, Hiller (1934, p.48) publicou o texto (elaborado por Peek e Maas) que introduz Atena como protagonista nos versos iniciais (v.1-3).[44] Aqui, assim como de hábito na poesia épica, Atena é deusa que age de

---

ἐπί τε <Σαπαίους καὶ> Σαπαίων τὸν Βασιλέα Ἀβρούπολιν στράτευμα ἀγαγὼν (ὁ Περσεὺς) ἐποίησεν ἀναστάτους, Ῥωμαίων συμμάχους ὄντας. Σαπαίων δὲ τούτων καὶ Ἀρχίλοχος ἐν ἰαμβίῳ μνήμην ἔσχε). Hesíquio s.v. Σάπαι, ἔθνος Θρᾴκιον. Para Steph. Byz., Estrabão (12.3.20, p.550), e a possível confusão entre os saios (Arq. fr.5W) e sapaios já na Antigüidade, cf. Graham (1978, p.86) e Bossi (1990, p.152).

41 "Impeliu" traduz aqui o verbo *ótrynen* e não o *órinen* do texto de West (1989); veja a discussão *infra*.

42 "Contra a sorte?, a tropa permanecendo junto a estes,/ quando se ergueu um estrondo" (τῶνδε [ἀντιᾶι] τῆς τύχης λαὸς παραστάς / εἶτ᾽ ἀνέδραμεν κτύπος).

43 Hiller (IG XII.445, 55): τῶνδ᾽ ΕΑΝΤΥΛ τῆ[ς] Τύχης λαὸς παραστάθεις· ἀ[νέ]/[πτ]υε κτύπος. Segue-lhe Hauvette (1901) que cita sugestões de Leo (1900), criticando, porém, a métrica dos textos propostos.

44 Seguem-lhes Diehl (Treu (1959), West (1989²) e Gerber (1999). Os textos de Peek (1956a, p.3), Lasserre (Lasserre & Bonnard, 1958) e Tarditi (1968) são semelhantes, com exceção de *ótrynen*. Cf. "impelir a tropa" (ὀτρύνειν λαόν) em Il. (15.506, 695; 16.501; 17.559), e "*impelia* a força e coragem de cada" (ὤτρυνε μένος καὶ θυμὸν ἑκάστου) em Il. (5.470).

perto, auxiliando seus protegidos. "Propícia",[45] ao lado das tropas, ela é a "filha de Zeus tonitruante" (*paîs eriktýpou Diòs*), expressão que, apesar de parecer fórmula convencional, se já existia, não pertencia a essa tradição em que o adjetivo *erígdoupos* ("tonitruoso"), não *eríktypos*, é empregado com referência a Zeus.[46] Em Arquíloco, o epíteto não é ornamental: além de conferir um tom elevado à passagem, *eríktypos* (um barulho forte que resulta de um choque) é onomatopéico e expressivo.

O terceiro verso é um dos mais problemáticos. Em primeiro lugar, quanto ao verbo, os editores dividem-se entre *otrýnō* ("encorajar", "impelir") e *orínō* ("emocionar", "perturbar", "excitar o ânimo").[47] Assim, aqueles que optaram por *otrýnō* supunham algo como: "Atena despertou o ânimo de sua lamentável exército". Como entender, então, a concordância do substantivo masculino *leós* ("exército", "tropa") com o artigo feminino? Hiller (1934, p.48, 56) colocou um ponto de exclamação após o artigo e sugeriu tratar-se de uma forma de depreciação sarcástica, como a empregada na *Ilíada* quando Menelau (7.96) e Tersites (2.235) chamam os gregos de "aquéias, não aqueus". Nesse caso, imagina-se que a tropa *feminina* seja a dos pários e que o adjetivo *polyklaútou* esteja sendo usado com sentido ativo: a tropa é "lamuriosa", "a que muito lamenta".[48]

Não é impossível que Arquíloco, como nos exemplos da *Ilíada* citados, repreendesse dessa maneira o exército.[49] Talvez os pários (no dia em que se cantou a vitória dos náxios?) tenham sido forçados a "ceder/recuar

---

45 O adjetivo *hílaos* ("propícia") aplica-se tanto a deuses (Arq. fr.108.2W, *Teognidéia* 782), quanto a mortais (Arq. fr.23.10W). Em Homero, cf. *Il.* (1.583, 9.639, 19.178).
46 Na *Teogonia* (441, 456, 930), *eríktypos* ("tonitruante") é epíteto de Posídon. Para a etimologia da palavra, veja Chantraine (1968, s.v. κτύπος), que cita sugestão de Güntert para uma origem em (γ)δοῦπος (resultando de cruzamento de (γ)δουπέω com (τ)ύπτω). Talvez a forma não seja necessariamente uma "inovação intencional" de Arquíloco (Hiller, 1934, p.56); "um novo adjetivo no lugar do tradicional *erígdoupos*", como quer Page (1964, p.160).
47 Cf. "perturbava o coração no peito" (θυμὸν ἐνὶ στήθεσσιν ὄρινε) em *Il.* (2.142, 3.395, 4.208, 11.804, 13.468), *Od.* (17.150). *Kardía*, empregado mais freqüentemente como um órgão físico, é também às vezes uma *sede de pensamentos e emoções* (Chantraine, 1968, s.v.) e, aqui, equivale a *thymós* ("coração"/"ânimo").
48 Cf. West (1974, p.127) para outros exemplos (inscrições em vasos, uma passagem em Aristófanes [Nub. 680 ss.] e Empédocles B62), onde *polýklautos* ("muito lamentável") é epíteto de mulheres.
49 Diehl (1936), Adrados (1955b, p.2), Lasserre & Bonnard (1958) e West (1974) aceitam a hipótese de sarcasmo na denominação da tropa pária como *feminina*. *Contra*: Tarditi (1958, p.32 ss.).

tantas glebas" (v.4-5?), mas, depois, tenham reagido e ocasionado uma reviravolta, pois era intenção dos olímpios (v.6) conferir-lhes a vitória. Segundo essa leitura, Atena seria enviada para "encorajá-los" (*otrýnō*) e reverter a situação, pois no sexto verso há sinal de mudança ("mas"). Também é de esperar que a deusa garantisse a vitória aos pários, já que eles eram seus protegidos e o poema foi citado no *Monumento* como um exemplo de vitória contra os náxios. Caso contrário, teríamos de supor uma segunda virada que assegurasse a vitória pária, o que, embora possível, seria pouco provável.[50]

Outros sugeriram emendas que eliminam a designação pejorativa.[51] Steffen (1954, p.57), acreditando que a inscrição fosse corrupta, propôs: "despertou a coragem da tropa de sua lamentável terra"[52] ou, o que lhe parecia oferecer um sentido melhor, "ela própria [Atena], despertou a coragem da tropa da lamentável terra".[53] Peek (1956, p.3) chega a um arranjo semelhante perguntando se não seria Atena, "ela própria" (*aut<è̀ toû>s*), quem encoraja os soldados. Por também recusar o sarcasmo explícito no uso do artigo feminino, Tarditi (1958, p.32) cita a solução de Peek e, na sua edição de 1968, publica o texto de Peek e Maas (em Hiller, 1934, p.48) sem, no entanto, traduzi-lo.[54]

---

50 West (1974, p.127) diz não estar certo de que o exército que se retira seja o dos náxios; se há uma inversão de fortuna no sexto verso, a seu ver, o poema poderia ser muito mais longo. Hiller (1900, p.19), por razão ignorada, associou essa narrativa à lenda sobre a morte de Arquíloco por um náxio (Plutarco *Mor.* 560 d-e). Seguem-lhe Bowra (1933, p.62), Podlecki (1974, p.8) e Treu (1959, p.213).

51 Cf. as edições mais antigas de Hiller (1900, p.19: ἀ[νέ]/ [πτ]υε κτύπος; 1903, p.55-7 ἀ[νέ]-/[δρ]α[μ]εν κτύπος - υ - υ - αὐτῆς τῆς πολυ-/ [....φ]λογός·), Leo (1900, p.6: εἶτ᾽ ἀνέδραμεν κτύπος στεναγμῶν τῆς πολυ<φθόρου> φλο<γ>ός), Hauvette (1901; 1905 que segue Leo), e Diehl (1922: ἀ[νε]|[δρ]ο[λ]μ]ε κτύπος/ - υ - x - αὐτῆς τῆς πολυ[φθόρου? φ]λογός) apresentam leituras contestadas pelo pequeno fragmento de papiro (*P. Oxy.* 2313 fr.2) que pouco ajuda, a não ser para confirmar v.1]δ´[᾽Αθη]γαίη[; v.2 ἐρικ]τύπου Διός[; v.3]πολυκλαύτο[υ; e corrigir o v.4:]ἐπὶ χθ[.

52 καρδίην ὤρινεν αὐτῆς γῆς πολυ[κ]λαύτου λεώ.

53 αὐτὴ γῆς πολυ[κ]λαύτου λεώ. Cf. IV.10: γῆς ἐπιμνήσαιο τ[αύτης (?). Nesse caso, Steffen (loc. cit.) supõe um erro de copista. Bossi (1990, p.155) acha excelente a emenda de Steffen, lembrando o fragmento 228W de Arquíloco. West (1974, p.127) cita Arquíloco (fr.20W), Sófocles (*Ant.* 733, *O.C.* 1325) e, na sua tradução de 1993, segue Steffen: "*She it was that stirred that much-lamented country's army's hearts*". Veja também Gerber (1999).

54 Treu (1959) faz o mesmo. Tarditi parece ter abandonado em 1968 sua idéia anterior (1958, p.33) de que o adjetivo *polyklaútou* fosse empregado com um sentido ativo: os pários, deprimidos antes da assistência da deusa, lamentavam, sentindo-se abandonados.

Outra possibilidade, sugerida por West (1974, p.127), é ler *aûtis* ("novamente") em vez de *autês* ("sua").[55] Isso, porém, não resolve a questão do artigo feminino, a não ser que se imaginasse que a "tropa" não fosse pária. Seria também possível supor que a deusa, despertando temor ou angústia, "aflige o coração de sua lamuriosa tropa".[56] Nesse caso, novamente, a "tropa" teria de ser náxia, pois a deusa "protetora" não faria isso com o seu próprio exército, mas com o inimigo.[57] O que nos faz retornar à questão do revés de fortuna (v.6).

O adjetivo *polyklaútou* ("lamentável"), quer ele qualifique a "terra" ou a "tropa", deve ter sido usado no sentido passivo (ela é "causa de muito lamento").[58] Quanto ao substantivo *leós*, alguns o traduzem como "povo", mas ele pertence ao vocabulário militar, aplicando-se a um grupo de soldados comuns e não à classe civil (*dêmos*).[59]

Os versos seguintes não são mais fáceis. As primeiras tentativas de reconstruí-los não chegaram a um sentido aceitável, nem coincidem com o papiro, embora as mais recentes também não sejam de todo satisfatórias. Uma primeira versão de Hiller (1903), aceita quase integralmente por Diehl (1923),[60] foi reformulada e expandida em 1934:

κἐπὶ τῶν <τις> [ἄλ]λα κείνης ἡμέρης ἐπαύ[λι]α
5 ἄλλον ἤιτησεν· τόσους γὰρ ἐξεχώρησεν γύας
Νήλε[ως ἐκ?] παντός. ἀλλὰ θεῶν ᾿Ολυμπίων νόωι
Νη-.[61]

---

55 Cf. também Young (1973, p.222) e Gerber (1999).
56 Cf. *Il.* (1.792, 11.521, 13.418, 14.14, 459, 487, 15.403, 17.123, 18.223, 19.271, 24.467, 568), *Od.* (8.178, 21.86), e a *Teognidéia* (1295) para *kêr* ou *thymós* como objetos de *orínō*, significando "comover" ou "afligir" alguém, "perturbar seu coração".
57 Assim, é também inconcebível que, no fragmento 98W de Arquíloco discutido adiante, Atena, a deusa protetora de Paros e Tasos celebrada nesse memorial, lutasse do lado inimigo.
58 Cf. nota 48 *supra*, Ésquilo (*Pers.* 674, *Ag.* 1526), Eurípides (*Íon* 869) e Wright (1981, p.215), que prefere o significado passivo do adjetivo em Empédocles (fr.B62) não só por ser mais próprio ao contexto, mas também por ser o emprego mais antigo.
59 Cf. Lejeune (1965, p.4) e Chantraine (1968, s.v.), que cita a aproximação feita por Heubeck de *laós* ao "*laḫḫa*" hitita (o que, segundo West, não é muito semelhante a λαFός). A forma do substantivo encontra-se também no fragmento 115W de Arquíloco.
60 καὶ [τού]των(?) [....δ]εί[λης] ἡμέ[ρ]ας ἐπαύ(σαμεν)/ [β]άλλοντες (?) Hiller (1903). κ[-υ -]των; "debuit βαλόντες" Diehl (1923).
61 v.4: καὶ φυτῶν τις Peek (1956a, p.3). καὶ φυτῶν᾿ οἶκόν τε κείνης ἡμέρης ἐπὶ χθ[ονό]ς Lass. v.5: ἤεισεν Maas (em Hiller, 1934). <ἐκφυ>γών [τις] Diehl (1936) que parece ser o texto traduzido por West (1993a). τόσους γὰρ ἐξεχώρησ᾿ ἐγγύας Tarditi (1958, p.33) que não obedece a "ponte de Porson". ἄλλον ἔκτισεν· Lass. v.6: Νηλέ[ω]ς ἅπαντος Peek (1956a, p.3). νηλεῆ[ς] ἐκ παντός Lass.

quanto a isso, naquele dia,
5 <*um*> *pediu* [*ou*]*tros abr*[*ig*]*os; pois tantas glebas*
Nel[*eu*] *cedeu-lhes* [*do*] *total. Mas à mente dos deus olímpios,*
Ne[

Hiller (1934, p.49) explica que Neleu seria um comandante náxio, obrigado a ceder aos vencedores pários terras das quais "um pário"(?) queria sua parte, mas logo sobreveio a "inveja dos deuses" e "os vencedores não gozariam de suas novas posses por longo tempo". Essa leitura, que introduz no poema Neleu, o filho de Codro, foi desenvolvida por Huxley. A seu ver, Neleu, o líder náxio derrotado nessa batalha contra os pários, poderia ser o mesmo "filho de Pisístrato" do fragmento 93aW e, caso não o fosse, ambos pertenceriam de qualquer forma à família dos neléidas (Huxley, 1964, p.21-5).[62]

Tarditi (1958, p.32-3), estranhando a "cena de distribuição de terras cultivadas" no final do combate, propôs que fossem "reféns" devolvidos pelos derrotados (cf. nota 61). Mas que o "prêmio" fosse um campo fértil não é de estranhar; se os pários em Tasos talvez se interessassem mais por mineração e comércio, de qualquer forma, as colônias deveriam ser auto-suficientes em alimentos; além disso, a vinicultura era uma das maiores fontes de riquezas de Tasos.[63]

Na hipótese de Lasserre & Bonnard (1958, fr.101), colonos pários estariam abrindo campos para estabelecer novas moradas. Mas o papiro indica outra leitura no final deste verso: *epì khth*[*ón*]*a* ("sobre a terra"), não *epaú*[*li*]*a* ("abrigos"). Para o sexto verso, eles também oferecem uma interpretação diversa, imaginando que os pários "evacuaram tantas terras, sem suscitar a piedade de ninguém".

Sem poder indicar mais do que um contexto e enredo verossímeis, comentaremos particularidades do léxico, da construção, e o caráter geral

---

62 Diehl (1936) cita Heródoto (5.65), Eliano (*V.H.* 8.5), um escólio à *Ilíada* (11.692) e Wilamowitz-Möllendorff (1914, p.71) para o neléida Pisístrato. Cf. *contra*: West (1974, p.127-8). Huxley (loc. cit.) supõe que os combates foram travados em Tasos ou no continente trácio. Rubensohn (*RE* s.v. Paros) imaginou que terras em Naxos haviam sido dadas aos pários, enquanto, para Treu (1959, p.213), o pouco que se depreende dos versos é que os náxios foram forçados a abandonar suas terras (em alguma parte). Para os neléidas, cf. Barron (1962, p.1-6).

63 Segundo Boardman (1980, p.230), para os gregos, os atrativos da Trácia incluíam madeira, cavalos, vinha ("introduzida em Torone, Mende, Maronéia, e, sobretudo, em Tasos") e talvez o ouro e a prata.

do poema. No quarto verso, após a epifania e o auxílio de Atena, momento em que as esferas humana e divina se misturam, sabemos que é durante o período "daquele dia" (*keínēs hēmérēs*) e "sobre a terra" (*epì khth[ón]a*) que ocorrem os fatos narrados nos dois versos seguintes. A adversativa "mas" (v.6 *allá*) sinaliza uma possível inversão de fortunas e polaridade entre as duas esferas (humana/divina). Nota-se que Arquíloco faz, como na épica, uma espécie de "montagem paralela" dos acontecimentos "sobre a terra" (v.4) e no céu (v.6: "à mente dos deuses olímpios"), distinguindo-os. Se essa é a lição correta, a palavra *khthōn* ("terra") é expressiva, pois sublinha o contraste entre o espaço humano e o dos deuses olímpios por ser a forma antiga de se designar a terra enquanto "superfície do mundo dos mortos" em oposição ao céu: *epikhthónioi*, literalmente, os que estão "sobre a terra", são os "mortais". E o que aconteceu "naquele dia" envolve não só a "vontade" (v.6) dos deuses olímpios, mas a colaboração efetiva de Atena.

Uma hipótese de leitura para o quinto e sexto versos é que os pários foram forçados a ceder ou recuar "tantas glebas" (*tósous ... gýas*). Ao contrário do *khthōn* que, distinguindo-se semanticamente da *gê*, jamais é considerado como "terra cultivável", o *gýēs* ("gleba") é justamente uma medida agrária de "terra trabalhada".[64] Não raro, os combates hoplíticos eram travados sobre a própria planície ou campo fértil disputado pelas duas partes. O verbo *ekkhōréō* (traduzido por "ceder") também traz em si a referência a outro espaço, a *khóra*, que é um "território com um sentido estratégico", o "terreno de combate" (Chantraine, 1968, s.v.). Por fim, nos versos seguintes, é possível que se narrasse o modo como se realizaram os desígnios dos deuses olímpios, isto é, a vitória pária.

Tudo indica que essa narrativa, assim como o fragmento 98W de Arquíloco, não estava muito longe da épica. A linguagem e as imagens, como, por exemplo, em "Atena ... impeliu o ânimo de sua lamentável tropa" (v.1-3) e "à mente dos deuses olímpios" (v.6),[65] são comparáveis às homéricas. O tom é elevado. Como nos combates da *Ilíada*, há dois mundos distintos, o dos homens e o dos deuses. Os primeiros dependem dos desígnios dos segundos que não só "planejam", mas que também

---

64 O termo *gýēs* tem origem em *γύη ("volta", "virada"), sendo a extensão de terra que se cobria com as voltas do arado no período de um dia (Chantraine, 1968, s.v.).

65 É importante notar que entre a *kardía* e o *nóos* não existe a oposição que fazemos entre *coração* e *mente*, pois a *kardía* pode também ser sede de pensamento, e não apenas das emoções. Cf. *Il.* (8.143, 14.160) e *Od.* (5.104) para *Diòs nóon*.

interferem direta e pessoalmente nos eventos humanos (cf. Fränkel, 1975, p.147).

Quanto às diferenças, uma delas reside no emprego do tetrâmetro trocaico, metro que, por sua vez, exclui freqüentemente a possibilidade do emprego de fórmulas homéricas. Mas, quando se afasta da épica, a linguagem não é necessariamente "inovadora"; Arquíloco pode ter recorrido a um outro arsenal de expressões convencionais (cf. Parte I.2: "A questão dos gêneros" *supra*). Em segundo lugar, embora não haja como saber qual era a extensão das narrativas de Arquíloco, supõe-se que não alcançariam as dimensões e a complexidade dos enredos épicos. A diferença mais significativa reside, porém, no fato de se narrar uma batalha da história contemporânea, e não de um passado remoto.[66]

C) "SALVO" POR HERMES? (FR.95W)

Após o fragmento 94W comentado anteriormente, perderam-se, conforme os cálculos de Hiller (1900, p.19), aproximadamente 116 linhas de inscrições que pertenciam originalmente às colunas A II e III. Quando, no início de A IV, há novamente uma passagem legível, ignora-se o contexto, aquilo que "o poeta evidencia nesses [versos]"[67] (fr.95W):

```
1                     - ∪ - × - ∪ -
        ]δ' ἐπὶ στρατ..[
        νῦν ἐεργμέν.[
        πημεσωσερ.[        ]μενος
5       ἀλκίμωι σ[         ]ται [68]
```

1 ...
]e ao exérc[ito (comandante?)
agora cerra[
...
5 com força[

---

66 Breitenstein (1971, p.13), ao contrário, julga que as narrativas tetramétricas de Arquíloco tivessem conteúdo mítico.
67 (δηλοῖ ὁ ποιητὴς [ἐν τούτοις. ποιητὴ[ς λέγων οὕτως Hiller (1903, 1939), Diehl (1952), Tarditi (1968).
68 ἀλκιμω Hiller (1900, 1903, 1939), Diehl (1952), Treu, Tarditi. ἀλκίμων Lass.

Para o início do primeiro verso que nos restou (v.2), Hiller (1900, 1903) sugeriu "contra o exérci[to",[69] hipótese que foi logo abandonada a favor de "contra o gener[al", de Maas (in Hiller, 1934), aceito amplamente pelos editores.[70] A seguir (v.3), não se sabe quem "cerra" ou "é cerrado". A princípio, Hiller (1900, 1934) julgava que a última letra visível era um alfa (*eergména*).[71] Mais tarde (1939), ele aceita que seja um ômega, seduzido talvez pela engenhosa leitura de Zieliński (1927, p.604 ss.), que, acreditando que o poema de Arquíloco tivesse servido como modelo a Horácio (*Carm.* 2.7.13-14), baseou-se no texto latino para criar seus suplementos. Os dois versos de Horácio (loc. cit.) em que o "eu" lírico diz que foi "retirado" da batalha por Mercúrio ("*sed me per hostes Mercurius celer denso paventem sustulit aëre*") seriam uma *imitação* da seguinte passagem em Arquíloco:

νῦν ἐεργμέν[ων φαλάγγων ἠδ᾽ ἀκοντισμῶν διαὶ] [72]
πῆ μ᾽ ἔσωσ᾽ ῾Ερμ[ῆς τρέμοντα, ἠηνὸς ἄγγελος ταχύς;] [73]

agora, [pelas falanges] *cerrad*[as e dardos,]
para onde a mim, [que tremia], *Herm*[es, o veloz mensageiro de Zeus], *salvou?*

Horácio teria à sua disposição outros paradigmas épicos para cenas em que deuses retiravam heróis do combate nos momentos críticos.[74] Como notaram, porém, Nisbet & Hubbard (1978, p.115), Hermes nunca figura

---

69 Hiller (1900, 1903): δ᾽ ἐπὶ στρατὸ[ν). O texto foi considerado por Diehl (1925) parte da prosa anterior.
70 δὲ ἐπὶ στρατηγ[ὸν Maas (in Hiller, 1934). δὲ ἐπὶ στρατηγ[οῦ Hiller (1939).]δ(ὲ) ἐπὶ στρατηγ[οῦ Diehl (1936, 1952). καρτερὸν δ᾽ ἐπὶ στρατηγ[ὸν Lass. δ᾽ ἐπὶ στρατηγ[Tarditi. δ᾽ ἐπὶ στρατηγ[Adrados.
71 Cf. ἐεργμέν[αι Wilamowitz-Möllendorff (in Hiller, 1903), Diehl (1925). Hiller (1900, p.21) citava *Il.* (5.89) como exemplo.
72 Hiller inclui em sua edição de 1939 os suplementos de Zieliński com um ponto de interrogação. ἐεργμένῳ[ν φαλάγγων Diehl (1936, 1952); Adrados. ἐεργμένῳ[ν Treu. ἐεργμένῳ[Tarditi. ἐεργμένα[ς Lass.
73 4 ἢ ἡμ[εῖ]ς ὡς ἐρ Hiller (1900). πῆμ᾽ ἔσωσε ῾ρ[αιδίως Wilamowitz (in Hiller, 1903). πῆ μ᾽ ἔσωσ᾽ ἔρδ[ων καλῶς]? ou ἐρα Maas (in Hiller, 1934). Diehl (1936) prefere πῆ μ᾽ ἔσωσ᾽ ῾Ερμ[ῆς τρέμοντα Ζηνὸς ὠκὺς ἄ]γγελος em vista do *Hino Homérico a Deméter* (407), e é seguido por Hiller (1939). πῆ μ᾽ ἔσωσ᾽ ῾Ερμ[ῆς τρέμοντα Diehl (1952); Adrados. πῆ<ι> μ᾽ ἔσωσ᾽ ῾Ερμ[Tarditi. πῆ<ι> μ᾽ ἔσωσ᾽ ῾Ερμ[ῆς Lass., Treu, Peek (1985, p.21). Peek (loc. cit.) sugere que no final do verso (]μενος haveria um particípio (perfeito passivo?) ou (τὸ) μένος.
74 Cf. *Il.* (3.380, 5.344, 11.751, 20.321, 448).

como o sujeito de "remoções" do campo de batalha.[75] Por isso, a imitação de Arquíloco é, nesse caso, verossímil, tanto mais porque é nessa mesma ode que Horácio canta a "perda de seu escudo", tendo em mente um poema de Alceu (fr.428aLP) e, talvez, o de Arquíloco (fr.5W).[76]

Tarditi (1958, p.34) aceita essa interpretação com entusiasmo, embora note que, em razão do contexto, deve-se supor que a imagem do soldado não fosse denegrida. De fato, há esse porém: se o tema dos versos do fragmento 95W de Arquíloco é o da fuga ao combate e se, no século III a.C., assim como mais tarde, o "eu" era confundido com a pessoa do poeta, como poderiam registrar tal "confissão" em um memorial dedicado ao *herói* Arquíloco? Para solucionar o problema, Zieliński (loc. cit.) havia sugerido – de forma pouco convincente – que, dado o pequeno número de pários em Tasos, a perda das armas não seria desonrosa, as vidas "poupadas" sendo necessárias para manter a resistência.

D) GLAUCO, NOVAMENTE (FR.96W)

Segundo a introdução de Démeas (A IV.6-8), o tema dos versos seguintes (Arq. fr.96W) é Glauco, o mesmo "amigo" citado nos fragmentos 15, 48, 105, 117 e 131W.

ὅτι δὲ Γλαῦ[κος – – – ἀπῆρεν εἰς Θά]σον μάχῃ κρατησ[άντων – – – δηλοῖ ὁ ποιητὴ[ς ἐν τούτοις·

                        Γλαῦκε, τίς σε θεῶν νό]ον
καὶ φρένας τρέψ[ας
γῆς ἐπιμνήσαιο τ[ῆσδε
δει]νὰ τολμήσας μεθ[
5 – ⏑ –] ἥν εἷλες αἰχμῆι καὶ λ[
   – ⏑ –×–]σον {δ} ἔσκεν καὶ χαλ[

---

75 Nisbet & Hubbard (1978, p.115) alistam a participação de Hermes em fugas ou escoltas ligeiras em outros contextos: Alcífron (3.36), Hesíodo (*Erga* 85), *Hino Homérico a Deméter* (407), Eurípides (*Hel.* 243).

76 Segundo Nisbet & Hubbard (1978, p.108), a perda do escudo na terceira estrofe de Horácio (loc. cit.) tem – com certeza – o fragmento 5W de Arquíloco como modelo, e assim também seria possível que a salvação por Mercúrio imitasse a empreendida por Hermes. Para idéia semelhante, cf. Hiller (1934, p.50) e Fränkel (1975, p.147). Veja também Gerber (1999), cujo texto segue o de West (excetuando os finais dos versos 4 e 5), mas que traduz e assinala em nota a sugestão de Zieliński.

que Glau[co... partiu para Ta]sos [quando] na batalha venci[am] (?)... evidencia o poet[a nestes versos:

> Ó Glauco, que deus a tua me]nte
> e coração tendo vira[do...
> que d[esta] terra te recordes[...
> grandes fei]tos tendo ousado [...
> 5 ...   ] a qual tomaste pela lança e [...
>   ...   ] (e) mantinha também [...⁷⁷

As primeiras edições de Hiller e Diehl supunham que a narrativa tratasse do sucesso de Glauco na batalha.⁷⁸ Mais tarde, porém, os dois adotaram a leitura de Zieliński (1927, p.605), segundo a qual os inimigos trácios estariam vencendo.⁷⁹ Tarditi (1958, p.34) julgava que esse fragmento (Arq. fr.96W) e o anterior (Arq. fr.95W) faziam parte do mesmo poema.⁸⁰ A seu ver, a passagem em prosa seria um resumo feito por Démeas dos versos que não eram citados literalmente, e nos quais o poeta, após declarar "sua" fuga (mencionando também o escudo abandonado), recordava-se, em oposição, dos feitos de Glauco.⁸¹ É possível que Démeas parafraseasse partes dos poemas, mas já notamos que a menção à perda do escudo pelo "eu", nesse contexto, é improvável.

Examinemos o texto. Talvez o resumo em prosa nomeasse "Glauco" como protagonista, o que tornaria verossímil o suplemento de Maas (in Hiller, 1934, p.49), "ó Glauco" (*Glaûke*), no verso inicial. Partindo basica-

---

77 Glauco teria partido (de Paros?) em auxílio (?) de seus conterrâneos em Tasos quando eles estavam perdendo em uma guerra? Ignora-se quem são os inimigos. Bonnard (Lasserre & Bonnard, 1958, p.35), tendo por base os suplementos à prosa (que segue a citação) e a interpretação de Zieliński (1927), pergunta se não seriam os mesmos saios do episódio narrado no fragmento 5W de Arquíloco. Gerber (1999) segue os textos de West (1989²) para a prosa (A. IV.6-8) e versos fr. 96W de Arquíloco.

78 ὅτι δὲ Γλαῦ[- - τῆι κατὰ Θά]-/σον (?) μάχη κρατήσ[ας (?) - - - δηλοῖ ὁ ποιητ[ὴ]ς [λέγων - - -] Hiller (1900). Γλαῦκ[ος - - ou Γλαῦκ[ον εἷλον? τῆι κατὰ τὴν Θά]/σον μάχηι κρατήσ[ας ou κρατήσ[αντες---------πάλιν]/δηλοῖ ὁ ποιητ[ὴς λέγων - - -] Hiller (1903), Diehl (1925). Γλαῦκ[ος (?) - -/ σον μάχηι κρατήσ[ας - -/ δηλοῖ ὁ ποιητὴ[ς λέγων οὕτως· Hiller (1934), Γλαῦκε Maas (in Hiller, 1934, p.49).

79 Γλαῦκ[ος --- τῆι κατὰ τὴν Θά]/σον μάχηι κρατησ[άντων τῶν Θραικῶν---]/ δηλοῖ ὁ ποιητὴ[ς λέγων· Zieliński (1927, p.605), Diehl (1936, 1952, cuja única diferença é a adição de οὕτω no final). Γλαῦκ[ος Λεπτίνεω πάϊς τῆϊς κατὰ τὴν Θά]/σον μάχηι κρατησ[άντων τῶν Θραικῶν----]/ δηλοῖ ὁ ποιητὴς λέγων οὕτω· Hiller (1939).

80 Bonnard (Lasserre & Bonnard,1958, p.34) também considera os versos dos fragmentos 95 e 96W como pertencentes a um poema só.

81 Cf. Zieliński (1927, p.607).

mente da idéia de Zieliński (1927, p.605 "[um deus] vir[ou tua me]nte/ e coração, [para que de mim e da terra pátria/ te recordasses]"⁸²), os suplementos de West com a nova disposição e interrogativa ("que deus...?"), próprios do estilo de Arquíloco (cf. fr.172W),⁸³ modificam o tom e a leitura do poema: pesada censura é lançada sobre Glauco, exortado a recordar-se da sua terra (v.1-3).⁸⁴ Nos versos seguintes, após a repreensão, talvez perigos vividos (v.4) e conquistas anteriores de Glauco (v.5, 6), com seu amigo e companheiros em Tasos, fossem lembrados.⁸⁵

Se o fragmento fosse maior, poderíamos averiguar até que ponto a sua estrutura é comparável à das preces. Comuns em todos os gêneros de poesia grega antiga, as preces em que se pede a um deus que venha em auxílio, ou conceda alguma graça, obedecem a uma seqüência determinada: primeiro a divindade é invocada, em seguida, o suplicante recorda oferendas anteriores, ou serviços que já prestou ao deus, e o apelo é repetido no final. Um belo exemplo de prece na mélica arcaica é a *Ode a Afrodite* de Safo, (fr.1LP) onde

---

82 Zieliński (1927, p.605): σοι νό]ον/ καὶ φρένας τρέ[ψεν θεῶν τις, ὥστ᾽ ἐμοῦ καὶ πατρίδος]/ γῆς ἐπιμνήσαιο.

83 Bossi (1900, p.156) fornece mais um exemplo para *tís se... theôn* (*Il.* 20.332), sugerindo também outras alternativas como Arq. (fr.210W): "*tís âra daímōn*", o plural (*theoí, daímones*), ou ainda algo como *Il.* (9.600).

84 1 ον καὶ φρένα στρέ[ψ - πατρίδος (?)] Hiller (1900). νό]ον/ καὶ φρένας τρέ[ψε----πατρίδος] Hiller (1903), τρέ[ψεν ? Diehl (1923). τρε – – Hiller (1934), Treu, Tarditi. τρέ[φεις (?) Maas (in Hiller, 1934), Adrados. σοι νό]ον/ καὶ φρένας τρέ[ψεν θεῶν τις, ὥστ᾽ ἐμοῦ καὶ πατρίδος]/ γῆς ἐπιμνήσαιο Zieliński (1927). Diehl (1936) e Hiller (1939) seguem o mesmo texto, com ὄφρ᾽ em vez de ὥστ᾽ e introduzindo Γλαῦκε, σοὶ de Maas no início. ον/ καὶ φρένας τρέπ[ω]ν [ἐς ἡ]μ [έας Lass. [Γλαῦκε, νό]ον Adrados. Cf. Aristófanes (*Nub.* 519., *Ra.* 886: Δήμητερ ἡ θρέψασα τὴν ἐμὴν φρένα "Deméter, tendo virado meu coração"); para νόον τε καὶ φρένας, cf. Arquiloco (tr.124bW).
2 γῆς ἐπιμνήσαιο τ[Hiller (1900, 1903, 1934), Diehl (1925), Zieliński, Treu, Tarditi. τ[αύτης ? Diehl (1936, 1952), Hiller (1939), Adrados. τ[α]ύ τ [η]ς Lass. τ[ῆσδε West. Zieliński (1927, 603 ss.), fazendo ainda a correspondência entre os fragmentos 95 e 96W de Arquíloco e Horácio (2.7.13-14), imaginava haver um contraste entre a fuga do poeta e ausência prolongada do amigo. Cf. Nisbet & Hubbard (1978, p.108).

85 4]νὰ τολμήσας μέ[γιστον ἔργον (?) Hiller (1900, p.21). δει]νὰ τολμήσας με Hiller (1903, 1934), Diehl (1923, 1936, 1952), Treu, Adrados. με[θ᾽ ἡμῶν Friedländer (*apud* Diehl, 1923), Hiller (1939). μεθ᾽ [ἡμέω]ν Lass. μεθ᾽ [ἡμέων Slings (1986, p.2).
5 [ἥν]γιλες (?) αἰχμῆι καὶ Hiller (1900). [ἀφε]ῖλες (?) Hiller (1903).]ῖλες (εἶλες ?) Diehl (1923). ἀνεῖλες αἰχμῆι καὶ Edmonds (1931), Hiller (1934). αν εἶλες Hiller (1939), Diehl (1936, 1952), Adrados. ἀνεῖλες αἰχμῆ<ι> καὶ μ [άχ]ηι<ι> κ[ρα]τ ε ύμ [ενος Lass. ἀνεῖλες αἰχμῆ<ι>

há, porém, uma inversão: são lembrados os serviços prestados pela deusa à suplicante e não o contrário, como é de hábito. Levando em conta os hipotéticos suplementos, observa-se que nesses versos de Arquíloco há primeiro uma invocação a Glauco (v.1-3); depois, talvez, os serviços que prestou anteriormente (à pátria?) são recordados (v.4-?), e não há como saber qual o desfecho. No caso, Arquíloco (como Safo) teria adaptado a forma tradicional, possivelmente com efeito paródico, pois a sua prece seria laica, dirigida a Glauco, um mortal.

E) MULHERES PARA OS COLONOS, OU GLAUCO? (FR.97-97A, 101W)

Démeas introduz mais uma citação, informando-nos que alguém parte para Tasos (Arq. fr.97W). A suposta presença de uma "*hetaíra*" na linha de prosa seguinte (l.15) fez Hiller (1900, p.21), seguido por Diehl (1923) e Bowra (1933, p.62), julgar que fosse Neóbula ("da hetaira orgulhosa").[86] Mas essa hipótese foi logo descartada, até por Hiller (1934, p.51; Diehl, 1936).

--]
αν τῆς εἰς Θάσο[ν [87]
15 τησε καὶ παρ᾽ ἑταί[ρας
νης γαύρας ἠττ[ή]θη τολ[μ]η[
πλ[..]ς τοιαῦτα ἤ[κ]οντες [
.....ν ἀσπίσιν [κα]ρτε[ρ]ία[
.ν τῆς Θάσου και[...]απα[
20 το ἐκεῖ. ὅτι δ᾽ ἀλη[θῆ

καὶ[Treu, Tarditi. Peek (1985, p.21) critica ἀνεῖλες do ponto de vista gramatical e métrico. Para o uso metafórico de εἶλες αἰχμῆι κα[ῖ em Arquíloco, cf. fr.23.19W.

6 σον δ᾽ ἔσκεν καὶ χα[λκ Hiller (1900, 1903, 1939), ou ἔσκον Diehl (1925). σον†δεσκεν καὶ χαλ Hiller (1934), Diehl (1936, 1952), Treu, Adrados. [– υ – κέαρ] σὸν {δ} ἔσκε{ν} καὶ χαλ[έφθησαν φρένες]? Peek (1985, p.21). Θά]σονδ᾽ ἐσῆ<ι>εν καὶ χαλ[Lass.]σονδ᾽ ἔσκεν καὶ χαλ[Tarditi. Cf. ἔσκεν em Mimnermo (fr.14.10W).

86 15 τη α[. κ]αὶ παρ᾽ ἑταί[ρας(?) Hiller (1900). τῆ[λε(?) κ]αὶ παρ᾽ ἑταί[ρας Hiller (1903, κ]αὶ παρετά[χθη]?), (1934, 1939), Diehl (1925, 1936, 1952). τῆλε(?) παρ᾽ ἑταί[ρ Treu (1959). τήλε (?) καὶ παρετα[Tarditi (1968). τηλεκαι παρετα[West (1971).

87 14 [κατ]ἀντης εἰς τήν Θάσο[ν]? ou [...ἐλ]λιπῆς εἰς τὴν Θάσο[ν? Peek (1985, p.21). ..α..εἰς τὴν Θάσο[ν Hiller (1900). εἰς τὴν Θάσο[ν Hiller (1903); Diehl (1925). αγχη[.] Diehl (1936, 1952); Hiller (1939); Treu (1959); Tarditi (1968); West (1971).

ὑπὲρ ταύτης τῆς π[
τάδε·

fr.97W   χειλίους γὰρ ἄν[δ]ρας [.]κ̣[

"...]para Taso[s ...] junto à/ da? hetai[ra ...] orgulhosa foi derr[o]tado [...] tais? c[h]egando [...] com escudos, [va]len[t]ia [...] de Tasos [...] lá. Que [estas coisas] sobre a ? [são] verdadei[ras evidenciam] estes [versos]:

> Pois a mil ho[m]ens [..."

ἔπειτα γυναῖκας ει[---]
λαι τι[.]ς τῆς πύλης ἔ[τ]ρεχον εἰς[---]
25   ἐκ τῆς Θάσο[υ---]
ὐ ὅτι δ᾽ ἀλη[θ]ῆ [---]
σημ[.]αει τιν[---]

então, a mulheres [...]
... do portão co[r]ria/co[r]riam para [...]
de Taso[s ...]
Que a verda[d]e [...]
...

Atualmente, a maioria lê o verso de Arquíloco (fr.97W) tendo mais em vista a prosa que o segue (A IV.23-7) do que a antecedente (A IV.13-22). Alguns imaginam tratar-se de um episódio da colonização de Tasos em que os pários, após matar seus inimigos, tomaram suas esposas para si (Hiller, 1934, p.51). Pouilloux (1954, p.26-7), por exemplo, dizia que o *Monumento de Sóstenes*, apesar de mutilado, era o "melhor documento dos primeiros tempos da colônia" e, seguindo Hiller, acreditava que o verso (Arq. fr.97W) registrava o número de pários enviados na expedição a Tasos ("mil homens").[88]

Na primeira edição de West (1971), os textos eram basicamente os mesmos encontrados em Diehl (1952), separados em dois fragmentos distintos: a prosa até o início de A IV.20 era associada aos versos do fragmento 96W e, no restante (A IV.20-27), não se distinguia o verso de Arquíloco – tudo era atribuído a Démeas. Em um artigo de 1985, a passagem foi reelaborada a partir das novas sugestões de Peek (1985,

---

88 Mais tarde, Pouilloux (1964, p.12) corrige-se, perguntando se esse não seria um "reforço" de "mil homens".

p.21) e, na segunda edição (1989), o fragmento é reconhecido (Arq. fr.97W), somando-se a ele a prosa e os versos subseqüentes (Arq. fr.97aW).[89] Retomemos a passagem em prosa. Quem quer que seja a *"hetaíra"* (A IV.15), e sem saber o que ela faz nesse contexto, na linha 16 o sujeito, embora corajoso/a (ou orgulhoso/a?), foi derrotado/a. Nas primeiras leituras, a *hetaíra* era considerada sujeito da oração seguinte.[90] Peek (1985, p.21), de outro modo, considerava o adjetivo (*gaúras*) um nome próprio ou epíteto: "pela chamada Orgulhosa, foi derrotado"(?).[91]

Na linha 17, o sujeito é plural e masculino[92] e a cena é de guerra, seja ela metafórica (como em Arq. fr.23W) ou não: fala-se de escudos, valentia,[93] e Tasos é novamente mencionada.[94] A sugestão de Maas (apud Hiller, 1934, p.51)[95] para a linha 20 permaneceu incontestada por muito tempo, e os suplementos em Hiller (1903), Diehl (1923) e Peek (1985, p.21) supõem que Démeas foi quem "escreveu" ou "disse a verdade".[96] Infelizmente, não é possível ler a passagem em que Démeas declara aquilo em razão do que o poeta (?) é citado como evidência. Trata-se da cidade (Hiller, 1900)? de uma expedição (Diehl, 1936)?[97] O fragmento que nos restou do verso

---

89 Lasserre (Lasserre & Bonnard, 1958, p.35) sugeria que Démeas pudesse ter resumido um único evento, narrado por Arquíloco em um ou mais poemas, dos quais ele extraía alguns versos para citar como evidência.

90 16 [τ]ῆς γαύρας, ἥτι[ς Hiller (1900, 1934, 1939); Diehl (1923, 1936, 1952); Tarditi (1968). ἥ τι[ς---] Hiller (1903). τῆς ἰσχυρᾶς ἥττ[ης Treu (1959). ητι[West (1971). Para γαῦρος cf. Arq. (fr.114.2W).

91 Peek (1985, p.21): [καλουμέ]νης Γαύρας ἡττ[ή]θη τολ[μ]η[...].

92 17 .ο.τις τοιαῦτα· Hiller (1900). .ο.τ.. τοιαῦτ[α· Hiller (1903); Diehl (1925). ΙΟΙΤΙ_ τοιαῦτα Hiller (1934, 1939); Diehl (1936, 1952); Treu (1959); Tarditi (1968); West (1971). πά[ρο]ς, Πά[ρο]ς?, ἤ[κ]οντες Peek (1985, p.21).

93 18 ...σ.. ἀσ[π]ί[σ]ιν Hiller (1900). ἀσ[π]ί[σ]ιν Hiller (1903), Diehl (1925). [...ταῖς] ἀσ[π]ίσιν Hiller (1934, 1939), Diehl (1936, 1952). ἀσ[π]ίσιν Treu (1959); Tarditi (1968). ἀσ[.]ισιν West (1971). [κα]ρτε[ρ]ία[ν Peek (1985, p.21).

94 19 .ν [τ]ῆς Θάσου καὶ Hiller (1900). [τ]ῆ[ς] Hiller (1903), Diehl (1925). τῆς Hiller (1934, 1939), (1934, p.51: [ἀνάμεσο]ν τῆς Θάσου καὶ [τῆς ἠπείρου]?); Diehl (1936, 1952); Treu (1959); Tarditi (1968); West (1971).

95 Hiller (1934, p.51): ἐφολκεῖ· um verbo (não-atestado) derivado de ἐφόλκιον ("embarcação pequena")? O autor imagina a comparação entre uma pequena barca e um grande navio? Sugere-se, além disso, que a "*hetaíra*" os acompanhasse.

96 20 ....κεῖ· ὅτι δ᾽ ἀλη[θῆ γράφει Hiller (1900). ἀλη[θῆ λέγει(?) ὁ Δημέας (?)] Hiller (1903), Diehl (1925). ἐφολκεῖ· Hiller (1934, 1939); Diehl (1936, 1952); Treu (1959); Tarditi (1968); West (1971). το ἐκεῖ. ὅτι δ᾽ ἀλη[θῆ γράφει ὁ Δημέας ἐν τῆι ἱστορίαι? Peek (1985, p.21).

97 21 ὑπὲρ ταύτης τῆς π[όλεως, δηλοῖ ὁ ποιητής, λέγων] Hiller (1900, 1903); Diehl (1925) nota que a cidade é Tasos. π[Hiller (1934, p.51) pergunta se não seria π[αλλακῆς. π[ορείας, ou

citado nada esclarece. Com a restituição da forma jônica (*kheilíous*), sabemos apenas que havia "mil homens" envolvidos na questão.[98] O verso evoca para alguns [99] outro fragmento de Arquíloco (fr.101W), embora a única semelhança resida no número de homens mencionados.

Na prosa seguinte, Hiller (1903) imaginava que as mulheres eram "tomadas" pelos vencedores.[100] Com base em um relato de Heródoto (1.146) sobre a colonização jônia,[101] supõe-se que os pários, em expedição de "mil homens", também teriam ido sozinhos, tomando como suas as "trácias", as mulheres e filhas dos homens que mataram durante conquista do território (Hiller, 1934, p.51).[102] É provável que a colonização de Tasos pelos pários tenha se dado de modo semelhante,[103] mas não há como saber se esse era o tema dos versos de Arquíloco e da prosa de Démeas. Além disso, essa leitura não explica a presença da "*hetaíra*": se os colonizadores serviam-se das mulheres locais, por que, segundo Hiller (loc. cit.), a levariam?

Desconhecemos, também, quem são os/as que "corriam do portão à ...", conforme sugere Peek (1985, p.21). Essa é a interpretação mais recente do texto, pois, nas anteriores, lia-se: "filhos" das mulheres (Hiller, 1903), ou um "ancião" (embaixador) que "enviou/ de Paros"(?) (Peek, 1956,

---

π[ορθμείας Diehl (1936 remete a Xenofonte (*Ana.* 5.6) e Apolodoro (*Bib.* 2.7.6.5), (1952); Hiller (1939). π[Treu (1959); Tarditi (1968).

98 χιλίους γὰρ ἄν[δρας Hiller (1900, 1903, 1934, 1939), Diehl (1923), West (1971). χ<ε>ιλίους Diehl (1936, 1952), Treu (1959), Tarditi (1968). χειλίους Adrados (1956, 1990³). χειλίους γὰρ ἄν[δ]ρας [ἤ]κ[αν Peek (1985, p.21). χιλίους γὰρ ἄν[δρα]ς ἡμῖ[ν] ἐς Θά[σον Lass. Os textos do testemunho (A. IVa22) e fragmento 97W em Gerber (1999) seguem os da segunda edição de West (1989²), mas ele traduz conforme o suplemento de Peek: "for (they sent?) a thousand men".

99 Hiller (1900, p.21), Diehl (1925, 1936) e Graham (1978, p.85).

100 23 ἔ[π]ειτα γυναῖκας ἐ[Hiller (1900). εἶχον Hiller (1903, 1934), Diehl (1925). [ἔπειτα] Diehl (1936). εἶχον Θράσσας Hiller (1939). ἔπειτα Diehl (1952), West (1971). ἐκ Peek (1956a, p.6). ἔ]πειτα γυναῖκας εἶ[χον Treu (1959), Tarditi (1968). εἶ[λον] Peek (1985, p.21). ει[West (1985a, p.10). Para a mesma interpretação de Hiller, cf. Luria (1961, p.185).

101 "Esses não levaram mulheres para a colônia, tomaram (para si) as cárias, cujos pais mataram." (οὗτοι δὲ οὐ γυναῖκας ἠγάγοντο ἐς τὴν ἀποικίην, ἀλλὰ Καείρας ἔσχον, τῶν ἐφόνευσαν τοὺς γονέας).

102 Cf. também Diehl (1936: θράσσας ου ἐπιχωρίους), Pouilloux (1954, p.27), Adrados (1956, p. 48, 1990³) e Treu (1959, p.213).

103 Mais tarde, havia em Tasos uma mistura de nomes pários e trácios (Hiller, loc. cit.). Nesse sentido, veja Pouilloux (1954, p.27) e Seyrig (1927, p.218-9) para os nomes nas listas dos magistrados tásios dos séculos VI ao V a.C.

p.6).[104] Novamente, Démeas comprova seu relato citando Arquíloco (fr.97aW):[105]

```
1         ]τι πη[28
          ]μμε[29
          ]ιακ[30
          δ]έδοικας [το]ι᾽ ἀρισ[τ]ε[ύσας πάρος
5         ]δέδοικα[ς]...[
          ]ν σ[τα]θέντα[
```

```
1         ...
          ...
          ...
          t]emes, [tais feiʃtos tendo [antes] gran[ʃeado
5         ]teme[s]... [
          ...]c[ol]ocado(s) [...
```

Peek (1985, p.21) foi quem identificou essas linhas como versos de Arquíloco. Nada se pode fazer dos três primeiros,[106] mas, no quarto verso, o "eu" dirige-se a uma segunda pessoa.[107] Seria o mesmo Glauco invocado no fragmento 96W logo acima? Haveria aqui também uma repreensão a quem antes foi autor de bravos feitos? O temor expresso pelo verbo *deído̅* ("temo") pode sugerir uma fuga da batalha, como é

---

104 24 .αιτι[... το]ὺς υἱο[ὺ]ς[Hiller (1903), Diehl (1923). [.], αἴτ[ινες Hiller (1934, 1939); Diehl (1936, 1952); Tarditi (1968). καὶ πρ[ε]σβεὺς ὑπὸ π -- [ἔ]πεμ[ψεν] Peek (1956a, p.6). [.]αιτ[....το]ὺς υἱο[ὺ]ς[Treu (1959). καὶ τι[.....]υς υἱο[ὺ]ς[West (1971). λαι τινες τῆς πύλης Peek (1985, p.21), observando a impossibilidade das leituras anteriores, sugere λαι τι[ν´] ἐ<κ> τῆς πύλης ἔ/[τ]ρεχον εἰς---? ἄλ]λαι τι[νὲ]ς τῆς πύλης ἔ/[τ]ρεχον εἰς[West (1985, p.10).

25 Peek (1985, p.21). ἐκ τῆς Hiller (1900). ἔκτης (?), ὡς Hiller (1903), Diehl (1923). εκτης, ὡς Hiller (1934, 1939), Diehl (1936: Πολυδ]έκτης?; 1952). εκτησωσ[West (1971). ἐκ τῆς Πάρ[ου Peek (1956a, p.6). ἐκ τῆς Θάσ[ου West (1985a, p.10).

105 26 ν, ὅτι δ´ ἀλη[θῆ λέγει, δηλοῖ ὁ ποιητὴς Hiller (1900, 1903). λέγων τάδε Diehl (1925). ν· ὅτι δ´ ἀλη[θ λέγει Hiller (1934, 1939); Diehl (1936, 1952); Treu (1959); Tarditi (1968). ν· ὅτι δ´ ἀλη[θ West (1971).

27 α ἔκτιν? ου ἔκ τινος (-ων) Hiller (1900). ωτα[.(.)]αεκτιν[West (1971). σῆμ[α] δεῖ τι ν[ῶι? δεῖξαι Peek (1985, p.21). ν[ῦν δοθῆναι? Slings (1986, p.3). σημ(.)]αειτιν[West (1985a, p.10).

106 1 εἴπηι Hiller (1900). πῆ[μα], talvez em outro caso, ou πη[μονή] Peek (1985, p.21). πη[μ West (1985a, p.19). 2 ΜΠΕ Peek (1956a, p.6). 3 Peek (1956a, p.6).

107 4 οἱ κασ- Hiller (1900). [-ἐ]οίκασ[ι] ou [ἄ]οικα σ-(?) Hiller (1903). οὐ]κ ἐοικασ[ιν] Peek (1956a, p.6), sugere em 1985 (p.21) os suplementos adotados em 1989 por West.

freqüente em Homero (cf. *Il.* 8.77 ss., 17.624; *Od.* 24.533), mas não necessariamente. Parece haver uma repetição no quinto verso,[108] e Peek aventura-se ainda um pouco mais.[109]

F) A DEFESA DA MURALHA (FR.98, 99W)

Esta é a última citação que se pode ler no *Monumento de Sóstenes* (A IV.46-58). A descoberta de um papiro (*P. Oxy.* 2313 fr.3a), publicado em 1954, cujo texto se encaixa quase perfeitamente com a inscrição da epígrafe, evidencia a fragilidade dos suplementos e a incerteza de nossas fontes, pois, se oferece mais algumas palavras, problematiza outras, eliminando também muitas hipóteses anteriores.

```
fr.98W                      ]τ´ἢ κέρδει ν[ ⏑ –
                            ]εταξυι [ ⏑ – ⏑ –
                            ]σὺν δενι[ ⏑ –
                            ]λ ἀμφὶ δ[
   5                        ]ων δούρατ´ ἐκπ[ × – ⏑ –
                            ]ε, τῶν δ´ ἐδάμν[..]εν ν[όον
                       παῖς] ᾿Αθηναίη Διός·
        ἀμφ[ὶ] δ´ ὑψ[ηλὰς ἐπάλξεις ἤρ]κεσαν πρὸ π[α]τρίη[ς]
        χρημ[                κ]εῖτο πύργος ἀμφα[ή]ς̣
  10    θαυ[μ]α̣[        ] ἐκ λίθων ἐδε[ίμαμ]ε̣[ν
        ⏑ – ⏑ – ἄν]δ[ρ]ε̣[ς] αὐτοὶ Λεσβίω[...]ει[
        – ⏑ – τῶ]ν δ´ ἀ[μ]φ[ιθ]έντες χερσὶν ο[....]δια
        ι̣μ̣ε̣νω̣ι̣.[ ]ων ἐσο[.(.)]σει Ζεὺς ᾿Ολυμπίω[ν.]ο̣.ι̣[
        – ⏑ αἰχμ]ῆ[ι]σιν θοῆισι πημονὴν ἐπήγομ[εν]
  15    ει̣.εθ[ ]ότ´ ἀμφὶ πύργον ἔστασαν πονε[όμενοι
        κλίμακας, μ]έγαν δ´ ἔθεντο θυμὸν ἀμφε[
        βαρὺ δ´ ὑ̣π̣ε̣β̣ρ]όμε̣[ι σίδηρον εἱμένη καλ[
```

---

108 5 ἄοικα Hiller (1900, p.21 seria referência a Tasos). κ]αλοὶ κακ̣[Peek (1956a, p.6). [μ]αχλοὶ κα[κ]ῆς̣? Peek (1985, p.21) pergunta se é o final do verso, uma hipótese negada por Slings (1986, p.3) que lê κα..ης por causa da ponte de Wilamowitz.
  6 ΗΣ Peek (1956a, p.6). [-]ν σ[ε] θέντα? Peek (1985, p.21).]ν σ[.(.)]οεντα[, σ[τα]θέντα? West (1985a, p.11).
109 34 πνε̣[Peek (1956a, p.6). 35]υτοί (p.6). 36 Σ..ΠΟΙΣ ([τύ]ποις?) (p.6). 37 ΝΗΝ.ΕΙΣΕ (p.6). 38 ον Θάσ[--] (p.6). 39 πατ]ρίδος (p.6). A linha 39 ([ὦ θεοί], ποῖ[ον] συνῆλ[θ]ε[Peek, 1985, p.21) faria parte desta citação ou da seguinte (fr.98W)? 40 ΟΙΣΚ Peek (1956, p.6). 41 ΟΝΟΙΣ (p.6).

fr.99   ἀ]μειπτή· πολλὰ δ᾽ ἐρρύ[η βέλεα
   ]ω[   ]φαρέτραι δ᾽ οὐκέτ᾽ ἔκρυ[πτον φόνον
20]ον β[   ]σαν ἰών· οἳ δ᾽ ἐπε[
   ].κιδε[στρέψα]ντες ἵνας καὶ ταγ[ύσσαντες βιούς
   ]αιβε[   ]υ..[

fr.98W   ] ou vantagem
[
                                                   ...
                                           ] com inim[igos?
                                               ] acerca [
5   ] lanças [
                               ] e deles, a m[ente] subj[ug]ou [
                                     ] Atena, [filha] de Zeus;
      ao red[or] das al[tas fortificações, re]sistiram em prol da p[á]tri[a]
      cois[h]avia uma muralha notáv[e]l,
10 mara[v]ilha[   ]de pedras cons[truím]o[s
                       h]o[m]en[s], de Lesbo[s ?], eles próprios [
              ]e [del]es, tendo co[l]o[c]ado ao re[d]or dos braços[
                                             ]Zeus, dos olímpio[s
                              ]com velozes [da]rd[o]s, infligíam[o]s dor
15   ]labut[ando] ao redor da muralha, ergueram
                 [escadas], e criaram [g]rande coragem[
                 [estronda]va [alto], vestida em [fe]rro[
fr.99W   t]roca? e fluí[am] numerosos [mísseis
                ]e as aljavas não mais ocul[tavam o massacre
                                         ]de flechas, e eles[
                 ]tendo [torc]ido tripas e ten[dido arcos
                                                   ...

Não há dúvida de que o contexto dessa narrativa é marcial,[110] e logo no quinto verso temos a referência às "longas lanças" (*doúrat´*) característi-

---

110 1]τηισι δειν[ὰ Tard.]τηισι δειν[West (1971). βο]τῆρσι δειν[ὰ? Peek (1985, p.21).
    2 μ]εταξὺ κ[----ρ]ισμ[Tard. μ]εταξὺ .[West (1971). ἔταξ´ υἱ[ὸς? Peek (1985, p.21); West (1985a, p.11).
    3 σὺν δ᾽ ἐμ[οὶ..]νυ..[Lass. σὺν δ᾽ ἐμ[Tard. σὺν δεμ[West (1971). σὺν δὲ νί[κη – ᴗ – × ἔσπετο]? Peek (1985, p.21).
    4]λ´ ἀμφιδ[ρ ᴗ –] Peek (1956, p.3; 1985, p.22); Treu. [........]δ´ ἀμφι.[Lass.]δ´ ἀμφιδ[Tard.]. ἀμφισ[West (1971).
    É difícil entender o que Peek (1985, p.21) imaginava com seus "pastores" (v.1), o "filho que ordenou?", a menção à "vitória" e, de quem seria a "vantagem/lucro" sugerida por West (1985a, v.1).

cas do hoplita (cf. Arq. fr.2W).[111] Tudo indica, porém, que elas não estariam sendo usadas no momento do encontro das falanges inimigas. Talvez fossem "brandidas" ou "arremessadas das muralhas" pelos seus defensores.[112]

A seguir, nos versos 6-7 (Maas apud Hiller, 1934), a deusa "Atena, [filha] de Zeus, subjugou a mente" dos que estavam vencendo (levando vantagem?).[113] Esses suplementos de Maas foram adotados por todos,[114] exceto por Peek (1956a, p.3), cuja alternativa não difere muito dessa quanto ao sentido, e por Tarditi (1968), que apresenta pouquíssimos suplementos em seu texto, registrando-os apenas no aparato crítico. Slings (1986, p.3) alegava que um dos problemas dessa leitura é que, nas demais ocorrências da expressão "subjugar a mente" (*dámnēmi nóon*) na poesia arcaica, o agente é Éros ou o vinho,[115] jamais Atena ou *Phóbos*. Por outro lado, se, como dizia Hiller (1934, p.52), Atena "subjuga a coragem guerreira dos inimigos",[116] esperaríamos que o objeto fosse algo como *thymón* ("coragem", "ânimo"), e não *nóon* ("mente"), acomodado provavelmente no início do verso seguinte.[117]

---

111 5 ω[ν? δ]ούρατ΄ ἐκ π[Hiller (1900). δ]ούρατ΄ ἐκπ[αλλ Hiller (1903); Diehl (1923). ω[*]/δ]ούρατ΄ ἐκπ[Maas (apud Hiller, 1934); Hiller (1939); Diehl (1936, 1952). ἐκπ[ίπτουσι Adrados (1956, p.48, 1990³).]ων δούρατ΄ ἐκπ[εμ –υχ] Peek (1956a, p.3); ἐκπ[έμψαι χερῶν Peek (1956b, p.193); (ἐκπ[) Peek (1985, p.22).]ων δούρατ΄ ἐκ π[ο]ν[ε]υμ̣[έ]ν̣[ων Lass.]ω[.] δούρατ΄ ἐκπ[Treu; Tard. χειρ]ῶν δούρατ΄ ἐκπ[οτώμενα West (1985a, p.12).

112 ἐκπ[άλλων? etc., Diehl (1936: ἐκ π[ύργου βαλών]). Veja também os suplementos de Adrados (1956, p.48, 1990³), Peek (1956a, p.4) e West (1985a, p.12) citados acima. Gerber (1999) segue os textos de West (1989²), mas une os fragmentos 98 e 99W sem lhes conferir uma numeração distinta, e exclui os inícios dos versos 19-22. Gerber ainda nota que os versos 1-4 podem pertencer à prosa anterior, e que os suplementos são altamente incertos.

113 6 ε τῶν δὲ δάμν[Hiller (1900). δάμν[αται----ἠδ΄ Hiller (1903); Diehl (1925). δάμν[αται νόον---/παῖς Maas (apud Hiller, 1934); Hiller (1939); Diehl (1936, 1952).]ε τῶν δ΄ ἐδάμν[ατο φρένας] Peek (1956b, p.194; 1956a, p.3). δε, τῶν δὲ δάμν[αται] νό[ον---/ παῖς] Lass.]ε· τῶν δὲ δάμν[αται] ν[όον]---/παῖς] Treu.]ε· τῶν δὲ δάμν[…]ν[Tard. ε τῶν δεδαμν[West (1971). σ]ε, τῶν δὲ δάμ[νησ]εν ν[όον---/παῖς] Peek (1985, p.22: [ἔσωσ]ε?). ἐδάμν[αμεν Slings (1986, p.3). Cf. West (1985a, p.12).

114 As formas do verbo nos suplementos são, porém, diversas (cf. nota 113). O melhor sentido, talvez, se obtém com o aoristo ou imperfeito (na terceira pessoa do singular): ἐδάμν[ατο Peek (1956a, p.3) ou δάμ[νησ]εν Peek (1985, p.22).

115 Cf. Hesíodo (*Th.* 122), *Teognidéia* (1235) e Píndaro (*Ol.* 1.41 e fr.124.11).

116 Tarditi (1958, p.36) também lê τῶν (v.6 "deles") como sendo os "inimigos".

117 Do ponto de vista epigráfico, a leitura de *nóon* ("mente") é incerta, pois alguns são capazes de discernir apenas ν, outros νο (cf. nota 113). Veja a passagem da *Ilíada* (9.496) citada por Treu (1955b, p.227), onde se pede a Aquiles que "subjugue o seu grande coração" (*dámason thymòn mégan*).

Como no fragmento 94W de Arquíloco, supõe-se que a deusa Atena (v.7)[118] seja aqui uma *aliada* dos pários e tásios, favorecendo ou auxiliando-os no combate. Essa interpretação baseia-se não apenas nesses dois textos, que talvez pudessem ser lidos de outro modo, mas na sua conjunção com evidências do culto a Atena em Paros e Tasos como deusa protetora da cidade. Em 1950, foi descoberta em Tasos uma dedicatória incisa (século V a.C.) com o epíteto *Polioûkhos* ("protetora da cidade"),[119] e em um relevo tásio da mesma época a Atena sentada com uma lança na mão e acompanhada pela *Niké* foi interpretada como a *Polioûkhos*.[120]

Atena *Polioûkhos*, atestada desde o final do século VIII a.c. não só em Paros, mas em Atenas, Corinto, Tegeu e Gortina, é sempre a deusa armada que defende a cidade contra os inimigos externos e, por isso, seu templo situa-se no alto e centro da cidadela.[121] Daux (1959, p.781-2) revelou a existência de um santuário a Atena na acrópole de Tasos, o qual, conforme Salviat (1959, p.393-4), remonta ao século VII a.C. Assim, os arqueólogos concordam quanto à antiguidade do culto a Atena *Polioûkhos* (introduzido em Tasos pelos pários[122]) e à importância da deusa em Paros, cujo templo, a construção mais significativa, domina a cidade.[123] Portanto, se Atena *Polioûkhos* era cultuada em Tasos desde o século VII a.C.,[124] quer a Atena mencionada nos poemas de Arquíloco fosse a *Poli-*

---

118 ᾽Α]θηναίη Διός· Hiller (1900, 1903); Diehl (1925); West (1971). ᾽Αθηναίη Maas (apud Hiller, 1934); Hiller (1939); Diehl (1936, 1952); Peek (1956, p.193; 1956, p.3; 1985, p.22); Lass; Treu; Tard.
119 O texto foi publicado em Pouilloux (1954n.8) e *IG* (XII suppl. 381). Há também um documento mais tardio, do século III a.c., sobre o santuário (*IG* XII 8, 267).
120 Fredrich (1908, p.220). Segundo Mendel (1900, p.563), a deusa seria Hera ou Deméter com um cetro na mão, mas, pela extensão da haste e pelo modo de segurá-lo, a leitura de Fredrich parece certa.
121 Farnell (1896-1909, p.299), Nilsson (1967, p.433-7), Burkert (1985, p.140) e Stella (1986, p.99).
122 Cf. *IG* XII 5.134. Para Rubensohn (1901, p.213-4), essa inscrição a Atena *Polioûkhos* data do século V a.C., mas, segundo Salviat (1959, p.394), ela pertence ao século VI a.C. Cf. Pouilloux (1954, p.28, 37, 327) para o arrolamento das evidências epigráficas e arqueológicas do culto de Atena e de Atena *Polioûkhos* em Tasos.
123 Cf. Salviat (1959, p.394-5) e Rubenshon (*RE* s.v. Paros, Thasos), segundo o qual o templo de Atena em Paros também é o da *Polioûkhos*.
124 Para um registro das oferendas à deusa (dos séculos VII-V a.C.), cf. Schilardi (apud Winter, 1984, p.467).

oûkhos, ou a *Hyperdéksia*,¹²⁵ é difícil crer que, nessas narrativas marciais, ela lutasse contra seus protegidos e, sobretudo, caso o fizesse, que tal poema fosse registrado mais tarde por Sóstenes no *Monumento*. Ao contrário, a deusa encontra-se, como sempre, próxima de seus protegidos (cf. Arq. fr.94W).¹²⁶

Desde Peek (1956a, p.3), a maioria dos suplementos oferecidos sugere que, no oitavo verso, "eles, em prol da [terra] pátria, resistiam repelindo [o inimigo]".¹²⁷ Quem são "eles"? Os inimigos "subjugados" por Atena, ou pários e/ou colonos tásios? Uma alternativa é que a "pátria" não seja a de "Arquíloco", que estaria lutando como um "membro de força aliada ou mercenário" (West, 1985a, p.13). É difícil aceitar a tradição biográfica segundo a qual o poeta fora realmente um mercenário – no entanto, nada impede que os versos tivessem um aliado como protagonista ("eu").

Tarditi (1958, p.36) acredita que sejam compatriotas de Arquíloco e nota que, se já consideravam a ilha como pátria, a colonização não poderia ser muito recente.¹²⁸ No que nos restou do poema, o local do combate não é mencionado. Mas, se a batalha fosse em torno de uma muralha de Tasos, concluiríamos com Privitera (1965, p.11) que os pários/tásios são o sujeito. Por outro lado, talvez Paros (não Tasos) fosse considerada a "terra pátria" e, assim, o "eu" distinguia as tropas párias das tásias. De qualquer forma, caso haja menção à defesa da "pátria", é verossímil que esses homens estejam combatendo do mesmo lado que o narrador.

---

125 Privitera (1965, p.11) associa a Atena desse e dos outros fragmentos à *Hyperdéxia* citada no *Monumento de Mnesíepes*.

126 *Il.* (2.446-54, 20.48-50). Maas (apud Hiller, 1934) havia suposto para o início do verso "propícia, postada ao seu lado" (ἵλαος παρασταθεῖσα), como no fragmento 94W de Arquíloco.

127 8 ἀμφ[---]εσαν πρὸ ... τρικ[Hiller (1900, 1903); Diehl (1925, 1936, 1952); Treu; West (1971). προ[∗∗∗]τρικ[ας? Maas (apud Hiller, 1934: ἤρκ]εσαν πρὸ[ς..] τρι[κας?). πρὸ [πα]τρικ[ῶν Hiller (1939). ντες ἤρ]κεσαν, πρὸ πατρίης Peek (1956b, p.193); ἤρ]κεσαν, πρὸ πατρίη[ς] (1956a, p.3). Ἀμφὶ δ᾽ ἄκ]ρη[ισιν ἤρκ]εσαν, πρό[φρ]ων δ᾽ [ἐ...]..[Lass.]κεσαν, πρὸ πατρίη[ς Tard. ἀμφ[ὶ] δ᾽ ⌣ [×–⌣–× ἤρ]κεσαν, πρὸ π[α]τρίη[ς] Peek (1985, p.22).

128 Para Lasserre (Lasserre & Bonnard, 1958, p.36), a partir do oitavo verso narra-se um episódio da colonização de Tasos pelos pários, ou um ataque à costa trácia (a colonização da Maronéia).

A "muralha" (v.9 *pýrgos*[129]) que "nós (?) construímos de pedras" (v.10[130]) é visível a distância e dela tudo se vê. O adjetivo "notável" (v.9 *ampha[é]s*) qualifica a fortificação de modo ambíguo: ao mesmo tempo que seria toda visível (conspícua), como notou West (1985, p.12), também ofereceria aos defensores uma boa visão do movimento dos inimigos. Por isso, era uma "maravilha" (*thaú[m]a*) de se ver.[131]

Por volta do século VI a.C., a maior parte das cidades foi fortificada. Provavelmente, essa "muralha" não era um baluarte ou torre – que, em Tasos, datam da segunda metade do século IV – nem compreendia toda a cidade, mas apenas parte dela.[132] São raras as notícias de assaltos a fortificações, sobretudo das que tiveram sucesso antes da Guerra do Peloponeso, que revelou, por sua vez, a dificuldade dos hoplitas em tomar cidades muradas (Ober, 1991, p.180).

Com o suplemento de Hiller (1939), a mudança de pessoa (da terceira à primeira) no espaço de dois versos pode ser abrupta, caso tenham o mesmo referente.[133] Uma possibilidade (já comentada aqui) é que o grupo dividido entre "nós" (pários) e "eles" (colonos tásios), quando se falava de "terra pátria" (v.8), fosse agora reunido em seus trabalhos conjuntos. Seria, porém, mais natural reservar a terceira pessoa para o inimigo.

---

129 9 ἤρε]πτο πύργος ἀμφ´ ἃ Hiller (1900). ἀμφά[δην Hiller (1903). ἤρει]πτο Diehl (1925). ἀμφα[Maas (apud Hiller, 1934). ἀμφα[δ Diehl (1936). ἔκει]το πύργος ἀμφά[δην Hiller (1934, 1939); Peek (1956a, p.193).]το πύργος ἀμφα[δ Diehl (1952). κ]εῖτο πύργος ἀμφα[Peek (1956a, p.3). ο]ντο πύργος ἀμφά[δην Lass.]το πύργος ἀμφα[Treu; West (1971). ἔκ]ειτο πύργος ἀμφα[Tard. χρημ[∪–×–∪–× κ]εῖτο πύργος ἀμφα[ἡ]ς Peek (1985, p.22).

130 10 α[..ἐ]γ λίθων ἔδε[ιμ Hiller (1900); Diehl (1936, 1952); Treu. ἐ]γ λίθων ἔδε[ιμαν ---- ἀείσα]– Hiller (1903). [μ]ε[ν] Kalinka (apud Diehl, 1925). ἐδε[ίματο? Maas (apud Hiller, 1934). ἐδε[ίμαμεν? Hiller (1939); Peek (1956a, p.3). [ὃν Κυκλωπείων καμόντες] ἐγ λίθων ἐδε[ίμαμεν] Peek (1956b, p.193). τ]ων ἐ<κ> λίθων ἐδε[ιμά]μην. Lass.] ἐκ λίθων ἐδε[Tard.; West (1971). θαυ[μ]α[.–×–∪–][3] ἐγ λίθων ἐδε[ίμαμ]ε[ν Peek (1985, p.22). θαυ[μ]ά[σιος Slings (1986, p.3).

131 O substantivo *thaú[m]a* (v.10) estaria em aposição à "muralha" (*pýrgos*). Hiller (1934, p.52; 1939), seguido por Diehl (1936) e Peek (1956a, p.4), sugeriu que, no início desse verso, houvesse um epíteto qualificando as pedras como "imensas" (*megíston*) ou "ciclópicas" (*kyklōpeîōn*).

132 Cf. Bon (1930, p.180) para as torres em Tasos. Segundo Baker-Penoyre (1909, p.224), as construções mais antigas e anteriores ao século VI a.C. em Tasos seriam 1) a parte externa ao nordeste da acrópole, 2) a parte inferior da muralha ao leste e 3) a parte externa da muralha ao oeste.

133 Hiller (1939,v.6 ἐδε[ίμαμεν). Cf. Tarditi (1958, p.36).

Depois, algo "lésbio" entra em cena (v.11).[134] Se fossem homens (West, 1985a, p.12), de que lado estariam? Não há notícia de guerra de pários/tásios com ou contra os lésbios nesse período. A primeira conjectura de Hiller (1900, p.21) remete-nos à única referência a lésbios em Arquíloco (fr.121W): trata-se do "peã lésbio", que é um peã marcial. Segundo West (1974, p.128) e Slings (1986, p.3), um peã seria, no entanto, "prematuro" nesse contexto. Poderia ser algum tipo de arma ou tática característica dos lésbios? No caso de uma arma, talvez fosse o que, no verso seguinte, "tomam em mãos" (v.12: "têm ao redor dos braços").[135]

Neste ponto (v.12), o *Papiro Oxirrinco* (2313 fr.3a), publicado em 1954 por Lobel & Roberts, começa a coincidir com a epígrafe. De início, porém, ele é de pouca ajuda.[136] No segundo verso do papiro (= v.13), não há encaixe perfeito entre o seu texto e o da epígrafe que ficaria à sua direita.[137] Mas o papiro serve para eliminar suplementos e interpretações anteriores segundo os quais "Zeus, pai dos olímpios" (Hiller, 1900), ou um "rei" (Maas apud Hiller, 1934), teria "consentido com a cabeça" (Diehl, 1925, ou "trovejado" (Hiller, 1934, p.52).[138] A única coisa certa é que tanto Zeus quanto sua

---

134 11 ε[.α]ὐτοὶ Λεσβίω[ν Hiller (1900). [μ]ε[ν α] Hiller (1903); [ὕμνον α]ὐτοὶ Λεσβίω[ν τότ᾿ ἀμφὶ] Diehl (1925). ε[.] αὐτοὶ Λεσβίω[Maas (apud Hiller, 1934). Λεσβίω[ν παιήονα] Diehl (1936, 1952); Hiller (1939). [εὖ μαθόντες ἄν]δρε[ς] αὐτοὶ Λεσβίω[ν παιήονα] Peek (1956b, p.193); ἄν]δρε[ς] αὐτοὶ Λεσβίω[ν παιήονα] Peek (1956a, p.3). Ὕστ[ερον δ᾿ ἄγον]τες αὐτοὶ Λεσβίω[ν π]αιή[ο]γ[α Lass. ε[.] αὐτοὶ Λεσβίω[ν Treu; Tard.; Λεσβίω[West (1971). ἄν]δ[ρ]ε[ς] αὐτοὶ Λεσβίω[ν κλ]ει[νὸν μέλος Peek (1985, p.22).

135 Peek (1956b, p.193; 1956a, p.4) havia sugerido "lanças" como objeto ([εὖτ᾿ ἐχρῆ]ν δ᾿ α[ἱ]ψ[ηρὰ] θέντες χερσὶν ὄ[βριμ᾿ ἔγχεα]?), enquanto West (1985a, p.13) preferiu "escudos": ὅ[πλα. Hiller (1934, p.52), por sua vez, pensava em uma "cítara". 12 [θέντ]ες χερσὶν ω Hiller (1900). μέγ᾿ ἐβρόντη]- Hiller (1904). [θέντ?]ες χερσὶν ὼ Diehl (1923).]έντες χερσὶν ο[Maas (apud Hiller, 1934). [ἤρξαμεν × – ◡][θ]έντες χερσὶν ο[Diehl (1936, 1952). [ἤρξαμεν × – ◡][θ]έντες χερσὶν ὀ[ξεῖαν λύρην Hiller (1939).]ν δα[– ◡] θέντες χερσὶν ο[Peek (1956a, p.3).]ν δαμέντες χερσὶν ο[..]..[Lass; Treu; δα[μ]έντες Tard.]ν δ᾿ ἁ[μ]φ[ιθ]έντες χερσὶν ο[West (1971); Peek (1985, p.22).

136 12:]νδα[..].[.

137 Cf. textos do *Pap. Oxy.* (2313.3a):]ων ἐσο[...] ..[.) e o da inscrição (v.13):]σεζευσολυμπιω[).

138 13 σε Ζεὺς Ὀλυμπίω[ν πατὴρ] Hiller (1900, 1903); Maas (apud Hiller, 1934). [-υ-? πρόφρων ἔνευ]σε Diehl (1925, 1936, 1952). πρόφρων ἔνευσε Hiller (1939).]ων εσο ◡ – ζε Ζεὺς Ὀλυμπίων [πατὴρ] Peek (1956a, p.4). ν ἐς οὓς ἔδυ]σε Ζεὺς Ὀλυμπίων [πα]τὴρ Lass.]ων ἐσο[.]σε Ζεὺς Ὀλυμπίω[ν πατὴρ] Treu; ἐσο[(.)]σει West (1971).]ν ἐς ο[....]σε Ζεὺς Ὀλυμπίων [Tard. Os primeiros suplementos de Peek não cabem no espaço disponível: ων ἐς...ο[ἶκον?] ἴζε Ζεύς (1956b, p.193); [χρῆμα τῶν] ου [οὓς πρόφρ]ων ἐς

filha, nesse poema, como nos épicos, participam ativamente da batalha narrada.

Por sorte, a passagem seguinte no papiro fica também à esquerda da inscrição, faltando aparentemente só uma letra (um ômicron) para o ajuste perfeito.[139] A primeira tentativa de Lobel & Roberts (1954) resultou, portanto, na extensão do verso 14: "com naus velozes, dor infligimos".[140] É, no entanto, problemática a referência a "naus" nesse momento da batalha ao redor de uma muralha (v.15-16).[141] Uma excelente solução foi dada por Tarditi (1958, p.37), que propõe como suplemento "dardos" (*aikhmêi*]*sin*), e não "naus", citando a *Odisséia* (22.83), onde há menção de um "míssil veloz" (*thoòn bélos*). O epíteto *thoón* pode significar tanto "agudo" como "veloz", e ambos são pertinentes. Tarditi (1958, p.37) estranhou, porém, o uso de flechas pela falange hoplítica e perguntava se isso não teria resultado da adaptação da forma habitual de luta dos pários à dos trácios e das tribos indígenas contra os quais guerreavam. A razão é outra, bem mais simples, como o próprio Tarditi depois percebeu. Se o combate se travava ao redor de fortificações, as técnicas e armas haviam de ser diferentes.

Imaginemos a seguinte situação: pários e colonos defendem-se em Tasos. Conseqüentemente, o sujeito dos versos 15 e 16 seriam os inimigos que se esforçam para apoiar escadas ao longo da "muralha" que "construímos" (v.10) e que eles, "com grande coragem", tentam escalar. Nesse caso, um problema é a forma do verbo que não coincide na epígrafe e no papiro: na primeira, temos *hístasan* ("erguem-se"); no segundo, *éstasan* ("erguem"). Bossi (1990, p.157) alega que a forma transitiva em Homero

---

ὁ[ρθὸν] ἵζ[ε] ([εἶ]σε) Ζεύς (1956a, p.5); mais tarde (1985, p.22), ele sugere ων ἐσο[ί]σει Ζεὺς Ὀλυμπίω[ν σ]θέ[νος.

139 Cf. *P. Oxy.* (2313.3):]η[.]σινθοηισιπημ[, e o v.14 da inscrição:]νηνεπηγομ[.

140 14 νην ἐπῆγο[ν Hiller (1900, 1903); Diehl (1923).]ν, ἢν ἐπήγομ[εν Maas (apud Hiller, 1934).]ν, ἢν ἐπήγο[Diehl (1936).]ν, ἢν ἐπῆγον [Hiller (1939); Diehl (1952). ν]η[υ]σὶν θοῆισιν πημ[ο]νὴν ἐπήγομ[εν *P. Oxy.* (2313.3: Lobel & Roberts, 1954), Adrados (1990³). [αἶψα δ᾽ ἐν? ν]η[υ]σὶν θοῆισιν πημονὴν ἐπήγομ[εν] Peek (1956b, p.193); ν]η[υ]σὶν θοῆισιν πημονὴν ἐπήγομ[εν] (1956a, p.4); πημ[ο]νὴν Treu; πη[μ]ονὴν Peek (1985, p.22);]η[.]σιν θοῆισι πημ[ο]νὴν West (1971). νηυσὶν θοῆισιν πη]μονὴν ἐπήγομ[εν Lass. αἰχμῆι]σιν θοῆισιν πημ[ο]νὴν ἐπήγομ[εν Tard. [πᾶσι δ᾽αἰχμ]ῆ[ι]σιν θοῆισι? Peek (1985, p.22).

141 Cf. Peek (1956b, p.194): "[a eles, logo,] trouxemos dor com as naus velozes", e Podlecki (1974, p.9).

(*éstasan*), indicada por Lobel & Roberts (1954),[142] é a variante pior, aceita por Aristarco, mas refutada pela maioria dos modernos. Peek (1956a, p.5), Treu (1959) e Tarditi (1968) mantêm *éstasan* como intransitivo, enquanto Adrados (1956, p.48, 1990³), Lasserre (Lasserre & Bonnard, 1958) e West (1974, p.108), como transitivo.[143] O suplemento [*klímakas*] ("[escadas]"), no início do verso 16,[144] oferece um objeto para esse verbo (*éstasan*), e um bom sentido para a oração seguinte ("e criaram grande coragem"). Isso porque o assalto a uma torre ou muralha exigia muito mais do hoplita do que a luta em campo aberto.

O modo habitual de ataque às fortificações se fazia pelo uso de escadas[145] que, em geral, não eram suficientemente firmes para suportar o peso de homens armados (só as armas pesariam cerca de 30 quilos) e que, além disso, eram inflamáveis. Antes de as escalar, o hoplita teria de escolher entre armas que lhe garantiriam melhor cobertura durante a subida, ou que lhe permitiriam atacar e defender-se do inimigo (caso sobrevivesse) no corpo-a-corpo dentro das muralhas. Subindo a escada com o pesado escudo, sem o companheiro que na falange lhe cobria o flanco direito, não havia como se proteger simultaneamente da chuva de flechas, lanças, tochas e pedras vindas de cima, e dos estoques de lanças, dardos e flechas disparados pelas brechas laterais dos muros. Assim, uma possibilidade é entender que, no fragmento, "nós", os defensores da muralha, "infligíamos dor" com estocadas de "dardos agudos" (v.14) e com as flechas disparadas (v.18-21) pelas frestas das pedras e do alto.

---

142 *Il.* (2.525, 12.56), *Od.* (3.182) etc. Cf. Ebeling (apud Bossi, loc. cit.).
143 15 στασαν πονε[ύμενοι Hiller (1900). [ἔ]στασαν Hiller (1903); Diehl (1923). ἴστασαν Maas (apud Hiller, 1934). τρόπαιον] ἵστασαν πονε[ύμενοι? Diehl (1936, 1952); Hiller (1939). ἔστασαν Adrados (1956, p.48, 1990³). οἳ μάτην τ]ότ´ ἀμφὶ πύργον ἔστασαν πονε[ύμενοι Peek (1956b, p.193); τ?]ότ´ ἀμφὶ πύργον ἔστασαν πονε[ύμενοι] (1956a, p.4); (εἰς ζό[φον τ]ότ´; ἵστασαν) Peek (1985, p.22). οτ´ ἀμφὶ πύργον] ἔστασαν πονεύ[με]νοι Lass; (πονεύ[μενοι) Treu; (πονε[όμενοι) West (1971).]ότ´ ἀμφὶ πύργον ἔστασαν πονε[ύμενοι Tard. εἰς δό[μους] ὅτ´ ἀμφὶ πύργον Slings (1986, p.3).
144 16 ι ἀμφε[Hiller (1903). αι ἀμφε[Diehl (1923). τοθυμον ἀμφέ[πων? Maas (apud Hiller, 1934). καρδίην ἴαινον –]το θυμὸν ἀμφέ[πον] Diehl (1936, 1952); Hiller (1939). [ἠλεῶς, μ]έγαν δ´ ἔθεντο θυμὸν ἀμφὶ[λγίδος Peek (1956b, p.193); μ]έγαν δ´ ἔθεντο θυμὸν ἀμφὶ[(1956a, p.4); (ἀμφε[) Peek (1985, p.22). [μέγαν δ´ ἔθεν]το θυμὸν ἀμφέ[πειν] λύρ[ηι Lass. μέγαν δ´ ἔθεντο θυμὸν ἀμφε[Treu; μ]έγαν Tard.
145 Cf. Ésquilo (*Septem* 466-7).

Quanto aos guerreiros que atacavam, esses poderiam acomodar uma pequena espada na cinta, mas não havia meio de levar uma segunda, ou uma longa. Se os seus elmos ofereciam alguma defesa, limitavam-nos à visão frontal, o que não era grande impedimento na falange, em que a direção e os momentos do combate são mais previsíveis. Nesse ataque "isolado", porém, sem proteção e companhia, em que o hoplita era alvo fácil, o pânico seria maior, daí a necessidade de uma "grande coragem" (v.16).[146]

No verso 17, algo (fem. sing.) coberto de ferro produz um estrondo. West (1974, p.128; 1985a, p.11-3) imaginava tratar-se de uma "máquina de guerra" (mēkhané) semelhante às das representações assírias de assaltos a fortificações (século VIII a.C.). Havia tais artefatos na Grécia de Arquíloco? As construções usadas na Guerra do Peloponeso e descritas por Tucídides, as máquinas montadas sobre rodas e com uma cobertura protetora de ferro, datam do início do século V (Garlan, 1974, p.136-7). As escadas mais complexas com rodas também seriam muito tardias para esse contexto.[147] Há, no entanto, uma tradição que atribui aos fenícios a invenção dessas máquinas de guerra que teriam sido introduzidas nas práticas gregas dos séculos VIII ao V (Garlan, 1974, p.139), e sabemos também que os colonizadores pários teriam encontrado em Tasos, além de trácios, fenícios (Luria, 1961, p.185). Por isso, talvez fosse possível pensar em um forma rudimentar de máquina que consistisse de um tronco (já sobre rodas?) cuja ponta fosse coberta de metal para arrombar os portões, ou para investir contra a própria muralha.[148]

As leituras mais antigas sugeriam a presença de uma figura divina nessa passagem, mas há uma discrepância nesse ponto entre a inscrição e o papiro, de modo que os suplementos anteriores que supunham uma "Moira benevolente" caem por terra.[149] Nem por isso a hipótese de uma

---

146 Para descrições de assaltos a fortificações, cf. Ober (1991, p.180-8).
147 Tucídides (3.23.1, 4.135.1, 5.56.5).
148 Segundo Lawrence (1979, p.41), apesar de a maioria das "máquinas de guerra" ser de origem oriental, a ponta de bronze seria, porém, um desenvolvimento grego do século V.
149 17 ἄν εὐμεν[ῆ] καὶ Hiller (1900, 1903); Diehl (1923). Μοῖραν εὐμενῆ κάλ[ει ou καλ[έω Maas (apud Hiller, 1934). [καὶ Τύχην σώτειραν ἠδὲ Μοῖ]ραν εὐμενῆ κάλ[ευν Diehl (1936); Hiller (1939).]ραν εὐμενῆ κάλ[Diehl (1952).].με[..]ηρ[.]ν εἰμένη καλ[ήν Pap. Oxy. 2313 Fr.3a με[τι]ήραν εἰμένη καλ[ήν Adrados (1990³). δ´ ἕδρα]με[ν σίδ]ηρον εἰμένη καλ[ῶι χροῒ] Peek (1956b, p.193);]με[ν σίδ]ηρον εἰμένη καλ[(1956a, p.4; 1985, p.22).

deusa foi completamente descartada (Peek, 1956a, p.5), embora a epifania de Atena, "vestida em ferro", também seja improvável.[150]

Nos quatro versos seguintes (v.18-21), perdidos no mármore, mas preservados parcialmente no papiro, continua a ser narrada a defesa das muralhas, com as armas caraterísticas, isto é, com toda espécie de projéteis e chuvas de flechas.[151] A hipótese de Lobel & Roberts (1954) para a leitura do verso 19 é que as "aljavas não mais guardavam flechas", por muitas terem sido disparadas. Estranhando o uso abundante do arco pelos gregos nesta passagem, Tarditi (1958, p.37) supôs que, após um combate hoplítico tradicional em campo aberto com "lanças" (v.5), os pários, derrotados, recuaram até se fecharem dentro da fortaleza. Então, dentro das muralhas, recorreram aos projéteis. A virada na fortuna dos exércitos explicaria "o caráter milagroso da vitória", que era atribuída à agência divina.

Em parte, Tarditi tem razão, pois as "lanças" mencionadas no quinto verso são de fato as armas típicas da luta hoplítica. Mas, quando arremessadas, elas não iam muito longe. No caso de batalhas travadas desde o começo entre atacantes externos e defensores de uma muralha ou fortificação, em vista do alcance das armas, os sitiados usariam primeiro as fundas, depois flechas, dardos e, por último, lanças e pedras (Lawrence, 1979, p.40). Se as pedras no décimo verso fossem usadas como artilharia (e não como material de construção), a ordem em que estas armas apareceriam no poema seria a inversa.[152] Mas não é impossível que um grupo de

---

[με....η]ρον εἰμένη καλ[Lass. με[..]ηραν εἰμένη καλ[Treu; (ηρ[.]ν) Tard; (με[..(.)]ηρ.ν) West (1971).

150 [αἶψα δ᾽ ἔδρ]αμε[ν σίδ]ηρον εἰμένη καλ[ὦι χροΐ]/ [καὶ θεὴ τότ᾽ οὐκ ἀ]μειπτή ? Peek (1956a, p.5) e Tarditi (1958, p.36). Em Arquíloco, como em Homero, as armas são de bronze, e os instrumentos, de ferro – um material muito moderno para ser adotado pelos deuses.

151 18 ἀ]μειπτή· πολλὰ δ᾽ ἐρρύ[η τότε Peek (1956b, p.193); ἀ]μειπτή· πολλὰ δ᾽ ἐρρυ[(1956a, p.4); Treu; West (1971); (ἐρρ[) Tard.]ἀμειπτή.] Πολλὰ δ᾽ ἐρρύη[Lass.

19 [ἔγχέ εὐήκεα], φάρετραι δ᾽οὐκέτ᾽ ἔκρυ[ψαν βέλεα] Peek (1956b, p.193);], φάρετραι δ᾽οὐκέτ᾽ ἔκρυ[ψαν βέλεα] (1956a, p.4). ἐκρυ[Lass.]ω.[ ]φάρετραι δ᾽οὐκέτ᾽ ἔκρυ[ψαν? Treu; (ουκέτ[) Tard.; (κρυ[) West (1971).

20]σαν ἰών. οἱ δ᾽ ἐπέ[σσυντ᾽ Peek (1956b, p.193, 1956a, p.4). Οἱ δ᾽ ἐπε[Lass.].νβ[ ]σαν ἰών. οἰδεπε[Treu; (οἱ δ᾽ ἐπε[) Tard.].ον β[20]σανιών· οιδεπε[West (1971).

21]ντες ἵνας καὶ ταν[ύσσαντες Peek (1956b, p.193);]ντες ἵνας καὶ ταν[(1956a, p.5: πάντες ἐντείνα]ντες ἵνας καὶ ταν[ύσσαντες σκέλη?); Lass. [.].κιδε[x –]ντες ἵνας καὶ ταν[Treu; West (1971); (τα.[) Tard.

22]νβε[ ]υ..[Treu; (]νβο[) Tard.; (]αβε[) West (1971).

152 Cf. Garlan (1974); Ésquilo (*Septem* 158) e Eurípides (*Ph.* 1143, 1177).

arqueiros estivesse em ação do início ao fim, ou que, após a intervenção de Atena, a profusão de projéteis buscasse aqueles que, vendo-se derrotados, procuravam fugir.[153]

G) OS NOVOS FRAGMENTOS ELEGÍACOS (FR.7-7AW)

Estes são os pequenos fragmentos pertencentes ao *Monumento de Sóstenes*, cuja descoberta (Orlando, 1965) e publicação recente (Peek, 1985) já foram discutidos brevemente (p. 211ss).[154]

fr.7W ἴτω πᾶς ἐ]πὶ δυσμεν[έας
ἄλκιμον ἦτορ ἔχων καὶ ἀ]μείλιχον ἐν [φρεσὶ θυμόν,
ἀλ]ευάμενος.
πο[λλῶν δ' ἀθυμησάντων πάλιν λέ]γει·
fr.7aW ἐξ ἐλάφων ν[

... *vá cada um con]tra os inimig[os* ...
de coração forte e i]nabalável [coragem] no [peito
... *e]vitando.*
[quando] mui[tos estavam desencorajados, novamente di]z:
... *]de cervos[* ...

Os dísticos elegíacos (fr.7W) pertenceriam, segundo Peek (1985, p.15), a uma parênese militar semelhante às de Calino e Tirteu em conteúdo e métrica. Isso não é impossível, mas altamente hipotético, pois do que se lê pode-se deduzir apenas um contexto de guerra. Nada impede que se trate de uma narrativa, como a de Mimnermo, por exemplo,[155] ou de uma simples metáfora. A exortação e o caráter parenético foi conferido ao fragmento pelos extensos suplementos do editor,

---

[153] Lasserre (Lasserre & Bonnard,1958, p.36) apresenta uma interpretação completamente diferente das demais: a seu ver, seriam dois os episódios. O primeiro, narrado nos sete versos iniciais, acabaria com a vitória do inimigo; no segundo (do oitavo verso até o final), os pários, tendo chegado em naus, combateriam diante de fortificações.
[154] Os textos e suplementos em West (1989) são praticamente os mesmos oferecidos por Peek (loc. cit), exceto por ἀλ]ευάμενος que é emenda de Treu, sugerida em carta de 20.9.1969 a West. Gerber (1999), por sua vez, apresenta texto quase sem suplementos: v.1 ἐ]πὶ δυσμεν[έας, v. 2 ἀ]μείλιχον ἐν [, v. 3]ευάμενος.
[155] Cf. Pausânias (4.21.5) e Mimnermo (fr.9, 13W).

principalmente por (v.1) "vá cada um" e (v.2) "de coração forte e i]nabalável [coragem] no [peito", que se assemelham a passagens como as de Calino (fr.1.9W) e Tirteu (fr.10.17, 31; 11.4, 21W ss.; cf. West, 1985a, p.9).

No segundo verso, West (1985a, p.9) reproduz parte da alternativa proposta por Peek (1985, p.15), modificando seu início e final.[156] Na epígrafe, porém, há pouco mais que três palavras: (v.1) "con]tra inimigos",[157] (v.2) "i]nabalável em"[158] e (v.3) "e]vitando" (ou "defendendo-se)".[159] Como nota West (1985a, p.9), embora o particípio (*aleuámenos*) seja empregado na maior parte das vezes com relação à ira, ele ocorre também nas expressões épicas "evitar a morte" ou "evitar lanças".[160]

Após o terceiro verso do fragmento 7W, há uma linha de prosa intercalada (como em A I.54-55 e B IV.21-2) que introduz uma segunda citação de Arquíloco, fr.7aW (Peek, 1985, p.15; West, 1985a, p.9). Peek (1985, p.15) interpreta o que se segue (fr.7aW) como uma exortação feita após a derrota. Novamente, isso fica por conta dos suplementos, pois na inscrição lemos apenas "de cervos". Na Antigüidade, ter "coração de cervo" era uma expressão comum para "covardia" ou "timidez";[161] mas nunca se ouve falar de uma "mente de cervo", como foi sugerido.[162]

---

156 A primeira sugestão de Peek (1985, p.15) era "tendo coragem viril e inabalável no coração" ([ἄρσενα θυμὸν ἔχων καὶ ἀμείλιχον ἐν [κραδίηισι]). Para a segunda, cf. Homero (*passim*), Calino (fr.1.10W: ἄλκιμον ἦτορ, 1.1W ἄλκιμον ἕξετε θυμόν) e Tirteu (fr.10.17W ἄλκιμον ἐν φρεσὶ θυμόν). De acordo com Slings (1986, p.2), se ἐν é preposição, não haveria outra alternativa senão φρεσίν, talvez φρεσὶ ἦτορ; cf. *Il*. (9.576), Hesíodo (fr.76.9), *Hino Homérico a Atena* (28.2) e Teógnis (122).
157 ἐ]πὶ δυσμεν[έας. Slings (1986, p.1) pergunta se não poderiam ser inimigos políticos (*Od*. 6.184), em vez de guerreiros.
158 ἀ]μείλιχον ἐν[. Segundo Slings (1986, p.1), descreve-se aqui a ira "implacável" (Píndaro *P*. 8.8) dos adversários. Essa leitura pode fazer bom sentido com a prosa que segue a citação (l.15).
159 ἀλ]ευάμενος. West (1989) omite os suplementos de Peek (1985, p.14: "tema nenhum perigo, defendendo-se" (τάρβει κίνδυνον μηδέν᾽ ἀλ]ευάμενος) para o verso 3, preferindo algo como "nem fuja, evitando as lanças inimigas" (μηδὲ φύγοι δηίων ἔγχε᾽ ἀλ]ευάμενος 1985a, p.9), e expressões semelhantes às de Calino (fr.1.14W) e Tirteu (fr.10.15, 11.28, 12. 16W). Slings (1986, p.2) sugere σευάμενος, remetendo-nos à *Ilíada* (6.505, 3.26) e Mimnermo (fr.14.7W).
160 *Il*. (κῆρα 3.360; μῆνιν 5.444, 16.711; χόλον 15.223; δόρυ 20.281), *Od*. (ἔχθος 9.277). Segundo Bossi (2000, p. 98), "é possível que, de um lado, ἀλευάμενος regesse um eventual κῆρα e, de outro, que ἀμείλιχον fosse atributo *ex. gr.* de Ἀίδην...".
161 *Il*. (1.22, 13.102), Arq. (fr.196a, 280W = Eustácio *in Hom*. 711.40).
162 West (1989) não reproduz o suplemento de Peek (1985, p.14: "tiveste mente de cervo no peito", ν[όον ἔσχετ᾽ ἐνὶ φρεσί), mas desenvolve a idéia em seu artigo (1985a, p.9),

A partir desse verso (Arq. fr.7aW), há uma descrição em prosa do poema/s? citado/s anteriormente (ou de um seguinte), da qual Peek e West se servem não apenas para contextualizar os fragmentos 7 + 7aW, como também para determinar a localização dessas inscrições no conjunto do *Monumento de Sóstenes* (Peek, 1985, p.14-5):

```
5   [                                    καὶ ἐπειδ]ὴ ναυμαχίαι μαχόμ[ε]-
    [νος      6-7?                       γέγονεν ἀνὴ]ρ ἀγαθός, πολλοὺς
    [κτείνας     13-15?                  ] ὑπὸ τῶν ἐναντίων
    [        17-18?                                   ἐτελ]εύτησεν. οἱ δὲ Πάριοι
    [τρέψαντες αὐτοὺς εἰς] φυγὴν δύο μὲν αὐτῶν
10  [νῆας αὐτάνδρους κατεπόντι]σαν, τὰς δὲ λοιπὰς ἔ-
    [λαβον καὶ ἐπανελθόν]τες πάλιν εἰς τὴν Πά-
    [ρον μεταγαγόντες μετὰ τ]αῦτα τὸν ᾿Αρχίλοχον
    [εἰς τὸν δημόσιον ταφεῶνα] μεγαλοπρεπῶς ἔθα-
    [ψαν αὐτόν, περὶ πλείστ]ου ποιησάμενοι τὰ ὑ-
15  [πὸ τούτου πραχθένθ᾿ ἃ ἤι]δεσαν, οὐκ ὀργισθέντες
    [εἴ τι πρότερον εἴρηκε] φαῦλον κατὰ τῆς πόλε-
    [ως ἐν τοῖς ποιήμασιν].
```

5   ... e des]de que travan[do] uma batalha naval...
    [... foi um home]m bravo, a muitos
    [tendo matado] ... pelos inimigos
    [...mo]rreu. Os pários,
    [fazendo-os voltar] em fuga, duas de suas
10 [naus submergi]ram [com a tripulação], e o restante
    [eles] t[omaram e, tendo retorn]ado novamente a Pa-
    [ros, depois d]isso, [levando consigo] Arquíloco,
    enter[raram-no em sepultura pública] magnificamente,
    tendo [na mais alta estima] os
15 [seus feitos, que conhe]ciam, não se irando
    [caso tivesse dito anteriormente algo] vil sobre a
    cida[de nos poemas].

Peek (1985, p.15) supunha que toda a passagem (inclusive as citações anteriores) referia-se a uma batalha naval contra os náxios "na qual,

---

argumentando a favor de um verbo (com *eks* em *tmese*) que signifique "expulsar" e citando Ésquilo (*Eum*. 861) como um paralelo. No entanto, neste verso das *Eumênides*, trata-se também de um "*coração*" (*kardían*), e não de uma "*mente de galo*" (*nóon alektórōn*). Slings (1986, p.2) também suspeita que *nóon* ("mente") não seja a palavra certa.

segundo a tradição, Arquíloco foi morto".[163] Quanto à disposição original desse novo fragmento, que contém a parte inferior de duas colunas consecutivas, Peek (1985, p.18) sugeriu que pudesse ficar sob as primeiras colunas A I-II por conter versos de luta contra náxios. West (1985a, p.8-9), de outro modo, aceita a hipótese de que a prosa seja relativa à morte de Arquíloco e, portanto, argumenta que a ordenação cronológica das citações feita por Démeas nos obriga a inserir o fragmento mais para o final, sob as colunas B II-III ou B III-IV.

Na prosa, há certamente referência a um combate naval (l.5), mas os inimigos (l.7) não são identificados, nem há menção à morte ou ao funeral de Arquíloco, que se encontra nos suplementos, não no texto.[164] Nem sequer sabemos se a batalha em questão era narrada nos versos aqui citados ou em outros que poderiam seguir ao texto na outra coluna. É possível imaginar inúmeras situações com base nas poucas palavras restantes. Se, por exemplo, tomarmos o fragmento 7aW e o texto que o segue como um conjunto, tratando do mesmo episódio, a covardia expressa pelo "cervo" (fr.7aW) não poderia se relacionar à "fuga" (l.9) de alguém que, apesar de "bom" (l.6), deparando com "inimigos" (l.7), voltou a Paros (l.11)?[165] Não daremos prosseguimento ao que seria tra-balho vão. Para o desastre em que podem resultar longos suplementos, basta conferir os antigos textos do *Monumento de Sóstenes*, as hipóteses e os suplementos eliminados pela descoberta de novos papiros.

---

163 O texto é associado a Arquíloco fr.90W do *Memorial de Mnesíepes* (B E$_2$ 151-7). Veja também Slings (1986, p.1).
164 Quanto à segunda coluna inscrita à direita das linhas 12-14: "[alguém] parece ter dito não...só, mas também..." (ΙΕΙΗΣ... δοκεῖ εἰρηκ[έναι οὐ...]μόνος, ἀλλὰ καὶ...), Peek (1985, p.15) pergunta se o sujeito seria Arquíloco, outro poeta, ou Démeas.
165 Slings (1986, p.1-3), que também não acha que o poema fosse necessariamente uma parênese militar, oferece outra alternativa de leitura: os "inimigos" (v.1) são políticos que não cedem (v.2).

CAPÍTULO 4

DEUSES NA GUERRA

A) ARES (FR.18, 6, 146, 110W)

Além de Eniálio, deus da guerra que, no primeiro fragmento, é contraposto às Musas, Ares e suas obras são caracterizados em outros versos de Arquíloco (fr.8, 6, 146, 110W). Com interesse por questões gramaticais, Eustácio (século XII d.C.), bispo de Tessalônica e comentador de Homero, ao discutir a declinação de "Ares", cita Herodiano e o final de um trímetro de Arquíloco (*in Hom.* p.518.27, ex Herodiano, ii.639.24 Lentz; Arq. fr.18W):

κλίνεται δὲ καὶ ὡς σπονδειακόν, Ἄρης Ἄρου· ὅθεν κατὰ Ἰάδα διάλεκτον ἐπεκτείνας Ἀρχίλοχος ἔφη ἐν τοῖς τριμέτροις

παῖδ᾽ Ἄρεω μιηφόνου.

e declina-se também como um espondeu "Ares", "de Ares", de onde, segundo o dialeto jônio, Arquíloco, alongando [a palavra], dizia nos trímetros:

filho de Ares sangüinário.[1]

Um pouco adiante, Eustácio (*in Hom.* p.519.5) continua:

ὡς ἐν τῇ προσεχῶς ἐκτεθείσῃ χρήσει τοῦ Ἀρχιλόχου τὸν παρ᾽ Ὁμήρῳ μιαιφόνον "μιηφόνον" ἐκεῖνος ἔφη.

---

1 Uma regra dos gramáticos antigos era que os dissilábicos terminados em -ēs teriam genitivo em -ētos quando fossem jambos, e em -ou quando espondeus. Porque a palavra "Ares" seria

assim, no exemplo de Arquíloco citado acima, ele diz "miēphónos" (sangüinário), em vez do "miaiphónos" de Homero.[2]

O adjetivo miēphónos ("sangüinário") empregado por Arquíloco (fr.18W), apesar da ligeira diferença na forma, é um dos epítetos homéricos de Ares (Il. 5.31, 844, 21.402). Na Ilíada (5.31), Palas Atena chama Ares de "sangüinário" (miaiphóne), "funesto para os mortais" (brotoloigé) e "destruidor de muralhas" (teikhesiplêta). Ares não é censurado nesses termos apenas por seus adversários, mas Zeus, seu próprio pai, define-o como "o mais odioso entre os deuses olímpios" (Il. 5.890 ss.). Ele jamais recebe um epíteto laudatório e o que pode haver de glorioso na guerra parece estar sempre reservado para Atena e Niké. Ares traduz os aspectos mais hediondos do combate, o massacre, a chacina.[3]

Ao qualificar Ares como "sangüinário" (o que está impregnado de sangue), Arquíloco faz lembrar as negras Kêres que o acompanham no campo de batalha (Scutum 249-52):

> Κῆρες κυάνεαι, λευκοὺς ἀραβεῦσαι ὀδόντας,
> δεινωπαὶ βλοσυραί τε δαφοιναί τ᾽ ἄπληταί τε
> δῆριν ἔχον περὶ πιπτόντων· πᾶσαι δ᾽ ἄρ᾽ ἵεντο
> αἷμα μέλαν πιέειν·

> as negras Kêres, rangendo os dentes alvos,
> de olhar terrível, peludas, sangüinolentas e insaciáveis,
> lutavam ao redor dos que haviam caído, todas querendo
> beber o sangue negro.

Na Ilíada, uma fórmula repetida três vezes expressa a sede de sangue de Ares, que também é saciada pelos mortos que tombam na guerra.[4] Os

---

uma exceção, inventaram a forma Árētos que se conforma ao seu postulado. Para a invalidade da regra, cf. Slings (1988, p.135).

2 Segundo Chantraine (1968, s.v. μιαίνω), miēphónos resulta de uma alternância fonética, ou de uma alternância antiga. Cf. Fick (1886, p.270) para equivalência das formas. Diehl, Snell, Treu e Adrados, não levando em conta o comentário de Eustácio, apresentam a forma miaiphónou em suas edições de Arquíloco. Liebel (1818) segue Eustácio (miēphónou), mas não elide o alfa final de paîda, o que cria dificuldades métricas. Arq. fr.18W: παῖδα ῎Αρεω μιηφόνου Liebel (1818). παῖδ᾽ ῎Αρεω μιηφόνου Gaisford (1823b), Bergk (1882), Hoffmann (1898), Bahntje (1900), Lass. e Tard. Gerber (1999) segue West (1989²).

3 Cf. Arnould (1981, p.80) e Burkert (1985, p.169).

4 Il. (5.288-9, 20.78-9, 22.266-7). Cf. Mimnermo para a fórmula "sangrenta guerra" (fr.14.7W: αἱματόεντος πολέμοιο).

sacrifícios realizados antes da batalha pelas tropas na linha de frente (*sphágia*), caracterizados pela morte violenta do animal, eram interpretados segundo o modo como o sangue escorria (Jameson, 1991, p.200-12). Em comparação com os demais olímpios, Ares quase não recebia cultos ou oferendas, embora houvesse notícia de sacrifícios humanos para o deus.[5]

Quem seria o "filho de Ares" do verso de Arquíloco (fr.18W)? Diehl, pensando em um filho no sentido próprio, citou a *Ilíada* (2.512, 9.82), em que dois comandantes, Ascálafo e Iálmeno, são chamados de "filhos de Ares". Mas, se Arquíloco representa algumas divindades do panteão olímpico operando de forma semelhante à da épica, só há três testemunhos, e ainda *indiretos*, da presença de heróis tradicionais em seus poemas (fr.286-8W). Por isso, outros filhos de Ares como *Phóbos* ou *Deîmos* seriam hipóteses mais verossímeis.[6]

Outra possibilidade é que, assim como os heróis homéricos são freqüentemente chamados de "rebentos de Ares" (*ózdos Árēos*), Arquíloco estivesse empregando uma frase *quase* épica para referir-se a um guerreiro contemporâneo.[7] Não poderia ser o elogio de um companheiro ou de si próprio por causa do epíteto pejorativo ("sangüinário").[8] Lasserre (Lasserre & Bonnard, 1958, p.19) imaginou um contexto satírico em que a expressão visasse a "um dos inimigos do poeta".[9] A sugestão é interessante, mas talvez o inimigo não fosse *pessoal*, mas *comum* aos pários em Tasos – um trácio, por exemplo. Isso porque os heróis chamados de "filhos de Ares" são, em

---

5 Preller (1894 I, 341), Nilsson (1967, I.517-8) e Burkert (1985, p.170). Em Sófocles (*O.T.* 215), Ares, "entre os deuses, é o que não recebe honras" (τὸν ἀπότιμον ἐν θεοῖς θεόν). Um sacrifício humano a Ares pode estar implícito nas *Fenícias* (933-4) de Eurípides. Cf. Porfírio (*de abst.* 2.55) para o sacrifício humano oferecido a Ares pelos lacedemônios.

6 No fragmento 1W de Arquíloco, como em Homero (*Il.* 13.519, 20.69, 22.132, 17.211), *Eniálio* seria um epíteto ou um outro nome para Ares; não é seu auxiliar ou filho, tal como sugere uma tradição tardia (Schol. Aristófanes, *Pax* 457: τινὲς ῎Αρεως καὶ ᾿Ενοῦς τὸν ᾿Ενυάλιον; Hesíquio: ᾿Ενυάλιος ὁ ῎Αρης ἢ ὁ τούτου υἱός. Cf. Schol. *Il.* 17.211). Para um arrolamento exaustivo dos filhos *genealógicos* de Ares, cf. Preller (1894, p.343n.3).

7 Cf. Aristófanes (*Av.* 835): "filhote de Ares" (῎Αρεως νεοττός).

8 Cf. Arq. (fr.1W). Foi provavelmente no drama ático que o verbo *miaínō* adquiriu o significado de "macular" no sentido de poluição; *miarós* sendo usado pelos oradores como "injúria" (Chantraine, 1968, s.v.). Podlecki (1984, p.41), porém, extrapola ao traduzir: "filho do *contaminado* Ares".

9 Nessa linha, West (1974, p.129) cita Arquíloco (fr.112.11W).

geral, trácios, tessálios e beócios, tradicionalmente os guerreiros mais ferozes (Preller, 1894, p.343). E, desde Homero, a Trácia é o lar de Ares e *Phóbos*.[10]

Qual o deus, tal a guerra. O fragmento elegíaco 6W de Arquíloco foi preservado em um comentário do verso de Sófocles (*El.* 95-6): Electra lamenta o "pai que, em terra estrangeira,/ Ares sangüinário não recebeu com presentes".[11] O escoliasta esclarece o sentido da frase: Agamenão não morreu na guerra, "pois os presentes de Ares são ferimentos e morte",[12] e ele cita o pentâmetro de Arquíloco (fr.6W) como um paralelo à metáfora:

ξείνια δυσμενέσιν λυγρὰ χαριζόμενοι

agraciando inimigos com lúgubres presentes.

Encontramos no léxico *Suda* a mesma seqüência de citações com variantes metricamente impossíveis do verso de Arquíloco.[13] Alguns editores preferem as versões do *Suda* com o particípio no singular, corrigindo o épico *dysmenéesi* em *dysmenésin*,[14] ou *dysmenéessi* (Tarditi), de forma a produzir um pentâmetro, ou dois versos incompletos. Bergk (1882) foi o primeiro a editar o texto com o substantivo *kseínia* ("presentes") na forma jônica, como o encontramos nas demais edições.[15]

O verso é uma construção admirável: cada metade justapõe duas palavras opostas em estrutura quiástica.[16] Os *kseínia* ("presentes de hospedagem"), que têm geralmente uma conotação positiva, pertencendo ao mesmo campo semântico que *phílos* ("amigo"), são justapostos aos *dysmenésin* ("inimigos"). Estranhamento maior é causado pelo adjetivo *lygrá*

---

10 *Il.* (13.301), *Od.* (8.361), cf. Eustácio (*Il.* 673.54).
11 *El.* (95-96): πατέρ΄, ὃν κατὰ μὲν βάρβαρον αἶαν/ φοίνιος ῎Αρης οὐκ ἐξένισεν.
12 ξένια γὰρ ῎Αρεως τραύματ΄ <ἐστὶ> καὶ φόνοι. West (1971) corrigiu o escólio (ξένια γὰρ ῎Αρεως τραύματα, φόνοι) a partir do *Suda* (inserindo [καὶ]). Cf. *Contra*: Bossi (1990, p.80).
13 *Suda* (s.v. ἐξένισεν, ξένια, ξενίζω). A passagem no *Suda* é um excerto do escólio. Cf. respectivamente ii.307 Adler: ξείνια δυσμενέεσι λυγρὰ χαριζόμενος. iii.493 Adler: ξένια δυσμενέεσι λυγρὰ καὶ χαριζόμενος.
14 Liebel (1818), Gaisford (1823b), e Schneidewin (1838).
15 Hiller (1890), Bahntje (1900), Crönert (1911), Diehl (1923, 1936, 1952), Adrados (1956, 1990³), Lasserre & Bonnard (1958), Treu (1959), West (1971, 1989) e Gerber (1999).
16 ξείνια × δυσμενέσιν - λυγρὰ × χαριζόμενοι.

("lúgubres"), que qualifica os dons, porque, na tradição poética, ele é reservado para dores, luto e, particularmente, para a morte.[17] O pentâmetro se fecha com o particípio *kharizdómenoi* ("agraciando"), que seria a função legítima dos *kseínia*: agradar concedendo um favor ou dádiva.

A tensão entre noções polares, oposições tão freqüentes nos poemas de Arquíloco,[18] assim como na poesia grega arcaica de modo geral, concentra-se aqui no espaço de um só verso. Há ironia nos dois oxímoros "agraciar inimigos" e "presentes lúgubres", mas a idéia não é nova. Bahntje (1900) recorda que, na *Odisséia* (9.356 ss.), o "presente" (*kseínion*) que o Ciclope promete a Odisseu, a fim de agradá-lo, é que ele seja o último dentre os seus companheiros a morrer devorado: "Este será o teu presente de hospedagem" (*kseinḗion*).[19] Eumeu, ao ferir Ctesipo durante o combate com os pretendentes, também se refere ao golpe como um "presente de hospedagem, dado em retribuição" por tudo o que ele fizera.[20]

Se a frase de Eumeu (*Od.* 22.290) seria o paralelo mais pertinente por estar inserida em um contexto de luta, o episódio do Ciclope seria o mais memorável. Arquíloco não conhecia a *Odisséia* que hoje lemos, mas poderia ter ouvido a história do Ciclope em outra formulação e, segundo Lavelle (1980-1981, p.198), foi ela que lhe serviu como modelo para o poema em questão.[21]

Outro fragmento de Arquíloco (fr.146W) pode conter a mesma imagem. "Presentes de hospedagem" (*kseínia*) são mencionados no que seria uma

---

17 ἄλγεα (*Il.* 13.346, 24.742), κήδεα (*Il.* 18.430, *Od.* 11.369), γόον καὶ κήδεα (*Il.* 5.156, *H. Hom. Cer.* 249) ὄλεθρον (*Il.* 2.873, 6.16, 20.289, 296, 24.735, *Od.* 3.93, 194, 4.292, 323, 10.115, 14.90, 15.268, 16.371, 24.96). Na lírica, os empregos de *lygrá* são mais variados, cf. Arq. (fr.122.4W δέος: associado à *noite*, mas o texto é incerto, cf. aparato crítico), Tirteu (fr.6.2W ἀναγκαίης), Sólon (fr.11.1W κακότητα), Baquílides (fr.11.68 μάχη), *Teognidéia* (793 ἔργμασι: com os quais não se deve ferir *estrangeiro ou cidadão*).
18 Cf. Arq. (fr.1, 5, 101, 114, 122, 128, 130W etc.).
19 *Od.* (9.370): τὸ δέ τοι ξεινήϊον ἔσται.
20 *Od.* (22.290): ἀντὶ ποδὸς ξεινήϊον. Eustácio (*in Hom.* loc. cit.) nota que essa expressão se tornou proverbial para "pagamentos na mesma moeda".
21 Uma ânfora proto-ática (*c.* 670-600 a.C.) retrata Odisseu e seus companheiros perfurando o olho de Ciclope, enquanto este segura uma taça de vinho (cf. Shapiro, 1994, p.52). Mas West nota que poderia haver também outros exemplos anteriores (tanto na tradição oral, quanto na literatura), que se fundavam na ambivalência do conceito de *ksénos* ("amigo"/ "estrangeiro").

parênese militar, ou uma simples exortação inserida em uma narrativa marcial maior (fr.146W: *Oxy.* 2313 fr.13):[22]

```
        ].σα[
        ]μη[
        ]μφα[
        ]ιδερεισ[
5       ]προσβαλόντε[ς.]σ[23
        ].ν ξεινίων φειδοίατ[ο
        ]ων ἁθρόοι γενοίμεθ[α
        ]σης τεύχεσιν πεφρ[
        ]σφας ἀμφικουρίη λάβ[

        ...
        ...
        ...
        ...
```

5 ...]lançan[do] contra[...
...]poup[e] os presentes[...
...]fiquemo[s] reunidos[...
...]com armas[...
...]cerca[...

Os "presentes" de Posídon, no fragmento 12W de Arquíloco, são cadáveres de naúfragos:

† κρύπτομεν ἀνιηρὰ Ποσειδάωνος ἄνακτος
δῶρα

ocultemos os lamentáveis presentes do senhor Posídon.

Nesse caso, porém, o substantivo empregado é *dôra* ("presentes"), não *kseínia* ("presentes de hospedagem"). A segunda é uma palavra mais expressiva que acentua a ironia e revela como a guerra inverte, tal como o Ciclope, as leis e o costume de se receber estrangeiros, que são observados

---

22 Para Lasserre (Lasserre & Bonnard, 1958, p.38), os apelos ao combate no optativo (1ª pessoa do plural) indicariam tratar-se de "uma exortação que Arquíloco dirige aos seus amigos ou concidadãos", e não de uma narrativa de um episódio vivido. O texto em Gerber (1999) é semelhante ao de West (1989²), porém, a tradução dá a entender que se imagina uma narrativa marcial no pretérito (com optativos oblíquos), o que é bem verossímil.

23 ἀ]σ[πίδας Lass.

no mundo civilizado e sancionados por Zeus *Ksênios*. Pois, Ares, como os ciclopes, "não conhece leis" (*Il*. 5.761). A metáfora também é interessante porque converte o inimigo público (o adversário na guerra) em inimigo privado (aquele ao qual se dá "presentes de hospedagem") (cf. Arnould, 1981, p.42).

Além de Sófocles, Eurípides também recorre a essa imagem na sua *Helena* (479-80): "se o rei/ te pegar, a morte será teu presente de hospedagem", diz o ancião a Menelau.[24] Por fim, muitos já notaram que um epigrama de Mnasalces (*A.P.* 6.9) parece ter o poema de Arquíloco (fr.6W) como modelo, principalmente por causa do último verso onde as duas palavras-chave do verso de Arquíloco estão dispostas na mesma seqüência:

Σοὶ μὲν καμπύλα τόξα καὶ ἰοχέαιρα φαρέτρη
   δῶρα παρὰ Προμάχου, Φοῖβε, τάδε κρέμαται·
ἰοὺς δὲ πτερόεντας ἀνὰ κλόνον ἄνδρες ἔχουσιν
   ἐν κραδίαις, ὀλοὰ ξείνια δυσμενέων.

> Para ti, o arco recurvo e aljava que verte flechas
>   são oferendas de Prômaco, ó Febo, aqui suspensas;
> mas as flechas aladas, homens pela turba as têm
>   nos corações, funestos presentes de inimigos.

Esse aspecto enlouquecido[25] ou irracional de Ares poderia ter, especialmente entre os jovens, um efeito paralisante ou, o que seria ainda pior, poderia fazê-los fugir à luta. Como antídoto, Arquíloco (fr.110W) lança mão do ditame popular no qual se afirma a *igualdade* de Ares perante os homens. O verso é citado por Clemente de Alexandria (fim do século II d.C.) em *Miscelâneas,* obra sobre temas do pensamento e da vida cristã. De início, Clemente busca mostrar que a filosofia grega dependia da bárbara e que o pensamento hebraico era mais antigo, havendo entre os autores gregos uma forma de "empréstimo" (*kleptikòn eîdos*) – a noção de *plágio* ou de *imitação* sendo aplicada anacronicamente aos poetas arcaicos. Clemente arrola exemplos de *imitação* de versos homéricos por Arquíloco e, entre esses, está o fragmento 110W (*Strom.* 6.6.1):[26]

---

24 *Helena* (479-480): ἢν δὲ δεσπότης/ λάβηι σε, θάνατος ξένιά σοι γενήσεται.
25 *Mainómenos* ("enlouquecido") é epíteto comum de Ares.
26 A maior parte dos gramáticos acreditava que Arquíloco havia imitado Homero em diversas passagens, cf. Weber (1955, p.3-4), *P. Hibeh* 173 (fr.219-221W), Ps. Longino (*De Subl.* 10.6-7, 13.14) e Díon Crisóstomo (*Or.* 33.17-20, 55.9).

καθάπερ ἀμέλει κἀκεῖνο τὸ ἔπος, "ξυνὸς ἐνυάλιος· καί τε κτανέοντα κατέκτα" (*Il.* 18.309), μεταποιῶν αὐτὸς ὡδέ πως ἐξήνεγκεν·

† ἔρξω· ἐτήτυμον γὰρ ξυνὸς ἀνθρώποις "Αρης·

Como, sem dúvida, [Arquíloco], reformulando aquele verso (*Il.* 18.309): "Eniálio é comum[27] e mata o matador", assim o traz:

farei, pois Ares é realmente comum aos homens.

Uma das primeiras correções do texto corrupto de Clemente foi a de Bergk (1834, p.xiii), que, para o início do verso, sugeria o genitivo de Êrxia (*Erksíōn*), um nome próprio presente em outros fragmentos de Arquíloco (fr.88, 89.28W).[28] Alguns editores classificam o verso como um trímetro jâmbico, isolando o verbo (*érksō*) no final de um verso anterior,[29] ou propondo emendas.[30] Acertadamente, Lasserre e West o consideram como um tetrâmetro trocaico corrupto, pois, caso fosse um trímetro, Clemente poderia ter citado apenas a frase que lhe interessava (ἐτήτυμον – "Αρης), sem o verbo.

Não sabemos se o "eu" está interpelando Êrxia ou anunciando o que fará (recorre ao ditame para justificar uma ousadia?). No entanto, Aristóteles (*Rh.* 2.1395a14) nos esclarece o contexto e a função da máxima, pois diz que chamar Ares ou Eniálio de "comum" (*ksynòs Enyálios*) era, em sua época, uma *frase feita*, empregada por aqueles que, na batalha, corriam grande risco por estarem em desvantagem. De fato, é com este dito que Heitor (*Il.* 18.309) encerra o discurso em que declara sua resolução de lutar contra Aquiles.

A situação no fragmento 110W de Arquíloco pode ser a mesma identificada por Aristóteles (loc. cit.), ou outra que implique qualquer forma de inferioridade ou desvantagem sentida. Assim, o verso poderia ser um encora-

---

27 *Ksynós* é algo "comum", "partilhado por todos" e, assim, o deus Ares/Eniálio é *imparcial*, não faz diferença entre os homens.

28 Schneidewin (1839), Bergk (1882) e Weber (1955, p.15). Gaisford, em 1823b, já imaginava se tratar da mesma personagem, sob a forma *Érksō*. ῾Ερξίην Tarditi (1968). Bossi (1990, p.166) acha provável que seja um nome próprio, sem indicar a sua forma, assim como Gerber (1999).

29 Brunck (1785), Hiller (1890), Bahntje (1900), Diehl (1923, 1936, 1952), Adrados (1956, 1990³) e Treu (1959).

30 Para Liebel (1818), o fragmento é "de gênero incerto", e ele sugere ἔρξω ὡδε· ou ἔρξω οὖν· para o que seria o primeiro verso. ἔρξον ὥς, ὡδ᾽ ou ὧν Hoffmann (1898, p.104). Outras correções ainda mais complexas são as de Meineke ("Ερρ᾽ ἰών) e Hartung (ἄρχ᾽ ἰών).

jamento para Êrxia, ou a conclusão de um discurso em que o sujeito promete realizar uma bravata. De todo modo, para o público de Arquíloco, essa idéia não era nova e, embora a formulação nominal confira à frase um caráter mais gnômico, talvez ela já fosse uma máxima na época de Homero.[31]

B) NAS MÃOS DOS DEUSES (FR.111W)

Logo após esse verso sobre a imparcialidade de Ares, Clemente (*Strom*. 6.6.1) cita o que seria mais uma "imitação homérica" de Arquíloco (fr.111W):

> ἔτι κἀκεῖνο μεταφράζων
> "νίκης ἀνθρώποισι θεῶν ἐν †πείρᾳ κεῖται"
> διὰ τοῦδε τοῦ ἰάμβου δῆλός ἐστι
> καὶ νέους θάρσυνε· νίκης δ΄ ἐν θεοῖσι πείρατα.

E ainda também aquele [verso]:
"para os homens, o termo da vitória entre os deuses está"[32]
[Arquíloco] claramente parafraseia neste jambo:

> *e aos jovens encoraja, mas o termo da vitória entre os deuses está.*

O verso de Arquíloco não apresenta dificuldades textuais,[33] o embaraço maior concerne ao "modelo homérico", pois a citação feita por Clemente não se encontra em nossos textos.[34] Devemos imaginar que Clemente, e/ou

---

31 *Contra*: Weber (1955, p.16) acredita que a expressão foi criada especialmente para Heitor. Scherer (1964, p.94) e Page (1964, p.151-2), além de Clemente, consideram o verso de Arquíloco uma "adaptação da fraseologia épica ao trímetro jâmbico". Mas, se a frase era proverbial, não é necessário supor, como Clemente e os outros, que Arquíloco dependesse de Homero (cf. Edwards, 1991, p.182).
32 Para a tradução, cf. comentário a seguir.
33 A única diferença entre os editores é que alguns consideravam como citação de Arquíloco apenas νίκης δ΄ ἐν θεοῖσι πείρατα (Brunck, 1785; Liebel, 1818; Gaisford, 1823b; Bahntje, 1900), e não o tetrâmetro inteiro (como Schneidewin, 1838, seguido pelos demais). A correção de θαρρῦναι em θάρσυνε (Elmsley) foi aceita por todos.
34 Cf. Treu (1959, p.219) e Bossi (1990, p.167-8) para as alternativas propostas por Sylburg (ἐ<κ> πείρα<τα>, ou θεῶι ἔνι πείρατα) e Stählin (ἐν <γούνασι> κεῖται πείρα<τα>) para o verso de Homero em Clemente.

sua fonte, baseava-se em uma versão da *Ilíada* que continha o verso, ou que, confiando em sua memória, ele pretendia citar *Il.* (7.102: "O termo da vitória está entre os deuses imortais")[35] e criou um *pastiche*, confundindo esse verso com a idéia semelhante expressa na fórmula "está no colo dos deuses".[36] Segundo Page (1964, p.155), "o verso pode ser uma versão trocaica de um modelo dactílico". Já mostramos, porém, que é problemático supor que Arquíloco simplesmente transplantasse para troqueus a fraseologia épica.

O verso "homérico" em Clemente envolve uma noção fatalística: os homens se eximem da responsabilidade pelos resultados da guerra, porque são os deuses que a decidem. Mas, se observarmos o contexto da frase na *Ilíada* (7.102) – se é que foi esse o verso que Clemente pretendia citar –, notaremos que a máxima é também proferida quando o sujeito tem consciência de sua inferioridade. Heitor convoca um dos gregos para duelar consigo e, por fim, Menelau se oferece, arrematando o seu discurso com essa expressão. As desvantagens de Menelau em comparação com Heitor, para todos evidentes, são explicitadas, a seguir, por Agamenão (*Il.* 7.111-14). A fórmula que apresenta uma noção semelhante, "mas é certo que essas coisas estão no colo dos deuses", inicia-se com a adversativa "mas" (*allá*) que exprime, em si, a possibilidade de um resultado inesperado.[37] Neste sentido, essas passagens "homéricas" aproximam-se do verso (Arq. fr.110W) examinado acima.

O fragmento 111W de Arquíloco, ao contrário, não exprime apenas o sentimento de fatalidade, mas também a ciência da necessidade do esforço humano. A aparente contradição – por que o encorajamento se o resultado, vitória ou derrota, depende da vontade divina? – nada mais é que uma síntese da chamada "dupla motivação"; a percepção, tão freqüente em

---

35 *Il.* (7.102): νίκης πείρατ' ἔχονται ἐν ἀθανάτοισι θεοῖσιν.
36 Bahntje (1900, p.47). A hipótese (Bossi, 1990, p.168) de que a citação "homérica" de Clemente seja um "novo fragmento épico" é menos provável. A fórmula "está no colo dos deuses", = "à mercê dos deuses" (θεῶν ἐν γούνασι κεῖται: *Il.* 17.514, 20.435; *Od.* 1.267, 400, 16.129), pode vir da prática de se depositarem oferendas sobre os joelhos das estátuas dos deuses (cf. *Il.* 6.92 e Chantraine, 1968, s.v. γόνυ). West nota um paralelo interessante, na poesia assíria e babilônica, em que as "tabuletas do destino" ficam sobre os joelhos dos deuses.
37 ἀλλ' ἤτοι μὲν ταῦτα θεῶν ἐν γούνασι κεῖται. Nas demais ocorrências do verso na *Ilíada* (17.514, 20.435), aquele que o profere sempre o faz reconhecendo a sua inferioridade diante da tarefa pretendida.

Homero, da responsabilidade humana e divina pelos atos. O imperativo ("aos jovens encoraja"),[38] no início do verso, é seguido pela máxima, e a coordenação, mesmo que não seja adversativa (como, porém, a entendemos aqui), exprime tensão. Não há fatalismo.[39]

A frase "termo da vitória" (*níkēs peírata*) não é comum; ocorre apenas na *Ilíada* (7.102), nesse fragmento de Arquíloco e, tardiamente, em Opiano (*de Piscatione* 5.230 s). *Peírata* podem ser os "limites" extremos do mundo físico[40] ou a finalização ("termo") de um processo ou de uma ação. A palavra cobre, *grosso modo*, o mesmo campo semântico que *télos* ("realização", "termo")[41] e, de início, era provavelmente associada às Moiras e ao fio da vida.[42]

O verso de Arquíloco (fr.111W), comparado ao "homérico", é mais forte pela concisão e pela ausência do verbo, características das máximas e gnomas. Ignoramos o seu contexto, mas é possível que a parênese evidenciasse também, como em Homero, a necessidade de se superar uma inferioridade real ou imaginária.

C) PRECES E IMPRECAÇÕES (FR.108, 9, 107W)

Assim como Ares pode ser tanto o deus da guerra quanto a própria guerra, Hefesto é também o deus do fogo ou o fogo. Plutarco (*quomodo aud. poet.* 6 p.23a), interessado nesse tipo de distinção, cita versos de Arquíloco (fr.108, 9.10-11W) como exemplo:

χρῶνται τοῖς τῶν θεῶν ὀνόμασιν οἱ ποιηταὶ ποτὲ μὲν αὐτῶν ἐκείνων ἐφαπτόμενοι τῇ ἐννοίᾳ, ποτὲ δὲ δυνάμεις τινάς, ὧν οἱ θεοὶ δοτῆρές

---

38 *Tharsýnō* ("encorajar") é, como diz Page (1964, p.155), "um verbo tradicional em tais contextos." Cf. *Il.* (4.233, 10.190, 13.767 = 17.117, 23.682) e Tirteu (fr.12.19W).
39 Veja os fragmentos 130.1 e 16W de Arquíloco e a discussão sobre a autoria deste último em Wilamowitz-Möllendorff (1929, p.486).
40 São os "limites" da Terra e do Oceano em *Il.* (14.200, 301), *Od.* (4.563, 9.284, 11.13) e no *Hino Homérico a Afrodite* (227).
41 Cf. Arquíloco (fr.298W), Hesíodo (*Erga* 669), *Teognidéia* (164, 594, 640, 660, 768, 905, 1084), Mimn. (fr.2.6, 9), *Scutum* (1.2), Semônides (fr.1.1, 13.17, 28, 58), Sófocles (*O.C.* 247), Demóstenes (*De Corona*, 193), e o comentário de West a Hesíodo (loc. cit.).
42 Cf. ὀλέθρου (*Il.* 6.143, 7.402, 12.79; *Od.* 22.33, 41), ὀϊζύος (*Od.* 5.289), ζωῆς καὶ θανάτου (*A.P.* 12.158.8). Mais tarde, os empregos diversificaram-se: ἀμηχανίης (*Teognidéia* 140, 1078), παντός, πάντων (*Teognidéia* 1172, Sólon fr.16.2W), ἀρετῆς (Sólon fr.27.8W), σοφίης ("Pigres" 2), ἀέθλων (Ap. Rodes 2.424).

εἰσι καὶ καθηγεμόνες, ὁμωνύμως προσαγορεύοντες.
οἷον εὐθὺς ὁ ' Αρχίλοχος, ὅταν μὲν εὐχόμενος λέγῃ·

fr.108   κλῦθ᾽ ἄναξ ῞Ηφαιστε, καί μοι σύμμαχος γουνουμένῳ
ἵλαος γενέο, χαρίζεο δ᾽ οἷά περ χαρίζεαι,

αὐτὸν τὸν θεὸν ἐπικαλούμενος δῆλός ἐστιν· ὅταν δὲ τὸν ἄνδρα τῆς ἀδελφῆς ἠφανισμένον ἐν θαλάσσῃ καὶ μὴ τυχόντα νομίμου ταφῆς θρηνῶν λέγῃ μετριώτερον ἂν τὴν συμφορὰν ἐνεγκεῖν

fr.9.10   εἰ κείνου κεφαλὴν καὶ χαρίεντα μέλεα
῞Ηφαιστος καθαροῖσιν ἐν εἵμασιν ἀμφεπονήθη τὸ πῦρ οὕτως,
οὐ τὸν θεὸν προσηγόρευκε.

Os poetas empregam os nomes dos deuses, às vezes usando-os no sentido deles próprios, às vezes com relação às capacidades que os deuses concedem e promovem, falando homonimicamente. Como, por exemplo, quando Arquíloco diz em prece:

fr.108   *Ouve, senhor Hefesto, e a mim que te suplico*
sê aliado propício e concede graças como as que concedes,

[ele] está claramente invocando o próprio deus, mas, quando lamenta o marido de sua irmã que se perdeu no mar, sem um enterro apropriado, diz que suportaria com maior comedimento o fato

fr.9.10   *[se a sua cabeça e graciosos membros,*
em puras vestes, Hefesto tivesse curado[43]

falando assim do fogo, não do deus.

No fragmento 108W de Arquíloco, o "eu" invoca Hefesto como "aliado" (*sýmmakhos*). A estrutura dessa prece é semelhante à que se faz, em outros versos, a Apolo (Arq. fr.26.5-6W):

ὦναξ ῎Απολλον, καὶ σὺ τοὺς μὲν αἰτίους
πήμαινε καί σφας ὄλλυ᾽ ὥσπερ ὀλλύεις,

Senhor Apolo, tu, aos culpados,
castiga, e os destrói como destróis.

Seria esse um jambo contra inimigos políticos? Pertenceria ao grupo de poemas que visam a Licambes e suas filhas? Não sabemos qual era o

---

43 ἀμφεπονήθη = "trabalhar envolvendo", "cuidar de" e, daí, "*curar*".

contexto desses versos, assim como o do fragmento 108W. Mas, nas duas citações, o deus é interpelado como "senhor" (Hefesto/Apolo), há um pedido específico (sob forma de imperativo) e, depois, uma súplica em que se pede ao deus que realize plenamente algo que faz parte de seus atributos.[44]

O primeiro imperativo do fragmento 108W, *klŷth'* ("ouve"), é um termo poético comum no início de preces,[45] e, para o deuses, o título de *ánaks* ("rei", "senhor") – aparentemente o preferido por Arquíloco[46] – é também tradicional. Na segunda oração, todas as posições de duração não-regulada são ocupadas por sílabas longas, o que confere ao verso o ritmo solene característico de hinos e preces.[47] Hefesto é invocado como "aliado no combate" (*sýmmakhos*)[48] pelo "eu" que, conforme a prática dos suplicantes, abraça os joelhos do deus (*gounouménōi*).[49]

Há diferenças entre as edições do segundo verso. Apenas três optaram pela forma ática do adjetivo *híleōs* ("propício"), presente nos demais textos como *hílaos* (cf. fr.94.2W).[50] Quanto aos imperativos ("sê", "concede graças"), as alternativas são diversas. As formas transmitidas por Plutarco, *genoû* e *kharízdeu*, são reproduzidas nas edições mais antigas,[51] a correção em *genéo* e *kharízdeo* de Fick (1886), conforme o uso das inscrições jônicas, foi adotada por outros,[52] mas a maioria segue Schneidewin (1838), que faz a contração em *eu* (*geneû*, *kharízdeu*).[53]

---

44 Arq. (fr.108W): *sê aliado propício*/ (fr.26W): *aos culpados castiga*; (fr.108W): *concede graças como as que concedes*/ (fr.26W): *os destrói como destróis*. Cf. Bahntje (1900, p.50) para esta "figura etimológica".

45 κλῦθί μευ (*Il.* 1.37 = 451, 5.115, 10.278), κλῦθι ἄναξ (*Il.* 16. 514), κλῦθι θεά (*Il.* 23.770, *passim*).

46 Cf. Arq. (fr.1, 12, 26, 108, 120W).

47 É o chamado "ritmo espondaico". Em contraste, o ritmo do segundo verso é mais ligeiro.

48 O termo *sýmmakhos* não ocorre na épica, mas, entre os arcaicos, é empregado por Safo na *Ode a Afrodite* (fr.1.28LP). Cf. Simônides (fr.106.4 Diehl = epigr. 34 Page) e Píndaro (*I.* 6.28).

49 O verbo deriva da expressão "abraçar os joelhos" (λαβεῖν γουνῶν). Cf. Chantraine (1968, s.v. γόνυ), *Od*. (4.433, 6.149: γουνοῦμαί σε, ἄνασσα·) e Anacreonte (fr.348*PMG*).

50 Cf. *Il.* (9.639 e 19.178), mas, em *Il.* (1.583), o alfa é longo. ἵλεως Hiller (1890), Hoffmann (1898), Diehl (1923).

51 γενοῦ e χαρίζευ Brunck (1785), Liebel (1818) e Bergk (1882).

52 γενέο e χαρίζεο Hoffmann (1898), West (1971, cf. 1974, p.80) e Gerber (1999).

53 γενεῦ, χαρίζευ Hiller (1890), Bahntje (1900), Diehl (1923, 1952), Lass., Treu, Adrados e Tard. Para χαρίζεαι, cf. *Il.* (13.633).

Se o apelo a um deus como "aliado" (*sýmmakhos*) não ocorre em Homero e é raro na poesia arcaica, a partir dos trágicos torna-se mais um lugar-comum da literatura grega.[54] É, porém, uma passagem tardia que sugere um contexto verossímil para o fragmento de Arquíloco. Em Xenofonte (*Cyro.* 7.5.22 ss.), Ciro prepara seus homens para invadir Babilônia à noite. Ele os adverte, dizendo que não devem temer o ataque dos habitantes,

ἢν γὰρ ἀναβῶσί τινες ἐπὶ τὰς οἰκίας, ἔχομεν σύμμαχον θεὸν ῞Ηφαιστον·

pois, se subirem nos telhados, temos "Hefesto como aliado",

porque os terraços e as portas são inflamáveis. Após fazer suas invocações, Ciro lidera o ataque "com os deuses" (Xen. *Cyro.* 7.5.24).

Assim, entendemos que a "graça" do "aliado" Hefesto no poema de Arquíloco (fr.108W), como em qualquer batalha, é, por excelência, o fogo. Com ele, os atacantes devastavam as cidades e os campos, enquanto os defensores incendiavam os barcos de seus inimigos, ou os próprios invasores quando tentavam transpor as muralhas (cf. Arq. fr.89, 98-99W?).[55]

A passagem de um pedido para si, que visa a um benefício pessoal, para uma imprecação contra inimigos, faz-se facilmente. As preces às divindades contêm muitas vezes ambos. O fragmento 108W talvez especificasse, na sua continuidade, a destruição ambicionada. Outras vezes, a imprecação se expressa sob a forma de um desejo, como nos seguintes versos, citados também por Plutarco (*quest. conv.* 3.10.2). Moscíon, o médico, explica por que a carne se deteriora mais rapidamente ao luar do que ao sol, citando Arquíloco (fr.107W) como testemunho:

τὴν γὰρ σελήνην ἠρέμα χλιαίνουσαν ἀνυγραίνειν τὰ σώματα, τὸν δ᾽ ἥλιον
ἀναρπάζειν μᾶλλον ἐκ τῶν σωμάτων τὸ νοτερὸν διὰ τὴν πύρωσιν· πρὸς ὃ καὶ
τὸν ᾽Αρχίλοχον εἰρηκέναι φυσικῶς·

---

54 Cf. Ésquilo (*Suppl.* 323, 343, 395, *Coe.* 2, 18-19, 497-8, *Septem* 266), Sófocles (*O.T.* 274), Eurípides (*Suppl.* 628-30, *Her.* 766), Aristófanes (*Lys.* 210, *Ach.* 661-2) e Heródoto (8.64).

55 Cf. Hauvette (1905, p.180-2, 247), Hendrickson (1925, p.116) e Lasserre & Bonnard (1958, p.28), que citam (*Il.* 21.333 ss.). Outras sugestões, menos atraentes, associam esse fragmento com a segunda citação feita por Plutarco (Arq. fr.9W), imaginado tratar-se, também nesse caso, de uma chama funerária (cf. Lasserre & Bonnard, loc. cit.). Para um contexto diverso, em que riquezas são pedidas a Hefesto, cf. Jurenka (1900, p.4) e o *Hino Homérico a Hefesto* (v.8).

ἔλπομαι, πολλοὺς μὲν αὐτῶν Σείριος καθαυανεῖ
ὀξὺς ἐλλάμπων·

A lua, pois, esquentando os corpos brandamente os umedece, enquanto o sol antes retira deles a umidade pelo seu calor ardente. Quanto a isto, Arquíloco também diz de modo científico

"*espero que a muitos deles o Sírio resseque,
brilhando agudo*".

Em seguida, Moscíon recorda um exemplo da *Ilíada* (23.188 ss.) que lhe parece ser uma prova ainda mais evidente. Trata-se da passagem em que Apolo cobre o cadáver de Heitor com uma nuvem para protegê-lo do sol, a fim de que seus membros e músculos não ressequem.

No fragmento 107W de Arquíloco, a forma do segundo verbo, presente em uma variante de Plutarco e na maior parte dos editores,[56] é *katauaneî* ("resseque"); a aspiração no texto de West (1971) foi estabelecida a partir de outro manuscrito de Plutarco (ed. Hubert) e da imitação em Licófron (396).[57]

Se o desejo e a expectativa do "eu" (*élpomai*)[58] são que Sírio "resseque muitos deles", no segundo verso lhe dá prazer descrever *como*: "brilhando agudo" (*oksỳs ellámpōn*).[59] O particípio *ellámpōn* ("brilhando") associa noções de luz e fogo,[60] enquanto o adjetivo *oksýs* ("agudo"), empregado em primeira instância para objetos pontudos ou capazes de ferir (flechas, lanças, espadas), também qualifica raios solares,[61] o que talvez tenha influenciado aqueles que identificaram, na leitura desse verso, Sírio com o sol.

---

56 Brunck (1785), Liebel (1818), Bergk (1882), Hiller (1890), Hoffmann (1898), Bahntje (1900), Diehl (1923, 1936, 1952), Lasso. e Adrados.
57 Cf. também Gerber (1999). Para outras grafias, cf. καταυανέει Schneidewin (1838), καταυανέ<ε>ι Treu, Tard. O verbo ocorre na forma simples (αὐαίνω) em Arquíloco (fr.89.3W) e Sólon (fr.4.35W). *Katà* reforça o sentido: os corpos devem ser *completamente* ressecados.
58 Cf. a prece em *Il*. (8.526: εὔχομαι ἐλπόμενος...), segundo Zenóbio (cf. aparato de Monro & Allen), ἔλπομαι εὐχόμενος...
59 Note o jogo de aliterações e assonâncias em *élpomai/ polloús/ oksýs/ ellámpōn*.
60 Para *lámpō*, cf. Chantraine (1968, s.v. λάμπω) e o *lap-zi* (hitita) que significa ao mesmo tempo "queimar" e "brilhar".
61 Cf. *Il*. (14.345, 17.371-72), Hesíodo (*Erga* 414) e *Teognidéia* (426), embora Breitenstein (1971, p.54, n.132) note que o adjetivo se emprega também com relação ao astro Sírio em Arato (*Ph*. 331, 334).

Na *Ilíada* (22.25 ss.), Príamo compara Aquiles a Sírio, o cão de Órion, o mais brilhante dos astros e um mau sinal, pois traz a febre.[62] Hesíodo (*Erga* 587 ss.) também descreve os efeitos nefastos de Sírio que, no verão, enfraquece os homens, ressecando a pele e queimando a cabeça e os joelhos.[63] Teão de Esmirna (*mathem.* p.146 Hiller), uma fonte do fragmento 314*PMG* de Íbico,[64] afirma que "os poetas, como Íbico, chamam todos os astros de 'sírios'". Certamente são os autores tardios, a partir de Plutarco, que identificam o astro Sírio com o Sol.[65] Não há por que segui-los, como muitos fizeram,[66] e supor que Arquíloco e os demais poetas citados, os arcaicos e clássicos, se referiam ao sol.

Alguns julgam certa a imitação deste verso de Arquíloco (fr.107.1W) por Licófron, o poeta e bibliotecário em Alexandria (século III a.C.) responsável pela organização da comédia. A *Alexandra* é o longo poema jâmbico (1.474 versos) em que Licófron narra o retorno dos comandantes após a queda de Tróia. A passagem em questão relata a fortuna de Ájax, que é comparado a um golfinho (396-7):

> ψυχρὸν δ᾽ ἐπ᾽ ἀκταῖς ἐκβεβρασμένον νέκυν
> δελφῖνος ἀκτὶς Σειρία καθαυανεῖ.

> e, sobre a praia arremessado, o frio cadáver
> do golfinho, o raio Sírio ressecará.

Talvez com esses versos de Licófron em mente, Burnett (1983, p.46, n.36) pergunta se o objeto ("muitos deles"), no fragmento 107W de

---

62 Cf. Richardson (1993, p.108-9) e a *Ilíada* (5.4-7, 11.61-6, 22.317-20).
63 No outono, durante o dia, a estrela permanece pouco tempo no céu e surge mais à noite (*Erga* 417 ss.). No *Escudo de Héracles* (151 ss.), ossos e carnes dos mortos na guerra apodrecem e são ressecados por Sírio. Para imagens semelhantes, cf. *Escudo* (397), Alceu (fr.347a, 352LP), Álcman (fr.1.62*PMG*), Ésquilo (*Ag.* 967), Horácio (*Carm.* 3.13.9), Tibulo (1.4.42, 1.5.27) e a nota de West (1978, p.262-3, 305).
64 Íbico (fr.314*PMG*): "brilhando como sírios luzentes/ através da longa noite" (φλεγέθων αἷπερ διὰ νύκτα μακρὰν/ σείρια παμφανόωντα).
65 Cf. aparato crítico em West (1971): Hesíquio (σ 346 Schm.), *Suda* (σ 285 Adler), *Et. Gud.* (497.50 Sturz), o escólio e a paráfrase a Licófron (397), e o escólio a Hesíodo (*Erga* p.341.17 Gaisford).
66 Liebel (1818), Welcker (1857, p.615), Holzinger (1895, p.231), Bahntje (1900, p.76), Wilamowitz-Möllendorff (1903, p.44 n.2; 1931-1932, v.I, p.256), Kontoleon (1955, p.85), Steffen (1952-1953, p.47), Adrados (1956, p.81, n.2, 1990^3), Treu (1959, p.219) e Scherer (1964, p.96). Cf. Breitenstein (1971, p.38, 53, n.128). Apenas Hauvette (1905, p.223), Lasserre & Bonnard (1958) e West (1993a) distinguem o Sírio do sol.

Arquíloco, não seriam naúfragos. Adrados (1956, p.81, n.2) imagina que o poeta estivesse expressando o seu desejo de ver os corpos dos inimigos secando no campo de batalha. As duas hipóteses são válidas, mas também arbitrárias. Nada nos permite optar por (ou entre) elas.[67]

---

67 Lasserre (Lasserre & Bonnard, 1958, p.28) parece preferir a segunda. Para West, o objeto não seriam necessariamente cadáveres, podendo ser os inimigos que, na luta, o poeta deseja ver fatigados por Sírio, assim como em Hesíodo (loc. cit.).

PARTE IV

METÁFORAS DA GUERRA

Nesta última parte, duas metáforas serão comentadas, a "pedra de Tântalo" (fr.91, 92W) e a "alegoria da nave" (fr.105-106W). O primeiro poema, o da "pedra de Tântalo", talvez fosse uma das narrativas marciais de Arquíloco (cf. Parte II *supra*) sobre os conflitos entre os pários e os trácios em Tasos.[1] Plutarco e dois escólios de Píndaro transmitiram-nos dois versos (14-15) em que se encontra a metáfora, e um deles (14) foi também preservado no *Papiro Lit. Lond.* (55). Pausânias, que não cita o texto, apenas refere-se à imagem. Além de analisar o fragmento, discutiremos as diversas versões do mito de Tântalo.

A metáfora da "nave do Estado", na qual o comandante (*governante*) lidera tripulantes (*cidadãos*) em uma nave (*cidade-Estado*) ameaçada por tormentas (*facções ou guerra*), foi desenvolvida na Grécia antiga desde Alceu, Sólon, Eveno, Ésquilo e, mais tarde, gozou de uma rica fortuna crítica na literatura ocidental. Na análise dos fragmentos 105-6W de Arquíloco, examinaremos essa *alegoria* ou, segundo Quintiliano (*Inst. Or.* 8.6.44), essa "metáfora continuada", em que se compara a guerra com uma tempestade no mar. Comentaremos os problemas do texto, o modo como o poeta construiu as metáforas a partir de elementos tradicionais encontrados em símiles épicos e, por fim, se esses versos contêm o que seria, para nós, o mais antigo desenvolvimento da célebre imagem da "nave do Estado".

---

1 Cf. Arq. (fr.93a, 98-99W?).

CAPÍTULO 1

SUPLÍCIO DE TÂNTALO

A) A PEDRA (FR.91W)

I) FONTES DIRETAS (A PARTE SUPERIOR DO PAPIRO)

A transmissão do fragmento 91W de Arquíloco é híbrida: quatro troqueus (v.14-15) pertencem à tradição manuscrita, citados por Plutarco (*Praec. Ger. Reip*. 6 p.803a) e pelo escoliasta de Píndaro (*Ol*. 1.91a), enquanto o restante é fruto da reunião desses dois versos a dois fragmentos de papiros comparativamente recém-descobertos (*P. Lit. Lond*. 55 + *P. Oxy*. 2313 fr.10). É de Mahaffy (1891) a primeira edição das duas colunas do *Papiro Lit. Lond*. 55, os então chamados *Flinders Petrie Papyri* (fr.IV), que contêm, respectivamente, os versos 1-16 e 24-32. Ele os classificou como sendo "provavelmente" fragmentos "de uma tragédia perdida", cuja autoria ele não era capaz de identificar (Mahaffy, 1891, p.13, 33).[1] O que levou Mahaffy a considerá-los "fragmentos dramáticos" deve ter sido a presença das letras Πι e Aσ, junto aos versos 19 e 21 da coluna II, que ele imaginou serem abreviações dos nomes de personagens (*dramatis personae*).[2]

---

[1] O papiro do século III a.C foi extensamente devorado pelos insetos. Caso contrário, teríamos pelo menos 25 versos e a possibilidade de averiguar se a citação de Arquíloco em Plutarco e no escólio pindárico pertencem ao mesmo poema.

[2] Para Milne (1927, p.43), esse era ainda um problema "não resolvido". Peek (1956a, p.11) sugeriu que as letras pertenciam ao final dos versos 17 e 20 da col.I, uma solução adotada por West (1971). O texto do fragmento 91W em Gerber (1999) é o de West (1989²), com a omissão dos versos 16-23 e 33-46 que são extremamente lacunares.

fr. 91 W
                    ]ον παθεῖν
                    ν]ήπιοι φρένα
                    ]τ´ ἀκήρατος
                    ]σημάντορες
5   αἰ]χμητὴς ἐών
                    ]ευμενος·
                    ]δρης τελεῖν
                    ο]μνύων, ὅτε
                    ]ν ἀκούσεαι
10   α]ντίον·
                    ]πολει·
                    ]έχειν
                    ]σμενος
                    μηδ´ ὁ Ταντάλου λίθος
15 τῆσδ´ ὑπὲρ νήσου κρεμάσθω
                    ].ς ἔχων
                    ]μεθα
                    ]β[ ]υρι
                    ]
                    ]υ[...]
20   ]ας
                    ]
                    ]
                    ]
παντ[.....]ηνες γενέσθαι[
25 φαίνο[μαι..]τωνδ´ εν.μ.[
    εἰ γὰρ ω[........]..ν μ.[.]...[
    χωρὶς α[.....]νπε..α..ζ[
    συνια[....]ω.ιων[..]...α.[
    ειτοδ[.]υ[.].(.)ον.(.)νεθειμ...[
30 ἐς μέσον, τάλαντα δὲ Ζεὺ[ς] εχ[
    μήτε τῶν καινῶν μετωπασμ[
    γῆ φόνωι χλκ.ονδενηεδ[
    (.)ατεοφεζεαμ[ω]...τε..[.]δ[
    εγδαγα.μ.ει...τ.νω...[
35 μεθ´ ἑδανῶν.......ν[
    πασατ.......τωνα[.]..[
    τ..........λασ.....[
    ....[
    ...τω..[...]τ...τουργ..[
40 ...τ...[.].........[.]..[
    .].[...].[...]...αδε Ζευς.[
    ασ ερικ[τ]υπ[.].........[
    ηδεοδ...[....].ατ..[

..]τα Θάσια[.]......[..].[
45 ε[.].δ[.]...ει[....].εα.[
σῶιζεν η μεθ[..]..τ[

fr.91W   ]sofrer
                         [t]olos, mente
                              ]sem mistura/Aquérato(?)
5   ]comandantes
                              ]sendo [la]nceiro
                         [Oisi?]dres cumprir
                              ju]rando, quando
                              ]ouvires
10   [c]ontrário
                         ]cidade
                         ]manter
                         ...
                              ]que a pedra de Tântalo
15 não fique suspensa sobre esta ilha[...]tendo
                         ...
                         ...
                         ...
                         ...
20   ...
                         ...
                         ...
                         ...
tod[... ...] ser[
25 pareç[o ...]destes[
    pois se [...]
    exceto[...]
    ...
    ...
30 no centro, e Zeu[s] as balanças[
    nem dos novos[
    a terra pelo sangue[
    ...
    ...
35 com doces[
    ...
    ...
    ...
    ...
40 ...

]Zeus[
]toni[t]ruant[e
...
   ]tásios[
45 ...
   salva[...

No primeiro texto, há quase uma sobreposição total dos dois papiros. De início, observa-se uma alternação do sujeito entre o singular e o plural da terceira pessoa (v.2-5),[3] esses últimos sendo "benévolos" (*épioi*) ou "tolos" (*népioi*).[4] Após a coordenação, *akératos* pode ser, como sugeriu West (1974, p.126), tanto um adjetivo ("puro", "sem mistura", com referência a ouro; cf. Arq. fr.93a.6W), quanto um nome próprio (*Akératos*).[5] Volta-se ao plural com os "comandantes"[6] que podem, ou não, ser os mesmos "tolos" do segundo verso e, depois, temos novamente um sujeito no singular ("lanceiro")[7] com o particípio.[8] Para o sétimo verso,

---

[3] Ignora-se quem ou o que "sofre" (v.1):]ευ παθεῖν Mahaffy (1891, p.16).]εὖ παθεῖν Blass (1898, p.656; 1900, p.103).]ον παθεῖν Milne (1927, *P. Lit. Lond.* 55), Diehl (1952), Lass., Treu, Tard. e Adrados.]ω παθεῖν Peek (1956a, p.9).

[4] v.2:]πιοι φρενα Mahaffy (1891, p.17 nota ιν escritos sobre οι). ἐκ]πίοι? φρένα Blass (1898, p.656, lendo ειν sobre οι, depois em 1900, p.103, ΑΛΙΝ (π]άλιν?) cita Aristófanes (*Nub.* 712) para o sentido figurado: ψυχὴν ἐκπίνουσιν. ἤ]πιοι φρένα Milne (1927: *Lit. Lond.* 55:]ζειν sobrescrito), Diehl (1952). O *Papiro Oxirrinco* 2313 fr.10 começa aqui, (]ηπ[) confirmando o η suplementado por Milne.]ἤπιοι Peek (1956a, p.9), Treu, Adrados e Tard.]εἰσιν ἤπιοι Lass. (εἰσιν a partir do]..σιν sobrescrito). Para ν]ήπιοι φρένα de West (1971), cf. *Il.* (18.311).

[5] v.3: φ?.]ετος Mahaffy (1891, p.16). σ]υρφετός Blass (1898, p.656);]οὖατος (1900, p.103).]αρατος Milne (1927,*P. Lit. Lond.* 55); Diehl (1952).]τ´ ἀκήρ[ατος Lobel & Roberts (1954, *P. Oxy.* 2313.10),]τ´ ἀκήρ[ατος Peek (1956a, p.9), {τ´ἀκ]ήρ}ατος Lass., Adrados,]τ´ἀκήρατος Treu,]τ´ἀκή}ρατος Tard. Para Aquérato como nome próprio em Tasos, cf. Pouilloux (1989, p.193).

[6] v.4:]αντορες Mahaffy (1891, p.17 σημ]άντορες ou κράντορες?), Blass (1898, p.656; 1900, p.103), σημ]άντορες Milne (1927, *P. Lit. Lond.* 55),]σημάντορε[ς Lobel & Roberts (1954,*P. Oxy.* 2313.10),]σημάντορε[ς Peek (1956a, p.9), Lass.,]σημάντορες Treu, Tard. e Adrados.

[7] v.5:].ητησεων Mahaffy (1891, p.16). κοσ?]μητὴς ἐών Blass (1898, p.656: lê porém μητη–σεων; 1900, p.103). αἰχ]μητὴς ἐών Milne (1927,*P. Lit. Lond.* 55), Diehl (1952). αἰ]χμητὴς ἐ[ών Lobel & Roberts (1954,*P. Oxy.* 2313.10), Peek (1956a, p.9), Lass., Treu, Tarde Adrados. Cf. *Il.* (3.179) e *Od.* (16.242).

[8] v.6:].μος Mahaffy (1891, p.16).]ενος Blass (1898, p.656; 1900, p.103), Milne (1927, *P. Lit. Lond.* 55), Diehl (1952).].υμενος Lobel & Roberts (1954, *P. Oxy.* 2313.10), Tard.]ευμενος Peek (1956a, p.9: [ἐστρατ]ευμένος?), Adrados. ε]{ύμ}ενος· Lass. ε]ύμενος Treu.

West (1971) propôs, em seu aparato crítico, o suplemento *Oisídrēs* (v.7 Οἰσύ]δρης), com o fragmento 92W de Arquíloco em mente (*Comm. in Callim.* fr.104 Pf):

"Οἰσύδρεω Θρήϊκος ἐφ᾽ αἵματι πολλὰ Θάσοιο"

φησὶν Παρίους Οἰσύδρην τὸν Θρᾶκα φονεύσαντας διαπολιορκηθῆναι Θασι[...ἕ]ως τὸ ἀρέσκον Βεισάλταις [ἐ]πιτίμιο[ν] τείνειν ἔχρησεν ὁ θεός· οἱ δετειχο.[...]χαυνοθ..[.....] Θασίοις ἐρωτωισι [....]ειν .η.[.......]πέμπειν πα[

"Pelo sangue do trácio Oisidres, muito (?) tásio"

Ele diz que os pários, após terem matado Oisidres, o trácio, foram sitiados [...a]té que o deus ordenou que pagassem aos beisaltas[9] satisfatória [r]etribuiç[ão]; os[...]aos tásios inquirindo [...]enviar[

Para esse conflito entre pários e trácios em Tasos, envolvendo morte, retaliação (pários sitiados) e uma reparação, Pfeiffer (1949) remete-nos ao *Monumento de Sóstenes*, sugerindo uma possível relação com o fragmento 93aW de Arquíloco ("A embaixada musical"). Talvez possam somar-se a esse os textos de fr.98-99W, caso se refiram a uma batalha em que os pários estão sitiados, e o fr.91.7W, onde haveria menção ao personagem Oisidres e à reparação feita em ouro "puro" (v.3). Se associarmos os versos de fr.91 e 92W, poderíamos imaginar que é com relação a Oisidres que a segunda pessoa está "jurando cumprir" (v.7-8), "quando..." (v.9).[10] Mas tudo isso baseia-se nos suplementos.

No nono verso, além da passagem da terceira para a segunda pessoas, há uma mudança do modo da realidade para o futuro e a narrativa propriamente dita é interrompida quando alguém é interpelado. Pouco se

---

9 Os beisaltas eram uma tribo trácia. No caso, seriam, provavelmente, aquela à qual Oisidres pertencia.

10 v.7:]τελειν Mahaffy (1891, p.16).]τελεῖν Blass (1898, p.656);]στελεῖν,]-ς τελεῖν? (1900, p.103);]ς τελεῖν Milne (1927, *P. Lit. Lond.* 55); Diehl (1952).]δρης τελε[ῖν Lobel & Roberts (1954, *P. Oxy.* 2313.10).]δρης τελέειν Peek (1956a, p.9); (τελέ<ε>ιν) Tard.]δρης τέλειν Lass.]δρης τελεῖν Treu; Adrados.

v.8:].οτε Mahaffy (1891, p.16).]ν ὅτε Blass (1898, p.656; 1900, p.103).]νοτε Milne (1927, *P. Lit. Lond.* 55); Diehl (1952). ὀ]μνύων, ὅτε Lobel & Roberts (1954, *P. Oxy.* 2313.10); Peek (1956a, p.9); Lass.; Treu; Tard.; Adrados.

v.9:]πεται Mahaffy (1891, p.16); Blass (1898, p.656; 1900, p.103).]ύσεται Milne (1927, *P. Lit. Lond.* 55); Diehl (1952).]ν ἀκούσεαι Lobel & Roberts (1954, *P. Oxy.* 2313.10); Peek (1956a, p.9); Lass.; Treu; Tard.; Adrados.

pode fazer com o que restou dos versos seguintes, antes da prece que contém a metáfora da "pedra de Tântalo" (v.14-15).[11]

Retornemos ao problema da colação dos textos. Segundo a primeira edição do *Papiro Lit. Lond.* 55, o encaixe dos versos 14-15 parece impossível.[12] Em sua edição de 1898, Blass nota a autoria de Arquíloco (conforme sugeria Diels),[13] mas o seu texto também não comporta a antiga citação. Após dois anos, Blass (1900, p.103) oferece algo mais próximo da "pedra de Tântalo",[14] assim como Milne, em 1927 (*P. Lit. Lond.* 55).[15] Mas foi Lasserre (1953, p.277) o primeiro a ler]τάλου λίθος (lição confirmada por Turner), o que lhe garantiu a inserção dos dois célebres versos ("que a pedra de Tântalo/ não fique suspensa sobre essa ilha"), além de eliminar qualquer dúvida sobre a autoria dos papiros.

É pena que o *Papiro Oxy.* 2313.10 termine logo no verso anterior (v.13), impedindo a comprovação dessa leitura. A partir da fotografia em Mahaffy (1891, pl.IV), não parece haver espaço para *líthos* ("pedra"), mas, como adverte West (1974, p.126), "as sugestões da fotografia freqüentemente enganam". Confiando, portanto, na experiência de Turner e na reconfirmação de West, aceitamos o achado de Lasserre, como todos os editores seguintes que, adotando esse texto (v.14-15), divergem apenas quanto ao final do verso 15.[16] O que nos restou dos versos 16-20 não

---

11 v.10:]τιον Mahaffy (1891, p.16); Blass (1898, p.656; 1900, p.103); Lobel & Roberts (1954, *P. Oxy.* 2313.10); Adrados.].τιον Milne (1927, *P. Lit. Lond.* 55); Diehl (1952). ἐφ]έστιον· Peek (1956a, p.9). ἐνά]ντιον Lass.; Treu. ἐνα]ντίον Tard.

v.11:]λε Mahaffy (1891, p.16). μ]ηδέ[ν]α? Blass (1898, p.656);]ολε[ι (1900, p.103).]ολε[Milne (1927, *P. Lit. Lond.* 55); Diehl (1952).]πόλει Lobel & Roberts (1954, *P. Oxy.* 2313.10); Peek (1956a, p.9); Lass.; Treu; Tarde Adrados.

v.12:]εχειν Mahaffy (1891, p.16); Treu.]ἔχειν Blass (1898, p.656); ν (1900, p.103); Milne (1927, *P. Lit. Lond.* 55); Diehl (1952). ἔ]χ[ειν Lobel & Roberts (1954, *P. Oxy.* 2313.10); Peek (1956a, p.9); Lass; Tard.; Adrados.

v.13:]μεν Mahaffy (1891, p.16); Blass (1898, p.656; 1900, p.103).]σμενος Milne (1927, *P. Lit. Lond.* 55); Diehl (1952); Adrados. σμε]ν[ος Lobel & Roberts (1954, *P. Oxy.* 2313.10);]σμενος Peek (1956a, p.9: [ἐσκευα]σμένος?); Lass.]σμενος Tard.]σμένος Treu.

12]εγ..εξ Mahaffy (1891, p.16).

13 v.15:]....ἐξ Blass (1898). A atribuição do fragmento a Arquíloco foi aceita posteriormente por todos, exceto por Diehl (1952), que ainda o publicava entre os jambos anônimos (fr.2, p.71-2).

14 Cf. Blass (1900, p.103), que lê]ΤΑΛΟΥΣΙΕΞ, embora sugira -ούσι᾽ ἔξ.

15]ταλ.υ.θη Milne (1927, *P. Lit. Lond.* 55). Diehl (1952).

16]εχων Mahaffy (1891, p.16).]ς ἔχω Blass (1898, p.656), οὐ]κ ἔχων (1900, p.103).]ς ἔχων Milne (1927, *P. Lit. Lond.* 55); Peek (1956a, p.9); Tard.; Adrados.]υς ἔχων Lass.; Treu.

adiciona muito, indica apenas a mudança para a primeira pessoa do plural (v.16) e que o poema era originalmente mais longo.[17] Antes de comentarmos a segunda coluna do *Papiro Lit. Lond.* 55 (Arq. fr.91.24-46), abriremos parênteses para tratar dos versos 14-15 e de sua fortuna independente na Antigüidade, pois, além do interesse que têm em si, fornecem argumentos para os problemas expostos acima.

II) A TRANSMISSÃO INDIRETA

PLUTARCO

Em seus *Preceitos sobre o governo* (*Mor.* 802f), Plutarco procura demonstrar a Menêmaco que "o discurso político, mais do que o jurídico, admite máximas, narrativas históricas e míticas, e metáforas, que têm forte efeito sobre os ouvintes quando usadas com moderação e no momento certo". Ele cita exemplos:

ὡς ὁ εἰπὼν "μὴ ποιήσητε ἑτερόφθαλμον τὴν Ἑλλάδα", καὶ Δημάδης τὰ ναυάγια λέγων πολιτεύεσθαι τῆς πόλεως, καὶ Ἀρχίλοχος

μηδ᾽ ὁ Ταντάλου λίθος
τῆσδ᾽ ὑπὲρ νήσου κρεμάσθω,

καὶ Περικλῆς τὴν λήμην τοῦ Πειραιῶς ἀφελεῖν κελεύων· καὶ Φωκίων ἐπὶ τῆς Λεωσθένους νίκης καλὸν τὸ στάδιον εἶναι, δεδιέναι δὲ τοῦ πολέμου τὸν δόλιχον.

Como aquele que disse: "não façais caolha a Grécia", e Demades, que disse estar governando o naufrágio da cidade, e Arquíloco:

que a pedra de Tântalo
não fique suspensa sobre esta ilha,

e Péricles, ordenando eliminar a sujeira da vista do Pireu, e Fócion, quanto à vitória de Leóstenes, disse ser bela a corrida em curta distância, mas temer o longo percurso da guerra.[18]

---

17 v.16:]μεθα Mahaffy (1891, p.16), seguido por todos sem exceção. Cf. v.17-23 apenas em West (1971). v.17: μ]αρ[τ]υρι? West (1971).
18 Dois desses exemplos encontram-se também em Aristóteles (*Rh.* 3.1411a), no capítulo sobre metáforas por analogia: Leptines, o ateniense, opondo-se à destruição de Esparta, emprega a primeira imagem citada por Plutarco, e Péricles, pedindo a destruição de Egina, cujo comércio prejudicava o Pireu, a penúltima.

Dado o contexto da citação em Plutarco, é possível que o poema de Arquíloco (fr.91W) se dirigisse, em advertência ou admoestação, não apenas a uma pessoa, mas a toda a comunidade (cf. v.9: "ouvires"). Como ocorre com freqüência nos poemas tetramétricos, essa narrativa poderia ter uma função moralizante, ou ser um apelo à ação. O perigo, a ameaça da "pedra de Tântalo", é certamente político e, pelo que se lê nos versos anteriores (v.1-13), trata-se, provavelmente, de uma metáfora relativa à guerra.

Pouco antes de citar esse fragmento de Arquíloco, Plutarco havia desenvolvido o tema da "nave do Estado" (801d) e mencionado Ares Eniálio (801f). Já que há poucas referências a Eniálio na Antigüidade, e como é altamente provável que versos de Arquíloco (fr.105-106W) constituíssem um dos mais antigos poemas sobre a "nave do Estado", parece que, em toda essa passagem, Plutarco tinha Arquíloco em mente. Ou, talvez, os próprios elementos de seu argumento o fizessem recordar o poeta, pois seu discurso é dirigido a Menêmaco, que desejava se tornar um estadista eficaz por meio de palavras e atos. Nessa mesma passagem, Plutarco menciona Fócion, e foi justamente no ensaio sobre Fócion que ele havia citado o dístico de Arquíloco (fr.1W: Eniálio e as Musas), em um desenvolvimento semelhante, como exemplo desse antigo ideal do estadista equilibrado e hábil, tanto na guerra, quanto na assembléia.

O ESCÓLIO A PÍNDARO (*Ol.* I.91A) E AS VERSÕES DO MITO

Plutarco não estranha, nem explica, o que mais chama a atenção do leitor moderno: a "pedra de Tântalo". A mais célebre descrição do castigo de Tântalo é a de Homero (*Od.* 11.582ss). No Hades, Tântalo, embora mergulhado na água e junto a uma árvore frutífera, sofre de sede e de fome, pois, quando tenta apanhar as frutas, o vento as leva para longe de seu alcance, assim como a água desaparece sob seus pés tão logo ele procura bebê-la.[19] Se hoje essa é a forma mais conhecida do mito, outras circulavam, talvez desde *O retorno dos Atridas* (*Nóstoi*).

O escoliasta de Píndaro (*Ol.* I.91a) reúne uma série de fontes para a "pedra de Tântalo", citando, entre elas, os dois versos de Arquíloco.

---

19 Homero não diz por que Tântalo é castigado. Essa versão da pena também só reaparece tardiamente em *A.P.* (16.89), Apolodoro (*Epit.* 2.1) e Ovídio (*Am.* 2.2.43-44, 3.7.48, *Met.* 4.458-9, 10.41-2). Cf. *Suda* (s.v. Τάνταλος).

Como ele diz, sobre o castigo de Tântalo, "cada um fala uma coisa". Por exemplo, uns dizem que Zeus colocou o monte Sípilo da Lídia sobre a cabeça de Tântalo por ele ter abrigado o cão dourado de Creta (roubado do templo por Pandareu) e, sobretudo, por ter feito um juramento falso quando Hermes o procurou (Schol. *Ol.* I.91a 7-15).[20]

Que a versão presente no texto de Arquíloco gozava de ampla circulação no período arcaico, evidencia-se nas citações de Álcman (fr.79*PMG*):

> † ὅπως ἀνὴρ δ᾽ ἐν ἀσμένοισιν ἀλιτηρὸς ἦστ᾽ ἐπὶ
> θάκας κατὰ πέτρας ὀρέων μὲν οὐδὲν δοκέων δέ †[21]

> como um criminoso entre os bem-aventurados, sentava-se num trono sob um rochedo, nada vendo, mas julgando que...

e de Alceu (fr.365LP):

> κεῖται πὲρ κεφάλας μέγας, ὦ Αἰσιμίδα, λίθος

> e jaz, sobre a cabeça, ó Aisímida, uma grande pedra.[22]

Em Álcman (fr.79*PMG*), Tântalo é um "homem" (*anḗr*, cf. Eurípides *Or.* 8), e para que a expressão "entre os bem-aventurados" (*en asménoisin*) faça sentido, ele deveria estar no Olimpo, na companhia dos deuses, ou na própria ilha dos bem-aventurados – não no Hades.[23] Como não pode ver a pedra, Tântalo apenas imagina que ela esteja lá em cima, a ponto de cair-lhe sobre a cabeça (cf. Eustácio *Comm. Od.* 1701.23).

Calame (1983, p.493) aproxima a descrição feita por Álcman à passagem em Ateneu (*Deipn.* 7.281b) em que Tântalo (*Nóstoi* fr.4 Bernabé, 9 Davies), por ser "hedonista" (*philḗdonon*), quando Zeus lhe concede a

---

20 Além desse escólio (Schol. Pind. *Ol.* 1.91a, 19.518) e das passagens comentadas a seguir, veja também o escólio a Sófocles (Schol. *Ant.* 134) e Lucrécio (*De rerum nat.* 3.983), para um rochedo, ou o monte Sípilo, que ficaria sobre a cabeça de Tântalo.
21 Para a dificuldade de κατὰ, cf. Calame (1983, p.494), que o considera um preverbio (com ἦστο, Schwyzer, 1939-1950, II.425), ou equivalente a κάτω, com um sentido adverbial (Ésquilo *Eu.* 1023, Sófocles *O.T.* 968).
22 Alceu e sua fonte não mencionam a causa do castigo.
23 O adjetivo é sempre empregado com referência a seres animados, não podendo qualificar a comida ou os prazeres que Tântalo teria diante de si, como na tradução de Campbell (1982).

realização de um desejo, pensa apenas nos prazeres físicos e quer o mesmo modo de vida que os deuses.²⁴ Zeus irritou-se com isso, mas, como não podia deixar de cumprir sua promessa, "para que (Tântalo) nunca pudesse gozar de nada à sua frente e vivesse sempre atormentado, ele colocou sobre a sua cabeça um rochedo, que o impedia de alcançar qualquer coisa diante de si" (Ateneu, loc. cit.). Essa figura do Tântalo que, entre os deuses, não pode tocar na comida ou bebida, sob pena de ser esmagado por um rochedo, parece reunir o tema da fome e sede eternas com o da pedra ameaçadora.

Na *Primeira Ode Olímpica* de Píndaro (v.57-58), a imensa pedra colocada sobre a cabeça de Tântalo também o impede de desfrutar de qualquer prazer, como diz o poeta, "somando mais um tormento aos três anteriores": [25]

οἷον πατὴρ ὕπερ
κρέμασε καρτερὸν αὐτῶι λίθον,
τὸν αἰεὶ μενοινῶν κεφαλᾶς βαλεῖν εὐφροσύνας ἀλᾶται.

o pai
suspendeu sobre ele imensa pedra, de modo que,
por ele estar sempre tentando afastá-la da cabeça, priva-se do prazer.

Por motivos religiosos, Píndaro nega que Tântalo tenha servido seu filho Pélops aos deuses e que um deles tenha chegado a provar da ceia antropofágica. Esse "boato" foi inventado por vizinhos invejosos, diz ele, quando Pélops fora raptado por Posídon (assim como Zeus raptou Ganimedes), durante um banquete no monte Sípilo, oferecido por Tântalo aos deuses (Píndaro, *Ol.* 1.28-52).[26] A causa do suplício desse Tântalo prometéico foi o roubo da ambrosia e do néctar, que ele pretendia dar aos mortais (*Ol.* 1.59-69).[27]

---

24 O mesmo motivo encontra-se em *A.P.* (16.89) e Ovídio (*Am.* 2.2.44, *Met.* 6.213).
25 Segundo Bowra (1964, p.79), desde a Antigüidade se discute quais seriam os quatro tormentos que, a seu ver, são: fome, sede, temor da pedra e imortalidade.
26 A versão rejeitada por Píndaro encontra-se em Eurípides (*I.T.* 386 ss.) e no escólio a Licófron (152).
27 Em uma versão tardia, Tântalo é também amarrado a um penhasco, como Prometeu (Asclepíades Trag. fr.30 *FGrH*). Para o roubo do néctar e da ambrosia, veja Apolodoro (*Epit.* 2.1), Nono (*D.* 1.147, 18.32-34) e Filóstrato (*V.A.* 3.25).

A *Oitava Ode Ístmica* fornece-nos um paralelo mais interessante, pois, como em Arquíloco (fr.91W), a "pedra de Tântalo" é uma metáfora da guerra (v.8-12):

> παυσάμενοι δ' ἀπράκτων κακῶν
> γλυκύ τι δαμωσόμεθα καὶ μετὰ πόνον·
> ἐπειδὴ τὸν ὑπὲρ κεφαλᾶς
> λίθον γε Ταντάλου παρά τις ἔτρεψεν ἄμμι θεός,
>
> ἀτόλματον Ἑλλάδι μόχθον.

> e dando fim a males irremediáveis,
> algo doce divulguemos, mesmo após a dor;
> já que a pedra de Tântalo,
> sobre nossa cabeça, um deus retirou,
>
> pena insuportável para a Grécia.

Segundo os escólios aos versos 12a,b; 17a,b e 30a, a "pena insuportável" (a "pedra de Tântalo") refere-se à segunda invasão persa, e o poeta manifesta seu alívio pelo fim das lutas e da tristeza (*metà pónon*) em razão das perdas na guerra (Carey, 1981, p.184). Nesse caso, é possível que o emprego metafórico da expressão "pedra de Tântalo" para a guerra fosse comum já na época de Arquíloco, ou que tenha sido o seu poema o que a tornou proverbial. A partir dele, Píndaro, que conhecia bem a obra de Arquíloco, poderia ter tomado emprestada a imagem.[28] Por tratar da guerra, o contexto da metáfora na ode pindárica serve, indiretamente, como mais um argumento a favor da "inserção" desses dois versos de Arquíloco (fr.91.14-15) no *Papiro Lit. Lond.* (55).

O escólio a Píndaro (*Ol.* 91a) registra outros desenvolvimentos interessantes do mito. Alguns mantinham que Tântalo, tornando-se um fisiólogo, declarou que o sol é uma massa incandescente e, por isso, o seu castigo era o de tê-lo suspenso sobre si. Segundo Eustácio (*Comm. Od.* 1700.60),

> ἄλλοι δὲ φιλόσοφον γεγονότα τὸν Τάνταλον δοξάσαι εἶπον μύδρον εἶναι
> τὸν Ἥλιον καὶ μὴ σῶμά τι θεῖον καὶ γέμον ἀρρήτων δυνάμεων.

---

28 Píndaro (*Ol.* 9.1, *P.* 2.55). Nessa ode, ecos de poemas de Arquíloco (fr.1, 13W) chamaram a atenção de Privitera (1982, p.226-7).

outros disseram que Tântalo, tendo-se tornado filósofo, julgava que o sol era um bloco metálico, não um corpo divino e repleto de capacidades indizíveis.

Passagens do *Orestes* de Eurípides foram associadas, por autores helenísticos, às teorias de Anaxágoras (Schol. P. *Ol*.91a):

(περὶ δὲ τοῦ ἡλίου) οἱ φυσικοί φασιν ὡς λίθος καλεῖται ὁ ἥλιος· καὶ Ἀναξαγόρου δὲ γενόμενον τὸν Εὐριπίδην μαθητὴν πέτρον εἰρηκέναι τὸν ἥλιον...·

(sobre o sol) os físicos dizem que o sol é chamado "pedra" e Eurípides, por ser aluno de Anaxágoras, disse que o sol era uma pedra...[29]

e citadas como evidência da relação (*Or.* 4-7, 982-5):

ὁ γὰρ μακάριος – κοὐκ ὀνειδίζω τύχας –
5 Διὸς πεφυκώς, ὥς λέγουσι, Τάνταλος
κορυφῆς ὑπερτέλλοντα δειμαίνων πέτρον
ἀέρι ποτᾶται·

Pois o afortunado – cuja sorte não censuro –
5 nascido de Zeus, como dizem, Tântalo,
temendo uma pedra colocada sobre sua cabeça,
revoa no éter,

μόλοιμι τὰν οὐρανοῦ
μέσον χθονός <τε> τεταμέναν
αἰωρήμασι
πέτραν ἁλύσεσιν χρυσέαισιν,
    φερομέναν δίναισι
    βῶλον ἐξ Ὀλύμπου,
ἵν᾽ ἐν θρήνοισιν ἀναβοάσω
985 γέροντι πατρὶ Ταντάλωι,

Que eu possa chegar à pedra
fixada por cadeias

---

29 Anaxágoras (fr.42.6 DK): "O sol, a lua, e todos os astros são pedras incandescentes contidas pela revolução do céu" (ἥλιον δὲ καὶ σελήνην καὶ πάντα τὰ ἄστρα λίθους εἶναι ἐμπύρους συμπεριληφθέντας ὑπὸ τῆς αἰθέρος περιφορᾶς). Cf. Diógenes L. (2.8) sobre Anaxágoras: "Ele dizia que o sol era um bloco metálico incandescente e maior que o Peloponeso, mas outros dizem que foi Tântalo [quem disse isto]. Daí também Eurípides, que era seu aluno, ter dito no *Feton* (Fr.5 Diggle) que o sol era uma massa dourada" (οὗτος ἔλεγε τὸν ἥλιον μύδρον εἶναι διάπυρον καὶ μείζω τῆς Πελοποννήσου· οἱ δέ φασι Τάνταλον· ὅθεν καὶ Εὐριπίδην, μαθητὴν ὄντα αὐτοῦ, χρυσέαν βῶλον εἰπεῖν τὸν ἥλιον ἐν τῶι Φαέθοντι).

entre céu e terra,
por correntes douradas,
levada em revoluções,
um pedaço do Olimpo,
para clamar em trenos
985 ao velho pai Tântalo

O mito de Eurípides inova, tanto no crime quanto no castigo, pois o seu Tântalo voador (*Or.* 7-10)

... τίνει ταύτην δίκην,
ὡς μὲν λέγουσιν, ὅτι θεοῖς ἄνθρωπος ὢν
κοινῆς τραπέζης ἀξίωμ᾽ ἔχων ἴσον
10 ἀκόλαστον ἔσχε γλῶσσαν, αἰσχίστην νόσον.

... paga esta pena,
assim dizem, porque, sendo mortal
e obtendo honras iguais aos deuses na mesa comum,
tinha língua sem freio, doença medonha.

Na Atenas do século V, devia circular uma versão do mito na qual Tântalo, castigado por seu "excesso" verbal (*hýbris*), era associado aos "sofistas blasfêmios" (Willink, 1983, p.25-33; 1986, p.80 ss.),[30] e é provavelmente por influência de Eurípides que a "gárrula língua" de Tântalo figura nos autores tardios.[31]

As posições de Tântalo e de sua pedra cosmológica em Eurípides são difíceis de entender. West (1987, p.252) acredita que, segundo essa invenção poética/científica, uma extremidade da "corrente dourada" prendia ao

---

30 Em Platão (*Prot.* 315b-c), Pródico de Ceos é comparado a Tântalo e, em Aristófanes (*Nub.* 375,1506-9), este tipo de impiedade cosmológica é considerada a maior audácia. Segundo Willink (1983, p.30-1), outras características de Tântalo que permitiam (ou sugeriram) a aproximação com os sofistas seriam a riqueza proverbial (Anacreonte fr.355*PMG*; Píndaro *Ol.* I.54; Eurípides *Or.* 4; Platão *Euthphr.* 11d; *Suda* s.v. Τάνταλος), o parasitismo enquanto comensal (Nicolau Com. fr.1 Edmonds, Eur., *Or.* 8-9) e a desmesura.

31 Há, no entanto, ainda algo de prometéico no Tântalo que transmite aos mortais os segredos dos deuses, cf. Apolodoro (*Epit.* 2.1), Gallo (*A.P.* 16.89), Antípatro (*A.P.* 16.131), Teodoridas (*A.P.* 16.132), Ovídio (*Am.* 2.2.43-44, 3.7.48, 3.12.30; *Met.* 6.210), Diodoro S. (4.74.2), Marcial (10.5.16), Cícero (*Tusc. Quest.* 4.6.) e o *Suda* (s.v. Τάνταλος).

Olimpo a pedra (uma massa de terra), que é como um corpo celeste girando ao seu redor, enquanto Tântalo estaria voando preso a outra corrente.[32] Em vista da crença de Anaxágoras (fr.42.6 DK) em "corpos invisíveis para nós, revolvendo entre o céu e terra", Benedetto (1965, p.7) e West (1987, p.252) não acham impossível que o próprio filósofo já tivesse racionalizado o mito.[33]

O AFRESCO DE POLIGNOTO

Pausânias (10.31.12), uma fonte indireta dos versos de Arquíloco, descreve o afresco que ficava na galeria (*léskhē*) dos Cnídios em Delfos, obra de Polignoto, um pintor tásio do século V a.C.:

ὑπὸ τούτῳ δὲ τῷ πίθῳ Τάνταλος καὶ ἄλλα ἔχων ἐστὶν ἀλγεινὰ ὁπόσα
"Ὅμηρος ἐπ᾽ αὐτῷ πεποίηκεν, ἐπὶ δὲ αὐτοῖς πρόσεστιν οἱ καὶ τὸ ἐκ τοῦ
ἐπηρτημένου λίθου δεῖμα. Πολύγνωτος μὲν δῆλός ἐστιν ἐπακολουθήσας τῷ
Ἀρχιλόχου λόγῳ. Ἀρχίλοχος δὲ οὐκ οἶδα εἴτε ἐδιδάχθη παρὰ ἄλλων τὰ ἐς
τὸν λίθον εἴτε καὶ αὐτὸς ἐς τὴν ποίησιν ἐσηνέγκατο.

Sob essa jarra[34] está Tântalo, padecendo todas as dores que Homero havia descrito e, além dessas, há o temor da pedra suspensa sobre ele. Polignoto está claramente seguindo o relato de Arquíloco. Não sei, porém, se Arquíloco aprendeu de outros a estória da pedra ou se ele mesmo a introduziu no seu poema.

Como outros, Polignoto reúne em seu quadro três castigos: sede, fome e temor da pedra suspensa. O próprio Pausânias afirma não saber se esse último é "invenção" de Arquíloco ou um motivo mais antigo. Mas como Polignoto, além de ser tásio, revela um interesse especial por Arquíloco e devia conhecer bem a sua obra, é provável que as três penas já estivessem conjugadas no poema (cf. Pausânias 10.28.3).[35]

---

32 Para as "correntes", cf. *Il.* (8.19, 25; 15.19-20). Outro Tântalo voador aparece em Nono (*D.* 18.32: Τάνταλον ἠεροφοίτην) que, possivelmente, depende dessa passagem.
33 Para Willink (1983, p.32), porém, as racionalizações do mito, que fizeram de Tântalo um meteorólogo e precursor de Anaxágoras, surgiram no período helenístico. Cf. *Schol. P.* (*Ol.*91a), D. L. (2.8) e Eust. (*Comm. Od.* 1700.60).
34 Descrita anteriormente.
35 Para a exegese de Pausânias, cf. Daux (1936).

III) FONTES DIRETAS (A PARTE INFERIOR DO PAPIRO)

Voltemos à segunda coluna do *Papiro Lit. Lond.* 55 (Arq. fr.91.24-46W) e ao problema da reunião das duas colunas em um só fragmento. Em 1959, Treu já havia sugerido essa hipótese, mas não há, de fato, sobreposição ou elementos suficientes que garantam a junção dos textos.[36] Todos os demais editores, seguindo a cautela de Lobel (in Lobel & Roberts, 1954 fr.8, p.30), separam as colunas I e II em fragmentos distintos, ou indicam a possibilidade de serem independentes (Diehl, 1952; Treu).[37] Sem provas ou argumentos fortes a favor ou contra a sua união, talvez fosse melhor imprimi-los separadamente.

Até a reconstrução de um sentido geral para os versos da segunda coluna é difícil. Lasserre (Lasserre & Bonnard, 1958, p.43), tendo por base os versos 24-8 e 46, tem dúvida se o poema seria uma "exortação à retomada do combate", ou à "concórdia entre os concidadãos". Para Treu (1959, p.216), trata-se de um "pedido de socorro para Tasos". Tarditi (1968) nem os traduz. Quanto aos versos 24-29, há pouco o que comentar: nota-se apenas uma mudança de pessoa no verso 25 (1ª sing.), e o que parece ser o início de uma hipótese (ou desejo) no seguinte "pois se..." (v.26: *ei gàr*).[38] Nos versos

---

36 Peek (1956a, p.9) reuniu os dois fragmentos (*P. Oxy.* 2313 fr.8b + 10).
37 West afirma que os colocou sob um único número em sua edição porque a distância entre os fragmentos é conhecida, não por acreditar que façam parte de um só poema.
38 v.24: παντ[ ]ντες γε Mahaffy (1891, p.16). πάντ[ ]νες γε Blass (1898, p.656).]ονεσγεκο[Blass (1900, p.103). παντ[4]ινες γε Milne (1927, *P. Lit. Lond.* 55); Diehl (1952); Tard. πάντ[ες ἄφρ]ονες γένεσ[θε Peek (1956a, p.10). παντ Adrados. πάντ´[εὔφρ]ονες γένεσθε[Lass. παντ [4]ονες γένεσθε Treu.
v.25: φαινοι[ ]ων δεον Mahaffy (1891, p.16) φαινο[ ]ωνδεον Blass (1898, p.656: ψαίνο[μαι?). φαίνο[μαι᾿]ων δεόν[των Blass (1900, p.103). φαινο[5]ωνδε εν μ.[Milne (1927, *P. Lit. Lond.* 55); ἔν.[Tard. [6]ωνδε ενμ.[Diehl (1952). φαίνο[μαι τοί]ων δ´ ἐόντ[ων Peek (1956a, p.10).φαίνο[μαι τό]σων δ´ ἐόντων [Lass. φαινο[5].ων δ´ ἐόντων[Treu. φαίνο[μαι το[ι]ωνδ´ ἐόν[των] Adrados.
v.26: ει γαρ φ[ ]ω Mahaffy (1891, p.16) εἰ γὰρ ὦ[ς Blass (1898, p.656).]ειην Blass (1900, p.103). εἰ γὰρ ὠ[9]ον μ Milne (1927, *P. Lit. Lond.* 55); Diehl (1952); Adrados. ὠ[6]ΟΝΤΑ Peek (1956a, p.10: [θ]ανόντα?). εἰ γὰρ ὦ[ς ἐμοὶ] γένοιτο[Lass. εἰ γὰρ ω[5] γεν....[Treu; Tard.
v.27: χωρ[Mahaffy (1891, p.16); Lass.; Tard. χωρε[Blass (1898, p.656). χωρὶς[Blass (1900, p.103). χωρ.[6]ν Milne (1927, *P. Lit. Lond.* 55); Diehl (1952). χωρίου[Peek (1956a, p.10); [11]ν Adrados. χωρ.ε.[4].κ.....[Treu.
v.28: συμα[Mahaffy (1891, p.16) σὺν ψ[Blass (1898, p.656). συνια[Blass (1898, p.656: fut. de συνιάλλω, συνιαίνω?). συνια[4] Milne (1927, *P. Lit. Lond.* 55); Diehl (1952). συμβα[λ Peek (1956a, p.10). συμβα[λεῖ]ν δ´ ἴωμεν ἔντεα.[Lass. συμβα[...] ...ιων....τ..[Treu. συν..[Tard.; Adrados.

30-31,[39] West (1974, p.126) sugere que Zeus, com suas balanças, dispõe os pesos e o equilíbrio de forças durante a batalha.[40] A imagem talvez se encontre também no fragmento 144W de Arquíloco.

Se as colunas pertencem mesmo a um só poema, é possível que o poeta quisesse criar um efeito com as palavras *Tántalos* e *tálanta* ("balanças"): a guerra, representada pela pedra ameaçadora, que Zeus coloca sobre Tântalo como uma espada de Dâmocles, seria associada às "balanças" com as quais o deus a decide.[41] Embora o jogo fonético seja evidente, tal interpretação não é fácil, pois a leitura de *tálanta* é incerta, e nem sabemos se os dois fragmentos faziam parte de um único poema. Há também a hipótese de que os conflitos em Tasos, simbolizados pela pedra, estivessem associados às minas, ao ouro mencionado no terceiro verso (Podlecki, 1984, p.38) ou ao episódio envolvendo Oisidres (Arq. fr.93a.6W?).[42]

O resto, cuja leitura é ainda mais precária, talvez seja a continuação da narrativa de um combate "sangrento" (v.32). Há uma estranha menção a um "óleo perfumado" ou a "prazeres" (v.35), Zeus reaparece (v.41-42)

---

v.29: ειτ[Mahaffy (1891, p.16); Diehl (1952). ειτο[Blass (1898, p.656; 1900, p.103). ειτ[3 Milne (1927, *P. Lit. Lond.* 55). εἰ το[Peek (1956a, p.10); Adrados. εἴ τ᾽ ἐφισταίμην ἐφ᾽ ὑμέα[ς Lass. εἴ τ᾽ ἐφιστ....v....[Treu. εἰ τ.....[Tard.

39 v.30: εσμεγ Mahaffy (1891, p.16). ἐς μεγ Blass (1898, p.656). ἐς μέσον το[Blass (1900, p.103). ἐς μέσον τα Milne (1927, *P. Lit. Lond.* 55); Diehl (1952); Adrados; Peek (1956a, p.10: ΤΑ//ΩΣΤΕΑΥΤΟΥ?). ἐς μέσον δ᾽ ἡμῖν ἔπελθε, Ζεῦ πά[τερ Lass. ἐς μέσον Tard; Treu.

v.31: μητετ...καινωνμετ Mahaffy (1891, p.16) μήτε τ[ῶν] καινῶν μετ᾽ Blass (1898, p.656; 1900, p.103); Milne (1927, *P. Lit. Lond.* 55); Diehl (1952); Adrados. μήτε τῶν καινῶν με τόσ[σ]ας γ[Peek (1956a, p.10). μήτε τῶν καινῶν μετ...ε.[Lass. μήτε τῶν καινῶν μετω Treu. μήτε τῶν καινῶν μετ Tard.

40 "Para o centro, e Zeu[s] as balanças equi[libra], nem a linha de frente de uns, [nem a dos outros] derrotando, pouc[..." (ἐς μέσον, τάλαντα δὲ Ζεὺ[ς] ἕλκ[´ ἐπ᾽ ἴσα, μήτε τῶν]/ μήτε τῶν κλίνων μέτωπα, σμ[ικρ). Para as balanças de Zeus na guerra, cf. *Il.* (19.223-4) e Ésquilo (*Pers.* 345-346).

41 Sócrates (Platão *Cr.* 395d) nota a admirável conformidade do nome de Tântalo, associado à pedra suspensa como uma "balança" (*talanteía*) sobre sua cabeça. Ele também sugere, na mesma passagem, que Tântalo era o mais aflígido, "o que maiores dores sofria" (*talántatos*).

42 Uma etimologia popular relacionava Tântalo às suas riquezas (cf. *Suda* s.v. Τάνταλος: Τάνταλου τάλαντα ταντταλίζεται).

com o epíteto *eríktypos* ("tonitruante" cf. Arq. fr.94.2W), no verso 44 há uma referência a algo tásio e, por fim (v.46), uma "salvação"(?).⁴³

---

43 v.32: τρεφ Mahaffy (1891, p.16). τρεφομ Blass (1898, p.656). γῆ φόνωι μακ....ενηδ[Blass (1900, p.103). γῆ φόνωι (7) ενη.. Milne (1927, *P. Lit. Lond.* 55); Diehl (1952). ενη Tard.; (10) Adrados. γῆ φόνωι μ (6) ενη Peek (1956a, p.10: μ[εμαγμ]ένη δ[ή]? μ[εμιγμ]ένη?). γῆ φόνωι· μακραὶ δὲ νῆες [Lass. γῆ φόνωι, μακρ...ενη...[Treu.
v.33:.κιδοφ[Blass (1900, p.103). ...ιλοφ Milne (1927, *P. Lit. Lond.* 55); Diehl (1952). κοιλόφωνον ἀμφὶ τε[..]υς Peek (1956a, p.10). καὶ λόφ...δειν.....[Lass. καὶ λόφωι δειν.....[Treu. καὶ λοφ Tard. κ.ιλοφ[11]ἀμφὶ[Adrados.
v.34: εγδ Blass (1900, p.103). ΟΥΔΟΛ Peek (1956a, p.10). ἀμφι Lass.; Treu.
v.35: μηλ Blass (1900, p.103). μ Milne (1927, *P. Lit. Lond.* 55); Diehl (1952); Adrados. ΜΗΔΕΝΑΜ Peek (1956a, p.10). μη Lass.; Treu; Tard.
v.36: οιδε Blass (1900, p.103). πασ Milne (1927, *P. Lit. Lond.* 55); Diehl (1952); Adrados. ΠΑΣΜ Peek (1956a, p.10). πασ (11) των δε..[Lass. πασ (11) τωνδε..[Tard. πασ.τ (8) τωνδε..[Treu.
v.37: ξ Blass (1900, p.103). τ Milne (1927, *P. Lit. Lond.* 55); Diehl (1952); Tard.; Adrados. ΤΙ Peek (1956a, p.10). τα..[(6)θ]αλάσση...[Lass. τα.νε (5) [θ]αλάσση...[Treu.
v.38: ΤΕΡΜ Peek (1956a, p.10). ε Lass.; Treu.
v.39:..υτ.. Milne (1927, *P. Lit. Lond.* 55); Diehl (1952); Peek (1956a, p.10, "talvez ταύτη"). υτ Tard.; Adrados. ...των(6)ν αὐτοῦ ΄ ῥήμ[ατ]() Lass.; Treu.
v.41: 18]..ευσ.[Treu; Tard.
v.42: μερ (ρι na margem esquerda) Milne (1927, *P. Lit. Lond.* 55); Peek (1956a, p.10: μερ[μερ-?); (sem ρι na margem) Diehl (1952); Adrados. με Lass.; Treu; Tard.
v.43: ΑΚΡΟ Peek (1956a, p.10).
v.44: ασ (na margem esquerda) Milne (1927, *P. Lit. Lond.* 55); Peek (1956a, p.10).
v.46: ..ωσσεπημει (ὡς σε πημ[ήνει ΄ ᾽Απόλλων ou semelhante?) Blass (1900, p.103). ωενημεθ.... Milne (1927,*P. Lit. Lond.* 55); Diehl (1952). ὤ[δ]ε πῆμ᾽ ἔθη[κε Peek (1956a, p.10); Adrados; ἔθηχ᾽ ἐτα[ίρ]ο [ισ᾽ Lass.; Treu. ὤ[δ]ε πῆμ᾽ ἔθη[Tard.

CAPÍTULO 2

TORMENTA NOS MARES E NA GUERRA

A) A ALEGORIA DA NAVE (DO ESTADO?) (FR.105W)

I) FONTES E EDIÇÕES

Heráclito (*Al. Hom.* 5.1-2) é quem nos garante que os três versos de Arquíloco, por ele citados, faziam parte de uma alegoria na qual a guerra era comparada a uma tormenta no mar. Segundo Adrados (1955a), essa seria a primeira ocorrência da "nave do Estado", tema que logo se tornou um clichê, gozando de longa fortuna crítica na literatura ocidental. Muitos já apontaram que, no entanto, não fosse por Heráclito, dificilmente imaginaríamos a existência de uma alegoria nesses versos, pela brevidade da citação. Talvez não seja necessário suspeitar do testemunho de Heráclito: ele poderia ter reproduzido apenas uma parte do poema, assim como fez no exemplo seguinte, citado de Alceu (fr.208LP).[1] Portanto, se o poema de Arquíloco desenvolve ou não a alegoria da nave do Estado, e se é até possível falar de uma alegoria nesse período, são algumas das questões a serem discutidas após o exame das fontes.

Heráclito (loc. cit.) é o único a citar por inteiro estes três versos que lhe servem como um exemplo de alegoria:

---

[1] A maioria dos comentadores considera que a primeira ocorrência da alegoria da nave do Estado se encontra em Alceu (fr.208LP). Wilamowitz-Möllendorff (1913, p.312), que nem tem certeza de que a alegoria esteja presente em Alceu, sugere que Horácio (*Odes* I.14) poderia ter o próprio Heráclito como fonte.

ὁ γὰρ ἄλλα μὲν ἀγορεύων τρόπος, ἕτερα δὲ ὧν λέγει σημαίνων, ἐπωνύμως ἀλληγορία καλεῖται· καθάπερ ᾿Αρχίλοχος μὲν ἐν τοῖς Θρᾳκικοῖς ἀπειλημμένος δεινοῖς τὸν πόλεμον εἰκάζει θαλαττίῳ κλύδωνι, λέγων ὧδέ πως·

⊗ Γλαῦχ᾿ ὅρα· βαθὺς γὰρ ἤδη κύμασιν ταράσσεται
πόντος, ἀμφὶ δ᾿ ἄκρα Γυρέων ὀρθὸν ἵσταται νέφος,
σῆμα χειμῶνος, κιχάνει δ᾿ ἐξ ἀελπτίης φόβος.

O modo pelo qual se diz algo diverso do que se quer significar chama-se *alegoria*. Assim como Arquíloco, ameaçado nas terríveis guerras trácias, assemelha a guerra a uma agitação marinha, dizendo mais ou menos assim:[2]

> *Glauco, vê: já fundo em ondas agita-se*
> *o mar, ao redor dos cumes de Giras, ergue-se ereta uma nuvem,*
> *sinal de tormenta, e do inesperado chega o pânico.*

Antes de Heráclito, Teofrasto (século IV a.C.),[3] em seu tratado *Sobre os sinais meteorológicos* (45), havia citado os dois primeiros versos do poema. Ele não menciona a guerra ou a alegoria, provavelmente porque o seu interesse na passagem é outro:

ἐὰν ἐπὶ κορυφῆς ὄρους νέφος ὀρθὸν στῇ, χειμῶνα σημαίνει. ὅθεν καὶ ᾿Αρχίλοχος ἐποίησε: "Γλαῦχ᾿ – νέφος", ὅ ἐστι "σῆμα χειμῶνος".

Quando uma nuvem se ergue ereta sobre o topo das montanhas, significa tormenta. Daí, também, Arquíloco compôs: "*Glauco ... nuvem*", o que é "*sinal de tormenta*".

Plutarco, a terceira fonte do poema de Arquíloco, talvez conhecesse o texto de Teofrasto (Lozza, 1980, p.122), pois ele critica justamente a superstição em torno de fenômenos naturais (da qual o tratado de Teofrasto está repleto), arrolando uma série de efeitos negativos que dela resultam. Se, por um lado, Plutarco não afirma haver em Arquíloco uma alegoria onde a guerra é representada sob forma de tempestade, é interessante notar que as passagens que antecedem a citação dos versos tratam de fracassos militares.

---

[2] Se Heráclito diz que os conflitos são trácios, talvez o poema fosse maior e ele tenha reconhecido a alegoria em outros versos, ou a partir do conjunto. Por outro lado, é também possível que, por ser um recurso bastante comum em sua época, Heráclito tenha "introduzido" a *alegoria* em sua leitura, assim como o detalhe sobre os "trácios" poderia ter sido extraído de outros poemas de Arquíloco.

[3] Cf. Diógenes Laércio (*Vitae* 5.36, 40, 58) para a data 372-371 a.C.

A superstição paralisa e impede o guerreiro de reagir diante do inimigo, como, por exemplo, nos casos de Aristodemo e Nícias (Plutarco *Mor.* 169a). O primeiro, rei dos messenos, quando lutava contra os espartanos, matou-se por causa de sinais funestos; o segundo, apavorando-se com um eclipse, ficou imóvel, permitindo que os inimigos o cercassem. Plutarco (loc. cit.) conclui que terrível não é um eclipse, mas "a escura superstição que, atingindo o homem, confunde-o e cega seu poder de raciocinar nas situações em que este lhe é mais necessário". Logo após essa reflexão, os versos de Arquíloco são citados:

"Γλαῦχ᾽ ὅρα· βαθὺς γὰρ ἤδη κύμασιν ταράσσεται
πόντος, ἀμφὶ δ᾽ ἄκρα Γυρέων ὀρθὸν ἵσταται νέφος,

σῆμα χειμῶνος". τοῦτ᾽ ἰδὼν κυβερνήτης εὔχεται μὲν ὑπεκφυγεῖν καὶ θεοὺς ἐπικαλεῖται σωτῆρας, εὐχόμενος δὲ τὸν οἴακα προσάγει, τὴν κεραίαν ὑφίησι,

"φεύγει μέγα λαῖφος ὑποστολίσας ἐρεβώδεος ἐκ θαλάσσας"
(*Mel. adesp.* 999)

*Glauco, vê: já fundo em ondas agita-se
o mar, ao redor dos cumes de Giras, ergue-se ereta uma nuvem,*

sinal de tormenta. O comandante, vendo isso, reza para escapar e invoca os deuses salvadores;[4] mas, enquanto reza, dirige o timão, abaixa a vela inferior,

"escapa ao escuro mar, a grande vela abaixando".
(*Mel. adesp.* 999)

Recomenda-se que, em momento de crise, quem governa o navio dirija o timão e abaixe a vela, enquanto invoca os deuses, assim como, no exemplo seguinte, os fazendeiros são aconselhados a rezar com a mão no arado. O conteúdo da prosa que se segue à citação direta dos versos do fragmento 105W já foi comparado ao do fr.106W de Arquíloco (West, 1974, p.128). Se Plutarco, nessa passagem, estivesse parafraseando os versos subseqüentes, em vez de citá-los, é muito provável que ambos os textos pertencessem ao mesmo poema.

---

4 Os deuses *"salvadores"* não especificados são, geralmente, Asclépio, Cástor e Pólux, o Velho do mar, ou Zeus. Nesse contexto, poderia ser qualquer um desses, exceto Asclépio (cf. comentário ao fragmento 106W *infra*).

No século V d.C., Siriano (*in Hermogenem Commentaria* I.73.8 Rabe), filósofo e retor de Alexandria, cita o primeiro verso do fragmento 105W de Arquíloco como exemplo do ritmo ligeiro do tetrâmetro trocaico:

"καὶ τούτου τεκμήρια ἐναργῆ πολλὰ καὶ τῆς τραγῳδίας ἔνθα ἐπείγεσθαι ὁ λέγων δοκεῖ τροχαϊκῶς τε συντεθέντα" οἷον παρ᾿ Εὐριπίδῃ ἐν ᾿Ορέστῃ(729)

"θᾶττον ἤ μ'ἐχρῆν προβαίνων ἱκόμην δι᾿ ἄστεος",

καὶ παρ᾿ ᾿Αρχιλόχῳ ἐν τετραμέτροις

"Γλαῦχ᾿ ὅρα· βαθὺς γὰρ ἤδη κύμασιν ταράσσεται".

"Disso há também muitas evidências claras, onde o falante parece apressar-se, tanto na tragédia, quanto nas composições trocaicas, como no *Orestes* (729) de Eurípides:

"fui mais rápido do que me era preciso, caminhando pela vila",

e em Arquíloco:

Glauco, vê: já fundo em ondas agita-se.[5]

Cícero, por fim, em carta a Ático (*ad Atticum* 5.12), narra as etapas de sua viagem do Pireu a Delos dizendo que, ao chegar a esta última ilha, em virtude das condições do mar e dos barcos ródios, resolveu não se apressar, nem sair de Delos antes de poder enxergar todos os "cimos de Giras".[6] Essa alusão aos "cimos de Giras" foi usada por aqueles que procuravam situar as montanhas geograficamente. Várias são, porém, tanto as formas sob as quais o nome aparece nos textos antigos, quanto as localizações que lhes foram atribuídas pelos críticos modernos.

O fragmento não apresenta grandes dificuldades textuais, exceto pelos "cimos de Giras".[7] A forma *Gyréōn* ("de Giras"), já presente em um manuscrito de Plutarco, provavelmente desconhecido por Xylander e

---

5 Cf. a passagem semelhante em "Planudes" (*Rhet. Gr.* 5.526.3 Walz) que, tratando da vivacidade e rapidez do estilo, reproduz, entre outras, essas mesmas duas citações.

6 "*Itaque erat in animo nihil festinare nec me Delo movere, nisi omnia AKPATNPEON pura vidissem.*" A citação do grego foi corrigida para "cimos de Giras" (ἄκρα Γυρέων) por Dindorf.

7 Os manuscritos de Heráclito trazem γύρεον, γύριον e γυραί. Teofrasto omite a palavra. Um escólio a Plutarco glosa γυρῶν por πετρῶν, indicando tratar-se de nome próprio. Nos outros manuscritos, encontram-se, além de γυρέων, ἄκραι γυρεῦον, γυρεύων, e γυρῶν.

Lobeck, foi adotada por Bergk (1882) como correção desses dois últimos. Todos os editores e críticos posteriores seguiram-no.[8] Outra questão menor é a divergência entre aqueles que preferem o "Glauco vê" (*Glaûkh´ hóra*) de Teofrasto, Siriano e Planudes,[9] ou a forma sem a assimilação da aspirada (*Glaûk´ hóra*),[10] ou ainda o problemático *Glaûke hóra* de Plutarco e Heráclito.[11]

II) O VERSO

Façamos, primeiro, uma leitura que não leve em conta a possibilidade de haver uma *alegoria* nesses três versos que, por serem tetrâmetros trocaicos, poderiam muito bem ter pertencido a um poema do gênero "sério" e "elevado". O "Glauco" que se invoca, e ao qual o poema se dirige, figura também em outros fragmentos de Arquíloco, mas, ao contrário de Licambes e Neóbula, trata-se de uma figura histórica.[12]

Após o imperativo *hóra* ("vê"),[13] os objetos do olhar são descritos sucessivamente. O sujeito só aparece no verso seguinte, mas um sentimento de urgência se expressa tanto no imperativo, quanto no advérbio "já".

O adjetivo *bathýs* ("fundo") foi considerado um simples adjunto nominal (Kirkwood, 1974, p.49), ou um epíteto com função predica-

---

8 Exceto Fick (1888: ἄκρα Γυρηον). Os que o antecederam apresentaram as seguintes sugestões: Brunck (1785: ἄκραι γυρεὸν ὀρφνὸν, que não obedece à métrica nem ao sentido), Liebel (1818: ἄκρα γυρεὸν ὀρθὸν) e Gaisford (1823b, loc. cit.).

9 Γλαῦχ´ ὅρα Liebel (1818), Gaisford (1823b), Fick (1888), Hiller (1890), Hoffmann (1898), Diehl (1936), Lasserre & Bonnard (1958), Treu (1959), Campbell (1982), West (1989^3), Degani (1990) e Gerber (1999).

10 Γλαῦκ´ ὅρα Bergk (1882), Hauvette (1905, p.187), Adrados (1956-1976, 1990^3), Page (1964, p.156) e Tarditi (1968).

11 Γλαῦκε ὅρα Brunck (1785) e Schneidewin (1838).

12 Cf. Arq. (fr.15, 48, (96), 117, 131W). Um cenotáfio, descoberto em 1955 na ágora de Tasos, traz a seguinte inscrição anônima (século VII a.C.) em alfabeto pário (Test. 1T, Treu, 1959, p.116): "Sou um monumento a Glauco, filho de Leptines,/ e erigiram-me os filhos de Brentes" ("Γλαύϙω εἰμὶ μνῆμα τῶ Λεπτίνεο· /ἔθεσαν δέ με οἱ Βρέντεο παῖδες). Cf. Pouilloux (1955 e 1989).

13 Esse imperativo não se encontra em Homero, mas ocorre no *Hino Homérico a Dioniso* (7.26) onde parece ter, como em Arquíloco, uma aplicação náutica precisa: o capitão manda o marinheiro *observar* a direção dos ventos e desfraldar as velas.

tiva.[14] No primeiro caso, *bathýs ... póntos* seria algo como "alto-mar"; no segundo, trata-se de uma agitação que não é superficial, mas que atinge as regiões mais profundas. Na épica, não há fórmula em que *kýmata* e *póntos* ("ondas" e "mar") estejam reunidos,[15] mas o final do verso faz lembrar uma passagem da *Odisséia* em que Posídon, irado, "agitou o mar" com seu tridente.[16] *Bathýs* aplica-se raramente ao mar (*Il.* 1.532) e jamais qualifica o *póntos* (Page, 1964, p.156). É, porém, empregado tanto para a profundeza do Tártaro quanto para a do Éter (Chantraine, 1968, s.v.) e, aqui, parece apontar para uma das duas extremidades ou pólos do poema.

A segunda oração, ao contrário, indica o sinal mais alto à vista do navegante: "ao redor dos cumes de Giras, ergue-se ereta uma nuvem". Esses "cumes" (*ákra*), que representam a outra extremidade, as pontas mais elevadas que se opõem às profundezas do mar, pertencem, provavelmente, à cordilheira de Tenos, visível de Paros. Várias, porém, foram as tentativas de localizá-las.

Para Schneidewin (1838), eram as pedras Giras (*Gyraì pétraì*), onde o Ájax lócrio naufragou e morreu (*Od.* 4.500-11), e que os escoliastas situavam em Míconos ou Naxos.[17] Bölte (apud Diehl, 1936, fr.56) argumentou, a partir de Hesíquio, que era uma montanha em Tenos.[18] Esta última hipótese, retomada por Sandbach (1942, p.63-5), é hoje geralmente aceita.[19]

---

14 Gerber (1970, p.25) e Degani (1990, p.18) admitem essa possibilidade. West (1993a), que traduz o adjetivo como adjunto adnominal, nota, porém, que a idéia de que o mar esteja revolvido até o fundo pode também estar presente.

15 Veja porém *Il.* (2.144, 209, 4.422-4) para as fórmulas *kýmata ... thalássēs*, com *póntos* em aposição, ou nas proximidades.

16 *Od.* (5.291): ἐτάραξε δὲ πόντον. Cf. também Zeus na *Od.* (5.304). O *póntos*, além de ser o "alto-mar" é, em princípio, uma "via de difícil passagem", os mares sendo considerados como caminhos, passagens que ligam uma terra a outra (Chantraine, 1968, s.v.).

17 Cf. nota 21 *infra*. Diehl (1934), Gerber (1970, p.26), Campbell (1982, p.150) e Degani (1990, p.19) também admitem a possibilidade de que Homero e Arquíloco se referiam à mesma formação. O problema é que nenhum dos dois poetas precisa a sua localização.

18 Hesíquio (s. v. Γύρας· ὄρος ἐν Τήνωι). Bölte (loc. cit.) também notou que os *Gyraeîs* (uma das 12 tribos de Tenos, *IG* 12.5 n.877.7) e toda uma região da ilha levavam esse nome, segundo uma inscrição local (cf. *IG* 12.5 n.872.93: τὰ χωρία τὰ ἐν Γύραι πάντα, 873.9,12, e 875.17, onde *Gýra* é empregado como uma abreviação para *Gyraeús*).

19 Por causa do testemunho de Heráclito, Lavagnini (1947, p.103-8) supõe que os "cumes de Giras" devem ser um rochedo próximo da Trácia, mas não há registro de nenhum nome semelhante nessa área.

Bowra (1940, p.128-9), porém, acreditava que o poeta não deixaria dúvidas sobre o local de onde vinha a guerra e que, por tratar-se de uma alegoria, a região teria "relações mitológicas ou históricas". Por isso, baseando-se na possibilidade de que Díon Crisóstomo (*Or.* 7.6) tivesse os versos de Arquíloco em mente ao descrever as condições climáticas da Eubéia,[20] ele sugere que as montanhas sejam eubéias, e a guerra em questão, a Lelantina. Bowra (1940, p.129) também cita Proclo (*Chrestom.* = *Nostoi*:108 Allen), Virgílio (*Aen.* 11.259-60) e Quinto Esmirneu (14.568-72), que situam o naufrágio de Ájax no sudoeste da Eubéia.[21] Então, ele conclui que o poeta "colocou uma nuvem em um local notório pelos desastres causados aos heróis da épica e da saga" e que, por estarem no contexto de uma alegoria, as montanhas Giras não precisavam ser literalmente visíveis (Bowra, 1940, p.129).

Mas não é necessário que Díon tivesse Arquíloco em mente, ou que esse poema se referisse à Eubéia porque, como diz Russell (1992, p.112), "nuvens sobre as montanhas são notoriamente um sinal de chuva"[22] e, além disso, já se mostrou que os conflitos com os "senhores de Eubéia" previstos no fragmento 3W provavelmente não teriam ocorrido naquela ilha, mas nas colônias.

Em 1941, Thompson propôs uma leitura que não vingou nem nos aparatos críticos. A seu ver, o poema não se referia a nenhum cume em particular (que talvez nem existisse), e a passagem deveria ser corrigida para "e ao redor dos cumes das montanhas".[23] No ano seguinte, Sandbach ofereceu a hipótese que, retomando as sugestões de Bölte e Diehl, é hoje aceita de modo geral.[24] A partir do relatos de Cícero e Hesíquio, e da

---

20 Após o seu naufrágio, Díon conta que um caçador o aconselhou a aceitar sua hospitalidade, porque ele não teria condições de navegar enquanto os cumes de Eubéia estivessem encobertos pelas nuvens.

21 Segundo HPQ (*Od.* 4.500) e Eustácio (*ad Od.* 1507.10), as pedras de Ájax ficavam próximas a Míconos. Para Bowra (loc. cit.), esses comentários resultam da tentativa de explicar a presença do túmulo de Ájax nesta região (Apolodoro *Epit.* 6.6, Licófron *Alex.* 400).

22 Russell (loc. cit) cita uma série de poemas e ditames, antigos e modernos, enquanto Bowra (1940, p.128), ao contrário, insiste na especificidade do fenômeno.

23 Thompson (1941, p.67: ἀμφὶ δ' ἄκρα γ' οὐρέων).

24 Adrados (1955a, p.207-8), Lasserre & Bonnard (1958, p.33), Treu (1959, p.217), Gerber (1970, p.26), Rankin (1977, p.29), Campbell (1982, p.150), Gentili (1988, p.303, n.129) e Degani (1990, p.18-9). Clay (1982, p.203), ao contrário, aceita parte do argumento de Bowra (1940): ele acredita que todas as tentativas de localizar os cumes são vãs, porque a referência não é geográfica, mas mitológica, assim como a da "pedra de Tântalo" (Arq.

inscrição de Tenos, Sandbach (1942, p.64) reafirma que as nuvens no alto das montanhas de Tenos, visíveis em Paros, eram (como são até hoje) sinal de que o mau tempo se aproximava. Por fim, ele acrescenta que não é necessário se tratar de um local com "referências históricas ou mitológicas", porque a analogia do perigo trácio, que vem do norte, com as tempestades que, na mesma direção, se aproximam de Paros via Tenos, seria compreendida não só por Glauco, conterrâneo do poeta, mas por qualquer habitante das Cíclades (Sandbach, 1942, p.65).

No âmbito da natureza, "Glauco" está no centro dos "sinais": a nuvem, erguendo-se ereta, contrapõe-se ao mar agitado nas suas profundezas. Nuvem e mar, os sujeitos das duas orações, situam-se também nas pontas extremas do verso. O adjetivo *orthós* ("ereto"),[25] como *bathýs* ("fundo"), seu correlato, são predicativos. Sisti (1989, p.76) sugere que o tipo específico de nuvem em questão seja o cúmulo-nimbo, porque essa formação tem um aspecto vertical (*orthós*), entre outros traços adequados à metáfora (cf. *infra*). Em termos de linguagem, para Page (1964, p.156) os primeiros dois termos ("ergue-se ereta") constituem uma locução "convencional".[26] Um dos versos citados por Page (*Il.* 24. 359) pode ser relevante para a construção da metáfora; porém, essa não é, nem poderia ser, uma expressão "convencional" da épica (cf. *infra*).

No último verso, o aposto ("sinal de tormenta") resume as duas orações anteriores[27] e os movimentos que são, no mundo visível, indícios para os quais Glauco deve atentar. *Kheîma* pode significar "frio", "inverno", "tempestade" ou "mau tempo" de um modo geral. Nesse caso, trata-se claramente de uma "tormenta", uma "tempestade no mar".[28]

Se nos dois primeiros versos assistimos aos movimentos de uma natureza que figura como sujeito interessado na ação – o *mar* se agita e a *nuvem*

---

fr.91W). A seu ver, o que interessa é que, nessas pedras, Ájax foi destruído por sua desmesura, o que poderia ser a moral desta alegoria ou *aînos* ("fábula").

25 ὀρθνόν Brunck (1785). ὀρθός: essa é a forma corrigida por Liebel (1818) a partir de Teofrasto e Plutarco, embora Heráclito, segundo Buffière (1962), traga no manuscrito O (talvez ignorado por Liebel) ὀρθόν, além de ὅρπων em AGa. e ἕρπων em B.

26 Segundo Treu (1959, p.167), ao contrário, a frase é "não-homérica".

27 A aposição se faz com relação às duas orações, e não apenas à "nuvem", como afirma Degani (1990, p.19), embora, nas citações posteriores, a formação específica e a posição da nuvem sejam apontadas como os indicadores de mau tempo.

28 Gerber (1970, p.26) sugere a leitura de *kheimônos* como "inverno", mas isso não faz sentido com relação ao que segue (o *inverno* chega "inesperadamente"?), nem com as fontes.

se ergue – no final, o sujeito é uma afecção que pertence à esfera das emoções humanas (*phóbos*), ou uma personificação arcaica (*Phóbos*): "do inesperado chega o pânico/ Pânico"; isto é, do que não se espera, do imprevisto. De início, devemos talvez ler a expressão menos literalmente, como uma causal ("por causa da imprevisibilidade", "por ser imprevisível"[29]); a tempestade, chegando de repente, instaura o pânico entre os tripulantes.[30]

III) A ALEGORIA ARCAICA

Heráclito cita os três versos de Arquíloco como exemplo de uma alegoria (*allegoría*) na qual a guerra contra os trácios é descrita em termos de uma tempestade no mar. Quase todos confiaram no seu testemunho quanto à existência de uma alegoria nesse fragmento, até que Reinhardt (1960, p.34-40) o contestasse.[31] A alegoria, segundo Reinhardt, era desconhecida pelos gregos, do período arcaico ao clássico, e surgiu apenas na Antigüidade tardia porque, sendo dualista, ela só é possível com a ruptura da "unidade de espírito e forma" (*Gestalt*): quando "o que na época arcaica era forma, tornou-se invólucro de um novo espírito do além". Assim, Heráclito teria interpretado anacronicamente a personificação do poema de Arquíloco.

Reinhardt (1960, p.36 ss.), ao analisar os exemplos de alegorias arcaicas citadas por Heráclito, primeiro admitiu haver uma alegoria no sentido de uma "metáfora continuada" (Quintiliano *Inst. Or.* 8.6.44) no poema de Alceu (fr.208LP), porque o navio não é uma pessoa ou um deus. Quanto ao fragmento 105W de Arquíloco, Reinhardt (p.37) não nega que haja um "segundo sentido" (*Hintersinn*), mas, a seu ver, esse tipo de alegoria pertence ao "gênero maior dos *aînoi* arcaicos", que são narrativas simbólicas moralizantes ou de admonição: o poeta enviava a Glauco, ocultamente, uma advertência política. Assim também, a alego-

---

29 Degani (1990, p.19: "*per l'imprevedibilità*"). Cf. Hesíquio (ἐξ ἀελπτίης: ἐξ ἀνελπίστου), Píndaro (*P.* 12.31) e *Il.* (7.310). O adjetivo *áelptos* ("inesperado") ocorre também em Arquíloco fr.122W. Alguns o traduzem como um predicativo ou adjunto, cf. Treu (1959: "*Plötzlich, unvermutet kommt die Angst*") e West (1993a: "*unexpected fear*").
30 Esse emprego de *phóbos* como "pânico, temor" não ocorre na épica homérica em que o termo significa "fuga", ou é uma personificação, cf. Page (1964, p.156) e Degani (1990, p.19).
31 Lasserre (Lasserre & Bonnard, 1958, p.33) também desconfiava de Heráclito.

ria da nave em Eveno (fr.8bW = *Teognidéia* 667-82) seria um *aînos* político.

A alegoria arcaica, do tipo do *aînos* ou do paradigma mitológico, seria uma antiga forma enigmática (*Rätselform*) que, mais tarde, foi desenvolvida por Horácio "em absoluta alegoria" (Reinhardt, 1960). Conclui-se que, na poesia grega antiga, não há alegoria no sentido estrito, e o que nela *parece* alegórico é, na verdade, uma espécie de *aînos*, um discurso simbólico (loc. cit., p.39).

É evidente que jamais encontraríamos em Arquíloco uma alegoria "místico-religiosa", mas o próprio Heráclito (*Alleg. Hom.* 5.1) a define de forma bastante vaga e abrangente. Ele diz que o nome indica, por si, o seu sentido: "na alegoria, se diz algo diverso do que se quer significar".[32] Tal definição abarca quase qualquer figura de linguagem, sendo a de Quintiliano (*Inst. Or.* 8.6.44) um pouco mais precisa. Ao comentar o caráter alegórico da *Ode* 1.14 de Horácio, Quintiliano afirma que a alegoria (*inversio*)[33] apresenta um sentido diverso do das palavras, às vezes o seu contrário. No primeiro caso, trata-se de uma "metáfora estendida" ou "continuada", isto é, uma sucessão de metáforas.[34] Para Aristóteles, na metáfora, por sua vez, emprega-se para uma coisa uma palavra que pertence a outra (*Po.* 21. 1457b):

> μεταφορὰ δέ ἐστιν ὀνόματος ἀλλοτρίου ἐπιφορά, ἢ ἀπὸ τοῦ γένους ἐπὶ εἶδος ἢ ἀπὸ τοῦ εἴδους ἐπὶ τὸ γένος ἢ ἀπὸ τοῦ εἴδους ἐπὶ εἶδος ἢ κατὰ τὸ ἀνάλογον.

> A metáfora é uma transferência de uma palavra de um objeto a outro, a transferência sendo feita de gênero à espécie, ou de espécie ao gênero ou de espécie à espécie, ou conforme a analogia.

Assim, a alegoria, definida como uma espécie de metáfora estendida (ou sucessão de metáforas), parece aplicar-se perfeitamente ao poema de

---

32 O significado de alegoria como o "sentido *caché*" dos mitos em Homero pertence ao vocabulário gramatical e foi difundido pela escola de Pérgamo. A expressão platônica, mais antiga, é *hypónoia* e, mais tarde, os neoplatônicos falam em termos de "mistério, símbolo" (Buffière, 1962, p.91, n.6).

33 Este é o termo também empregado por Cícero (*De Orat.* 2.261).

34 A mesma definição encontra-se em *Retórica a Herênio* (4.34.46) e Cícero (*Or.* 94). Para outras referências à alegoria, cf. *Rh. Gr.* Spengel; Tibério (3.70), Anônimo (*Schem.* 3.144), Trífon (3.193), Gregório (3.215, reeditado por West [1965a, p.236] como Trífon), Cocôndrio (3.234) e Queróbosco (3.244). Cf. Cousin (1978, p.116, n.2).

Arquíloco. É quando adquire um caráter "misterioso" que ela passa a ser algo diverso do que encontramos nos arcaicos.³⁵ Stanford (1936, p.24) insiste em que a alegoria, apesar da sua "textura de metáforas", difere da metáfora desenvolvida por ter uma função moral ou didática. Se é possível que esse poema de Arquíloco tivesse um caráter sentencioso – típico, aliás, dos tetrâmetros trocaicos –, não é *necessário* supor que fosse sempre esse o caso nessas alegorias. Podemos, portanto, aceitar a definição de Quintiliano para a alegoria arcaica e, a seguir, referimo-nos a ela sempre nesse sentido.

IV) O REVERSO

Bowra (1940, p.129) mostrou como Arquíloco construiu sua alegoria servindo-se do mesmo material empregado por Homero em símiles. Tanto a alegoria quanto o símile envolvem imagens provenientes de esferas distintas, associadas por alguma forma de analogia existente entre os dois níveis semânticos, a diferença entre eles sendo a mesma que há entre metáfora e comparação. Conforme a definição de Aristóteles (*Rh.* 1406b), no poema de Alceu sobre a nave do Estado não temos um símile homérico, mas uma verdadeira metáfora (o mesmo aplica-se a Arquíloco fr.105W):

διαφέρει γὰρ μικρόν· ὅταν μὲν γὰρ εἴπηι "ὡς δὲ λέων ἐπόρουσεν" εἰκών ἐστιν, ὅταν δὲ "λέων ἐπόρουσε", μεταφορά.

é pequena a diferença [entre o símile e a metáfora], pois quando se diz que Aquiles "avançou como um leão", é símile; quando se diz "um leão avançou", é metáfora.

Como diz Aristóteles, embora a diferença seja pequena, ela existe. Portanto, não é lícito chamar, como Fränkel (1975, p.146), essas alegorias antigas de "símiles".³⁶

---

35 Este aspecto já se encontra em Demétrio (*de Eloc.* 101) e se resume nas palavras de Stanford (1936, p.25): "O valor intrínseco da alegoria depende de seu apelo ao misticismo e à imaginação do homem. Em sua forma mais alta, associa verdade apocalíptica com beleza estética; seu significado esotérico baseia-se na metáfora de suas palavras e no simbolismo de seus temas".

36 Cf. Kirkwood (1974, p.49), para o qual a figura de Arquíloco fica a meio caminho entre o símile homérico e as metáforas elaboradas de Alceu. Bonnano (1976, p.183) a define como "um grau extremo do desenvolvimento da comparação homérica".

Encontramos em Homero algumas imagens e símiles comparáveis às metáforas e/ou alegoria da nave do Estado presentes no fragmento 105W de Arquíloco (talvez por pertencerem à mesma tradição), em Alceu (fr.208LP), Sólon (fr.12W), Eveno (fr.8bW) e nos poetas dramáticos (especialmente em *Os Sete Contra Tebas* e nas *Eumênides* de Ésquilo). Mas é difícil calcular a influência de Arquíloco no desenvolvimento dessa imagem que se tornou, a partir do século V a.C., um "clichê" poético e um *topos* disseminado pelos ensaios políticos.[37] Treu (1959, p.217), por exemplo, pergunta se foi Arquíloco ou Alceu o primeiro a empregá-la. De qualquer forma, Alceu, e não Arquíloco, parece ser o modelo da *Ode* (1.14) de Horácio que desenvolve a alegoria com todos os seus elementos: a nave como Estado, ondas e tempestades como guerras civis e o porto como a paz (Cf. Nisbet & Hubbard, 1970, p.178-88; e Bonanno, 1976).

Se, em Arquíloco, se trata de uma metáfora ampliada, cada elemento deverá contribuir para o quadro geral (Gentili, 1988, p.199). Portanto, agora, ao reler o poema, veremos se é possível encontrar um sentido alegórico, motivo pelo qual os versos foram citados por Heráclito.

De acordo com Heráclito, o "eu" indica a Glauco os sinais de uma guerra iminente ou de uma ameaça dos trácios, o que criou um problema por causa da referência aos "cimos de Giras". Vimos que Bowra (1940) situou os conflitos na Eubéia, ignorando os trácios citados por Heráclito (cf. *supra*). Campbell (1983, p.86), porém, julgou o detalhe da nuvem "surpreendente, porque Tenos fica distante de Tasos", assim como Gerber (1970, p.25) disse ser improvável que o poeta estivesse na Trácia em virtude da localização das montanhas. Tais concepções resultam da idéia de que os versos foram compostos e recitados *in loco* pelo poeta, que, ao lado de Glauco, seu companheiro, via as nuvens e o mar revoltoso – o que obviamente não seria o caso. A nuvem sobre Giras, como foi dito, seria um sinal notório de mau tempo, pelo menos para os ouvintes do poema.

---

37 Cf. Píndaro (*P.* 8.98), Eveno (fr.8abW), Sófocles (*Ájax* 1083, *Ant.* 163, 994, *O.T.* 22-4), Eurípides (*Suppl.* 880-1, *Rhes.* 321-23), Horácio (*Carm* 2.10.21-24), Platão (*Euthd.* 291d, *Plt.* 302a-b, *R.* 341c, 342d, 346a, 389d, 488a-d, 489b), Aristóteles (*Pol.* 3.4.5, 7.4.2, 7.4.6), Cícero (*de Cato Maior* 6.17; *pro Sestio* 9.20, 20.46, 45.98; *an Atticus* 2.7.4; *Fam.* 12.25.5, *Rab.* 9.26; *S. Rosc.* 18.51; *Mur.* 35.74; *Phil.* 2.44.113; *Div.* 2.1.3), Sêneca (*De ira* 2.31.5) e Plutarco (*De lib.* 8c). Cf. Gerlach (1937, p.127-39) e Lozza (1980, p.122).

O mais provável, como disse Hauvette (1905, p.60), é que o poema tratasse não das disputas em Paros, mas das coloniais, na região de Tasos ou da Trácia.[38] O que sabemos, segundo o testemunho de Heráclito, é que, nos versos de Arquíloco, ao contrário dos exemplos em Alceu (fr.6, 208LP), o conflito é de ordem externa (uma guerra), e não uma questão de política interna.

Examinemos a primeira imagem e os elementos que a constituem: "já fundo em ondas agita-se o mar".[39] O verbo *tarássō* aplica-se tanto às "agitações" marítimas, às do corpo e do espírito (daí o sentido "causar medo"), quanto aos distúrbios políticos, domésticos[40] e militares.[41]

Em um símile homérico, o ataque dos guerreiros troianos é comparado a uma grande "onda" (*kŷma*) quebrando contra um navio. A analogia se estabelece entre a forma e a função do "casco" do navio e da "muralha" da cidade (*toíkhōn/teîkhos*), o movimento e barulho das tropas e o das ondas (*Il.* 15.381-84):

> οἱ δ᾽ ὥς τε μέγα κῦμα θαλάσσης εὐρυπόροιο
> νηὸς ὑπὲρ τοίχων καταβήσεται, ὁππότ᾽ ἐπείγηι
> ἲς ἀνέμου· ἡ γάρ τε μάλιστά γε κύματ᾽ ὀφέλλει·
> ὣς Τρῶες μεγάληι ἰαχῆι κατὰ τεῖχος ἔβαινον,
>
> estes, como uma grande onda do mar de vastos caminhos
> desce sobre as paredes da nau, quando a impele
> a força do vento, pois essa, sobretudo, faz crescer as ondas,
> assim, os troianos com um grande brado transpuseram a muralha,

---

38 Outros vão muito além do que nos permitem os versos e testemunhos. Adrados (1955a), por exemplo, imagina que Glauco está em Paros, de partida para Tasos com uma força expedicionária, e que a tormenta é um símbolo da causa pária. Também Clay (1982, p.204), apesar de afirmar ser impossível reconstruir as circunstâncias, baseando-se em um escólio à *Od.* (4.500), sugere que o poema não seria apenas sobre a guerra futura, mas que, provavelmente, "Glauco, o amigo de Arquíloco, já havia obtido sucesso em alguma empreitada e que agora, por causa de sua autoconfiança excessiva, arriscava perder tudo que havia sido conquistado".

39 Grande parte do levantamento dos paralelos homéricos, que serão comentados a seguir, foi feita por Silk (1974, p.123-5) e, principalmente, Gentili (1988, cap.11).

40 Sólon (fr.12W): "é pelos ventos que o mar é agitado, se ninguém o/ mexer, de todas as coisas, é a mais regrada" (ἐξ ἀνέμων δὲ θάλασσα ταράσσεται· ἢν δέ τις αὐτὴν/ μὴ κινῆι, πάντων ἐστὶ δικαιοτάτη). Cf. também Sólon (fr.33aW), Teógnis (219) e Aristófanes (*Eq.* 214).

41 Hdt. (5.124), *Hell. Oxy.* (6.3), Aen. (*Tact.* 11.8).

Heráclito (*Alleg. Hom.* 5) cita, após os versos de Arquíloco, a alegoria de Alceu (fr.208LP v.1-9) na qual, segundo ele, os distúrbios causados por tiranos são comparados à tempestade no mar. Alceu refere-se, aparentemente, à conspiração do tirano Mirsilo: as ondas que vêm de um lado e de outro seriam as facções políticas, e a nave ameaçada, a cidade de Mitilene:[42]

ἀσυν<ν>έτημμι τὼν ἀνέμων στάσιν·
τὸ μὲν γὰρ ἔνθεν κῦμα κυλίνδεται,
τὸ δ᾽ ἔνθεν, ἄμμες δ᾽ ὂν τὸ μέσσον
νᾶϊ φορήμ<μ>εθα σὺν μελαίναι

χείμωνι μόχθεντες μεγάλωι μάλα·
πὲρ μὲν γὰρ ἄντλος ἰστοπέδαν ἔχει,
λαῖφος δὲ πᾶν ζάδηλον ἤδη,
καὶ λάκιδες μέγαλαι κὰτ αὖτο,

χάλαισι δ᾽ ἄγκυρ<ρ>αι, τὰ δ᾽ ὀή[ϊα
[   ]
.[...].[-]
τοι πόδες ἀμφότεροι μένο[ισιν

ἐ<ν> βιμβλίδεσσι· τοῦτό με καὶ σ[άοι
μόνον· τὰ δ᾽ ἄχματ᾽ ἔκπεπ[.].άχμενα
..]μεν.[.]ρηντ᾽ ἔπερθα· τὼν[...].

Não co[m]preendo o levante dos ventos;
uma onda rola de um lado,
outra de outro, e nós, no meio,
somos levad[o]s com a negra nau,

penando muito na grande tormenta.
A água chegou ao pé do mastro
e a vela já está transparente,
havendo nela grandes rasgos,

os cabos estão afrouxando, e o timão
...
...

---

42 Cf. também as "ondas" (*kýmata*) nos fragmentos 6.1-2 e 73LP de Alceu.

ambos os pés perma[necem...
nas cordas, apenas isto me salva,
mas a carga...

Já no século V a.c., Eveno recorria à mesma metáfora das ondas ameaçadoras ao desenvolver a alegoria sob a forma de um "enigma" para os "bons".[43] Em Ésquilo, o tema da nave do Estado entremeia os cantos corais de *Os Sete Contra Tebas*. A cidade é comparada com um navio (*Septem* 1-3, 795 ss.), as ondas com exércitos (64), e o dirigente político (governante)[44] com o timoneiro ou capitão (208-10, 652): ondas hostis são impulsionadas pelo sopro de Ares (*Septem* 63-4, 114, 343)[45] e a popa da cidade é ameaçada por uma onda do mar de males (759). Não sabemos se os poemas de Arquíloco e de Alceu continham, originalmente, todos esses elementos; evidências de que essas imagens constituíssem um lugar-comum datam apenas do final do período arcaico.

O segundo "sinal" a ser decodificado é a nuvem que "se ergue ereta" (v.2). Em Homero, nuvens são comparadas a tropas (de animais ou de homens), seja pela velocidade, densidade, cor ou forma pela qual avançavam. Na *Ilíada* (4.274), a metáfora da nuvem-exército ("e junto, uma nuvem de infantes seguia"[46]), é desenvolvida em um símile (*Il.* 4.275-82):

275 ὡς δ' ὅτ' ἀπὸ σκοπιῆς εἶδεν νέφος αἰπόλος ἀνήρ
ἐρχόμενον κατὰ πόντον ὑπὸ Ζεφύροιο ἰωῆς·
τῶι δέ τ' ἄνευθεν ἐόντι μελάντερον ἠΰτε πίσσα
φαίνετ' ἰὸν κατὰ πόντον, ἄγει δέ λαίλαπα πολλήν,
ῥίγησέν τε ἰδών, ὑπό τε σπέος ἤλασε μῆλα·
280 τοῖοι ἅμ' Αἰάντεσσι διοτρεφέων αἰζηῶν
δήϊον ἐς πόλεμον πυκιναὶ κίνυντο φάλαγγες
κυάνεαι, σάκεσίν τε καὶ ἔγχεσι πεφρικυῖαι.

275 "como, quando da vigia um pastor vê uma nuvem,
chegando pelo mar sob o estrondo de Zéfiro,

---

43 Eveno (fr.8bW = *Teognidéia* 680): "temo que a nau seja engolida pela onda" (δειμαίνω, μή πως ναῦν κατὰ κῦμα πίηι).
44 O sentido que a palavra "governar" (*gubernare*) adquiriu nas línguas românicas só se explica por meio desta metáfora (cf. Adrados, 1955a, p.206).
45 Para Ares como vento de temporal, cf. *Il.* 20.51 e [Eurípides] (*Rh.* 321-23).
46 *Il.* (4.274: ἅμα δὲ νέφος εἵπετο πεζῶν). Cf. também *Il.* (23.133) e Heródoto (8.109). Para a "nuvem da guerra", *Il.* (17.243) e Aristófanes (*Pax* 1090).

e a ele, de longe, mais negro que o breu ela
parece, atravessando o mar, e ela traz muita tormenta,
ele estremece ao vê-la e sob a caverna conduz o rebanho;
280 assim, com os dois Ajazes, as densas, escuras falanges
de guerreiros robustos, nutridos por Zeus, avançavam para o terrível combate,
com escudos e lanças frementes.[47]

O terceiro elemento da figura é o "pânico" (*phóbos*) que "chega do inesperado". O verbo *kikhánō* significa "chegar" a alguém ou a algum lugar "alcançando-o". Verbos como *heîle* ("apoderar-se de") são freqüentemente predicados de personificações (Amor, Dor), mas, nesse caso, *kikhánō* é ainda mais adequado, pois é como se o Pânico (que os faz correr) estivesse perseguindo suas vítimas, literalmente. Assim, embora não haja aqui um objeto, a impressão que se tem é a de que o Pânico seja uma personificação que alcança alguém – como a Mácula, a Fome, a Sede, e o termo da Morte.[48]

O Pânico (*Phóbos*) é personificado em Homero, Hesíodo e no *Escudo de Héracles*.[49] Segundo Hesíquio e Aristarco, *phóbos*, na épica homérica, é sinônimo de *phygé* ("fuga"). Chantraine (1968, s.v.) nota que o emprego de *phóbos* é restrito, limitando-se "à fuga na batalha, ou entre animais", e que somente após Homero, por metonímia, a palavra passou a significar também "medo" ou "terror". "Pois, em grego, como em outras línguas, o medo ou terror se expressa facilmente por meio de termos que denotam manifestações físicas: a fuga (*phoboûmai*), ou, pelo contrário, a paralisia... tremedeiras etc." (Chantraine, loc. cit.).[50]

Se, portanto, cada uma dessas imagens é uma metáfora passível de tradução de um a outro contexto, podendo ser transportada da tempestade no mar à guerra, é possível que, já nesse fragmento de Arquíloco,

---

47 Bowra (1940, p.129) cita, como comparação, outro símile homérico (*Il.* 5.522-6) que associa a resistência dos líderes, inabaláveis nas tormentas, às nuvens que Zeus coloca no pico das montanhas.
48 Cf. Sede e Fome (*Il.* 19.165), Mácula (Eurípides *Alc.* 22).
49 Na *Ilíada*, *Phóbos* é companheiro de Ares (*Il.* 4.440, 15.119-20), e seu filho (*Il.* 13.299), assim como na *Teogonia* (934-5). Cf. também *Escudo* (155, 463).
50 Do mesmo modo, o verbo *phébomai*, que significa "fugir" (especialmente com referência a tropas tomadas pelo pânico), adquire mais tarde o sentido de "temer" (Chantraine, loc. cit.). Outro efeito do *phóbos*, a paralisia, é justamente o que Plutarco (*Mor.* 169a), ao citar o fragmento de Arquíloco, afirma ser preciso evitar.

houvesse uma forma da *alegoria* da nave do Estado, cujos elementos variavam no período arcaico, fixando-se mais tarde em signos imediatamente reconhecíveis.

B) UMA CONTINUAÇÃO? (FR.106W)

Em 1927, Milne publicou pela primeira vez um papiro anônimo de meados do século III a.C. (n.54, p.42 pl.IVa; Inv. n.2652A verso) que Crönert, seu colaborador, sugeriu serem oito tetrâmetros de Arquíloco e, possivelmente, a continuação de fr.105W.[51] A maior parte dos críticos e editores aceitou a atribuição desses versos a Arquíloco[52] e, embora alguns sejam mais, outros menos, reticentes quanto à possibilidade dos fragmentos 105 e 106W pertencerem ao mesmo poema, os dois textos aparecem, desde Diehl (1936), dispostos em seqüência nas edições.[53]

$$-\cup-\times-\cup-\,]\text{νται νῆες }<\grave{\epsilon}>\text{ν πόντωι θοαί}$$
$$-\cup-\times-\cup-\cup-\,\pi]\text{ολλον δ' ἱστίων ὑφώμεθα}$$
$$-\cup-\text{λύσαν}]\text{τες ὅπλα νηός· οὐρίην δ' ἔχε}$$
$$-\cup-\times-\cup-\,]\text{ρους, ὄφρα σέο μεμνεώμεθα}$$
$$5\quad -\cup-\times-\,]\breve{\alpha}\pi\text{ισχε μηδὲ τοῦτον ἐμβάληις}$$
$$-\cup-\times-\cup-\times\,]\text{ν ἵσταται κυκώμενον}$$
$$-\cup-\times-\cup-\,]\chi\eta\varsigma\cdot\text{ ἀλλὰ σὺ προμήθεσαι}$$
$$-\cup-\times-\cup-\times-\cup-\times-\,]\text{υμος}$$

...]*naus velozes (n)o mar*
... m]*uito das velas abaixemos*
... *soltan]do as amarras da nau, e mantém um vento favorável*

---

51 Crönert (apud Milne, 1927, p.42-3) baseava sua hipótese no fato de o dialeto ser jônico e na afinidade desse poema com o fragmento 105W, que também julgava ser tetramétrico. Para Bossi (1990, p.160), ao contrário, fr.211 e 231W poderiam ser a continuação de fr.105W.

52 Körte (1932, p.43), Diehl (1936), Page (1941, p.374), Adrados (1955a, p.206), Lasserre & Bonnard (1958, fr.104), Treu (1959, p.217), Scherer (1964, p.103), Tarditi (1968), Gerber (1970, p.25, 1999), López (1972, p.421), West (1974, p.128), Kirkwood (1974, p.49), Campbell (1982, p.150) e Gentili (1988, p.214). Page (1941, p.374), seguindo Maas (1973, p.196), concorda que o fragmento seja de Arquíloco a julgar pelo "dialeto, estilo, espírito e conteúdo", e remete o leitor ao fr.56D.

53 Cf. Adrados (1956-1976, 1990³), onde são citados como um poema só, Lasserre & Bonnard (1958), Treu (1959), Tarditi (1968), West (1989²) e Gerber (1999).

        ...]*para que de ti nos recordemos*
5   ...]*afasta, nem o lança no*
        ...]*ergue tumultuado*
        ...]*mas tu, toma tento*

Körte (1932, p.43) suspeitava de que os versos não fossem de Arquíloco por causa do verbo *prométhesai* (v.7 "toma tento"), que é um *hápax legómenon* (ocorre apenas nessa passagem) e cuja forma não pôde explicar.[54] Ele lançou a hipótese de que "o poeta não conhecia bem o dialeto jônio" – idéia que ele próprio logo rejeitou em virtude da antigüidade do papiro e por achar improvável que houvesse, no século III a.c., na Filadélfia, poesia dialetal em tetrâmetros trocaicos (Körte, 1932). Maas (1973, p.197) tentou explicar o verbo como um imperativo aoristo de **promēthéssomai*. Para Wackernagel (1956, p.895), seria o aoristo de *promēthéomai*, formado com o tema em *-es-* (*promethés*) e que, mais tarde, passou a uma conjugação como a de *philéō, ephílēsa*.[55]

Wood (1966, p.228-33) recusou-se a atribuir o fragmento a Arquíloco e propôs que fosse da autoria de um poeta helenístico por causa de: 1) o uso "não arcaico" de *prométhesai* (empregado depois por Heródoto); 2) a "incoerência e sintaxe desajeitada"; e 3) o emprego "muito estranho de *memneómetha* no v.4", que ele julga impossível nesse período. Boserup (1966, p.30-6) também acreditava que, em virtude do *hápax prómethesai* ("forma bárbara do imperativo aoristo" ou, provavelmente, do indicativo presente), o autor fosse um "imitador de Homero" alexandrino. Em suma, Boserup conclui que os versos do fragmento 106W são jambos e não troques, as circunstâncias e espírito são diversos dos de Arq. fr.105, o dialeto é homérico-jônico com um barbarismo e o autor é alexandrino, sendo a sua atribuição a Arquíloco arbitrária.

Os argumentos de Wood (1966) e Boserup (1966) não convenceram os editores e comentadores subseqüentes, nem precisam ser aqui contestados ponto a ponto.[56] Sem poder imaginar outro autor para o texto senão Arquíloco, a questão mais importante é saber se esses versos

---

54 Ele o lê como a 2ª pessoa do singular do indicativo presente de *promēthéomai*, conjugado como *títhesai* em Heródoto (2.172, 3.78) e Ésquilo (*Prom.* 381).
55 Seguem-no Adrados (1955a) e Scherer (1964, p.103).
56 Cf. López (1972, p.421-5), West (1974, p.128) e Gentili (1988, p.214).

(fr.106W) pertenciam ao mesmo poema que os do fr.105W, e se continuavam a desenvolver a alegoria.

Adrados (1955a, p.206-9), tomando por base o metro e o conteúdo, foi quem mais insistiu na união dos dois textos, a ponto de editá-los como um só poema (fr.163). A seu ver, os versos desse papiro completam os transmitidos por Heráclito, constituindo a *alegoria* da nave do Estado, e essa seria a primeira ocorrência da imagem, cujas origens sempre se buscaram em Alceu. No entanto, Adrados recorre aos suplementos de Diehl[57] que, na verdade, não podem ser tomados como evidência, para introduzir um elemento importante da alegoria que faltava nesse fragmento: o governante (*kybernētés*). Mas como é possível, segundo essa leitura, pedir a um mortal (o capitão) para "manter bons ventos"?[58]

Vejamos primeiro o texto de Arquíloco (fr.106W) e os suplementos propostos. Diehl (1934) oferece, para o v.1, "as naus velozes [são leva]das (n)o [fundo] mar", onde "no fundo mar" (*báthei...póntōi*) parece repetir demais os versos 1-2 do fr.105W (se é que ele pretende que os fragmentos 105 e 106W pertençam ao mesmo poema).[59] Mas o verbo *phéro]ntai* ("são levadas", "vagam"), presente também nas alegorias posteriores,[60] é um suplemento verossímil. Em termos de linguagem, "naus velozes no fundo mar" soa como se fosse uma expressão tradicional, dado que "naus velozes" é locução comum na épica.[61] O plural ("naus"), porém, sugere uma frota ou, no mínimo, dois navios, o que talvez seja problemático em vista do tema da nau do Estado. Representariam Paros e Tasos? Ou "várias facções" envolvidas nos conflitos contra os trácios (Gentili, 1988, p.215)? A referência poderia ser a outras cidades/naus, agora em perigo, cujo destino se quer evitar, como, por exemplo: "aquelas naus

---

57 1934 fr.56a v.3-4: "mantém um bom vento / [propício e salva os compan]heiros, para que de ti nos recordemos" (οὐρίην δ' ἔχε/ [ἱκμένην σάου θ' ἑταί]ρους ὄφρα σέο μεμνεώμεθα).
58 Embora Adrados (1955a, p.209) note que não é normal pedir ao capitão um vento favorável, ele diz que os cidadãos/tripulantes pedem ao governante/capitão que os salvem, "como se dependessem dele".
59 1 βάθει φέρο]νται νῆες <ἐ>μ πόντωι θοαί Diehl (1934). σαλεῦ]νται ("as naus [são agita]das") Lasserre & Bonnard (1958). Tarditi (1968) corrigiu o <ἐ>μ do papiro em <ἐ>ν. O texto em Gerber (1999) segue o de West (1989²).
60 Cf. Alceu (fr.208LP) e Eveno (fr.8b.5W = *Teognidéia* 671).
61 νῆες θοαί (*Il.* 10.309, 396; 11.666; 16.168). Cf. também ἐν πόντωι em *Od.* (24.291) e no *Hino Homérico a Apolo* (400).

velozes, agora, (por falta de previsão?) estão a esmo no mar, portanto, abaixemos as velas etc.".

O suplemento de Körte para o segundo verso ("muito") é aceito por todos. West (1974, p.128) notou que o comentário feito por Plutarco (*Mor.* 169a) logo após a citação do fragmento 105W de Arquíloco pode ser uma paráfrase dos versos seguintes, nos quais há uma ordem ("... m]uito das velas abaixemos... [soltan]do as amarras da nau") e prece ao deus ("e mantém um vento favorável").[62]

No terceiro verso, há uma mudança de sujeito, agora só há uma nau em questão. "Mantém um vento favorável" (*ouríēn d´ ékhe*) é o que se pede ou ordena a alguém.[63] Se estivessem em plena tempestade, o natural seria um pedido para "conter as rajadas de (vento)", como em Alceu (fr.249.5LP), mas, por ora, aparentemente, apenas os sinais da tormenta são discerníveis.

Se considerarmos a hipótese de que os dois textos (Arq. fr.105 e 106W) pertencessem a um único poema, poderíamos imaginar que há sinal de tormenta (fr.105W: tumulto político ou guerra), mas, como indica Plutarco, nunca se deve confiar apenas nos deuses ou ficar paralisado pelo medo. Assim, tomando todas as precauções necessárias (fr.106.2-3W: abaixando velas, soltando amarras), pede-se socorro a uma divindade. Invoca-se um deus protetor que mantenha a situação atual (fr.106.3W: o vento favorável aos seus interesses). Quem? West (1974, p.128) arrola como "candidatos prováveis" Zeus, Posídon e o Velho do mar (os Dióscuros são excluídos pela métrica). Desses, Zeus, cujo nome pode ser encaixado no início do quarto verso, é indicado como a melhor opção, pois, se, por um lado, o que se pede, alegoricamente, é a salvação no mar, por outro, trata-se de uma situação política.

Entre os outros suplementos sugeridos para o quarto verso (cf. nota 57), Diehl (1934) propunha "mantém um bom vento/ propício e salva aos compan]heiros, para que de ti nos recordemos".[64] O "bom vento propício"

---

[62] "Soltan]do as amarras da nau" (λύσαν]τες ὅπλα νηός) é suplemento de Diehl (1934). Cf. ὅπλα νηός, *Hino Hom. a Apolo* (405, 457), para as providências a serem tomadas em uma tempestade.

[63] Para o "vento" como um dos elementos típicos da alegoria da "nave do Estado", cf. *supra* e Silk (1974, p.123).

[64] Para μεμνεώμεθα, cf. Heródoto (7.47).

(*oûros íkmenos*) parece pleonástico, mas é locução formular comum na épica.⁶⁵ West (1974, p.128) sugeriu que o nome do deus (*Dzeû páter*? "Pai Zeus") estivesse no início do verso, aceitando, aparentemente, o resto do suplemento de Diehl: "e salva os companheiros" (cf. *Il.* 16.363).

A sugestão de Diehl (1934: *phóbon d´*] *ápiskhe* "afasta [o pânico]") para o verso seguinte parece, novamente, repetitiva – caso os dois fragmentos constituíssem um só poema.⁶⁶ Pelo mesmo motivo, são problemáticas as hipóteses de "tormenta" (*kheimôn*) e "onda" (*kŷma*), propostas por West (1989) para os versos 5-7. No mais, o sentido é adequado. A promessa de uma retribuição ao deus pelo seu auxílio, quando estiverem de volta à terra, é um elemento também presente em um fragmento anônimo da *Teognidéia* (776 ss.), daí a hipótese de *kapì gês* ("também sobre a terra") de West:

5 κἀπὶ γῆς, πνοὰς δ´]ἄπισχε, μηδὲ τοῦτον ἐμβάληις
   [ὑψόθεν χειμῶν´, ὀτέοισ]ιν ἵσταται κυκώμενον
   [κῦμα

5 *também, sobre a terra, e os ventos] afasta, nem lança*
   [do alto] esta [tormenta sobre nós, contra os quais] ergue-se turbulenta
   [onda

Diehl (1934) baseou seu suplemento (v.6: "onda – x – υ terríve]l ergue-se turbulenta") em uma passagem da *Ilíada* onde Aquiles luta contra o rio Escamandro (21.240: "e ao redor de Aquiles, erguia-se uma terrível onda turbulenta").⁶⁷ Nesse caso, a repetição do verbo *hístatai* ("ergue-se") não é obra dos editores, mas está clara no texto, o que pode ser um argumento contra a união dos fragmentos em um poema, pois a proximidade relativa das frases "ereta *ergue-se* uma nuvem" e "turbulenta *ergue-se* uma onda", parece ser algo alheio ao estilo de Arquíloco.⁶⁸

---

65 Um "bom vento propício" é, porém, "enviado", e não "mantido" por Apolo (*Il.* 1.479), Atena (*Od.* 2.420, 15.292) ou Circe (*Od.* 11.7, 12.149).

66 Gentili (1988, p.203) aceita o suplemento, comparando a passagem a Arq. (fr.105.3W), Alceu (fr.302LP: "temo"), e (6LP: "e que o medo amole[cedor] a nenhum [de nós possua]".)

67 6 κῦμα –×– ͜ δεινὸ]ν ἵσταται κυκώμενον Diehl (1934). Cf. *Il.* (21.240: δεινὸν δ´ ἀμφ´ Ἀχιλῆα κυκώμενον ἵστατο κῦμα). Para κυκώμενος, Arquíloco (fr.128.1W) e Sólon (fr.13.61W).

68 Embora não saibamos quantos versos separariam os dois fragmentos.

Seguindo Wackernagel (1956, p.895), lemos o verbo *prométhesai* (v.7 "toma tento") como um imperativo (2ª pessoa do singular). O fato de essa forma não ocorrer em nenhum dos textos arcaicos que nos foram transmitidos não é motivo para refutar a atribuição do fragmento a Arquíloco. Além disso, o substantivo (dórico) *promathéos* e o adjetivo *promēthés* da mesma raíz são atestados respectivamente em Píndaro (*Ol.* 7.44) e Tucídides (3.82.5). Se lermos o fragmento 106W isoladamente, sem cogitar de sua junção com o fr.105W, o mais provável é que a exortação se dirija ao mesmo deus que é invocado para "manter um vento favorável", "afastar as rajadas", "não lançar (?)" e, agora, para ser "providente", provendo-os com bom tempo e zelando por eles como um Prometeu.

Apesar de todas as incertezas e improbabilidades, se os dois textos fizessem parte de um só poema,[69] a presença deste verbo seria mais significativa porque, como mostrou Wood (1966, p.231), a partir de Álcman (fr.64*PMG*), a *prométheia* tem sempre uma conotação política, "sendo uma das qualidades essenciais para a boa política ou o governante sábio". Aqui, o governante da nau/cidade, que observa ("Glauco, vê") os indícios, deverá *prever* o perigo que se aproxima e tomar as devidas *providências*, assim como diz Alceu (fr.249Voigt):

ἐ]κ γᾶς χρῆ προΐδην πλό[ον
αἴ τις δύναται]ι καὶ π[αλ]άμαν ἔ[χ]η

d]a terra é preciso prever a via[gem,
se for capa]z e ti[v]er h[abi]lidade.[70]

A tradição subseqüente, com a exceção de Ésquilo em *Os Sete Contra Tebas*, parece ter seguido o modelo de Alceu, em que a nave do Estado enfrenta problemas de ordem interna: facções, tiranos etc. Em Arquíloco, o texto do fragmento 105W é pequeno demais, e sua relação com 106W,

---

69 Treu (1959, p.217) não julga que o tema da nave do Estado estivesse presente em Arquíloco (fr.106W). Segundo Gerber (1970, p.25), os dois fragmentos têm apenas "um mesmo conteúdo". Kirkwood (1974, p.49) desenvolve a estranha noção de que os textos pertençam ao mesmo poema, mas que o segundo (fr.106W) não seja alegórico.

70 Assim também, o rei nas *Suplicantes* (357-8) de Ésquilo deseja "que, na cidade, uma contenda não surja do inesperado e imprevisto" (μηδ᾽ ἐξ ἀέλπτων κἀπρομηθήτων πόλει/ νεῖκος γένηται). Cf. Arquíloco (fr.105W: ἐξ ἀελπτίης, 106: προμήθεσθαι). Como diz Gentili (1988, p.214), a noção de *prover* no sentido naútico/ político é uma constante nas alegorias de Alceu.

absolutamente incerta. Se, porém, confiarmos em Heráclito, os conflitos (pelo menos em Arq. fr.105W) são militares e externos. Em suma, embora os versos de Arquíloco (fr.105 e 106W) pareçam dever muito à tradição, não constituem um símile homérico, nem ficam a meio caminho entre um símile e uma alegoria. Trata-se de uma alegoria arcaica. Ao chamá-la de alegoria da nave do Estado, estaremos talvez nos deixando influenciar pelos desenvolvimentos posteriores, embora não seja impossível que o poema fosse "precursor" desse *tópos*.

CONCLUSÃO

Nos comentários aos fragmentos marciais de Arquíloco, vimos, inicialmente, que aquilo que alguns consideravam ser expressão da "nova" atitude do poeta perante as Musas (fr.1W), na verdade, não passa de mais uma instância de "dupla motivação" (cf. Lesky na Parte I.2: "Emoções mistas, reflexão e responsabilidade humana"). Caso o "eu", nesse dístico, seja poeta e não orador, a "novidade" consiste no fato de que, ao contrário do aedo homérico, ele também é guerreiro. Nos três capítulos seguintes, os poemas apresentam cenas cotidianas e anti-heróicas, sendo o fragmento 5W (38W) sobre a perda do escudo o mais importante em vista da crítica a que antigos e modernos o submeteram e, principalmente, porque apresenta a questão da ética e do modo de guerra arcaico. Na falange hoplítica, era essencial que os soldados mantivessem suas posições para o êxito na batalha e, portanto, o abandono do escudo e a fuga eram faltas graves. Embora essa tática hoplítica provavelmente não fosse tão desenvolvida na época de Arquíloco, abandonar o escudo e fugir à luta jamais seria algo de que o guerreiro, em época alguma, deveria ufanar-se.

Na segunda parte, ao analisar o fragmento 114W ("Dois generais: o grande e o cambaio"), criticamos as leituras correntes que o citam como exemplo de ruptura com relação a Homero. Segundo essas interpretações, Arquíloco não se opunha apenas ao modelo homérico de general, mas fazia uma distinção entre qualidades éticas (internas) e físicas (aparência externa), o que, na épica, seria impossível. Mostramos que, pelo contrário, não só o general de Arquíloco não é anti-homérico, mas que também é possível haver em Homero uma divisão entre atributos internos e exteriores.

O papel e a reputação dos aliados no mundo arcaico foram discutidos nos comentários aos fragmentos 15 e 216W e, por fim, o poema sobre "Os senhores de Eubéia" (fr.3W) nos permitiu retomar a questão do combate hoplítico, avaliando a "Guerra Lelantina" e o contexto histórico maior em que os versos foram compostos.

Na terceira parte, tendo em vista as teses de Snell, Fränkel, ou as passagens mais nuançadas da *Estética* de Hegel referidas na Introdução, observamos que, em geral, nas narrativas marciais de Arquíloco, o "eu" figura de modo secundário, assim como nas elegias de Calino e Tirteu. Com maior precisão, diríamos também que nem sempre esses poetas celebram o *hic et nunc*, mas, quando cantam feitos mais antigos, esse passado jamais é tão longínquo quanto o de Homero.[1] Alguns poemas inscritos nos dois *Monumentos*, erigidos respectivamente por Mnesíepes e Sóstenes, narram combates que o próprio poeta poderia ter vivenciado e dos quais seus contemporâneos são protagonistas, como Glauco, que figura nos fragmentos 96, 97-97a e 101W do *Monumento de Sóstenes*. Essa é uma diferença fundamental dessa poesia perante a épica propriamente dita, pois, como em *Os Persas* de Ésquilo, os "heróis" de Arquíloco são personagens de sua época.

O primeiro fragmento estudado nessa parte consiste apenas de um verso (fr.20W: "choro os males dos tásios, não os dos magnésios") e, embora não seja possível averiguar se pertencia, ou não, a uma narrativa marcial, ele exemplifica bem as posições de Hegel (*Estética* III. III.C.b 1bα) apresentadas na Introdução, assim como as de Snell (*DE*) e Fränkel (1975, p.139). Os demais textos sobre "os males tásios" (Arq. fr.102, 103, 228W), que são ainda mais breves, não permitem uma classificação segura entre os poemas de guerra, nem oferecem testemunhos a favor ou contra as teses citadas.

É certo que o fragmento 89W do *Monumento de Mnesíepes* fazia parte de uma narrativa de combates contemporâneos ao poeta. O contexto maior é o mesmo dos versos sobre os "Senhores de Eubéia" (fr.3W); trata-se dos "males tásios", os conflitos do período de expansão colonialista. Além da viva descrição da batalha, há também exortações (v.17, 28) e até uma declaração do narrador (em 1ª pessoa do singular) sobre a

---

[1] Mimnermo, por exemplo, em seu poema *Esmirnéida*, narra a vitória dos esmirneus contra Giges que ocorreu pouco antes de seu nascimento (*c*. 660 a.C.).

maneira como os eventos repercutem em seu "coração" (v.14). Esses são, porém, breves e raros comentários; embora sejam mais freqüentes do que as "intromissões" do narrador homérico, o "estado de espírito" desse "eu" não é o principal, mas algo periférico – não constitui o interesse central do poema.

Assim também, os eventos narrados nos fragmentos pertencentes ao *Monumento de Sóstenes* não parecem oferecer ao poeta *apenas* uma ocasião para expressar os seus sentimentos e/ou pensamentos e, por isso, é difícil discernir neles o chamado "tratamento lírico".[2] O primeiro poema examinado (fr.93aW: "A embaixada musical") não retrata um combate, mas um complicado episódio que, segundo as passagens em prosa do autor do *Monumento*, envolvia mortes de pários, trácios e sapaios.

Quanto à representação dos deuses em Arquíloco, vimos no comentário do fragmento 94W ("Vitória sobre náxios") que, apesar de o poeta narrar guerras contemporâneas, os deuses, como na *Ilíada*, são invocados (Arq. fr.89, 111, 107W?) e participam ativamente das batalhas, interferindo no curso dos eventos. Atena, deusa cultuada pelos pários e tásios, ora permanece do lado de seus protegidos (fr.94W),[3] encorajando as tropas, ora é uma aliada que os auxilia na defesa de muralhas (fr.98 e 99W).

Entre os fragmentos estudados no capítulo sobre os *Deuses na Guerra*, alguns parecem ser (ou conter) narrativas marciais, outros são demasiado breves para serem classificados. Nos versos de fr.18, 6 e 146W, mostramos como Arquíloco caracteriza Ares, o deus da guerra, em termos semelhantes aos da tradição épica, enquanto no fr.111W ("Nas mãos dos deuses") observamos a presença da mesma noção de responsabilidade humana/divina que se encontra em Homero, isto é, a "dupla motivação". Além da participação ativa de Ares, Atena e Zeus, comentamos também as invocações à estrela Sírio (fr.107W) e as preces ao deus Hefesto (fr.108W).

Para melhor compreender as narrativas de guerra de Arquíloco no quadro da poesia grega arcaica, talvez seja útil compará-las às de Mimnerno e de Simônides. Nesses poemas, a linguagem é, em grande medida,

---

2 Cf. Introdução à Parte III: "As narrativas marciais".
3 Cf. também Arquíloco (fr.95W).

poesia,[4] o tom é elevado e os deuses atuam como em Homero. Como notamos, a diferença é que cantam vitórias mais recentes. Quanto à sua função e ocasião de *performance*, West (1974, p.14) supunha que talvez estivessem mais próximos da elegia exortativa cantada antes das batalhas, ou em banquetes (como *skólia*). O fragmento 89W de Arquíloco, por exemplo, poderia ter sido uma parênese militar, como as elegias de Calino e Tirteu.

Por outro lado, as narrativas de Mimnermo e Simônides eram, aparentemente, bastante longas. O *Esmirnéida*, com suas centenas de versos, ocupava um livro inteiro, e os poemas de Simônides sobre a batalha de Artemísio e de Platéia (fr.3, 11, 13, 14, 17W?) não seriam muito menores.[5] Estruturalmente, o *Smyrneis* e a narrativa da batalha de Platéia eram "pequenos épicos elegíacos": ambos se iniciavam com um proêmio e invocações às Musas, e o *Smyrneis*, pelo menos, era tão extenso que chegava a incluir diálogos (West, 1993b, p.5). A ocasião de *performance* desses versos seria ainda o banquete.

Ao comparar esses "pequenos épicos elegíacos" com as narrativas marciais de Arquíloco, observamos que, se linguagem, tom e modo de representação dos deuses são semelhantes, o metro empregado não é o mesmo e não há, em Arquíloco, notícia da existência de um proêmio. No entanto, a diferença métrica não impede a aproximação, pois os trímetros jâmbicos e tetrâmetros trocaicos também eram empregados em poemas sérios (cujos temas são semelhantes aos tratados nas elegias) e recitados nas mesmas ocasiões que essas. Mesmo sem um proêmio – que pode ter-se perdido – não poderíamos sugerir que Arquíloco, o "mais homérico" dos poetas (cf. Parte I), também tivesse composto "pequenos épicos" (aproveitados mais tarde por Démeas, o cronista local), em que celebrava as vitórias recentes de Paros e Tasos?

Por fim, na quarta parte, estudamos duas metáforas da guerra e suas respectivas fortunas críticas: a "pedra de Tântalo" e a "nave do Estado". Os versos que contêm a imagem da "pedra de Tântalo" provavelmente inseriam-se em uma narrativa marcial (Arq. fr.91-2W) e, no comentário, discutimos as versões do mito. No segundo capítulo, seguindo o testemunho de Heráclito, pudemos observar como Arquíloco construiu sua *alegoria*

---

[4] Naturalmente, por motivos métricos, há mais fórmulas épicas nos poemas elegíacos.
[5] Cf. West (1974, p.74 e 1993b, p.1-9), e, para o "novo" Simônides, Boedeker e Sider (2001).

arcaica nos fragmentos 105-6W empregando imagens já pertencentes à tradição jônica, e das quais se encontram, inclusive, paralelos em Homero. Concluímos, portanto, que atitudes muito diferentes podem coexistir não apenas na obra de um só poeta, mas entre contemporâneos, ou quase contemporâneos.[6] Se, historicamente, Homero e Arquíloco não estavam muito distantes um do outro – talvez menos de um século[7] –, é possível que as diferenças entre eles (assim como as entre Hesíodo e Safo, por exemplo) se devam não tanto a uma questão de tempo, mas antes a tradições poéticas, gêneros e estilos pessoais, vivendo os dois realidades sociais e antropológicas não muito diversas.[8]

---

6 Como, por exemplo, entre Calino e Arquíloco. Dover (1964, p.198) foi um dos primeiros a sugerir que Hesíodo e Arquíloco eram personalidades diferentes que, logo após a invenção da escrita, registram gêneros poéticos de longa data. Seguem-lhe Russo (1974, p.139 ss.) e Sickle (1975, p.153), entre outros.
7 Para a datação de Homero na segunda metade do século VIII a.C., cf. Lesky (1967, col.7) e Heubeck (1974, p.216).
8 Seel (1953, p.311).

APÊNDICE 1

FRAGMENTOS PAPIRÁCEOS MENORES

Embora estes fragmentos (Arq. fr.112, 113, 139W) não sejam dos menores, conjecturar o seu contexto e tom é obra de muita especulação. Arrolaremos, portanto, as diversas sugestões dos editores e comentadores que procuraram reconstituir os versos, ou apenas indicar os seus possíveis desenvolvimentos. Neste apêndice, os textos serão tratados brevemente porque, se neles há imagens ou metáforas relacionadas ao combate, talvez não os classificaríamos entre os poemas de guerra, havendo dúvidas quanto à sua natureza como um todo.

1 FR.112W

```
                         ].[     ].[      ].[.].ασδι.[.]...
              ]ημως· ἔλπομαι γάρ, ἔλπομαι
              ἀ]νόλβο[ι]ς ἀμφαϋτήσει στρατός
              ].οχχες κοιτον ἀρκαδοσσονον
    5         ].α, πολλὰ δ᾽ ἔλπονται νέοι
              ].α· διὰ πόλιν Κουροτρόφος
              ]τατα[ ]εθ.....αεισεται
              ]....ν...αν ἀγκάσεαι
           ]τοιγει.[  ]...τονοχλο·βητεται
    10        ]ν· τέωι προσέρχεται [ ]εθε
              ]ως 'Αφροδίτηι <δὴ> φίλος
              ]χων ἅτ᾽ ὄλβιος
                  ]ερον[
```

...
...]pois espero, espero,
... [com i]nfeliz[e]s (?) ao seu redor ressoará o exército
...]coito (?) asno de Arcas/ de um arcádio (?)
5 ...]muito esperam os jovens
...]pela cidade, a Kourotróphos
...
...]abraçarás
...
10 ...]a quem se dirige (?)
...]caro à Afrodite
...]como feliz
...

Esse texto é fruto da colação de dois papiros (do século III d.C.) feita em 1955 por Dervisopoulos, logo após sua publicação.[1] Lasserre (in Lasserre & Bonnard, 1958, p.xc) não incluiu os fragmentos 112 e 113W em sua edição por suspeitar de sua autoria, achando-os diferentes dos poemas de Arquíloco em vocabulário e estilo. São as repetições "pois espero, espero" (fr.112.2W), "sabe agora, isto sabe" (fr.113.9W), e a aliteração em *lían liázdeis* (fr.113.8W: "muito te abates") que lhe parecem ter "um caráter retórico não atestado em Arquíloco" (Lasserre & Bonnard, loc. cit.).[2] A aliteração é, porém, um dos recursos favoritos de Arquíloco (fr.2.1, 108, 128.6W etc.), e, para a repetição retórica, veja os fragmentos 26.6 e 89.17W, além de 128.1 e 177.1W, já indicados por Lobel & Roberts (1954, p.37).

No primeiro verso (fr.112.1W), West (1989) lê apenas quatro letras, mas, no segundo, há o início de uma frase em que o sujeito (1ª pessoa do singular) "espera" ou "aguarda" (algo ou alguém) com ansiedade.[3] Poderia ser, como no fragmento 107W de Arquíloco, uma imprecação[4] ou, segundo West (1974, p.129), a expectativa de um ataque inimigo (v.3). O texto

---

1 *P. Oxy.* 2314 col.i (v.1-12) + *P. Oxy.* 2313 fr.27 (a parte central de v.9-13), cf. Dervisopoulos (1955, p.452), v.10-12:

]ν·τεωιπροσερχε...[.].δε
]ωσαφροδιτηφιλος
]χωνατολβιος

2 Cf. também Latte (1955, p.495).
3]ηρας Lobel & Roberts (1954 *P. Oxy.* 2314 col.i). κ]ῆρας Latte (1955, p.495).]ηρας· ἔλπομαι γάρ, ἔλπομαι Peek (1956a, p.17); Tard.; Treu. Gerber (1999) adota o texto de West (1989²).
4 κίχοι σε γ]ῆρας·? [λυ]πράς Peek (1956a, p.17).

nessa passagem (v.3) apresenta dificuldades: West traz *a]nólbo[i]s* ("[com i]nfeliz[e]s"), mas indica que, no papiro, está escrito *]nolbo si*. Lobel (Lobel & Roberts, 1954, p.37) havia notado que, embora *ánolbos... stratós* ("infeliz exército") ocorra em Arquíloco fr.88W, a única solução viável, em termos do sentido da frase, é supor *a]nólbo[i]si,* que teria sido escrito para *anólbois´*, o que implica "o desaparecimento total de uma letra e a *scriptio plena*, inesperada nessa data".[5] Bossi (1990, p.170), que prefere manter *ánolbos ... stratós*,[6] oferece outra explicação. A seu ver, "o espaço branco entre o ômicron e o sigma revela uma evidente incerteza do escriba". Assim, o original seria *ánolbos*, ou uma variante que o copista leu mal (*anólbios*, cf. Hdt. 1.32), especialmente em vista do *ólbios* ("feliz") no verso 12. O substantivo *stratós* ("exército") foi lido por Treu (1959) com um sentido não-militar e traduzido por "*Schar*" ("grupo, multidão"). Mesmo, porém, quando o termo não é empregado com o significado específico de "campanha", "exército" (Píndaro *P.* 2.87), o sentido original permanece subjacente.

Diversas leituras foram propostas para o quarto verso. Uma idéia é que haja menção do "asno de Arcádia", tido em alta estima na Antigüidade (cf. Lobel & Roberts, 1954, p.37).[7] Mas o que pode significar chamar alguém de "asno de um arcádio" ("de Arcas"?) ou, ainda, compará-lo a tal asno?[8] Gallavotti (1975, p.28) lembra que os "asnos de Arcádia" se tornaram proverbiais pela sua estupidez, pois, quando eram vendidos ou levados à Messênia, recusavam-se a comer o pasto da planície, uma vantagem segura, e voltavam às montanhas da Arcádia (cf. *Schol. Call.* 1.43Pf I p.7). Arquíloco, segundo Gallavotti (1975), zomba de um companheiro que teria feito coisa parecida: os jovens acolhiam aos brados aquele que retornava ao acampamento justamente no momento de crise. Kopidakes

---

5 ἀ]νόλβοισ´ Latte (1955, p.495). Peek (1956a, p.17), seguido por Treu (1959), sugere ἀ]νόλβων (sem descartar a possibilidade de [ἄ]νολβος ou [ἀ]νόλβισι´), ἀνόλβων concordando com πημάτων, νόσων, φροντίδων, por exemplo: [πημάτων πολλῶν σ᾽ ἀ]νόλβων ou [τουτάκις νόσων σ´ ἀ]νόλβων etc. ἀ]νολβο.. Tard.
6 Como Gallavotti (1975, p.28): [ὡς ἰδὼν πάλιν σ´ ἄ]νολβος ἀμφαυτήσει στρατός. Cf. Koenen (apud Henderson, 1976, p.176).
7 Varro (*RR* 2.1.14, 6.2, 8.3).
8]ντες εἶπον ˊ Ἀρκάδος σ´ ὄνον Peek (1956a, p.17: [πα]ντες ou particípio como [καλέο]ντες?); Davison (1956, p.13); Treu (1959, p.177: uma fábula?).].ντε....ον ˊ Ἀρκάδος σ´ ὄνον Tard. ˊ Ἀρκάδος σ´ ὄνον Davison (1956, p.13). ˊ Ἀρκάδ´ ὄσσ´ ou ὄσσ´ ὄνον Latte (1955, p.495); ˊ Ἀρκὰς ὄνος Bossi (1990, p.170). Cf. Arq. fr. 21, 43W. ˊ Ἀρκάδ´ ὅς σ´ West (1971), Kopidakes (1982-1983, p.482-3).

(1982-1983, p.482-3), com base em Apostólio (3.79: "Filho arcádio: sobre os covardes"),[9] acredita que, com essa expressão, "Arquíloco faz troça de um guerreiro que se revelou covarde no combate", porque "a covardia dos asnos da Arcádia é notória, ao passo que os arcádios, pelo contrário, têm a reputação de serem bons guerreiros".

Outra leitura é a de West (1974, p.129), que, sem solucionar o problema do quarto verso, imaginava os jovens em expectativa (v.5), pois a cidade seria atacada. Enquanto a *Kourotróphos* ("Nutriz de jovens"), deusa protetora, preocupa-se (v.6), nesse momento crítico, bodas são celebradas e, portanto, o poeta censura o noivo por agir como um favorito de Afrodite (v.8-12). Gerber (1999) também supõe que os versos poderiam descrever bodas, de modo sarcástico, e que as tropas (v. 3 *stratós*) não seriam necessariamente militares.

Peek (1956a, p.17) havia sugerido antes: "és lasciva, corretamente todos te chamam asno de Arcádia",[10] talvez porque, conforme Plínio (*NH* 8.167), a maior utilidade desses célebres asnos da Arcádia era a procriação, e porque asnos, de um modo geral, são considerados animais "libidinosos".[11] Nesse caso, o poema seria um jambo dirigido a uma "lasciva" que enfeitiça os jovens v.5 (Peek, 1956a, p.18).[12] Henderson (1976, p.175, n.1), nessa mesma linha e ao contrário de West (1974, p.129), acredita que a iminência de um ataque militar seja um "contexto estranho para um hino nupcial" e supõe que um "exército de jovens" ansiava por ser recebido por uma "prostituta", apenas um sendo admitido (v.11), o jovem favorito da *Kourotróphos* ("Nutriz de jovens").

Quem é essa "Nutriz de jovens" que, "pela cidade..."?[13] Pausânias (1.22.3) descreve o templo de uma divindade, conhecida na Ática apenas por esse nome,[14] *Kourotróphos*, que, mais tarde, se tornou o epíteto de diversas deusas, principalmente de Deméter, Géia, Hécate, Ártemis e Afrodite.[15] Se-

---

9 Apostólio (3.79: ᾽Αρκάδιον βλάστημα· ἐπὶ τῶν δειλῶν), cf. Bossi (1990, p.169).
10 Peek (1956a, p.17: [μάχλος εἶς, ὀρθῶς δ᾽ ἅπα]ντες εἶπον ᾽Αρκάδος σ᾽ ὄνον).
11 Cf. Arquíloco (fr. 43W), em que se compara o pênis de alguém ao de um "asno de Priene".
12 v.5:].πολλ..ελγονταινεοι Lobel (1955, p.36, 37: θέλγονται?); Treu.]ωπολλὰ θέλγονται νέοι. /[ο]ἷς? Peek (1956a, p.17).].πολλὰ θέλγονται νέοι Tard.; Gallavotti (1975, p.28). Peek (loc. cit.) também tem em vista o v.8 onde ele lia λαικάσεαι, cf. *infra*.
13 A única edição ligeiramente diversa desse verso é a de Peek (1956a, p.17):]να.
14 Cf. Prehn (*RE* 2215-16), Farnell (1896-1909, v.III, p.17).
15 Cf. *Suda* (s. v. Κουροτρόφος), Aristófanes (*Thesm.* 299) e Farnell (1896-1909, v.II, p.463, 572, 704, 759; v.III, p.17, 231, 308, 313, 333).

gundo Heródoto (1.147), a *Kourotróphos* era celebrada na Apatúria, festa comum a todos gregos (exceto em Êfeso e Cólofon).¹⁶ Conta-se também, na *Vida de Homero*, que, ao chegar em Samos durante a Apatúria, o poeta compôs os seguintes versos para a ocasião (Pseudo-Hdt. *Vita Hom.* 30 Wilamowitz-Möllendorff):¹⁷

> κλῦθί μευ εὐχομένου, Κουροτρόφε· δὸς δὲ γυναῖκα
> τήνδε νέων μὲν ἀνήνασθαι φιλότητα καὶ εὐνήν,
> ἡ δ' ἐπιτερπέσθω πολιοκροτάφοισι γέρουσι,
> ὧν ἰσχὺς μὲν ἀπήμβλυνται, θυμὸς δὲ μενοινᾶι.

> Ouve a mim que te suplico, *Kourotróphos*: concede que esta mulher o amor e leito dos jovens recuse
> e encontre prazer em velhos de têmporas grisalhas,
> cujo vigor é esmaecido, mas o desejo, ardente.

Além de receber oferendas e preces daqueles que desejam conquistar uma mulher ou um homem,¹⁸ a Afrodite "nutriz de jovens" aparece no contexto de um cortejo nupcial em um dístico de Nicodemo de Heracléia (*A.P.* 6.318).

> Κύπριδι κουροτρόφωι δάμαλιν ῥέξαντες ἔφηβοι
> χαίροντες νύμφας ἐκ θαλάμων ἄγομεν

> À Cíprida *kourotróphos*, uma vitela tendo sacrificado, efebos, alegres, trazem as noivas da câmara nupcial.

Talvez essa última fonte tenha inspirado as leituras de West (1974, p.129) e Gerber (1999), enquanto as anteriores que, no âmbito da sátira e da comédia, envolvem a sedução de uma cortesã ou de um "vendedor de vinho", estão mais próximas às interpretações de Peek e Henderson.¹⁹

---

16 Cf. Kubitschek (*RE* s. v. Apaturia), Farnell (1896-1909, v.II, p.737) e Nilsson (1906, p.463).
17 Ateneu (*Deipn.* 592a) esclarece que esse poema atribuído a Homero foi, na verdade, composto por Sófocles quando, já idoso, ele teria se apaixonado por uma cortesã e fez esta prece à Afrodite.
18 Ateneu (*Deipn.* 441e-f) havia citado Platão (*Fáon* 188 K-A), onde Afrodite fala às mulheres que, para conquistar o vendedor de vinho, deverão realizar muitos sacrifícios preliminares (*protéleia*): "Primeiro devem oferecer a mim, a *Kourotróphos*,/ bolos em forma de genitais etc. (πρῶτα μὲν ἐμοὶ γὰρ Κουροτρόφωι προθύεται/ πλακοῦς ἐνόρχης, ...).
19 Cf. Bossi (1990, p.170), segundo o qual a "prostituta" (novamente Neóbula?) seria mencionada caso se tratasse de uma *pornéia*.

É menos provável que o contexto do poema seja homoerótico, o poeta atacando um homem ou rapaz libidinoso, objeto de desejo (e/ou de zombaria) de alguém que "espera" (v.2, 5) e a quem, ou por quem, o "exército grita" (v.3), pois a "Nutriz de jovens" sempre figura em contextos heterossexuais. A divindade do amor pederástico é Éros, não Afrodite (cf. também Peek, 1956a, p.18).

Os versos 7-9 são ainda mais obscuros. Talvez *anangkáseai* seja um futuro ("forçarás", ou *angkáseai*: "abraçarás") e, segundo a leitura e reconstituição de Peek (1956a, p.17), a pessoa a qual se dirige (v.8: "que faz a alegria das tropas"?) irá (ou não) "prostituir-se na cidade" (v.9).[20] No final, há uma interrogativa (v.10: "a quem se dirige"), no verso seguinte, referência a um protegido da deusa (v.11: "caro a Afrodite")[21] e, no penúltimo legível (v.12), alguém que é (ou parece) "feliz" (*hát´ ólbios*), contrasta com os "infelizes" (*anólbois*) do início do poema (v.3).[22]

2 FR.113W

Esta é a segunda coluna do mesmo papiro comentado anteriormente (a). Não sabemos, porém, se os primeiros versos (1-6) faziam parte do poema anterior (Arq. fr.112W) ou de um outro. Se Afrodite figurava no final do fragmento 112W, a primeira alternativa é atraente, mas incerta

---

20 v.7]τα..........ισ.ται Lobel & Roberts (1954, p.36); Treu; Tard.]τ´ ἀργίπ[ους?] φανήσεται Peek (1956a, p.17). αε ou α[ι]ε, fort.θυιαδο ... α(ει), ou λ, χ West (1989).

v.8]..........αικαγεαι Lobel & Roberts (1954, p.36); Treu. ἐ]ν πόλ[ει δὲ λ]αικάσεαι Peek (1956a, p.17, 18: "πόλ[ιν δ´ ἀνα]γκάσεαι unwahrscheinlich").]..........αικ´ ἄγεαι Tard.

v.9].....ο.λο.ι..γας Lobel & Roberts (1954, p.36).]τρος ὀχλοτερπέας (?) Peek (1956a, p.17, 18: [μ]ητρός?).]το..σι..ο.λο. ι..γας Treu; Tard. fort. ὄχλος ἵπτεται West (1989).

21 Lobel (in Lobel & Roberts, 1954, p.37) notava a dificuldade métrica do verso, emendado por Treu (1959, p.176) com um δὴ entre ᾽Αφροδίτηι e φίλος (cf. também West (1971) e a nota seguinte).

22 v.10:].πρoσερχε...[.].δε Lobel & Roberts (1954, p.36).]τί προσέρχεται [τ]όδε Peek (1956a, p.17).]ν· τέωι προσέρχεται[.].δε Treu; Tard. talvez]εβε West (1989).

v.11:]φροδιτηιφιλος Lobel & Roberts (1954, p.36). ᾽Αφροδίτη φίλος Peek (1956a, p.17).]ως ᾽Αφροδίτηι <-> φίλος Treu; Tard.

v.12:]ολβιος Lobel & Roberts (1954, p.36).]ς ὄλβιος Peek (1956a, p.17: [οὔ τι]ς?).]χωνα τ᾽ ὄλβιος Treu; Tard.

v.13:]ερον[Treu; Tard. Com relação a]ερον[, West (1989) chama a atenção para o ἔντερον de Arq. fr. 302W.

```
        ]δ' ἔστιν οὐδεὶς τέκμ[αρ
  5     ]ς ἔντος δηΐοις εμ[
        ]ν ἀκόντων δοῦπον ου[
        ]ευ[.]ονα[.]ει τήνδεκαλ[
        ]βων ' ῥήματ᾽ οὐκετ[
        ]γὰρ [ο]ὐδὲν εἰδόσ[ιν
 10                        ].[
```

```
         ] escud[o
         ] uma igual[
         ] obra[
         ]e não há nenhum; prov[a
  5      ] arma, inimigos [
         ] estrondo de lanças [
                  ...
         ] nenhuma palavra[
         ]pois [n]ada sabe[m
 10               ...
```

Quanto à linguagem, *akóntōn doûpon* (v.6 "estrondo de lanças") ocorre em seqüência inversa em uma fórmula homérica (cf. *Il.* 16.361: *doûpon akóntōn*) e embora o substantivo *éntos* (v.5, "arma"), no singular, seja atestado apenas duas vezes (aqui e em Arq. fr.5W), no plural, é termo freqüente na épica.[31]

Provavelmente foram a menção do "escudo" (v.1) e o uso raro de *éntos* (v.5), aqui e no fragmento 5W de Arquíloco, que levaram Lasserre & Bonnard (1958, p.37) a sugerir que, nos primeiros cinco versos, houvesse uma referência a um "escudo, deixado nas mãos dos inimigos, como o de 5W", e que, no segundo verso, o poeta afirmasse o seu propósito de adquirir novamente outro "igual" ao primeiro.

Outros foram ainda mais longe. Os suplementos mais extensos são os de Peek (1956a, p.7). Conforme a sua reconstrução do texto, "um adversário, cujo nome estaria no início do v.1, é desafiado à luta aberta" (Peek, loc. cit.):

        ἄντε]χ᾽ ἀσπίδ᾽[ἠδ᾽ ἐμοὶ (ou ἀμφάδην) μάχην τίθευ]
     [οὔτι μὴν ἐσθλοῖσι]ν ἴσην τήν[δε δεικνύεις σχέσιν].
              [τί] δ᾽ [ἔ]χθεις ἔργον [ἀνδράσι πρέπον?]

---

31 Cf. a discussão sobre *éntos* no comentário ao fragmento 5W ("Com um escudo").

[δειλὸς ἐνθά]δ᾽ ἐστὶν οὐδείς· τέκμ[αρ εἰμὶ τοῦδ᾽ ἐγώ],
5 [ἔντος ὃς βαλὼν πρὸ]ς ἔντος δηίοις ἐμ[αρνάμην]
[πολλάκις δεινῶ]ν ἀκόντων δοῦπον οὔ[τι δειδιώς]
[μηχανὴν? γὰρ] εὖ[ρ]ον α[ἰ]εὶ τήνδε καλ[λίστην]
[μηκέτ᾽ οὖν φίλοις ἀμεί]βων ῥήματ᾽ οὐκέτ᾽ [ἀνσχετά]
]γὰρ οὐδὲν εἶδος[³²

    ... *erguJe o escudo [e vem contra mim à luta aberta]*
[nada] semelhante [à dos valentes é] essa [figura que revelas]
        [Por que o]deias a obra [que convém aos homens?]
ninguém [aqui] é [covarde, disso sou] prov[a],
[eu que, lançando armas cont]ra armas, lu[tava] com inimigos,
[o freqüente] estrondo das [terrívei]s lanças não [temendo],
[pois] des[co]bri que esse é s[em]pre o [mais] bel[o recurso]
[Por isso], não mais [tro]cando palavras [intoleráveis com amigos,]
        ]pois, nenhuma forma[

    Tarditi (1958, p.34), que reproduz quase todos esses suplementos, leu o poema como se fosse uma forte "afirmação que o poeta faz de seu valor de soldado" e, "reabilitando" Arquíloco, conclui: "quem sabia lutar escudo contra escudo com os inimigos sem temer o estrondo das lanças... não podia estar manchado de vileza, embora tenha um dia se retirado, abandonando o escudo". No entanto, o desafio a uma *monomaquia* desse tipo entre adversários, em pleno campo de batalha, soa, talvez, arcaizante demais, e algo diverso do que encontramos nos poemas marciais de

---

32 v.1:].ασπιδ[Lobel & Roberts (1954, p.27:]χ, λ?); Treu; Tard.]χ´ ἀσπίδ[Lass.; West.
      v.2:]νισηντην[Lobel & Roberts (1954, p.27). Peek = Lass; Tard.]νισην την[Treu. ἴσην Π West.
      v.3:]δ[..]χθειςεργον[Lobel & Roberts (1954, p.27);]δ[..]χθεις ἔργον[Treu.]δ[ερ]χθεὶς ἔργον [Lass.].[..]χθεις ἔργον[Tard. fort. δ[αἴ]χθεὶς West.
      v.4:]δεστινουδεἰςτεκμ[Lobel & Roberts (1954, p.27). Peek = Tard.]δ´ ἐστιν οὐδ᾽ εἰς τεκμ[Treu; Lass.
      v.5:]σέντοσδηἰοισεμ[Lobel & Roberts (1954, p.27).]ς ἔντος δηίοισ᾽ ἐμ[Treu; Lass.; Tard.
      v.6:]νακοντωνδουπονου[Lobel & Roberts (1954, p.27). Peek = Treu; Lass.; Tard.
      v.7:]ευ[.]ονα[.]ειτῆνδεκα.[Lobel & Roberts (1954, p.27); Treu. Peek = Lass.]..[..]ν α[ἰ]εὶ τῆνδε κα[Tard. ἐκάλ[λυνας πόλιν? West.
      v.8:]βωνρηματουκε.[Lobel & Roberts (1954, p.27: "If ἀμεί]βων, the middle would be expected").]βων ῾ῥήματ᾽ οὐκε.[Treu; Tard. Peek = Lass.
      v.9:].αρ[.]υδενεισδος[Lobel & Roberts (1954, p.27:]γ/τ; γὰρ οὐδὲν εἶδος); Peek; Treu; Lass.]..[o]ὐδὲν εἶδο.[Tard.
    O texto de Gerber (1999) é semelhante ao de West (1989²).

Arquíloco, Calino ou Tirteu. Para manter alguns dos suplementos, a única opção viável seria a de ler o poema como uma exortação a um ou mais dos companheiros que fraquejam.[33]

---

33 Segundo Treu (1959, p.186), se o texto fosse maior, poderíamos compará-lo às elegias de Alino e Tirteu.

APÊNDICE 2

O NOVO FRAGMENTO ELEGÍACO: TÉLEFO

O novo papiro de Oxirrinco descoberto em 2004 e publicado por Dirk Obbink em 2005 (Oxy. Pap. LXIX n.4708[1]) contém oito fragmentos provenientes de um livro de elegias de Arquíloco, do segundo século d.C. No primeiro fragmento, transcrito e traduzido abaixo conforme edição de West (*ZPE* 156, 2006, p.11-17), narra-se o mito de Télefo.

Conta-se no argumento dos *Cantos Cíprios*[2] que os gregos, antes de chegarem a Tróia, perderam o rumo e aportaram na Teutrânia. Julgavam estar em Tróia e, portanto, saíram para saquear a cidadela. Então Télefo, liderando os mísios, rechaçou os gregos até as suas naus, causando muitas mortes. Na elegia de Arquíloco, o mito é provavelmente narrado como um *exemplum*, o narrador visando a consolar alguém (ou um grupo maior?) que, derrotado, fugiu ao combate (vv.2-4):[3]

---

1 Cf. http://www.papyrology.ox.ac.uk, N. Gonnis, D. Obbink, et al. (edd.), *The Oxyrhynchus Papyri* vol. LXIX (London, 2005), n.4708, p.18-42; Luppe, W. Zum neuen Archilochos (POxy 4708) *ZPE* 155 (2006) 1-4, Obbink, D. A New Archilochus Poem, *ZPE* 156 (2006) 1-9, West, M. L. Archilochus and Telephos *ZPE* 156 (2006) 11-17, D'Alessio, G. B. Note al Nuovo Archiloco (POxy LXIX 4708) *ZPE* 156 (2006) 19-22, Henry, W. B. Archilochus P. Oxy. 4708 Fr. 1.18-21, *ZPE* 157 (2006) 14., Mayer, P. Krieg aus Versehen? *ZPE* 157 (2006) 15-18.

2 Argumento em West (*Greek Epic Fragments,* Loeb Classical Library, Cambridge, Mass. 2003), a partir da *Crestomatia* de Proclo com acréscimos e variantes da *Biblioteca* de Apolodoro. Cf. Obbink (2006) e West (2006) para outras versões do mito na literatura grega e, para uma possível presença de outros elementos do mito de Télefo nos fragmentos de Arquíloco, West (2006).

3 O tema da fuga no combate é caro a Arquíloco (cf. 5, 38W, p.112-135; fr. 94, 95W, p.222-229 *supra*), tratado em metros e de modos diversos. O mais comparável com essa elegia, como notou West, é o fragmento jâmbico *adespota* 38W, hoje aceito de modo geral como sendo também da autoria de Arquíloco (cf. p.127-128 *supra*).

]ι ρ[ο]ὴν [⏑⏑–
εἰ δὲ] .[....] .[.]. ι θεοῦ κρατερῆ[ς ὑπ'ἀνάγκης,
οὐ δεῖ ἀν]αλ[κείη]ν καὶ κακότητα λέγει[ν.
[]ημ...[..εἴμ]εθ' ἄρ[η]α φυγεῖν· φεύγ[ειν δέ τις ὥρη·
καὶ ποτ[ε μ]οὖνος ἐὼν Τήλεφος 'Αρκα[σίδης
'Αργείων ἐφόβησε πολὺν στρατό[ν,] ο[ὐδ' ἐγένοντο
ἄλκμ[οι – ἐ]ς τόσα Δὴ μοῖρα θεῶν ἐφόβει –
αἰχμηταί περ ἐόντε[ς·] εὐρρείτης δὲ Κ[άϊκος
π]ιπτόντων νεκύων στείνετο καὶ [πεδίον
10 Μύσιον, οἳ δ' ἐπὶ θῖνα πολυφλοίσβοι[ο θαλάσσης
χέρσ'] ὑπ'ἀμειλίκτου φωτὸς ἐναιρό[μενοι
προ]τροπάδην ἀπέκλινον ἐϋκνήμ[ιδες 'Αχαιοί·
ἀ]σπάσιοι δ' ἐς νέας ὠ[κ]υπόρ[ο]υς [ἔφυγον
παῖδές τ'ἀθανάτων καὶ ἀδελφεοί, [οὓς 'Αγαμέμνων
15 Ἴλιον εἰς ἱερὴν ἦγε μαχησομένο[υς.
ο]ἳ δὲ τότε βλαφθέντες ὁδοῦ παρά θ[' ὅρμον ἔλασσαν,
Τε]ὐθραντος δ' ἐρατὴν πρὸς πόλιν [εἰσανέβαν,
..]..[μ]ένος πνείοντες ὁμῶς αὐτο[ί τε καὶ ἵπποι
ἀφ[ραδί]ηι, μεγάλως θυμὸν ἀκηχε[μενοι·
20 φ]άν[το] γὰρ ὑψίπυλον Τρώων πόλιν εἰς[αναβαίνειν,
κ]αλλι[γ]ύην δ' ἐπάτευν Μυσίδα πυροφόρο[ν.
Ἡρακλ]έης δ' ἤντησ[ε], βοῶν ταλ[α]κάρδιον [υἱόν,
οὗ]ρον ἀμ[ε]ίλκ[τον]   δηίωι ἐν [πολ]έμ[ωι,
Τ]ήλεφον, ὃς Δα[ν]αοῖσι κακὴν [τ]ό[ρτε φύζαν ἐνόρσας
25 ἤ]ρειδε[ν μο]ῦνος, πατρὶ χαριζόμ[ενος.

....

mas, se] . [....] . [.] [sob] forte [compulsão] do deus,
não é necessário] falar [de fr]aqu[ez]a e covardia.
Apress]amo-nos em fugir ao com[ba]te. [Há uma hora para] fug[ir.
5   Certa vê[z s]ó, Télefo, da estirpe de Arc[as,[4]
aterrou o vasto exércit[o] argivo, e eles n[ão foram
     valen[tes] – tanto o Fado divino os aterrava –
embora fossem lanceiros. O C[aico] de belas correntes
     abarrotava-se de cadáveres [t]ombados, e a [planície
10 mísia. Rumo à praia do políssono mar,
     pela [mão] implacável do mortal trucidados,
rá]pido retornavam os [aqueus] de belas grev[as.
     F]elizes para as naus de c[é]ler[e]s vias [fugiram
filhos e irmãos de imortais [que Agamêmnon,

---

4 Arcaso, não Arcas, segundo Obbink (2006, p. 6).

15   à sagrada Ílion, conduzia para combate[rem.
    Naquele tempo, desviados do caminho e [....
        e à amável cidadela de [Te]utras [ascenderam,
    ....soprando [a]rdor, eles [e os cavalos] igualmente,
        sem s[ab]er, muito no coração se aflig[indo.
20   Pois [j]ulga[vam] asc[ender] à cidadela de Tróia de altos portais,
        mas pisavam na Mísia de [b]elas [l]avras, produtora de trig[o.
    Hérac]les os defront[ou], bradando com [o filho] de rob[ust]o coração,
        ba]stião im[p]lacá[vel] na [gu]erra cruenta,
    T]élefo, que [e]ntão à vil [fuga] os Dâ[n]aos [constrangindo,
25   d]etev[e-os s]ó, agracia[ndo] o pai.

ABREVIAÇÕES

Para as abreviações dos nomes de autores antigos e de suas obras, veja *LSJ* e *OLD*.

A & A	*Antike und Abendland*
ABSA	*Annual of the British School at Athens*
AC	*L'Antiquité Classique*
AJA	*American Journal of Archaeology*
AJP	*American Journal of Philology*
A.P.	*Anthologia Palatina*
AP. EΦ	Ἀρχαιολογικὴ Ἐφήμερις
BCH	*Bulletin de Correspondance Hellénique*
CAH	*The Cambridge Ancient History*. Cambridge, 1923-1939, 2.ed. Cambridge, 1961.
CJ	*Classical Journal*
Cl. Ant.	*Classical Antiquity*
CP	*Classical Philology*
CQ	*Classical Quarterly*
CR	*Classical Review*
CW	*Classical World*
DE	SNELL, B. *A descoberta do espírito*. (trad. A. Morão). Lisboa, 1992.
DK	DIELS, H., KRANZ, W. *Die Fragmente der Vorsokratiker*. Berlin, 1951-1952⁶.
EN	ARISTÓTELES, *Ética a Nicômaco*.

FH	HEGEL, G. W. F. *Filosofia da História*.
FHG	MÜLLER, C. *Fragmenta Historicorum Graecorum*. Berlin, 1841-1870.
FGrH	JACOBY, F. *Fragmente der griechischen Historiker*. Berlin-Leyden, 1923-1958.
GGR	NILSSON, M. P. *Geschichte der Griechischen Religion I*. München, 1967³.
G & R	*Greece and Rome*
Grazer Beitr.	*Grazer Beiträge*
GRBS	*Greek, Roman & Byzantine Studies*
ICS	*Illinois Classical Studies*
IG	*Inscriptiones Graecae*. Berlin, 1873.
JHS	*Journal of Hellenic Studies*
KA	KASSEL, R., AUSTIN, C. *Poetae Comici Graeci*. Berlin, 1986.
LP	LOBEL, E., PAGE, D. L. *Poetarum Lesbiorum Fragmenta*. Oxford, 1963.
LSJ	LIDDELL, H. G., SCOTT, R. (Ed.) *A Greek-English Lexicon*. Revised and augmented throughout by H. Stuart Jones. Oxford, 1940⁹.
MDAI	*Mitteilungen des Deutschen Archäologischen Instituts, Athenische Abteilung*
MH	*Museum Helveticum*
NJAB	*Neue Jahrbücher für Antike und deutsche Bildung*
NGG	*Nachrichten von der Gesselschaft der Wissenschaften zu Göttingen*
OLD	GLARE, P. G. W. (ed.) *Oxford Latin Dictionary*. Oxford, 1982.
Oxy. Pap.	*The Oxyrhynchus Papyri*
Pf	Pfeiffer, R. (Ed.) *Callimachus*. Oxford, 1949.
Phil. Woch.	*Philologische Wochenschrift*
PMG	PAGE, D. L. *Poetae Melici Graeci*. Oxford, 1962.
PP	*La Parola del Passato*
Proc. Camb. Phil. Soc.	*Proceedings of the Cambridge Philological Society*.
QUCC	*Quaderni Urbinati di Cultura Classica*
RE	PAULY, A., WISSOWA, G., KROLL, W. *Real-Encyclopädie der klassischen Altertumswissenschaft*. Stuttgart, 1893.
REG	*Revue des Etudes Grecques*

RhM	*Rheinisches Museum*
RFIC	*Rivista di Filologia e di Instruzione Classica*
SEG	*Supplementum Epigraphicum Graecum.* Leyden, 1923-1971. Alphen aan den Rijn, 1979.
SIFC	*Studi Italiani di Filologia Classica*
Sitz. Pr. Ak. Wiss.	*Sitzungsberichte der Preussischen Akademie der Wissenschaften*
TAPA	*Transactions and Proceedings of the American Philological Association*
WS	*Wiener Studien*
YCS	*Yale Classical Studies*
ZPE	*Zeitschrift für Papyrologie und Epigraphik*

REFERÊNCIAS BIBLIOGRÁFICAS*

ABBOTT, E. (ed.) *Herodotus* V & VI. Oxford, 1892.

ACHCAR, F. *Lírica e lugar-comum*; alguns temas de Horácio e sua presença em português. São Paulo, 1994.

ADKINS, A. W. H. *Poetic Craft in the Early Greek Elegists*. Chicago, London, 1985.

ADLER, A. (ed.) Suidae Lexicon. In: *Lexicographi Graeci*. Stuttgart, 1928-1938 (1971).

ADRADOS, F. R. Origen del tema de la nave del estado en un papiro de Arquíloco (56a Diehl). *Aegyptus*, v.1, p.206-10, 1955a.

———. Nueva reconstrucción de los epodos de Arquíloco. *Emerita*, v.23, p.178, 1955b.

———. (ed. e trad.) *Líricos Griegos I*: Elegiacos y yambógrafos arcaicos Madrid, 1956-1976, 1990³.

———. Sobre algunos papiros de Arquíloco (P. Oxyrh. 2310-2313). *PP* 11, p.38-48, 1956.

ALBRACHT, F. *Kampf und Kampfschilderung bei Homer* I. Naumberg, 1886.

ALONI, A. *Le Muse di Archiloco*. København, 1981.

AMYX, D. A. The Attic Stelai. *Hesperia*, v.27, p.186-90, 1958.

---

* Os números elevados referem-se às edições posteriores das obras.

ARNOULD, D. (Resenha de S. M. Medaglia, Note di esegesi archilochea). *RhM,* v.59, 1950.

_____. Archiloque et le vin d' Ismaros. *Revue de Philologie,* v.LIV, p.284-94, 1980.

_____. *Guerre et paix dans la poésie grecque de Callinos à Pindare.* New York, 1981.

ASHERI, D. (ed.) *Erodoto, Le Storie* I. Milano, 1988.

ASSUNÇÃO, T. R. A morte nas elegias de Arquíloco, Calino e Mimnermo (comentários a Arq. fr.5 e 13W, Calino fr.1W e Mimnermo fr.1 e 2W). São Paulo, 1989. Dissertação (DLCV/FFLCH) – Universidade de São Paulo, 1989.

BAHNTJE, U. B. *Quaestiones Archilocheae.* Göttingen, 1900. B. M.

BAILLY, A. *Dictionnaire Grec-Français* (ed. revue par L. Séchan & P. Chantraine). Paris, 1950^2.

BAKER-PENOYRE, J. Thasos. *JHS,* v.29, p.202-50, 1909.

BARRON, J. P. Milesian Politics and Athenian Propaganda. *JHS,* v.82, p.1-6, 1962.

BEAZLEY, J., CASKEY, L. *Attic Vase paintings in the Museum of Fine Arts Boston.* Boston, 1931-1963.

BELOCH, K. J. *Griechische Geschichte* I^2. Strassburg, 1912.

BENAVENTE, M. Comentario a dos pasajes de la poesia griega. *Estudios,* v.7, p.321-3, 1963.

BENEDETTO, V. di (ed. e com.) *Euripidis Orestes.* Firenze, 1965.

BENVENISTE, E. *Le vocabulaire des institutions indo-européenes.* Paris, 1969. v.I e II.

_____. *Problemas de lingüística geral.* Trad. M. da Glória Novac, L. Neri. São Paulo, 1976.

BERGK, T. (ed.) *Anacreontis Carmina.* Leipzig, 1834.

_____. (ed.) *Poetae Lyrici Graeci.* Leipzig, 1882 (1915^4). v. II.

BLAKEWAY, A. The Date of Archilochus. In: *Greek Poetry & Life.* Oxford, 1936, p.34-55.

BLASS, F. Ein Papyrusfragment aus Menandros Kolax. *Hermes,* v.33, p.654-7, 1898.

BLASS, F. Vermischtes zu den griechischen Lyrikern und aus Papyri. *RhM*, v.55, p.91-103, 1900.

BLUMENTHAL, A. B. *Die Schätzung des Archilochos im Altertume*. Stuttgart, 1922.

BOARDMAN, J. Early Euboean Pottery and History. *ABSA*, v.52, p.1-29, 1957.

_____. *The Greeks Overseas*. London, 1980².

_____. The Islands, I. Euboea. In: *CAH* III.1. Cambridge, 1982². p.754-65.

_____. *The Oxford History of Classical World*. Oxford, 1986.

BOEDEKER, D. & SIDER, D. (ed.) *The New Simonides; Context of praise and desire*. Oxford: 2001.

BÖHME, J. *Die Seele und das Ich bei Homer*. Leipzig; Berlin, 1929.

BOISAQ, D. *Dictionnaire étymologique de la langue grecque*. Paris, 1923.

BON, A. Les ruines antiques dans l'Ile de Thasos. *BCH*, v.54, p.147-94, 1930.

BONANNO, M. G. Sull' Allegoria Della Nave (Alcae. 208V, Hor. *Carm*. I.14). *Rivista di Cultura Classica e Medioevale*, v.18, p.179-97, 1976.

BONNARD, A. Leben und zeitliche Einordnung des Archilochos von Paros. In: *Das Altertum*. Zurich, 1957. v.III.

BOSERUP, I. Archiloque ou Epigone Alexandrin? *Classica et Mediaevalia*, v.27, p.28-38, 1966.

BOSSI, F. *Studi su Archiloco*. Bari, 1990².

_____. A propósito de recenti traduzioni archilochee (1993-1994), *in* Cannatà Fera e Grandolini. Napoli, p.95-100, 2000.

BOWDEN, H. Hoplites and Homer: Warfare, Hero cult and the Ideology of the Polis. In: Rich, J., Shipley, G. (ed.) *War and Society in the Greek World*. London, New York, 1993.

BOWIE, E. Ancestors of Historiography in Early Greek Elegy and Iambic Poetry? In *The Historian's Craft in the Age of Herodotus*, ed. Nino Luraghi, 45-66. Oxford: 2001a.

_____. Early Greek Iambic Poetry: The importance of narrative, in Cavarzere, Aloni & Barchesi, p. 1-27, 2001b.

BOWRA, C. M. Earlier Lyric and Elegiac Poetry. In: *New Chapters in the History of Greek Literature*. Third Series (ed. J. U. Powell). Oxford, 1933.

———. *Early Greek Elegists*. Oxford, 1938.

———. Signs of Storm. Archilochus Fr.56. *CR*, v.54, p.127-29, 1940.

———. A Couplet of Archilochus. *Añales de Filología Clásica*, 6, 1954, p.37-43.

———. *Primitive Song*. Cleveland, 1962.

———. *Pindar*. Oxford, 1964.

BRADEEN, D. W. The Lelantine War and Pheidon of Argos. *TAPA*, v.78, p.223-41, 1947.

BREITENSTEIN, T. *Hésiode et Archiloque*. Odense, 1971.

BRELICH, A. *Guerre, Agoni e Culti nella Grecia Arcaica*. Bonn, 1961.

BROCCIA, G. ΠΟΘΟΣ Ε ΨΟΓΟΣ, *Il frammento 6D e l'opera di Archiloco*. Roma, 1956.

———. *Tradizione ed Esegesi*. Brescia, 1969.

BROWN, C. G. Arrows and Etymology: Gaetulicus' Epitaph for Archilochus. *Classical Philology*, 96.4 (2001) 429-432.

———. Pindar on Archilochus and the gluttony of blame (*Pyth*. 2.52-6). *JHS* 126 (2006) 36-46.

BRUNCK, R. F. P. (ed.) *Analecta Veterum Poetarum Graecorum*. Strassburg, 1785.

BUCHHOLZ, E., PEPPMÜLLER, R. (ed.) *Anthologie aus den Lyrikern der Griechen*. Leipzig, 1899.

BUFFIÈRE, F. (ed.) *Héraclite: Allégories d'Homère*. Paris, 1962.

BÜHLER, W. Archilochos und Kallimachos. In: *Archiloque*. Entretiens sur l'antiquité classique, Fond. Hardt X. Genève, 1964, p.223-47.

BURKERT, W. Das hunderttorige Theben. *WS*, v.10, p.5-21, 1976.

———. *Greek Religion*. Trad. J. Raffan. Cambridge, Mass., 1985.

BURN, A. R. The So-Called "Trade-Leagues" in Early Greek History and the Lelantine War. *JHS*, v.49, p.14-37, 1929.

———. *The Lyric Age of Greece*. Oxford, 1960.

BURNETT, A. P. *Three Archaic Poets*: Archilochus, Alcaeus, Sappho. London, 1983.

BUSOLT, G. *Griechische Geschichte*. Gotha, 1893. v. I².

CAIRNS, D. L. *AIDOS: The Psychology and Ethics of Honour and Shame in Ancient Greek Literature*. Oxford, 1993.

CAIRNS, F. *Generic Composition in Greek and Roman Poetry*. Edinburg, 1972.

CALAME, C. (ed.) *Alcmane*. Roma, 1983.

CAMERON, A. *Literature and Society in the Early Byzantine World*. London, 1985.

CAMPBELL, D. A. *Greek Lyric Poetry*: A Selection of Early Greek Lyric, Elegiac and Iambic Poetry. Bristol, 1982².

_____. *The Golden Lyre, The Themes of the Greek Lyric Poets*. London, 1983.

CANCRINI, A. *Syneidesis. Il tema semantico della con-scientia nella Grecia Antica*. Roma, 1970.

CANNATÀ FERA, M. & GRANDOLINI, S. (ed.) *Poesia e religione in Grécia; Studi in onore di G. Aurelio Privitera*. Napoli: 2000.

CAREY, C. *A Commentary on Five Odes of Pindar*. New York, 1981.

CARLIER, P. *La royauté en Grèce avant Alexandre*. Strasbourg, 1984.

CASSON, L. *Ships and Seamanship in the Ancient World*. New Jersey, 1971.

CAVARZERE, A., ALONI, A. & BARCHIESI, A. (ed.) *Iambic Ideas; Essays on a Poetic Genre from Archaic Greece to the Late Roman Empire*. Lanham, Boudler, New York, Oxford: 2001.

CHANTRAINE, P. *Grammaire Homérique*. Paris, 1948.

_____. Le divin et les dieux chez Homère. In: *Entretiens sur l'Antiquité Classique*, Fond. Hardt I. Genève, 1952. p.47-94.

_____. *Dictionnaire étymologique de la langue grecque*. Paris, 1968.

CLARKE, M. L. The Hexameter in Greek Elegiacs. *CR*, v.5, p.18, 1955.

CLAY, D. *Archilochus Heros; The cult of poets in the Greek polis*. Cambridge Mass. & London: 2004.

CLAY, J. S. Ἄκρα Γυρέων: Geography, Allegory and Allusion (Archilochus Fragment 105 West). *AJP*, p.201-4, 1982.

COLDSTREAM, J. N. *Greek Geometric Pottery*. London, 1968.

———. *Geometric Greece*. London, 1977.

———. The Meaning of the Regional styles in the Eigth Century B. C. In: HÄGG, R. (ed.) *The Greek Renaissance of the Eight Century B. C.*: Tradition and Innovation. Stockholm, 1993, p.17-25.

COLONNA, A. Su alcuni frammenti di Lirici Greci. *SIFC*, v.21, p.23-40, 1946.

———. *L'Antica lirica greca*. Torino, 1956².

CONZE, A. Kothon. *Philologus*, v.17, p.565-7, 1860.

COUSIN, J. (ed.) *Quintilien: Institution Oratoire* V. Paris, 1978.

CROISET, A. & M. *Histoire de la littérature grecque*. Paris, 1913².

CRÖNERT, G. (ed.) *Archilochi Elegiae*. Göttingen, 1911.

DAGROU, G. *L'Empire Roman d'Orient au IVe siècle et les traditions politiques de l'hellénisme*: le témoignage de Themistios. Paris, 1968.

DARCUS, S. M. A Person's Relation to φρήν in Homer, Hesiod and the Greek Lyric Poets. *Glotta*, v.57, p.159-73, 1979.

———. How a Person Relates to νόος in Hesiod and the Greek Lyric Poets. *Glotta*, v.58, p.33-44, 1980.

———. The Function of θυμός in Hesiod and the Greek Lyric Poets. *Glotta*, v.59, 147-55, 1981.

DAUX, G. *Delphes au IIe et au Ier siècles*. Paris, 1936.

———. Chronique des fouilles et découverts archéologiques en Grèce en 1958. *BCH*, v.83, p.775-84, 1959.

DAVIES, M. (ed.) *Poetarum Melicorum Graecorum Fragmenta*. Oxford, 1991. v.I.

DAVISON, J. A. (Resenha de E. Diehl, ed. "Anthologia Lyrica Graeca"). *JHS*, v.74, p.193, 1954.

———. (Resenha de E. Lobel, C. H. Roberts, Ed. "The Oxyrhynchus Papyri"). *CR*, v.70, p.12-4, 1956.

DAVISON, J. A. Archilochus Fr.2 Diehl. *CR*, v.10, p.1-4, 1960.

DE FALCO, V. Note Critiche e Filologiche: Note ai Lirici Greci I. Archiloco Soldato e la Perdita dello Scudo (Fr.1 & 6); II. Archiloco Fr.112D. *PP*, p.347-67, 1946.

_____. Due Note Filologiche I. Ancora sul Framm. 1D de Archiloco. *Emerita*, v.17, p.148-57, 1949.

DE FALCO, V., COIMBRA, A. F. (ed.) *Os elegíacos gregos, de Calino a Crates*. São Paulo, 1941.

DE RIDDER, A. Inscriptions de Paros et de Naxos. *BCH*, v.21, p.16-25, 1897.

DEFRADAS, J. *Les thèmes de la propagande delphique*. Paris, 1954.

DEGANI, E. Marginalia. *Helikon*, v.3, p.484-9, 1963.

_____. Note sulla fortuna di Archiloco e di Ipponatte in epoca ellenistica. *QUCC*, v.16, p.79-104, 1973.

_____. (ed.) *Poeti Giambici ed Elegiaci*. Milano, 1977.

_____. *Civiltà dei Greci, Antologia per il Liceo Classico*. I Lirici e Platone. Firenze, (1987) 1990^4.

DEGANI, E., BURZACCHINI, G. (ed.) *Lirici Greci*. Firenze, 1977.

DENNISTON, J. D. D. *The Greek Particles*. Oxford, 1954^2.

DERVISOPOULOS, M. G. ΣΥΜΒΟΛΗ ΣΤΑ ΝΕΑ ΕΥΡΗΜΑΤΑ ΤΟΥ ΑΡΧΙΛΟΧΟΥ. *Hellenika*, v.14, p.451-2, 1955.

DETIENNE, M. La Phalange: problèmes et controverses. In: VERNANT, J. P. (org.) *Problèmes de la guerre en Grèce Ancienne*. Paris, 1968, p 119-42.

_____. Ébauche de la personne dans la Grèce Archaïque. In: MEYERSON, I. (ed.) *Problèmes de la personne*. Paris, 1973, p.45-54.

DEUTICKE, P. *Archiloco Pario quid in Graecis litteris sit tribuendum*. Halis Saxonum, 1877.

DICKIE, M. W. On the meaning of ἐφήμερος. *ICS*, v.1, p.7-14, 1976.

DIEHL, E. (ed.) *Anthologia Lyrica Graeca*. Leipzig, $1922\text{-}1925^1$, $1936\text{-}1942^2$, $1949\text{-}1952^3$.

_____. Fuerunt ante Homerum poetae. *RhM*, v.89, p.81-114, 1940.

DIELS, H. (ed.) *Poetarum Philosophorum Fragmenta*. Berlin, 1901.

DIGGLE, J. (ed.) *Euripides: Phaethon*. Cambridge, 1970.

DIHLE, A. *The Theory of Will in Classical Antiquity*. Berkeley, 1982.

DILTS, M. R. (ed.) *Heraclidis Lembi*: Excerpta Politicarum. Durham, 1971.

_____. (ed.) *C. Aeliani: Varia Historia*. Leipzig, 1974.

DINDORF, G. *Clementis Alexandrini*. Opera III. Oxford, 1870.

DODDS, E. R. *Os gregos e o irracional*. Trad. L. S. B. de Carvalho. Lisboa, 1988.

DONLAN, W. Archilochus, Strabo and the Lelantine War. *TAPA*, v.101, p.131-42, 1970.

_____. The Tradition of Anti-Aristocratic Thought in Early Greek Poetry. *Historia*, v.22, p.145-54, 1973.

DOVER, K. J. (Resenha de M. Treu, "Von Homer zur Lyrik"). *JHS*, v.77, p.322-3, 1957.

_____. The Poetry of Archilochus. In: *Entretiens sur l'Antiquité Classique*, Fond. Hardt X. Genève, 1964, p.181-212.

DREWS, R. *Basileis in the Archaic and Classical Periods*. Yale, 1983.

DURÁN, M. El escudo, la serpiente y la mujer em Arquíloco 12 Adrados = 5 West. *Emerita* 67.1: 87-103, 1999.

EDMONDS, J. M. (ed. e trad.) *Greek Elegy and Iambus*. London, 1931.

EDWARDS, M. E. *The Iliad, A Commentary V*. (Ed. G. S. Kirk). Cambridge, 1991.

EHRENBERG, V. Archilochus, Fr.2D. *CP*, v.57, p.239-40, 1962.

ELSE, G. F. God and Gods in Early Greek Thought. *TAPA*, v.80, p.24-36, 1949.

EVERSON, S. (ed.) *Psychology*: Companions to ancient thought II. Cambridge, 1991.

FARNELL, L. R. *The Cults of the Greek States*. Oxford, 1896-1909.

FERNÁNDEZ-GALIANO, M., RUSSO, J., HEUBECK, A. *A Commentary on Homer's Odyssey*. Oxford, 1992. v.III.

FERREIRA, A. B. de H. *Novo Dicionário Aurélio*. Rio de Janeiro, 1975.

FICK, A. F. Die Sprachform der altionischen und altattischen Lyrik. *Beiträge zur Kunde der Indogermanischen Sprachen*. v.11, p.242-72, 1886; v.13, p.173-221, 1888.

DIGGLE, J. (ed.) *Euripides: Phaethon*. Cambridge, 1970.

DIHLE, A. *The Theory of Will in Classical Antiquity*. Berkeley, 1982.

DILTS, M. R. (ed.) *Heraclidis Lembi*: Excerpta Politicarum. Durham, 1971.

_____. (ed.) *C. Aeliani: Varia Historia*. Leipzig, 1974.

DINDORF, G. *Clementis Alexandrini*. Opera III. Oxford, 1870.

DODDS, E. R. *Os gregos e o irracional*. Trad. L. S. B. de Carvalho. Lisboa, 1988.

DONLAN, W. Archilochus, Strabo and the Lelantine War. *TAPA*, v.101, p.131-42, 1970.

_____. The Tradition of Anti-Aristocratic Thought in Early Greek Poetry. *Historia*, v.22, p.145-54, 1973.

DOVER, K. J. (Resenha de M. Treu, "Von Homer zur Lyrik"). *JHS*, v.77, p.322-3, 1957.

_____. The Poetry of Archilochus. In: *Entretiens sur l'Antiquité Classique*, Fond. Hardt X. Genève, 1964, p.181-212.

DREWS, R. *Basileis in the Archaic and Classical Periods*. Yale, 1983.

DURÁN, M. El escudo, la serpiente y la mujer em Arquíloco 12 Adrados = 5 West. *Emerita* 67.1: 87-103, 1999.

EDMONDS, J. M. (ed. e trad.) *Greek Elegy and Iambus*. London, 1931.

EDWARDS, M. E. *The Iliad, A Commentary V*. (Ed. G. S. Kirk). Cambridge, 1991.

EHRENBERG, V. Archilochus, Fr.2D. *CP*, v.57, p.239-40, 1962.

ELSE, G. F. God and Gods in Early Greek Thought. *TAPA*, v.80, p.24-36, 1949.

EVERSON, S. (ed.) *Psychology*: Companions to ancient thought II. Cambridge, 1991.

FARNELL, L. R. *The Cults of the Greek States*. Oxford, 1896-1909.

FERNÁNDEZ-GALIANO, M., RUSSO, J., HEUBECK, A. *A Commentary on Homer's Odyssey*. Oxford, 1992. v.III.

FERREIRA, A. B. de H. *Novo Dicionário Aurélio*. Rio de Janeiro, 1975.

FICK, A. F. Die Sprachform der altionischen und altattischen Lyrik. *Beiträge zur Kunde der Indogermanischen Sprachen*. v.11, p.242-72, 1886; v.13, p.173-221, 1888.

DAVISON, J. A. Archilochus Fr.2 Diehl. *CR*, v.10, p.1-4, 1960.

DE FALCO, V. Note Critiche e Filologiche: Note ai Lirici Greci I. Archiloco Soldato e la Perdita dello Scudo (Fr.1 & 6); II. Archiloco Fr.112D. *PP*, p.347-67, 1946.

_____. Due Note Filologiche I. Ancora sul Framm. 1D de Archiloco. *Emerita*, v.17, p.148-57, 1949.

DE FALCO, V., COIMBRA, A. F. (ed.) *Os elegíacos gregos, de Calino a Crates.* São Paulo, 1941.

DE RIDDER, A. Inscriptions de Paros et de Naxos. *BCH*, v.21, p.16-25, 1897.

DEFRADAS, J. *Les thèmes de la propagande delphique.* Paris, 1954.

DEGANI, E. Marginalia. *Helikon*, v.3, p.484-9, 1963.

_____. Note sulla fortuna di Archiloco e di Ipponatte in epoca ellenistica. *QUCC*, v.16, p.79-104, 1973.

_____. (ed.) *Poeti Giambici ed Elegiaci.* Milano, 1977.

_____. *Civiltà dei Greci, Antologia per il Liceo Classico.* I Lirici e Platone. Firenze, (1987) 1990^4.

DEGANI, E., BURZACCHINI, G. (ed.) *Lirici Greci.* Firenze, 1977.

DENNISTON, J. D. D. *The Greek Particles.* Oxford, 1954^2.

DERVISOPOULOS, M. G. ΣΥΜΒΟΛΗ ΣΤΑ ΝΕΑ ΕΥΡΗΜΑΤΑ ΤΟΥ ΑΡΧΙΛΟΧΟΥ. *Hellenika*, v.14, p.451-2, 1955.

DETIENNE, M. La Phalange: problèmes et controverses. In: VERNANT, J. P. (org.) *Problèmes de la guerre en Grèce Ancienne.* Paris, 1968, p.119-42.

_____. Ébauche de la personne dans la Grèce Archaïque. In: MEYERSON, I. (ed.) *Problèmes de la personne.* Paris, 1973, p.45-54.

DEUTICKE, P. *Archiloco Pario quid in Graecis litteris sit tribuendum.* Halis Saxonum, 1877.

DICKIE, M. W. On the meaning of ἐφήμερος. *ICS*, v.1, p.7-14, 1976.

DIEHL, E. (ed.) *Anthologia Lyrica Graeca.* Leipzig, 1922-1925^1, 1936-1942^2, 1949-1952^3.

_____. Fuerunt ante Homerum poetae. *RhM*, v.89, p.81-114, 1940.

DIELS, H. (ed.) *Poetarum Philosophorum Fragmenta.* Berlin, 1901.

dida (v.8).²⁶ O "eu" recorre a uma máxima ou provérbio²⁷ para trazê-lo à razão. Os últimos dois versos nos fazem lembrar o fragmento 128W de Arquíloco, que, por sua vez, é todo construído a partir de metáforas de guerra, o próprio coração sendo exortado como um guerreiro.²⁸

No entanto, os versos foram lidos, primeiramente por Treu (1959, p.177), como sendo um fragmento de um poema erótico. E se compreendermos o verbo *liázdō* não no sentido de "abater-se", "esmorecer", mas como "entusiasmar-se", "esforçar-se" (cf. Gerber, 1999; e LSJ *liázdō* B), vê-se como West (1974, p.129) desenvolveu essa idéia, sugerindo que o contexto pudesse ser o mesmo da coluna anterior, mas, agora, o comandante se dedica às atividades do "casamento".²⁹ Nesse texto, porém, ao contrário do anterior, não há menção a Afrodite, asnos ou a algo mais sólido em que apoiar tal interpretação. A malícia baseia-se apenas no sentido fálico que "espada" ou "lança" podem ter.³⁰

3 FR.139W

Não há dúvida entre os comentadores de que o fragmento 139W de Arquíloco contém uma narrativa ou previsão de combate:

]χ´ ἀσπίδ[
]ν ἴσην τὴν[
]δ[..]χθεὶς ἔργον[

---

26 v.8: πειρεαιλιανλιαζεισκυ.[Lobel & Roberts (1954, p.36); Treu. πείρεαι; λίαν λιάζεις· κύν[τερον Peek (1956a, p.17, 18: κύγ[τερον τλήσεις ἔτι ου κύν[τερον παθὼν πάρος). πείρεαι; λίην λιάζεις· κυ[Tard. Lobel (in Lobel & Roberts, 1954, p.37) indica que λίην δὲ δὴ λιάζεις ocorre em Anacreonte (50 Gentili, cf. correção de Tarditi para λίην) e que, segundo os antigos gramáticos (Ap. Dysc. π. ἀντ. 34, 26; Schol. Dionys. 401.11; Hesíquio s. v. ληάζειν; Fócion s. v. λιάζειν; *Et. Mag.* s. v. αἰάζω), o verbo era derivado do advérbio.
27 v.9: ισθινυντιαδισθ.[...]...[Lobel & Roberts (1954, p.36); Treu. ἴσθι νῦν τάδ´ ἴσθι πάντα[Peek (1956a, p.17). ἴσθι νῦν τάδ´ ἴσθι.[...] ...[Tard.
28 Peek (1956a, p.18) sugere que os versos eram dirigidos ao tal "Arco", mas não sabe dizer se o tom é amistoso ou não.
29 West (loc. cit.) imagina que Arq. fr. 153.3W:]ξιφε[poderia pertencer a esse fragmento (τ[ί ξίφει). Henderson (1976, p.175) endossa a leitura de West: o guerreiro é censurado por ocupar-se com o seu outro "instrumento", não mais com a lança no combate.
30 Treu (1959, p.177) cita Calímaco (fr. 70Pf), entre outros exemplos comparáveis. É óbvio que lanças são fálicas, mas isto só não garante essa leitura.

(cf. West, 1974, p.129). Há, seguramente, o início de um novo poema no sétimo verso, marcado por uma *coronis*. Lobel (in Lobel & Roberts, 1954, p.37) imaginou que o contexto dessa passagem (v.7-9) fosse militar:[23]

                      ]..[.].[
                      ]..[
     –∪(–×)   ]ρον δεδησ.[
     ου[∪ (–×–)].[.]ἀνδρος πε[
5   χη[.].[   ].δ[   ]επ[[24]
     κα[.]..[......]..[.]τ.φ[..]διτ[
⊗   ἀρχὸς εὖ μαθ[ὼ]ν ἄκοντι τ[
     πειρέαι; λίην λιάζεις κυρ[
     ἴσθί νυν, τάδ' ἴσθι...γγο[

           ...
           ...
           ...
           ... *]de homem[* ...
5   ...
           ] [A]f[ro]dit[e] (?)
⊗   *líder peri[t]o na lança[* ...
     tentas (?) muito te entusiasmas[...
     sabe agora, isto sabe[...

À primeira vista, os versos 7-9 parecem um fragmento de uma parênese e/ou consolo para um comandante (ou soldado chamado Arco?) que, embora hábil (v.7),[25] sofreu algum revés que suscitou uma reação desme-

---

23 Lobel & Roberts (1954, p.37): "*Chief, who art being spitted (with a spear), thou art too eager...*". A sua solução para o início do oitavo verso (*peíreai* "trespassado"), porém, não lhe satisfazia completamente. Treu (1959) incluiu em sua edição a col.II apenas entre as notas, não como um fragmento, embora – ignorando a *coronis* – julgasse tratar-se da continuação do poema anterior (col.i).

24 v.3:]ρονδεδησ.[Lobel & Roberts (1954, p.36).]λυπρὸν δὲ δὴ σὺ[Peek (1956a, p.17, 18: ou λυγρόν).]ρουδης.[Treu.]ρον δὲ δησ.[Tard.

     v.4: ο.[ ].[.].νδροσπε[Lobel & Roberts (1954, p.36); Treu; Tard. δὴ[∪–×–∪]ς ἀνδρὸς πε[∪–×–∪×] Peek (1956a, p.17, 18: [πρὸ?]ς ἀνδρὸς πε[ύσεαι]? πε[ίσεαι]?).

     v.5:...[.].[].δ[ ].π Lobel & Roberts (1954, p.36); Tard. δὴ[ ]ιδη.π[Peek (1956a, p.17).

25 v.7:]αρχοςευμα.[.].ακοντιτ[Lobel & Roberts (1954, p.36, 37: ἄρχ´ ὃς ... πείρεαι); Treu. ῎Αρχος εὖ μαθ[ὼ]ν ἄκοντι τ[υπτέμεν, τί κήδεσιν] Peek (1956a, p.17). ῎Αρχ´ ὃς εὖ μα.[.].ἄκοντι τ[Tard. West nota porém que a forma τυπτέμεν só ocorre na poesia épica e elegíaca.

FINNEGAN, R. (ed.) *The Penguin Book of Oral Poetry*. London, 1978.

FORREST, W. G. Colonization and the Rise of Delphi. *Historia*, v.6, p.159-75, 1957.

FOWLER, R. L. *The Nature of Early Greek Lyric*: Three Preliminary Studies. Toronto, 1987.

FRÄNKEL, H. (Resenha de W. Marg, "Der Charakter in der Sprache der Frühgriechischen Dichtung"). *AJP*, v.60, p.475-9, 1939.

_____. Man's Ephemeros' Nature according to Pindar and Others. *TAPA*, v.77, p.131, 1946.

_____. ΕΦΗΜΕΡΟΣ als Kennwort für die menschliche Natur. In: *Wege und Formen frühgriechischen Denkens*. München, (1955, 1968³). p.23-39.

_____. *Early Greek Poetry and Philosophy*. Trad. M. Hadas e J. Willis. New York, 1975 (*Dichtung und Philosophie des frühen Griechentums. Eine Geschichte der griechischen Epik, Lyrik und Prosa bis zur Mitte des fünften Jahrhunderts*. München, 1962).

FRANKFORT, H. *Kingship and the Gods*. Chicago, 1948.

FREDRICH, C. Thasos. *AM*, v.33, p.215-46, 1908.

FRÈRE, J. *Les grecs et le désir de l'être*. Paris, 1981.

FRIEDLÄNDER, P., HOFFLEIT, H. B. *Epigrammata: Greek Inscriptions in Verse from the beginnings to the Persian Wars*. Berkeley, L. A., 1948.

GAISFORD, T. (ed.) *Scholia ad Hesiodum*. Leipzig, 1823a.

_____. (ed.) *Poetae Minores Graeci*. Oxford, 1823b.v.I.

GALLAVOTTI, C. Archiloco. *PP*, v.4, p.130-53, 1949.

_____. Note di Esegesi Archilochea. *Maia*, v.27, p.27-36, 1975.

GARLAN, Y. Recherches de poliorcétique grecque. Paris, 1974.

_____. *War in the Ancient World*. Trad. J. Lloyd. London, 1975.

GARZYA, A. Una Variazione Archilochea in Sinesio. *Maia*, v.10, p.66-71, 1958.

_____. (ed.) *Synesii Cyrenensis: Epistolae*. Roma, 1979.

GASKIN, R. Do Homeric Heroes make real decisions? *CQ*, v.40, p.1-15, 1990.

GAUTHIER, R. A., JOLIF, J. R. (trad. e com.) *Aristote, L'Ethique à Nicomaque*. Paris, 1958-1959. v.I e II.

GENTILI, B. Interpretazione di Archiloco Fr.2D = 7L-B. *RFIC*, v.93, p.129-34, 1965.

———. L'interpretazione dei lirici greci arcaici nella dimensione del nostro tempo. *QUCC*, v.8, p.7-21, 1969.

———. La lancia di archiloco e le figurazioni vascolari. In: *Studia A. Ronconi Sexagenario Oblata*. Roma, 1970, p.115-20.

———. Nota ad Archiloco, P. Col.7511; Fr.2Tard. 2West. *QUCC*, v.21, p.17-21, 1976.

———. *Poetry and its Public in Ancient Greece from Homer to the Fifth Century*. Trad. A. T. Cole. Baltimore, London, 1988.

GERBER, D. E. *Euterpe: An Anthology of Early Greek Lyric, Elegiac and Iambic Poetry*. Amsterdam, 1970.

———. Archilochus Fr.4 West: A Commentary. *ICS*, v.6.2, p.1-11, 1981.

———. *Greek Iambic Poetry from the seventh to the fifth centuries B. C.* Cambridge, Mass, 1999.

GEREVINI, S. L'Archiloco perduto e la tradizione critico-letteraria. *PP*, v.9, p.256-64, 1954.

GERLACH, W. Staat und Staatschiff. *Gymnasium*, p.127-39, 1937.

GIANGRANDE, G. Archiloque au pillory. *QUCC*, v.14, p.37-40, 1972.

GIANNINI, A. Archiloco alla Luce dei Nuovi Ritrovamenti. *ACME*, v.11, p.41-96, 1958.

GIGANTE, M. Il testo del fr.6, 3 di Archiloco. *PP*, v.11, p.196-200, 1956.

———. Il testo del fr.1D di Archiloco. *PP*, v.12, p.358-62, 1957.

———. Interpretazioni archilochee. *Atti dell'Accad. Pontiana*. v.7, p.45-55, 1957-1958.

GLOTZ, G., COHEN, R. *Histoire grecque*. Paris, 1925. v.I.

GOSSAGE, A. J. The family of Prosthenes at Paros. *RhM*, v.94, p.213-21, 1951.

GOTTSCHALK, H. B. *Heraclides of Pontus*. Oxford, 1980.

GOULD, J. *The Development of Plato's Ethics*. Cambridge, 1955.

GOW, A. S. F. (ed.) *Theocritus*. Cambridge, 1973³.

GOW, A. S. F., SCHOLFIELD, A. F. (ed.) *Nicander: The Poems and Poetical Fragments*. Cambridge, 1953.

GRAHAM, A. M. The Foundation of Thasos. *ABSA*, v.73, p.61-101, 1978.

GREENE, W. C. (ed.) *Scholia Platonica*. Haverford, 1938.

GREENHALGH, P. A. L. *Early Greek Warefare*. Cambridge, 1973.

GRENFELL, B. P., HUNT, A. S. *The Oxyrhynchus Papyri*. London, 1908. v.IV.

GRIFFITH, G. T. *The Mercenaries of the Hellenistic World*. Cambridge, 1935.

GRIFFITH, M. Personality in Hesiod. *Cl. Ant.*, v.2, p.37-65, 1983.

GRUBER, J. *Über einige abstrakte Begriffe des frühen Griechischen*. Meisenheim am Glan, 1963.

GUNDERT, H. (Resenha de H. Fränkel, "Dichtung und Philosophie"). *Gnomon*, v.27, p.465-83, 1955.

HÄGG, R. (ed.) *The Greek Renaissance of the Eighth Century B. C.*: Tradition and Innovation. Stockholm, 1983.

HAINSWORTH, B. *The Iliad*: A Commentary III. Ed. G. S. Kirk. Cambridge, 1993.

HANDLEY, E. W. *In The Cambridge History of Classical Literature I. Greek Literature*. ed. P. E. Easterling & B. M. W. Knox. Cambridge, 1988.

HANSEN, M. H. *The ancient Greek City-State*. Copenhagen: 1993.

HANSON, V. D. *The Western Way of War*. Infantry Battle in Classical Greece. Oxford, 1989. (*Le modèle occidental de la guerre*. Trad. A. Billaut. Paris, 1990).

HANSON, V. D. (ed.) *Hoplites; The Classical Greek Battle Experience*. London, New York, 1991.

HARDER, R. Zwei Zeilen von Archilochos. *Hermes*, v.80, p.381-4, 1953.

HARRIOTT, R. *Poetry and Criticism before Plato*. London, 1969.

HARRISON, S. Some Generic Problems in Horace's Epodes: Or, On (not) Being Archilochus, in Cavarzere, Aloni & Brachesi, 2001, p.165-186.

HAUVETTE, A. Les nouveaux fragments d'Archiloque. *REG*, v.14, p.70-85, 1901.

_____. *Archiloque, sa vie et ses poésies*. Paris, 1905.

HEGEL, G. W. F. *Werke [in zwanzig Bänden]*. Frankfurt am Main, 1970.

HENDERSON, J. *The Maculate Muse*: Obscene Language in Attic Comedy. Yale, 1975.

_____. The Cologne Epode and the Conventions of the Early Greek Erotic Poetry. *Arethusa*, v.9, p.159-79, 1976.

HENDRICKSON, G. L. Archilochus and the Victims of his Iambics. *AJP*, v.14, p.101-27, 1925.

HEUBECK, A. *Die Homerische Frage*. Darmstadt, 1974.

HILLER, E. H. (ed.) *Anthologia Lyrica Graeca sive Lyricorum Graecorum Veterum praeter Pindarum*. Leipzig, 1890.

HILLER v. GAERTRINGEN, F. Archilochosinschrift aus Paros. *AM*, v.25, p.1-22, 1900.

_____. *Inscriptiones Graecae (XII.5.445)*. Berlin, 1903.

_____. Archilochosdenkmal aus Paros. *Sitz. Pr. Ak. Wiss.*, p.1236-42, 1904.

_____. Noch einmal das Archilochosdenkmal von Paros. *NGG (Berlin)*, p.41-58, 1934.

_____. *Inscriptiones Graecae (XII.5.445) Supplementum*. Berlin, 1939.

HOFFMANN, O. *Die Griechischen Dialekte In Ihrem Historischen Zusammenhange* (3): *Der Ionische Dialekt*. Göttingen, 1898.

HOLZINGER, C. v. (ed.) *Lykophron's Alexandra*. Leipzig, 1895.

HORNBLOWER, S. *A Comentary on Thucydides*. Oxford, 1991.

HUDSON-WILLIAMS, T. (ed.) *The Elegies of Theognis*. London, 1910.

_____. (ed.) *Early Greek Elegy*. Cardiff, 1926.

HUTCHINSON, G. O. (ed. e com.) *Aeschylus: Septem Contra Thebas*. Oxford, 1985.

HUXLEY, G. Studies in Early Greek Poets: I. Neleids in Naxos and Archilochus. *GRBS*, v.5, p.21-5, 1964.

INWOOD, M. *A Hegel Dictionary*. Cambridge, Mass., 1992.

IRWIN, E. *Solon and Early Greek Poetry; The Politics of Exortation*. Cambridge, 2005.

JACOBY, F. Zu den älteren griechischen Elegikern. *Hermes*, v.53, p.262-307, 1918.

———. The Date of Archilochus. *CQ*, v.35, p.97-109, 1941. = *Kleine philologische Schriften I*. Berlin, 1961. p.249-67.

JAEGER, W. *Paidéia*. A formação do homem grego. Trad. A. M. Parreira. São Paulo, 1979.

JAMESON, M. H. Sacrifice before Battle. In: HANSON, V. D. (ed.) *Hoplites: the Classical Greek Battle Experience*. London, New York, 1991. p.197-227.

JANKO, R. *The Iliad: A Commentary IV*. (ed. G. S. Kirk). Cambridge, 1992.

JANNI, P. Due note omeriche. *QUCC*, v.3, p.7-30, 1967.

JARCHO, V. N. Noch einmal zur sozialen Position des Archilochos. *Klio*, v.64, p.313-27, 1982.

JOHNSON, W. R. *The Idea of Lyric*. Lyric Modes in Ancient and Modern Poetry. London, 1982.

JURENKA, H. *Archilochos von Paros*. Aus den Fragmenten dargestellt. Wien, 1900.

KIRK, G. S. War and the Warrior in the Homeric Poems. In: VERNANT, J. P. (org.) *Problèmes de la guerre en Grece Anciènne*. Paris, 1968, p.93-118.

———. *The Iliad: A Commentary I*. Cambridge, 1985.

KIRKWOOD, G. M. *Early Greek Monody*. Ithaca, 1974.

KONTOLEON, K. M. Νέαι ἐπιγραφαὶ περὶ τοῦ Ἀρχιλόχου ἐκ Πάρου. AP. ΕΦ. 1952 (1955), p.32-95.

———. Zu den neuen Archilochosinschriften. *Philologus*, v.100, p.29-39, 1956.

———. Archilochos von Paros. In: *Entretiens sur l'Antiquité Classique*, Fond. Hardt X. Genève, 1964, p.37-73.

KOPIDAKES, M. (Resumo de) *Autour des Proverbes I*. *Hellenika*, v.34, p.482-88, 1982-1983.

KÖRTE, A. Literarische Texte mit Ausschluss der Christlichen. *Archiv für Papyrusforschung*, v.10, p.43, 1932.

KÜHN, C. G. (ed.) *Medicorum Graecorum Opera quae Exstant*. Leipzig, 1821-1833.

KÜHNER, R. BLASS, F. *Ausführliche Grammatik der Griechischen Sprache*. Leipzig. 1890-1892³. v.I, I-II.

KÜHNER, R., GERTH, B. *Ausführliche Grammatik der Griechischen Sprache*. Leipzig, 1898-1904³. v.II-III.

LANATA, G. La poetica dei lirici greci arcaici. In: *Antidoron Hugoni Henrico Paoli oblatum*. Genova, 1956, p.168-82.

───────. *Poetica pre-platonica*: testimonianze e frammenti. Firenze, 1963.

LANG, A. *The World of Homer*. London, 1910.

LASSERRE, F. Un nouveau fragment d'Archiloque. *MH*, v.5, p.6-15, 1948.

───────. *Les epodes d'Archiloque*. Paris, 1950.

───────. (Resenha de E. Diehl (ed.) "Anthologia Lyrica Graeca"). *Gnomon*, v.25, p.276-7, 1953.

───────. Un nouveau poème d' Archiloque. *MH*, v.13, p.226-35, 1956.

───────. Archiloque, fr.2W. *Grazer Beitr.*, v. 8, p.49-56, 1979.

LASSERRE, F., BONNARD, A. (ed. e trad.) *Archiloque: Fragments*. Paris, 1958.

LATACZ, J. *Kampfparänese, Kampfdarstellung und Kampfwirklichkeit in der Ilias, bei Kallinos und Tyrtaios*. München, 1977.

───────. Das Menschenbild Homers. *Gymnasium*, v.91, p.15-39, 1984.

LATTE, K. (Resenha de E. Lobel & C. H. Roberts (ed.) "Oxyrhynchus Papyri XXII"). *Gnomon*, v.27, p.491-9, 1955.

LAVAGNINI, B. *Aglaia*. Torino, 1947³.

LAVELLE, B. M. Archilochus fr.6 West and **XEINIA**. *CJ*, v.76, p.193-9, 1980-1981.

───────. *Epikouros* and *epicouroi* in Early Greek Literature and History. *GRBS* 38.3 (1997): 229-262.

───────. The Apollodoran date for Archilochus. *CPh* 97.4 (2002) 344-351.

LAWRENCE, A. W. *Greek Aims in Fortification*. Oxford, 1979.

LEAF, W. (ed. e com.) *The Iliad I-II*. London, 1900.

LEJEUNE, M. Le DAMOS dans la société mycénienne. *REG*, v.78, p.1-55, 1965.

LENDLE, O. Archilochos, Politischer Ratgeber seiner Mitbürger. In: *Politeia und Res Publica*. Beiträge zum Verständnis von Politik, Recht und Staat in der Antike. Ed. P. Steinmetz. Wiesbaden, 1969 (*Palingenesia* IV), p.39-51.

LENTZ, A. (ed.) *Herodiani Technici Reliquiae I-II*. Leipzig, 1867-1868.

LEO, F. L. *De Horatio et Archilocho*. Göttingen, 1900.

LESKY, A. (Resenha de B. Snell, "Die Entdeckung des Geistes"). *Gnomon*, v.27, p.483-7, 1955.

_____. *Göttliche und menschliche Motivation im homerischen Epos*. Heidelberg, 1961.

_____. Homeros. In: *RE* Suppl. XI. Stuttgart, 1967.

_____. *História da literatura grega*. Trad. M. Losa. Lisboa, 1995.

LÉVY-BRUHL, L. *Les fonctions mentales dans les sociétés inférieures*. Paris, 1910.

LIEBEL, I. (ed.) *Archilochi Reliquiae*. Leipzig, 1812, 1818².

LLOYD, A. B. (com.) *Herodotus II*. Köln, 1988.

LLOYD, G. E. R. *Early Greek Science*: Thales to Aristotle. London, 1970.

LLOYD-JONES, H. The Supplices of Aeschylus. *AC*, v.33, p.356-74, 1964.

_____. Symposium on Archilochus. CR n.s. 15 (1965) 263-6.

_____. *The Justice of Zeus*. Berkeley, 1975, 1983².

LOBEL, E., PAGE, D. L. (ed.) *Poetarum Lesbiorum Fragmenta*. Oxford, 1955.

LOBEL, E., ROBERTS, C. H. (ed.) *The Oxyrhynchus Papyri XXII*. London, 1954.

LÓPEZ, J. G. Sobre la autenticidad del fr.56a de Arquíloco. *Emerita*, v.40, p.421-6, 1972.

LORIMER, H. L. The hoplite phalanx with special reference to the poems of Archilochus and Tyrtaeus. *ABSA*, v.XLII, p.76-138, 1947.

_____. *Homer and the Monuments*. London, 1950.

LOVIBOND, S. Plato's theory of mind. In: EVERSON, S. (ed.) *Psychology*: Companions to ancient thought II. Cambridge, 1991. p. 35-55.

LOZZA, G. (ed.) *Plutarco: De Superstitione*. Milano, 1980.

LURIA, S. Zu Archilochos. *Philologus*, v.105, p.178-97, 1961.

MAAS, P. Zu Griechischen Wörtern (δαιμονή, κτίδεος, προμηθέσσομαι). In: *Kleine Schriften*. München, 1973. p.196-7.

MACAN, R. W. (ed.) *Herodotus*. London, 1895, v.IV-VI; 1908, v.VII-IX.

MAEHLER, H. *Die Auffassung des Dichterberufs im frühen Griechentum bis zur Zeit Pindars*. Göttingen, 1963.

MAHAFFY, J. P. *The Flinders Petrie Papyri*. Dublin, 1891.

MAISANO, R. (ed.) *Niceforo Basiliace, Gli Encomi per l'Imperatore e per il Patriarca*. Napoli, 1977.

MARCACCINI, C. *Construire un'identità, scrivere la storia: Archiloco, Paro e la colonizzazione di Taso*. Firenzi, 2001.

MARINATOS, S. *Kleidung & Haar- und Barttracht in Archaeologia Homerica A-B*. Göttingen, 1967.

MARZULLO, B. *Frammenti della lirica greca*. Firenze, 1965.

MAZON, P. *Introduction à l'Iliade*. Paris, 1942.

MELLINK, M. The Native Kingdoms of Anatolia. *CAH*, v.III.2; Cambridge, 1991.

MENDEL, G. Reliefs Archaïques de Thasos. *BCH*, p.553-74, 1900.

MEYER, E. *Geschichte des Altertums III*. Stuttgart, 1936³.

MEYERSON, I. (ed.) *Problèmes de la personne*. Paris, 1973.

MILNE, H. J. M. *Catalogue of the Literary Papyri in the British Museum*. London, 1927.

MONACO, G. Ancora sul frammento 1 Diehl di Archiloco. *SIFC*, v.24, p.77-80, 1950.

_____. De fragmento Archilochi 5A Diehl. *Atti dell'Accademia de Scienze, Lettere e Arti di Palermo*, v.XVI, p.185-91, 1955-1956.

_____. Nota Archilochea. *Atene & Roma*, v.5, p.19-22, 1960.

MONRO, D. B. *A Grammar of the Homeric Dialect*. Oxford, 1891.

MORELLI, G. Il frammento 1D di Archiloco. *Maia*, v.1, p.104-7, 1948.

MORIER, H. (ed.) *Dictionnaire de Poétique et Rhétorique*. Paris, 1981.

MORRIS, I. *Burial and Ancient Society*: The Rise of the Greek City-State. Cambridge, 1987.

MURRAY, G. *The Rise of the Greek Epic*. Oxford, 1934.

MURRAY, O. *Early Greece*. Stanford, 1980.

MYLONAS, G. E. Paros. *To Ergon,* p.74, 1983 (1984).

NAGY, G. *Comparative Studies in Greek and Indic Meter*. Cambridge, Mass., 1974.

_____. Iambos: Typologies of Invective and Praise. *Arethusa*, v.9, p.191-205, 1976.

NESTLE, W. *Vom Mythos zum Logos*. Stuttgart, 1940.

NIETZSCHE, F. *Geburt der Tragödie*. (Kritische Studienausgabe, herausgegeben von G. Colli & M. Montinari). Berlin-New York, 1988.

NILSSON, M. P. *Griechische Feste von Religiöser Bedeutung*. Leipzig, 1906.

_____. *Geschichte der Griechischen Religion I*. München, 1967³.

NISBET, R. G. M., HUBBARD, M. *A Commentary on Horace*: Odes I & II. Oxford, 1970, 1978².

OBER, J. Hoplites and Obstacles. In: HANSON, V. D. *Hoplites*; The Classical Greek Battle Experience. London, New York, 1991, p.173-96.

O'NEILL JUNIOR, E. The Localization of Metrical Word-Types in the Greek Hexameter: Homer Hesiod and the Alexandrians. *YCS*, v.8, p.105-78, 1942.

ONIANS, R. B. *The Origins of European Thought*. Cambridge, 1954.

ORLANDO, A. K. Εὑρήματα κατὰ τὴν ἀναπαλαίωσιν τῆς Καταπολιανῆς Πάρου. ΑΡ. ΕΦ. 1960 (1965) p.1-15.

OWEN, S. Of dogs and men: Archilochus, archaeology and the Greek settlement of Thasos. *PCPhS* 49 (2003) 1-18.

PAGE, D. L. (ed.) *Select Papyri*. Cambridge, Mass., 1941.

_____. *History and the Homeric Iliad*. Berkeley, 1959.

_____. Various Conjectures. *Proc. Camb. Phil. Soc.,* v.7, p.68-9, 1961.

_____. (ed.) *Poetae Melici Graeci*. Oxford, 1962.

_____. Archilochus and the Oral Tradition. In: *Archiloque, Entretiens sur l'antiquité classique*. Fond. Hardt X. Genève, 1964, p.117-63.

PAJARES, A. B. *Filostrato: La vida de Apolonio de Tiana*. Madrid, 1979.

PAPAGEORGIUS, P. N. *Scholia in Sophoclis Tragoedias Vetera*. Leipzig, 1886.

PARKE, H. W. *Greek Mercenary Soldiers*: From the Earliest Times to the Battle of Ipsus. Oxford, 1933.

_____. Newly Discovered Delphic Responses from Paros. *CQ*, v.52, p.90-4, 1958.

PASQUALI, G. *Pagine Meno Stravaganti*. Firenze, 1935.

PAVESE, C. O. *Tradizioni e generi, poetici della Grecia arcaica*. Roma, 1972.

PEARSON, A. C. (ed.) *The Fragments of Sophocles*. Cambridge, 1917.

PEEK, W. Neues von Archilochos. *Philologus*, v.99, p.4-50, 1955.

_____. Die Archilochos-Gedichte von Oxyrhynchos II. *Philologus*, v.100, p.1-28, 1956a.

_____. Neue Bruchstücke frühgriechischer Dichtung. *Wissenschaftliche Zeitschrift der M. Luther Univ. Halle-Wittenberg*, v.2, p.189-208, 1956b.

_____. Ein Neues Bruchstück vom Archilochos-Monument des Sosthenes, *ZPE*, v.59, p.13-22, 1985.

PERROTTA, G., GENTILI, B. *Polinnia: poesia greca arcaica*. Messina, Firenze, 1965².

PERROTTA, G., GENTILI, B. & CATENACCI, C. *Polinnia: Poesia greca arcaica*. Messina & Firenze, 2007³.

PERTUSI, A. *Scholia Vetera in Hesiodi Opera et Dies*. Milano, 1955.

PFEIFFER, R. Gottheit und Individuum in der frühgriechischen Lyrik. *Philologus*, v.84, p.137-52, 1929 = (*Ausgewählte Schriften*, München, 1960. p.42-54).

_____. (ed.) *Callimachus*. Oxford, 1949.

PICCOLOMINI, A. Quaestionum de Archiloco Capita Tria. *Hermes*, v.18, p.264-70, 1883.

PISANI, V. Sulla Radice ΠΛΙΧ-. In: *Mélanges Boisacq*, v.II, p.181-92, 1938.

PLATNAUER, M. (ed.) *Aristophanes: Peace*. Oxford, 1964.

POCOCK, L. G. Archilochus, Fr.2. *CR*, v.11, p.179-80, 1961.

PODLECKI, A. J. Three Greek Warrior-Poets: Archilochus, Alcaeus and Solon. *CW*, v.63, p.73-80, 1969.

———. Archilochus and Apollo. *Phoenix*, v.28.1, p.1-17, 1974.

———. *The Early Greek Poets and their Times*. Vancouver, 1984.

POHLENZ, M. *Die Stoa I-II*. Göttingen, 1948-1949.

POUILLOUX, J. *Recherches sur l'histoire de cultes de Thasos*. Études Thasiens III. Paris, 1954.

———. Glaucos, Fils de Leptine, Parien. *BCH*, v.79, p.75-86, 1955.

———. Archiloque et Thasos: histoire et poésie. In: *Archiloque, Entretiens sur l'antiquité classique,* Fond. Hardt X. Genève, 1964, p.1-27.

———. Akératos de Thasos. In: *Architecture et poésie dans le monde grec*. Hommage à Georges Roux. Lyon, 1989, p.193-204.

POWELL, B. B. *Homer and the Origin of the Greek Alphabet*. Cambridge, Mass., 1991.

PRELLER, L. *Griechische Mythologie*. Berlin, 1894. v.I. (4 Auflage bearb. v. C. Robert).

PRITCHETT, W. K. *The Greek State at War*. Berkeley, 1985. v.IV.

PRIVITERA, G. A. Archiloco e le divinità dell' Archilocheion. *RFIC*, v.93, p.5-25, 1965.

———. (ed.) *Pindaro: Le Istmiche*. Roma, 1982.

RAAFLAUB, K. A. Homer to Solon: the rise of the polis, in M. H. Hansen (1993) p. 41-105.

RABE, H. (ed.) *Syriani in Hermogenem Commentaria*. Leipzig, 1969. v. I.

RACKHAM, H. (ed. e trad.) *Aristotle: The Nicomachean Ethics*. Harvard, 1934.

RANKIN, H. D. Archilochus fr.2D, fr.7L-B. *Emerita*, v.40.2, p.469-74, 1972.

———. *Archilochus of Paros*. New York, 1977.

REARDON, B. P. *Courants littéraires grecs des IIe et IIIe siècles après J.-C*. Paris, 1971.

REINHARDT, K. *Vermächtnis der Antike*. Göttingen, 1960.

RIBEIRO, A., VITORINO O. (trad.) *Hegel; A Estética*. Lisboa, 1993.

RICH, J., SHIPLEY, G. (ed.) *War and Society in the Greek World.* London, New York, 1993.

RICHARDSON, N. *The Iliad. A Commentary VI.* Ed. G. S. Kirk. Cambridge, 1993.

ROBERT, J. L., Bulletin Épigraphique. *REG,* v.68, p.248-51, 1955.

⎯⎯⎯⎯. Bulletin Épigraphique. *REG,* v.69, p.150-1, 1956.

ROMANO, J. V. *The Literary Art of Archilochus.* Michigan, 1974. Dissertação – University of Michigan.

ROSEN, R. *Making Mockery: The Poetics of Ancient Satire.* Oxford, 2007.

RÖSLER, W. *Dichter und Gruppe (Eine Untersuchung zu den Bedingungen und zur historischen Funktion früher griechischer Lyrik am Beispiel Alkaios).* München, 1980.

ROTSTEIN, A. Greek Iambic Poetry as a Literary Genre. A study of references to Iambos from Archilochus to Aristotle. Tese de doutoramento, Hebrew University, 2002.'

⎯⎯⎯⎯. Critias' invective against Archilochus. *CPh.* 102 (2007) 139-54.

⎯⎯⎯⎯. *The Idea of Iambos from Archilochus to Aristotle.* Oxford: no prelo.

ROWE, C. J. Archaic Thought in Hesiod. *JHS,* v.103, p.124-35, 1983.

RUBENSOHN, M. O. Geschichte der Wissenschaftlichen Erforschung von Paros I. *MDAI (Ath. Ab.),* v.25, p.341-72, 1900.

⎯⎯⎯⎯. Paros II. *MDAI (Ath. Ab.),* v.26, p.157-222, 1901.

RUBIN, N. F. Radical Semantic Shifts in Archilochus. *CJ,* v.77, p.1-8, 1981.

RUSSELL, D. A. (ed.) *Dio Chrysostom: Orations VII, XII and XXXVI.* Cambridge, 1992.

RUSSO, J. Reading the Greek Lyric Poets (Monodists). *Arion,* v.1/4, p.707-30, 1973-1974.

⎯⎯⎯⎯. The Inner Man in Archilochus and the *Odyssey. GRBS,* v.15, p.139-52, 1974.

SALVIAT, F. Décrets pour Épie fille de Dionysios: Déesses et Sanctuaires Thasiens. *BCH,* v.83, p.362-97, 1959.

SANDBACH, F. H. Ἄκρα Γυρέων Once More. *CR,* v.56, p.63-5, 1942.

SARIAN, H. Héritage Mycénien: continuités et ruptures. La civilisation. In: *Les Civilisations Égéenés du Néolithique et de l'Age du Bronze,* IV.2. Paris, 1989.

SCHEER, E. (ed.) *Lycophronis: Alexandra* I, II Scholia. Berlin, 1958.

SCHERER, A. Die Sprache des Archilochos. In: *Archiloque. Entretiens sur l'antiquité classique,* Fond. Hardt X. Genève, 1964, p.87-108.

SCHMID, W., STÄHLIN, O. *Geschichte der griechischen Literatur I.* München, 1929.

SCHMIDT, M. *Hesychii Alexandrini Lexicon.* Jenae, 1867.

SCHNEIDEWIN, F. G. (ed.) *Delectus Poesis Graecorum Elegiacae, Iambicae, Melicae.* Göttingen, 1838.

SCHOFIELD, M. Heraclitus' theory of soul and its antecedents. In: EVERSON, S. (ed.) *Psychology.* Companions to ancient thought II. Cambridge, 1991, p.13-34.

SCHWERTFEGER, T. Der Schild des Archilochos. *Chiron,* v.12, p.253-80, 1982.

SCHWYZER, E. Zu Archilochos. *Phil. Woch.,* v. 42, p.644, 960, 1922.

_____. *Griechische Grammatik: I-II.* Ed. A. Debrunner. München, 1939-1950.

SCHRADER, H. (ed.) *Porphyrii Quaestionum Homericarum ad Iliadem Pertinentium Reliquiae.* Leipzig, 1880.

SEEL, O. Zur Vorgeschichte des Gewissens-Begriffes im Altgriechischen Denken. In: *Festschrift Franz Dornseiff.* Ed. H. Kusch, p.291-319, 1953.

SEIDENSTICKER, B. Archilochus and Odysseus. *GRBS,* v.XIX, p.5-22, 1978.

SEGONDS, A. P. (ed. e trad.) *Proclus: sur le Premier Alcibiade de Platon.* Paris, 1985.

SEMERANO, G. Archiloco nel giudizio del passato. *Maia,* v.4, p.167-87, 1951.

SEYRIG, H. Quatre Cultes de Thasos. *BCH,* v.51, p.178-233, 1927.

SHAPIRO, H. A. *Myth into Art, Poet and Painter in Classical Greece.* London, 1994.

SHARPLES, R. W. But why has my spirit spoken with me thus?: Homeric Decision-making. *G&R,* v.30, p.1-7, 1983.

SHIPLEY, J. T. (ed.) *Dictionary of World Literature.* New York, 1943.

SICKLE, J. van. The New Erotic Fragment of Archilochus. *QUCC,* v.20, p.125-56, 1975.

SILK, M. S. *Interaction in Poetic Imagery, with special reference to early Greek poetry.* Cambridge, 1974.

SISTI, F. *Lirici Greci.* Milano, 1989.

SITZLER, J. Zu Archilochos. *Phil.* Woc., v.42, p.959-60, 1922.

SLINGS, S. R. (Resenha de S. M. Medaglia, "Note di esegesi archilochea"). *Boll. Class. Suppl.,* v.4 (1982). In: *Mnemosyne,* v.41, p.134-5, 1988.

_____. Archilochus: New Fragments from the Sosthenes Inscription. *ZPE,* v.63, p.1-3, 1986.

_____. Symposion and Interpretation; elegy as group-song and the so-called awakening individual. *Acta Ant. Hung.* 40 (2000) 423-434.

SMYTH, H. W. *Greek Grammar.* Cambridge, Mass., 1980[11].

SNELL, B. *Die Ausdrücke für den Begriff des Wissens in der Vorplatonischen Philosophie.* Berlin, 1924.

_____. *Aischylos und das Handeln im Drama.* Leipzig, 1928.

_____. Das Bewusstsein von eigenen Entscheidungen im frühen Griechentum. *Philologus,* v.85, p.141-58, 1930a.

_____. (Resenha de F. Zucker, "Syneidesis – Conscientia"). *Gnomon,* v.6, p. 21-30, 1930b.

_____. Die Auffassung des Menschen bei Homer. *NJAB,* v.114, p.393-410, 1939.

_____. *Der Aufbau der Sprache.* Hamburg, 1952.

_____. Das Heitere im frühen Griechentum. *A & A,* v.6, p.149-55, 1957.

_____. *Poetry and Society; The Role of Poetry in Ancient Greece.* Bloomington, 1961.

_____. *A descoberta do espírito.* Trad. Artur Morão. Lisboa, 1992. (*Die Entdeckung des Geistes; Studien zur Entstehung des europäischen Denkens bei den Griechen.* (Hamburg, 1955[3]; Göttingen, 1986[6].)

SNELL, B., FRANJÓ, Z. (ed. e trad.) *Frühgriechische Lyriker IV*. Berlin, 1971-1976.

SNODGRASS, A. M. *Early Greek Armour and Weapons*. Edinburgh, 1964.

_____. The Hoplite Reform and History. *JHS*, v.85, p.110-22, 1965.

_____. *Arms and Armour of the Greeks*. London, 1967.

_____. *The Dark Age of Greece*. Edinburgh, 1971.

_____. *Archaeology and the Rise of the Greek State*. Cambridge, 1977.

_____. *Archaic Greece, the Age of Experiment*. London, 1980.

SOMMERSTEIN, A. H. *The Comedies of Aristophanes: Wasps (IV)*. Warminster, 1983.

SORABJI, R. *Matter, Space & Motion; Theories in Antiquity and their Sequel*. New York, 1988.

SOURVINOU-INWOOD, C. A Trauma in Flux: Death in the 8th Century and After. In: HÄGG, R. (ed.) *The Greek Renaissance of the Eighth Century B. C.*: Tradition and Innovation. Stockholm, 1983, p.33-49.

STANFORD, W. B. *Greek Metaphor*: Studies in Theory and Practice. Oxford, 1936.

_____. *The Ulysses Theme*. Oxford, 1954.

STEFFEN, V. S. De Archiloco quasi naturali Hesiodi aemulatore. *Eos*, v.46, p.33-48, 1952-1953.

_____. Ad Archilochi fragmenta tetrametra observationes criticae. *Eos*, v.47, p.51-62, 1954.

STELLA, L. A. Note Archilochee. *Boll. Class.*, v.7, p.81-100, 1986.

TARDITI, G. La nuova epigrafe archilochea e la tradizione biografica del poeta. *PP*, p.122-39. 1956.

_____. Motivi epici nei tetrametri di Archiloco. *PP*, p.26-46, 1958.

_____. In Margini alla Cronologia di Archiloco. *RFIC*, v.37, p.113-8, 1959.

_____. (ed. e trad.) *Archiloco*. Roma, 1968.

TATE, J. Epic and Archaic (Resenha de H. Fränkel, "Dichtung und Philosophie der Griechischen Literatur von Homer bis Pindar"). *CR*, v.67, p.146-8, 1953.

THEUNISSEN, M. A propos des fragments 2 et 6 (Diehl) d'Archiloque. *AC*, v.22, p.406-11, 1953.

THOMPSON, D' A. W. Archilochus Fr. 56. *CR*, v.55, p.67, 1941.

TOD, M. N. *A Selection of Greek Historical Inscriptions to the End of the Fifth Century B. C.* Oxford, 1946².

TOOHEY, P. Archilochus' General (Fr.114W): Where did he come from? *Eranos*, v.86, p.1-14, 1988.

TRASK, W. R. (ed.) *The Unwritten Song*. New York, 1966-1967.

TREU, M. Nachlese zu Alkaios. In: *Corolla Linguistica, Festschrift F. Sommer*. Wiesbaden, 1955a.

―――――. *Von Homer zur Lyrik*. München, 1955b.

TREU, M. (ed. e trad.) *Archilochos*. München, 1959.

VALCKENAER, L. C. *Diatribe in Euripidis Perditorum Dramatum Reli-quias*. Luguduri Batav., 1768.

VAN GRONINGEN, B. A. De Archilochi Fragmento Secundo. *Mnemosyne*, v.58, p.74-8, 1930.

VAN WEES, H. Kings in Combat: Battles and Heroes in the *Iliad*. *CQ*, v.38, p.1-24, 1988.

VANDERPOOL, E. New Inscriptions Concerning Archilochus. *AJP*, v.76, p.186-8, 1955.

VERNANT, J. P. (org.) *Problèmes de la guerre en Grèce Ancienne*. Paris, 1968.

―――――. Aspects de la personne dans la religion grecque. In: MEYERSON, I. (ed.) *Problèmes de la personne*. Paris, 1973, p.23-37.

―――――. Esboços da vontade na tragédia grega. Trad. A. L. A. A. Prado. In: *Mito e tragédia na Grécia Antiga*. São Paulo, 1977, p.35-62.

―――――. *Mythe et pensée chez les grecs*, Études de Psychologie Historique II. Paris, 1978.

―――――. *As origens do pensamento grego*. Trad. I. B. B. da Fonseca. Rio de Janeiro, 1992⁷.

VERNANT, J. P., SCHIAVONE, A. *Ai Confini della Storia*. San Marino, 1989-1991.

VOIGT, E. M. (ed.) *Sappho et Alcaeus*. Amsterdam, 1971.

WACKERNAGEL, J. Graeca. In: *Kleine Schriften*. Göttingen, 1956.

WADE-GERY, H. T. *The Poet of the Iliad*. Cambridge, 1952.

WATSON, L. *Arae: The Curse Poetry of Antiquity*. Arca 26 Wiltshire, 1991.

WEBER, L. Suka eph' Hermei. I: Zwei Archilochosfragmente. *Philologus*, v.74, p.92-115, 1917.

WEBER, O. v. *Die Beziehung zwischen Homer und den älteren griechischen Lyrikern*. Bonn, 1955. (Dissertação).

WEBSTER, T. B. L. *From Mycenae to Homer*. London, 1958.

WELCKER, F. G. *Griechische Götterlehre*. Göttingen, 1857.

WEST, M. L. Tryphon de Tropis. *CQ*, p.230-48, 1965a.

_____. (Resenha de F. Krafft, "Vergleichende Untersuchungen zu Homer und Hesiod"). *CR*, v.15, p.158-9, 1965b.

_____. (ed.) *Hesiod: Theogony*. Oxford, 1966.

_____. (ed.) *Iambi et Elegi Graeci ante Alexandrum Cantati*. Oxford, 1971^1, 1989^2. v.I.

_____. Greek Poetry 2000-700 B.C. *CQ*, v.23, p.179-92, 1973.

_____. *Studies in Greek Elegy and Iambus*. Berlin, 1974.

_____. (ed.) *Hesiod: Works and Days*. Oxford, 1978.

_____. *Greek Metre*. Oxford, 1982.

_____. Archilochus: New Fragments and Readings. *ZPE*, v.61, p.8-13, 1985a.

_____. The Soul in Early Greek Thought (Resenha de J. Bremmer, "The Early Greek Concept of the Soul"). *CR*, v.35, p.56-8, 1985b.

_____. (ed.) *Euripides: Orestes*. Warminster, 1987.

_____. (trad. e introd.) *Greek Lyric Poetry*. Oxford, 1993a.

_____. Simonides Redivivus. *ZPE*, v.98, p.1-14, 1993b.

WESTERINK, L. G. (ed.) *Olympiodorus: In Platonis Gorgiam Comentaria*. Leipzig, 1970.

WESTERINK, L. G., TROUILLARD, J. *Prolégomènes à la Philosophie de Platon*. Paris, 1990.

WHEELER, E. L. The General as a Hoplite. In: HANSON, V. D. (ed.) *Hoplites: The Classical Greek Battle Experience*. London, New York, 1991. p.121-72.

WILAMOWITZ-MÖLLENDORFF, U. v. *Vitae Homeri et Hesiodi*. Berlin, 1929.

_____. *Timotheos: Die Perser*. Leipzig, 1903.

_____. *Sappho und Simonides*. Berlin, 1913.

_____. Lesefrüchte. *Hermes*, v.64, p.458-90, 1929 = *Kl. Schr.* (*Berlin*), v.IV, p.476-508, 1962.

_____. *Der Glaube der Hellenen* I, II. Berlin, 1931-1932.

WILL, F. *The Generic Demands of Greek literature*. Amsterdam, 1976.

WILLIAMS, B. *Shame and Necessity*. Berkeley & Los Angeles, 1993.

WILLINK, C. W. Prodikos, "Meteorosophists" and the "Tantalos Paradigm". *CQ*, v.33, p.25-33, 1983.

_____. (ed.) *Euripides: Orestes*. Oxford, 1986.

WILSON, N. G. *Scholars of Byzantium*. London, 1983.

WINTER, N. A. Newsletter from Greece 1983. *AJA*, v.88.4, p.461-9, 1984.

WIRTH, G. Zum Volksstamm der Treren. *Klio*, v.49, p.47-51, 1967.

WISTRAND, E. Archilochus and Horace. In: *Archiloque. Entretiens sur l'antiquité classique*. Fond. Hardt X. Genève, 1964, 255-87.

WOLFF, E. (Resenha de B. Snell, "Aischylos und das Handeln im Drama"). *Gnomon*, v.5, p.386-400, 1929.

WOOD, H. On a fragment falsely ascribed to Archilochus. *MH*, v.23, p.228-33, 1966.

WOODHEAD, A. G. (ed.) *Supplementum Epigraphicum Graecum* XV (1958).

WRIGHT, M. R. (ed.) *Empedocles: The extant fragments*. Michigan, 1981.

YOUNG, D. (Resenha de M. L. West, *Iambi et Elegi Graeci*). *JHS*, v.93, p.221-3, 1973.

ZIELIŃSKI, T. Abiecta non bene parmula... In: *Raccolta Ramorino*. Milano, 1927, p.603-10.

ZUCKER, F. *Syneidesis – Conscientia*: Ein Versuch zur Geschichte des sittlichen Bewusstseins im griechischen und griechisch-römischen Altertum. Jena, 1928.

ÍNDICE ONOMÁSTICO

Abrúpolis, 222
Adrados, F. R., 247, 256, 271, 295, 307, 313
Adriano, 118
Afrodite, 37, 45, 90-1, 133, 159, 326-32
Agamenão, 40-2, 85, 87, 143-4, 149, 155, 258, 264
Agenor, 43-5
Agesilau, 153-4
Aisímida, 285
Ájax, 42, 45, 143, 146, 270, 300-2
Alcebíades, 119
Alceu, 22, 60, 80, 125-6, 131, 159, 163-4, 231, 275, 285, 295, 303-9, 313-6
Alcidamas, 213
Alcífron, 231
Alcínoo, 87, 91, 107
Álcman, 93, 285, 316
Alexandre da Macedônia, 148, 168
Aléxio Aristeno, 84-5
Amônio, 23, 82, 120-1
Anacreonte, 39, 59, 91, 124, 130-1, 163, 194

Anaxágoras, 288, 290
Anaxarco, 123
Anaxímenes, 38
Anfiarau, 85
Anfímaco, 123-4
Anfitimo, 223
Ânito, 123
Antíloco, 122-4
Antínoo, 111
Antípatro, 289
Antologia Palatina, 26, 82, 85, 88, 199, 218
Apolo, 29, 40-5, 82-3, 88, 92, 138, 167, 196, 199, 266-9, 315
Apolodoro, 188, 205, 337
Apolônio de Rodes, 24-8
  Argonautas, 28
Apostólio, 328
Aquérato, 279-80
Aquiles, 41-5, 87-8, 124, 129, 131, 135, 145, 155, 262, 270, 305, 315
Ares, 81, 85, 88-90, 93, 125, 168, 171, 255-8, 261-3, 265, 284, 309-10, 321

Aristarco, 28, 34, 191, 247, 310
Aristides, 79-80
Aristodemo, 297
Aristófanes, 22, 38, 105, 112-4, 120, 132, 152, 289
  Acarnenses, 152
  Aves, 89
  Nuvens, 114
  Paz, 22, 112, 152
  Rãs, 22
Aristófanes de Bizâncio, 28
Aristóteles, 25-8, 35, 38, 48-51, 57, 63-6, 75, 81, 120, 157-8, 175, 209, 262, 283, 304-5
  Analíticos Anteriores, 121
  Categorias, 120-1
  Constituição dos Atenienses, 185
  Ética a Eudemo, 157
  Ética a Nicômaco, 48, 67
  Metafísica, 35
  Meteorológicos, 120
  Órganon, 121
  Poética, 25, 63
  Sobre a Interpretação, 121
Arquémaco, 168
Ártemis, 186, 196, 328
Ascálafo, 257
Asclépio, 297
Assurbanipal, 188
Atena, 42, 45, 80, 125, 196, 223-8, 240-3, 249-50, 256, 315, 321
Ateneu, 23, 25, 80-1, 85-6, 101-5, 108, 187, 207, 285, 329
Aviênio, 118

Bábrio, 156
Bahntje, U. B., 96-7, 157, 259
Baquílides, 24, 159
Bergk, T., 115-6, 140, 157, 258, 299
Bickel, E. 34

Blakeway, A., 169, 187
Böhme, J., 34
Boserup, I., 312
Bossi, F., 111, 170, 192-3, 208, 220, 233, 246-7, 327
Bowra, C. M., 97-8, 286, 301, 305-6, 310
Bradeen, D. W., 169
Brentes, 299
Burn, A. R., 169

Calame, C., 285-6
Cálicles, 121
Calímaco, 26, 221
Calino, 58, 95, 184-9, 208, 250-1, 320, 322-3, 335
Calístenes, 187
Campbell, D. A., 83, 107, 150, 205, 306
Cancrini, A., 66-8
Candaules, 187
Cantos Cíprios, 337
Capitaine Merdaille, 152
Cares, 79
Cástor, 297
Cerano, 215-6
Cérbero, 27
Cícero, 298, 301-2, 304
Circe, 315
Ciro, 187, 268
Clemente de Alexandria, 187, 261-4
  Miscelâneas, 261
Cleômaco, 175
Cleônimo, 112-4
Cocôndrio, 304
Codro, 227
Constâncio II, 81
Cratino, 22, 162
  Arquílocos, 22
  Boiadeiros, 162

Creso, 187
Crítias, 24-5, 103, 116, 126, 158, 200
Crönert, G., 311
Crônica de Paros, 195
Ctesipo, 259

Dâmocles, 292
Dario, 207
David, 122
De Ridder, A., 211
Deîmos, 257
Demades, 283
Démeas, 28, 197, 213-6, 219, 221, 231-8, 253, 322
Deméter, 61, 93, 233, 242, 328
Demétrio, 100, 305
Demócrito, 67
Demódoco, 92
Demóstenes, 79, 84
Dervisopoulos, M. G., 326
Detienne, M., 34, 39-40, 46, 54
Diehl, E., passim
Diógenes Laércio, 141, 288, 296
Diomedes, 45
Díon Crisóstomo, 24-5, 137-8, 141-2, 199, 300
Dionísio de Halicarnasso, 187
Dionísio Periegetes, 118
Dionísio Petávio, 95-6, 99
Dioniso, 26, 83, 93, 112, 196-9
Diopites, 79
Dioscórides, 26
Dióscuros, 314
Dodds, E. R., 46-7
Durkheim, E., 52

Edmonds, J. M., 107, 131, 215
Êforo, 161
Histórias, 161
Egisto, 42

Electra, 258
Eliano, 145-6, 187
Elias, 112, 118-9, 121-4, 132
Comentário aos Primeiros Analíticos, 121
Comentário às Categorias, 121
Prolegômenos a Aristóteles, 121
Prolegômenos à Filosofia, 121-2
Empédocles, 90, 224, 226
Eniálio, 79-93, 95, 255, 257, 262, 284
Enipo, 25, 117, 214
Enomau, 190, 199
Erato, 91
Eratóstenes, 24, 28
Erígone, 24
Erínias, 65, 159
Éros, 37, 241, 330
Erotiano, 150
Êrxia, 201, 205-8, 262-3
Escamandro (rio), 124, 315
Escudo de Héracles, 90, 270, 310
Esopo, 141, 156
Ésquilo, 22, 40-3, 63, 66, 81, 107, 203, 275, 306, 309, 316, 320
Eumênides, 252, 306
Persas, 320
Sete Contra Tebas, 306, 309, 316
Suplicantes, 316
Estesícoro, 23-4
Estobeu, 28
Estrabão, 117-8, 125, 158, 163-4, 167-71, 175-6, 185-7, 191-2
Eubulo, 79
Eumeu, 87, 259
Euríbates, 144, 155
Eurípides, 22, 27, 65, 107, 147, 162, 191, 261, 288-9, 298
Ciclope, 162
Fenícias, 147, 257
Feton, 288

Helena, 261
Orestes, 288, 298
Troianas, 147
Eusébio, 29
Eustácio, 28, 81, 85, 117-8, 172, 193-4, 255-6, 259, 287-8
Eveno, 275, 304, 306, 309

Febo, 261
Fêmio, 91-2
Fick, A. F., 85, 141, 173, 267
Filarco, 216
Filémon, 161
Filócoro, 28
Fílon de Alexandria, 67
Filóstrato, 118-9, 123, 148, 151
   Epístolas, 119
   Ginástica, 119
   Vida de Apolônio de Tiana, 119
   Vida dos Sofistas, 119, 151
Filoxeno de Leuca, 39
Flinders Petrie Papyri, 277
Fócion, 79-80, 283-4
Fowler, R. L., 42, 61, 144
Fränkel, H., 32, 35, 46, 52-5, 62, 66, 70, 81, 87, 90, 100, 134-5, 141-4, 190, 192, 305, 319
Frege, G., 51

Galeno, 137-41, 150-1
Gallavotti, C., 116, 127, 327
Gallo, 289
Ganimedes, 286
Géia, 328
Gentili, B., 98, 105-6, 113, 151-2, 301, 315-6
Gerber, D. E., passim
Gernet, L., 52-3
Getúlico, 27
Giges, 163, 187-8, 320

Glauco, 143, 147, 155-8, 160, 207-8, 231-4, 238, 296-9, 302-3, 306-7, 320
Górgias, 25
Granet, M., 52

Halbwachs, M., 52
Hauvette, A., 144, 164, 187, 213, 218, 307
Hécate, 328
Hefesto, 265-8, 321
Hegel, G. W. F., 31-2, 63-4, 68-9, 183, 320
   Estética, 31, 183, 320
   Filosofia da História, 63, 68-9
Heitor, 43-6, 124, 129, 131, 135, 145, 155, 262-4, 269
Helena, 45, 85, 124, 145
Heleno, 170
Hélio, 159
Hera, 42, 242
Héracles, 170, 196, 203, 205, 214
Heraclides Lembo, 185, 189, 199
Heraclides Pôntico, 27, 80, 185
Heraclides, o tarentino, 140
Heráclito, 22-3, 36-9, 159, 295-6, 298-308, 313, 317, 322
Hermes, 88, 229-31, 285
Hermogenem Commentaria, 298
Herodes Ático, 151
Herodiano, 255
Heródoto, 23, 65, 125, 148, 162-4, 167, 173-6, 187-8, 207, 237, 312, 328-9
Hertz, R., 52
Hesíodo, 22-3, 60, 82, 90, 106, 191, 193, 198, 270-1, 310, 323
   Teogonia, 193, 224, 310
   Trabalhos e os dias, 105
Hesíquio de Mileto, 27, 105, 131, 146-7, 162, 172, 192, 300-1, 310

Híbrias, 95-6
Hiller, F. v. Gaertringen, 211
Hinos Homéricos, 106
  Afrodite, 265
  Apolo, 88, 313
  Atena, 251
  Deméter, 88, 108, 230-1
  Dioniso, 299
  Hefesto, 268
Hipérides, 79
Hipócrates, 139, 146
Hipônax, 26, 29, 58
Hoffmann, O., 132
Homero, passim
  Ilíada, 35-6, 40-5, 51-2, 55-6, 59-62, 75-7, 85-9, 97, 108, 129-30, 133-5, 142-9, 155, 158, 164, 168-74, 177-8, 183, 202, 224, 227-8, 241, 251, 256-7, 264-5, 269-70, 309-10, 315, 321
  Odisséia, 35, 41-3, 51-7, 61-2, 77, 87-9, 101, 108, 111, 134-5, 141, 144-6, 155, 173-4, 246, 259, 300
Horácio, 27, 230-1, 233, 295, 304-6
Horas, as, 195
Hubbard, M., 230-1
Huxley, G., 219, 227

Iálmeno, 257
Íbico, 270
Inscrições Gregas, 212
Íon de Quios, 24
Iro, 143, 155
Isócrates, 159

Jacobs, F., 141
Jacoby, F., 169, 176-8, 187-8, 213
Jaeger, W., 32, 54, 62, 141

João II, 84
Júlia Domna, 119
Juliano, 27, 29, 189

Kontoleon, K. M., 127, 195, 199-205, 212-3
Kopidakes, M., 327-8
Kumanudes, S., 212

Laques, S., 161
Lasserre, F., 98, 105, 142, 177, 193-4, 204-5, 218-9, 227, 236, 243, 247, 250, 257, 260, 262, 271, 282, 291, 326, 333
Lawrence, A. W., 248
Leófilo, 143
Leônidas, 148
Leóstenes, 79, 283
Leptines, 283, 299
Lesky, A., 34, 36, 41-2, 47-8, 55, 141-2, 319
Lévy-Bruhl, L., 52, 69
Licambes, 26, 28, 198, 266-7
Licâmbides, as, 26
Licófron, 269-70, 286
  Alexandra, 270
Licurgo, 79, 146, 148
Liebel, I., 21, 95-6, 115-6, 141, 191, 256, 262
Lisânias, 28
Lloyd, G. E. R., 69
Lobeck, C. A., 298-9
Lobel, E., 192, 245-9, 291, 326-7, 331
Longino, 100
Lozza, G., 296
Luciano, 148
Lucrécio, 285

Maas, P., 223-5, 230-3, 236, 241, 312
Mahaffy, J. P., 29, 277, 282

Margites, 25
Marmor Parium, 213
Mauss, M., 52
Melanipo, 125
Meleagro, 27
    Coroa, 27
Memnão, 124
Memorial de Mnesíepes, ver *Monumento de Mnesíepes*
Menelau, 43-6, 65, 133, 147, 224, 261, 264
Menêmaco, 283-4
Menesteu, 79
Mercúrio, *ver* Hermes
Meyerson, I., 46, 52-3
Milne, H. J. M., 277, 280, 282, 311
Mimnermo, 250-1, 320, 322
    Esmirnéida, 320, 322
Minos, 203
Mirsilo, 308
Mitradates, 214
Mnasalces, 261
Mnesíepes, 195-200, 208-9, 213-4, 320
Moiras, as, 265
Monumentos a Arquíloco, 21
    Monumento de Mnesíepes, 195-208, 243, 320
    Monumento de Sóstenes, 196, 211-6, 235, 239, 250-3, 281, 320-1
Moscíon, 268-9
Musas, as, 80-93, 138, 159, 196-8, 215, 219, 255, 284, 319, 322
Museu, 61

Nabucodonosor, 159
Náiades, 83
Nausícaa, 88, 146
Neleu, 219, 227

Neóbula, 234, 299, 329
Nestor, 61, 124
Nicandro, 139, 150
Nicéforo Basilakis, 83-4, 90
Nícias, 161, 297
Nicodemo de Heracléia, 329
Nicolau de Damasco, 187
Nicolau Muzalone, 84
Nietzsche, F., 32, 70
    Nascimento da Tragédia, 32, 69-70
Ninfas, as, 195
Nisbet, R. G. M., 230-1, 306
Nono, 286, 290
Nóstoi, 284-5, 301

Odisseu, 36, 42-5, 87, 91, 101, 107, 112, 134-5, 142-6, 149, 155, 170, 221, 259
Oisidres, 221, 281, 292
Olimpiodoro, 112, 118-24, 132
    Comentário ao Alcebíades, 119-20
    Prolegômenos à Filosofia de Platão, 120
    Vida de Platão, 120
Opiano, 265
Orestes, 40, 65, 147
Orfeu, 61
Orígenes, 29, 199
Órion, 270
Orlando, A. K., 212, 250
Otto, W. F., 34
Ovídio, 101, 284, 286, 289

Page, D. L., 92, 97, 105-10, 127, 130-1, 141-4, 147, 152, 174, 179, 224, 263-5, 300, 302
Palas Atena, *ver* Atena
Pandareu, 285
Pândaro, 42, 170

Papiro de Oxirrinco, 21, 59, 104, 245, 280, 337
Páris, 42, 133, 143-4, 147, 155
Parke, H. W., 197-9
Pátroclo, 45, 88, 124, 129, 131
Paulo de Tarso, 67
Pausânias, 222, 275, 290, 328
Pedro, 67
Peleu, 42
Pélops, 286
Pérgamo, 304
Péricles, 79-80, 283
Perseu, 222
Phóbos, 241, 257-8, 303, 310
Píndaro, 22-4, 85, 92-3, 159, 170, 173, 198, 209, 275, 277, 284-7, 316
  Oitava Ode Ístmica, 287
  Primeira Ode Olímpica, 286
Pisístrato, 192, 217-21, 227
Planudes, 298-9
Platão, 22-5, 43, 60, 64, 82, 120, 123, 126, 131, 159-62, 172-3, 329
  Alcebíades, 119-20, 124
  Apologia, 64
  Eutidemo, 161
  Fédon, 120, 122
  Górgias, 120-1
  Laques, 160
  Leis, 131
Plínio, 327
Plutarco, 79-87, 90, 112-5, 145, 148, 153, 167-8, 172-6, 216, 265-70, 275-7, 283-4, 296-9, 302, 310, 314
  Fócion, 79-80, 84
  Preceitos sobre o governo, 283
  Sobre os sinais meteorológicos, 296
Pohlenz, M., 47, 63

Polidoro, 153
Polignoto, 290-1
Pólux, 137, 140, 147, 150, 297
Porfírio, 161-2, 257
Posídon, 196, 216, 224, 260, 286, 300, 314
Preto, 191
Príamo, 145, 158-9, 270
Prisciano, 118
Proclo, 111, 118-21, 123-4, 301, 337
  Crestomatia, 337
  Comentário ao Alcebíades de Platão, 119
Pródico de Ceos, 289
Prômaco, 261
Prometeu, 286, 316
Próstenes, 196, 214-5
Próstenes II, 214
Psamético I, 162-4, 188
Pseudo-David, 122
Pseudo-Elias, 112, 117-8, 122-4
  Comentário à Isagoge de Porfírio, 122
Pseudo-Longino, 23-4
  Tratado sobre o Sublime, 23

Quérilo, 27
Queróbosco, 304
Quintiliano, 28, 275, 304-5
Quinto Esmirneu, 111, 301

Rabelais, 152
Ramsés II, 163
Retórica a Herênio, 304
Retorno dos Atridas, 284
Rohde, E. 34
Rubensohn, M. O., 213, 227, 242
Russo, J., 144, 149, 151, 155

Safo, 36, 59-60, 65-7, 159, 233-4, 267, 323
  Ode a Afrodite, 233-4, 267
Sandbach, F. H., 300-2
Schwyzer, E., 172, 285
Seel, O., 64-6
Semônides, 148
Sêneca, 306
Sexto Empírico, 112, 114-7, 132
  Hipotiposes Pirrônicas, 115
Simônides, 321-2
Simônides de Amorgo, 56
Simônides de Ceos, 92
Simônides de Jacinto, 23
Sinésio, 95, 98, 106-7
Siriano, 119, 298-9
Sírio, 202, 269-71, 321
Snell, B., 32-43, 46-7, 50-70, 87, 142-5, 154, 182, 256, 320
  Descoberta do espírito, 32, 50-1
Sócrates, 64, 120, 123, 141, 161, 292
Sófocles, 24, 63, 146, 257-8, 261, 329
  Édipo Rei, 63
Sólon, 54-5, 67, 79, 90-2, 202, 204, 275, 306-7
Sóstenes, 195, 211, 213, 215, 243, 320
Sóstenes II, 196, 214-5
Stanford, W. B., 144, 155, 305
Stenzel, J., 51
Suda, 101, 258
Suetônio, 28

Tales, 38
Tântalo, 275, 277-92, 322
Tarditi, G., 115-6, 170, 189, 194-5, 198, 202-6, 213, 225-7, 231-2, 241-9, 291, 332-4
Teão de Esmirna, 270

Télefo, 337-9
Télemo, 145
Telesicles, 198-9, 215
Temístio, 81-6, 90
  Analíticos Posteriores, 81
  Física, 81
  Metafísica, 81
  Sobre a Alma, 81
  Sobre o Céu, 81
Teócrito, 139, 141, 150
Teodoreto, 199
Teodoridas, 289
Teodoro Pródromo, 84-6, 90
Teodósio, 81
Teofrasto, 296, 298-9, 302
  Sobre os sinais meteorológicos, 296
Teognidéia, 39, 109, 188-9, 224, 315
Teógnis, 188-9
Terpandro, 61
Tersites, 142-3, 150, 224
Teucro, 131, 170
Thompson, D'A. W., 301
Tideu, 143-5
Timão, 193
Tirteu, 58, 78, 95, 152-3, 178, 184, 208, 250-1, 321-3, 335
Toohey, P., 144-6, 153
Treu, M., passim
Tucídides, 68, 82, 167, 175-6, 191, 220, 248, 316

Valério Máximo, 114
Velho do mar, 297, 314
Vernant, J. P., 33, 39, 46-54, 70
  Vida de Arato, 117-8
Virgílio, 190, 300

Wackernagel, J., 312, 316
West, M. L., passim

Wilamowitz-Möllendorff, U. v., 29, 32, 34, 41, 51, 214, 265
Wilhelm, A., 212-3
Wood, H., 312, 316
Wordsworth, W., 57

Xenófanes, 39, 112
Xenofonte, 140, 148, 154, 170, 268
　Arte Eqüestre, 140

Xylander, W., 298-9

Zéfiro, 309-10
Zenóbio, 269
Zeus, 41-2, 56, 88, 92, 131, 196, 214, 223-4, 230, 240-1, 245, 256, 261, 280, 285-8, 292, 297, 310, 314-5, 321
Zucker, F., 64

SOBRE O LIVRO

Coleção: Prismas
Formato: 14 × 21 cm
Mancha: 23 × 42,5 paicas
Tipologia: Caxton 9/13
Papel: Off-set 75 g/m² (miolo)
Cartão Supremo 250 g/m² (capa)
1ª edição: 1998
2ª edição: 2009

EQUIPE DE REALIZAÇÃO

Edição de texto
Daniela Medeiros Gonçalves
e Paula Brandão Perez Mendes (revisão)
Editoração Eletrônica
José Vicente Pimenta

Impressão e Acabamento
assahi
gráfica e editora ltda.